U0854378

幼儿品格教育理论与实践丛书

幼儿园品格教育实践指导

小班

总主编 陈会昌
主　编 夏　婧

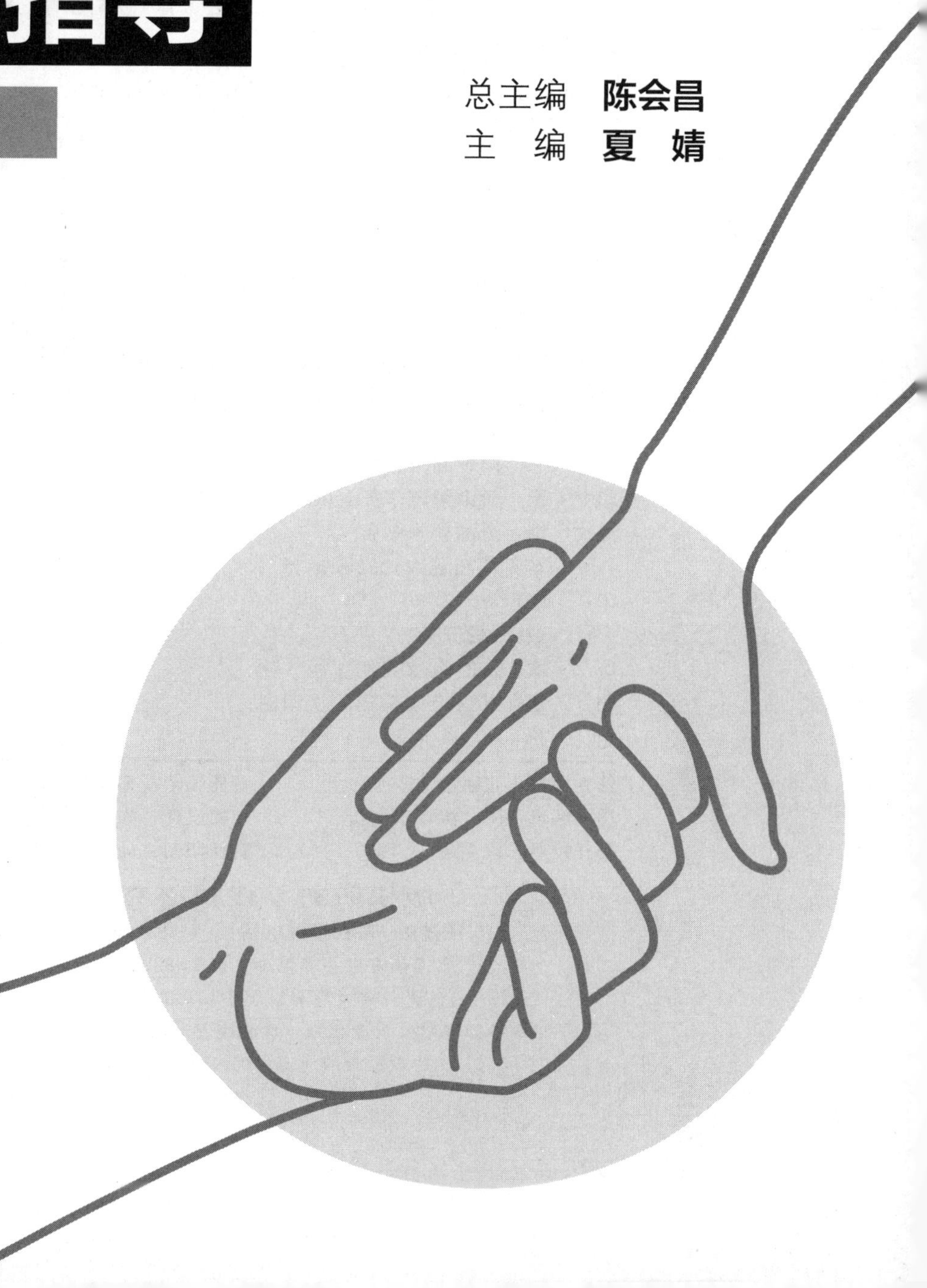

北京师范大学出版集团
BEIJING NORMAL UNIVERSITY PUBLISHING GROUP
北京师范大学出版社

图书在版编目(CIP)数据

幼儿园品格教育实践指导. 小班/夏婧主编. —北京：北京师范大学出版社，2024.2

（幼儿品格教育理论与实践丛书）

ISBN 978-7-303-29406-0

Ⅰ. ①幼…　Ⅱ. ①夏…　Ⅲ. ①品德教育—学前教育—教学参考资料　Ⅳ. ①G611

中国国家版本馆 CIP 数据核字(2023)第 183256 号

营销中心电话　010-58808083　58805532
图书意见反馈　gaozhifk@bnupg.com　010-58805079

YOU'ERYUAN PINGE JIAOYU SHIJIAN ZHIDAO XIAOBAN

出版发行：北京师范大学出版社　www.bnupg.com
　　　　　北京市西城区新街口外大街 12-3 号
　　　　　邮政编码：100088

印　　刷：唐山玺诚印务有限公司
经　　销：全国新华书店
开　　本：787mm×1092mm　1/16
印　　张：18.25
字　　数：442 千字
版　　次：2024 年 2 月第 1 版
印　　次：2024 年 2 月第 1 次印刷
定　　价：68.00 元

策划编辑：张丽娟　　　　责任编辑：郭凌云
美术编辑：陈　涛　李向昕　　装帧设计：陈　涛
责任校对：段立超　　　　责任印制：马　洁　赵　龙

版权所有　侵权必究

反盗版、侵权举报电话：010-58800697
北京读者服务部电话：010-58808104
外埠邮购电话：010-58808083
本书如有印装质量问题，请与印制管理部联系调换。
印制管理部电话：010-58805079

编 委 会

主　　编：夏　婧

编　　委：（排名不分先后）

刘冬贵　白文芳　程晓岳　刘书萍　铁艳红　郝　宇　叶争艳
易晓凤　黎忠丽　仉　蕊　庞玉莲　金钰倩　易晓娟　毕薇薇
阴于芳　梁家文　罗桂华　梁俊文　张丽霞　王冬青　刘咏梅
胡　滨　戚春萍　龚丽丽　肖　文　闫彩芬　赵　彤　侯建军
梁　红　王来香　刘红昱　刘小莉　李　兰　王卫萍　黄　颖
王　品　梁艳芳　王春玲　王雪奇　李　丹　胡彩博　王　慧
赵　庆　马凤丽　王晨光　刘红梅　蔡巧英　袁晓莲　杨　丽
王慧娟　黄　睿　成淑芳　王新艳　李玲玉　张立凤　张莉莉
毕玉美　张晓菲　梁安敏　梅建宁　张　静　郝彩婷　王素苓
琚丽霞　徐华凤

案例提供单位（排名不分先后）

太原理工大学北区幼儿园
山西钢新实业有限公司第三幼儿园
山东省住房和城乡建设厅幼儿园
北京市第二幼儿园
北京朝莘蓝岛幼儿园(雅园园)
中国人民解放军战略支援部队信息工程大学第四幼儿园
成都市温江区政通幼儿园
四川天府新区白麓幼儿园
北京市第一幼儿园
太原市小店区新星幼儿园
济南市槐荫区青少年宫第一幼儿园(至诚园)
广州白云区沁德文化幼儿园有限公司
北京市丰台区第一幼儿园(民族园)
郑州航空港区航南幼儿园
清远市连南瑶族自治县三江镇中心幼儿园
成都市青白江区润扬同华幼儿园
太原市育星幼儿园
太原煤炭气化(集团)有限责任公司第二幼儿园
郑州市二七区郑大幼儿园
北部战区总医院第二幼儿园
威海市环翠教育幼儿园
威海市环翠区环发幼儿园
成都市第三十三幼儿园
沈阳市浑南区教育局花语幼儿园
太原市小店区新星幼儿园育杰分园
山西省直机关新建路幼儿园
济南市槐荫区第三实验幼儿园
山东省工业和信息化厅第二幼儿园
济南市槐荫区青少年宫第一幼儿园安澜园
盘锦市兴隆台区立新幼儿园

北京市昌平区南口镇中心幼儿园
济南市历下区第一实验幼儿园文东园
济南市槐荫区锦绣城幼儿园
呼和浩特市新城区第二幼儿园
北京市大兴区黄村镇第一中心幼儿园
滨州市邹平市实验幼儿园
开封市通许县第一幼儿园
中北大学附属学校幼儿园
临沂市兰山区柳青街道中心幼儿园(金润园)
东营市广饶县康居幼儿园
青岛市崂山区沙子口街道小河东幼儿园
长治市壶关县体育幼儿园
东营市春蕾幼儿园
泰安市泰山区省庄镇中心幼儿园
济南市槐荫区演马佳苑幼儿园锦绣兰庭分园
北京市东城区新中街幼儿园
东营市广饶县西苑幼儿园
太原煤炭气化(集团)有限责任公司第一幼儿园
北京市东城区东四五条幼儿园
长治市上党区欣欣幼儿园
济南市槐荫区公园里幼儿园
郑州市二七区建新幼儿园
清远市阳山县阳城镇水口幼儿园
滨州经济技术开发区里则街道中心幼儿园
沈阳市浑南区教育局第一幼儿园
沈阳农业大学幼儿园
沈阳市艺术幼儿师范学校幼儿园
绵阳市三台县机关幼儿园
东莞市寮步镇香市幼儿园
济南市历下区第一实验幼儿园
成都市东部新区草池幼儿园
北京儿童品格教育研究院

本书编写说明

一、本书主题内容

“幼儿品格教育理论与实践丛书”是立德树人教育根本任务在幼儿园的实践探索与实施总结，凝聚了广大幼儿园教师品格教育实践的智慧与思考。本书是该丛书小班(3～4 岁)的内容，由 8 个品格主题和 13 个社会技能构成，具体分布情况见“小班品格主题与社会技能分布一览表”。

小班品格主题与社会技能分布一览表

年龄班	主题名称	品格	社会技能
小班	1. 我爱幼儿园	适应	好好说、倾听
	2. 我长大了	独立	拒绝
	3. 我不怕	勇敢	害怕时怎么办、打招呼
	4. 我们一起玩	爱心	表达爱、说“谢谢”
	5. 慢慢做事不着急	耐心	按要求做、请大人帮忙
	6. 遵守规则好孩子	秩序	按顺序来
	7. 我是好奇小宝宝	好奇	问问题、邀请别人玩
	8. 勤俭节约我最棒	节俭	学会称赞

二、本书章节构成及编写说明

本书基于全环境育人的理念，围绕品格和社会技能，从主题说明、主题目标、环境创设、教学活动案例及反思、区角活动案例、一日生活指导、家园共育指导七方面逐一进行梳理，帮助教师系统、全面地掌握该品格主题和社会技能的培养重点和实施策略。各部分编写说明如下。

(一)主题说明

阐述每一个主题中的品格和社会技能的内涵及培养重点，同时围绕品格主题和社会技能梳理幼儿的发展特点与需求，帮助教师明确课程实施的重点与难点，这也是确保课程实施效果的起点与关键。

(二)主题目标

基于幼儿年龄特点、认知发展水平及生活经验，明确每个主题活动应当达成的发展目标和教育目标，让教师能够准确把握并掌握好教育教学的边界。

(三)环境创设

浸润式的品格环境对幼儿良好品格养成有重要作用。本书的环境创设部分主要从班级主题墙、家园共育栏以及幼儿成长(学习)记录墙三部分来梳理环境创设的思路，每个部分都会简要阐述背后的设计意图，旨在为教师提供大致的环境创设框架，为教师的实践工作提供借鉴与参考。

(四)教学活动案例及反思

品格教育是幼儿园的底色，应当贯穿于幼儿园一日生活的各个环节，同时也应当体现在幼儿园的五大领域教学活动中。

本书的教学活动案例及反思主要由两大部分构成。第一部分主要与品格主题相关，分别是品格绘本阅读活动(语言领域)、品格社会领域活动(社会领域)和品格综合领域活动(主要是指围绕品格主题开展的健康、科学、艺术领域的集体教学活动)，每个活动以表格的形式呈现并明确标注活动中的品格元素，旨在帮助教师了解品格教学活动的组织要点。第二部分是专门针对社会技能设计的教学活动，由于社会技能的教学策略与品格培养略有不同，所以活动方案的呈现形式与品格教学活动的方案也不一样。

(五)区角活动案例

这部分根据每个主题的品格元素、培养目标及幼儿的年龄特点，选择三个有代表性的区角并设计相应的区角活动方案，强化教师在幼儿自由游戏中的观察和随机实施品格教育的能力。

(六)一日生活指导

这部分将每一个主题中的品格培养目标与社会技能培养重点与幼儿园一日生活流程相对应，然后根据幼儿的年龄特点梳理出培养重点，帮助教师更好地抓住保教工作中的教育契机，对幼儿进行生活化、渗透性、随机性的引导。此外，这部分还呈现了幼儿园教师日常指导的情境案例以及幼儿园开展的品格与社会技能体验活动，让读者进一步感知生活中的品格教育策略与方法。

(七)家园共育指导

家园共育是幼儿教育的主旋律，幼儿良好品格的发展和社会技能的习得离不开家长的支持。幼儿园作为专门的教育机构承担了对家长进行家庭教育指导的重要责任，因此，每月主题在家园共育指导部分梳理了“品格指导要点”和“社会技能指导要点”，帮助教师更深入、专业地开展家园共育工作。

此外，为了更好地解答教师、家长在品格家园共育中的困惑，本书在家园共育指导部分还设计了“你问我答”部分，梳理了教师、家长在品格培养及家园沟通中的常见问题并给予指导，希望能够从教育理念、教育方法等方面为一线教师与家长的沟通互动提供帮助与支持。

我们衷心希望本书能够为幼儿园落实立德树人教育根本任务、实践品格教育提供思路和启发；也希望广大一线教师能够在实践中不断探索，寻找到适宜、科学、有效的路径、策略与方法，以促进幼儿良好品格的发展。

目　录

第一章　概　述

一、幼儿品格教育的背景与价值

品格是指个体在遗传和环境交互作用下，形成的道德品质、人格特质及社会性方面的情感、认知与行为特征。品格是一个大概念，既包括一个人的道德与人格，也包括参与社会生活所必需的社会技能，更包括以爱党爱国为核心的政治思想素养。品格教育是指通过教育者与受教育者相互的、具有教育性的活动，引导和促进受教育者形成符合社会期待和评价标准的道德，形成有助于个体终身发展的健全人格以及良好的社会性品质与行为。品格教育是根基性教育，是贯彻落实立德树人根本任务的重要内容，为一个人终身优质、健康和可持续发展奠定基础。

(一)落实立德树人根本任务

马克思主义关于人的全面发展学说认为，人的全面发展必须是人的全部特征的发展。在马克思看来，全面发展的人是具备适应社会各种需求能力和素质的“全人”。《中华人民共和国教育法》第五条明确规定“教育必须为社会主义现代化建设服务、为人民服务，必须与生产劳动和社会实践相结合，培养德智体美劳全面发展的社会主义建设者和接班人”。其中，德育被放在了首要位置，这充分体现了“教育是根本，德育是前提”这一核心理念。

人无德不立，业无德不兴，国无德不威。2021 年，十三届全国人大四次会议通过了《中华人民共和国国民经济和社会发展第十四个五年规划和 2035 年远景目标纲要》，指明建设高质量教育体系应“全面贯彻党的教育方针，坚持优先发展教育事业，坚持立德树人，增强学生文明素养、社会责任意识、实践本领，培养德智体美劳全面发展的社会主义建设者和接班人”。党的二十大报告明确提出，“全面贯彻党的教育方针，落实立德树人根本任务，培养德智体美劳全面发展的社会主义建设者和接班人”。“立德树人”作为我国教育的根本任务和时代主题，从根本上解决了“培养什么人、怎样培养人、为谁培养人”的问题。落实立德树人根本任务，要从儿童青少年抓起，“扣好人生第一粒扣子”。落实立德树人根本任务，需要弘扬社会主义核心价值观，培养具有中华优秀文化底蕴、中国特色社会主义共同理想和国际视野，以及道德情操和人格魅力的社会主义建设者和接班人。

从国家发展来看，品格教育是培育和践行社会主义核心价值观的重要体现，是落实立德树人教育根本任务的基础。开展好品格教育才能为国家培养出具有家国情怀、政治素养、远大理想，并能够脚踏实地、德才兼备的社会主义建设者和接班人。

(二)践行社会主义核心价值观

和谐社会是一种具有民主法治、公平正义、诚信友爱、充满活力、安定有序、人与自然和谐相处等基本特征的社会发展模式。建设社会主义和谐社会需要全体人民达成道德共识，遵循共同的道德规范和伦理精神。没有道德共识的社会将是一个没有道德追求和道德行为底线的社会，也将是无序和混乱的社会。如果不能达成道德规范和准则的共识，没有主流价值和道德共识作导向和支撑，整个民族的意志就会涣散，难以形成凝聚力和向心力，更难以实现不同群体之间的和谐。

建设和谐社会需要培育和践行社会主义核心价值观。党的二十大报告明确提出要“广泛践行社会主义核心价值观。社会主义核心价值观是凝聚人心、汇聚民力的强大力量。弘扬以伟大建党精神为源头的中国共产党人精神谱系，用好红色资源，深入开展社会主义核心价值观宣传教育，深化爱国主义、集体主义、社会主义教育，着力培养担当民族复兴大任的时代新人”。“富强、民主、文明、和谐”作为国家层面的价值目标，回答了“建设怎样的国家”这一命题。这一维度表达了我们国家所要追求的发展图景，即国家富强，实现普遍且大多数人的民主，要达到物质、精神和环境的高度文明以及社会的长治久安。“自由、平等、公正、法治”作为社会层面的价值取向，对“构建怎样的社会”做了明确的阐述，即物质生活和精神生活的自由，法律面前人人平等，社会制度给每个人以公平和正义以及能够依法治国、法制健全的美好愿景。“爱国、敬业、诚信、友善”作为个人层面的价值准绳，实质上是回答“培养怎样的公民”这一命题，是每个公民必须恪守的基本道德准则。只有每个公民成为“爱国、敬业、诚信、友善”的个体，国家才能实现“富强、民主、文明、和谐”，社会才能真正“自由、平等、公正、法治”。对幼儿的仁爱、感恩、责任、分享、合作、尊重、友爱、诚实、乐观、积极等品格的培养都是对其“爱国、敬业、诚信、友善”等重要品质的启蒙。

(三)为个体的终身发展奠基

儿童青少年是祖国的未来和民族的希望。当前我国儿童青少年发展状况总体较好，但依然存在着一些心理问题和道德问题。这些问题很大程度上是时代的变迁导致的，主要表现为：经济全球化时代的多样文化容易导致儿童青少年的主流价值观迷失；信息化、网络化容易导致儿童青少年交流的减少和道德的冷漠；功利化教育容易导致儿童青少年成“才”有余，成“人”不足。

学前儿童由于年龄小，各项能力尚处于启蒙与发展阶段，典型表现为自我服务的意识与能力较弱，规则意识不强；自制力、专注力、抗挫能力等方面不足；部分学前儿童还会出现做事急躁、缺乏耐心、情绪控制能力较弱等情况。此外，这个阶段的儿童还具有“自我中心”的心理发展特点，因而他们很难自发地表现出分享、助人、合作、友爱、慷慨等亲社会行为。但大量的科学研究与生活实践都无一例外地印证了“人生百年，始于幼学”的基本理念，“三岁看大，七岁看老”，幼年时期形成的良好品格将是幼儿一生受益不尽的财富。“扣好人生第一粒扣子”，在学前阶段帮助儿童树立正确的世界观、人生观、价值观，对他们进行良好品格的启蒙也是助力其在人生旅程中健康长期发展的内在要求。

大量教育学、心理学研究表明，儿童期是一个人品格形成最重要的启蒙期与发展期。因此，从0～12岁的儿童品格发展过程来看，学前阶段应注重其社会技能和行为习惯的培养，以及良好品德的启蒙、健全人格的初步塑造，培养幼儿的是非观、规则意识、自我控制能力、学习品质等。小学生阶段应注重品德养成，以及与之相关的社会技能培养，并强化以自制、主动、创造等为核心的人格特质，建立初步的国家、集体概念以萌发儿童的国家认同感和家国情怀，形成一定的法治意识及个体发展信念。

二、幼儿品格教育的核心目标

"品格"的英文一般用 Character 表示。从词源上来看，Character 源于古希腊语的 Karacter，意思是"雕刻"。因此，从"品格"这一词语产生伊始，就渗透着"品格可教"的概念。

奥地利哲学家马丁·布贝尔认为"名副其实的教育，本质上就是品格教育"。品格就是介于一个人的本质与他的外表之间的这种特殊纽带，介于他为人的统一性与他的一连串行为与态度之间的这种特殊关系。[①] 为了进一步区分品格与个性，他认为个性是指一个人身上所潜伏着的各种力量的独特结构，是一个"成品"，在其成长方面实质上是不受教育者影响的；而品格却不是"成品"，需要通过教育进行塑造。[②] 美国品格教育的代表人物托马斯·里克纳和马修·戴维森对品格的概念进行了重新界定，认为品格包括两部分：优越品格与道德品格。要拥有优越品格，应该首先知道优秀需要什么，要关注、关心优秀，还要努力做到优秀；要拥有道德品格，就必须了解优秀的道德标准是怎样，并用实际行动来践行。一个有品格的人身上往往可以实现优越品格和道德品格的融合。我国学者丁锦宏认为"品格"应该是指"内在于个体的道德品性"，品格具有个体性、道德性、统整性、稳定性、发展性等特点。[③] 潘光旦认为品格概念是从品性的事实中产生……而"格"具有典型、规范、标准的含义，所谓品格就是合乎道德行为标准的品性。[④]

基于以上学者对于品格的界定及品格教育的时代需求与特征，本套丛书将品格界定为"个体在遗传和环境交互作用下，形成的道德品质、人格特质和社会性方面的情感、认知和行为特征"。这一界定从根本上指明了个体品格形成的机制和影响因素，即受到遗传和环境(包括教育)的双重影响而产生；品格具有三结构，包括道德属性、心理属性和社会心理属性；个体品格主要表现为认知建立、情感体验、行为表达(图 1-1)。

---

① 张人杰、王卫东：《20世纪教育学名家名著》，254页，广州，广东高等教育出版社，2002。

② 张爱华、狄伟、宋跃：《马丁·布贝尔品格教育思想研究》，载《河北师范大学学报(教育科学版)》，第9期，2010。

③ 丁锦宏：《品格教育论》，49～53页，北京，人民教育出版社，2005。

④ 参见蔡春：《德性与品格教育》，博士学位论文，复旦大学，2010。

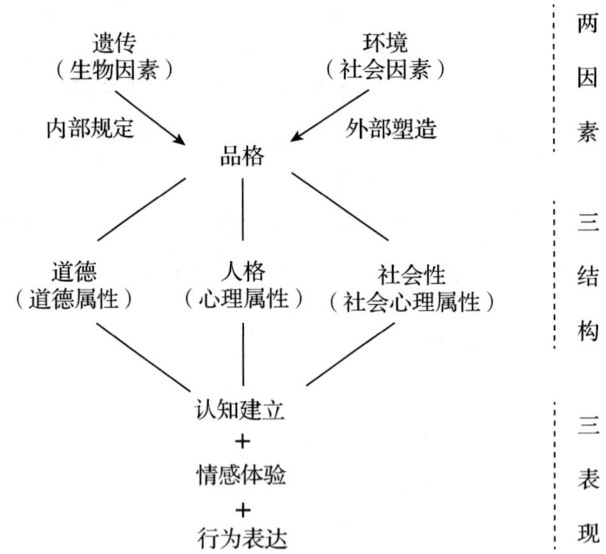

图 1-1　品格的两因素、三结构与三表现

(一)品格结构

无论是何种范畴的品格，都会呈现为一种具体的外在形态，这种形态有其相对稳定的外延和内涵，如勇气、自制、智慧等。体现为具体的品格规范的品德条目包含着丰富的价值和文化内涵，也就是说，品格是既具有其外在形态又具有其实质性的德性内容的架构或结构①。

幼儿品格结构的提出是基于前人的道德、人格以及社会性发展的理论与研究，尤其是幼儿身心发展的年龄规律和基本特点。结合教育实践，本套丛书选取并确立了 3～6 岁幼儿阶段最重要的三个方面(做人、做事、共处)的品格，构建其中的关键经验，即 30 个需要重点培养的品格(图 1-2)。其中包括以乐观、自制、主动、创造、仁爱、尊重为主的核心品格，以及与之相关的 24 个一般品格。从品格结构中可以看出，品格教育就是让幼儿逐渐学会做人、做事和共处。做人，应该需要具有乐观的思维方式并且拥有自制力和自控力；做事，应该具有主动性且具有创造性；共处，需要以仁爱之心为基础，并且懂得尊重。

核心品格与一般品格具有相同或相似的心理结构。品格结构中有六个核心品格，为乐观、自制、主动、创造、仁爱以及尊重。在六个核心品格中，每个核心品格下面都有四个跟这个核心品格有关的、支撑这个核心品格培养的一般品格，也可以说核心品格与其一般品格具有相同或者相似的心理能力，或有共同的培养目标。例如，自制这一核心品格，其实现需要个体的“意志力”，而自制对应的一般品格包括专注、秩序、节俭和节制，其实现都需要意志力的支撑，也可以说五个品格的培养都能促进意志力的形成，见表 1-1。

① 谢狂飞：《比较视野下的品格教育研究：以美国为例》，25 页，北京，中国社会科学出版社，2021。

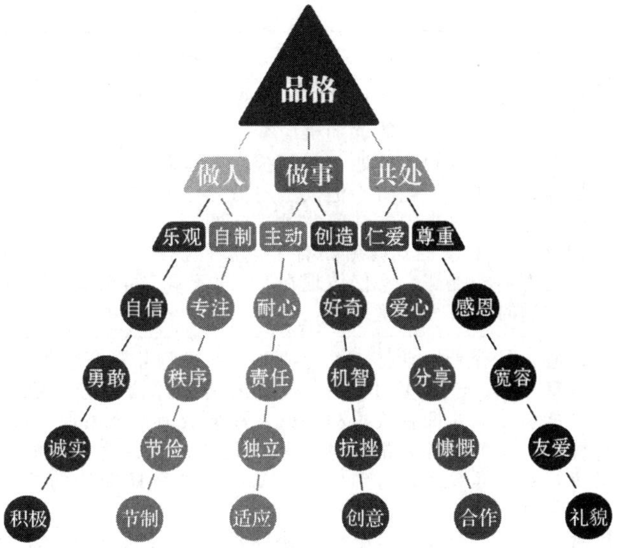

图 1-2 品格结构

表 1-1 核心品格与一般品格释义

核心品格	一般品格
乐观 乐观是一种力量，可以赋予幼儿能量，让幼儿在面对问题、挫折以及未来时充满希望，形成稳定的乐观心态和思维能力，乐享生活。	**自信**：能够正确地认识自己，相信自己有能力实现目标，因而不断激发自己的潜能。这是一种健康的心理状态，是每名幼儿都应该形成的良好品格。 **勇敢**：勇于做力所能及的事情，勇于表现和表达，敢于尝试一些新的事情，在新的环境中不害怕、能适应，愿意跟陌生的同龄人交朋友。 **诚实**：在言语上的诚实和行为上的诚实，敢于承认错误，主动向别人说“对不起”，在游戏和活动中不作弊。 **积极**：一种具有正向价值的情绪情感，积极心态能够提高一个人主观能动性和整体能力，对于幼儿步入小学以后学习能力的发展尤为重要。
自制 自制是幼儿心理发展的宝贵种子，是学习、交往与发展的基础，让幼儿学会等待，学会抵制诱惑，学会自我管理和自我控制。	**专注**：一项重要的学习型品质，如专注地做一件事情，不受外来事情的干扰，认真听他人讲话等。 **秩序**：在有序的生活环境中，形成自身的行为规律，物归原位、做事有序、自我管理和约束。 **节俭**：既是一种道德品质，也是一种人格特点。重点在于懂得物尽其用，珍惜财物，同时做到不浪费，不攀比。 **节制**：对于幼儿来说，节制就是指少看一会儿动画片，不任性哭闹，不暴饮暴食，不霸占玩具等。节制培养能够提高幼儿的自我控制能力，在今后处理事情的过程中逐渐做到恰到好处。
主动 主动是幼儿心理发展的宝贵种子，让幼儿摆脱依赖，更加积极地想问题、做事情，遇到问题自己解决，也为积极、好奇、创造、抗挫等品格培养奠定基础。	**耐心**：遇到困难时不哭不闹，情绪稳定不急躁，能够等待，集体活动时能够按顺序依次完成，不争抢物品等。 **责任**：体现在自我责任心、任务责任心、过失责任心、承诺责任心、他人责任心和集体责任心六个方面。 **独立**：减少对他人的依赖，做到自己的事情自己做，独立穿衣、吃饭、如厕、助人等，同时培养独立思考与问题解决能力。 **适应**：在从家庭到幼儿园这个过渡时期中，逐渐熟悉幼儿园的环境及要求，在心理和行为上做出相应调整，接纳和融入幼儿园生活，做到生活自理、情绪稳定、遵守规则和乐于与人交往。

续表

核心品格	一般品格
创造 创造就是用新奇的方法解决问题的思维品质，能够培养幼儿与众不同的想法，使其做独特的自己从而成为更有价值的人。	**好奇**：善于问问题、想办法，爱探索并且注意力集中。 **机智**：脑筋灵活，能够随机应变，尤其是在紧急或者困难情形下能又快又好地产生想法以解决问题，能够提高问题解决能力和创造力。 **抗挫**：在遇到问题时不消极、不低落，具有积极向上的心态并勇敢地面对问题，想办法解决问题，而非逃避问题。 **创意**：4～6 岁的幼儿就具有了创造性思维，而且随着年龄的增长，他们的创意能力不断提高，不仅体现在“与众不同”的想法中，还体现在遇到问题、解决问题时具有创意精神。
仁爱 当幼儿拥有仁爱品格，就会表现出尊重长辈、关爱他人，并富有责任感与同情心，这是幼儿拥有良好的人际关系的前提，对其身心发展和个性养成具有重要的意义。	**爱心**：具有爱护自己、关爱他人、保护物品和环境等情感和行为。 **分享**：把自己喜欢的物品、美好的情感体验及劳动成果与他人共享。乐于分享能够让幼儿拥有快乐和友谊，逐渐成为一个乐观、自信的人。 **慷慨**：一个不吝啬帮助他人的人，通常被认为是友好的、真诚的，他会拥有更好的人际关系，得到更多的认同。慷慨还能让幼儿学会站在他人的角度考虑问题。 **合作**：二人或多人一起分工协作以达到共同目的。合作品格的培养能让幼儿体会合作的快乐和集体精神，并有利于其认知发展、自律性以及社会交往能力的提升。
尊重 尊重是人际交往的基本行为准则，也是重要的心理需求。具有尊重品格的幼儿懂得换位思考、体谅别人，能够欣赏并接受人与人之间的差异。	**感恩**：感恩作为一个人积极的个性品质，也是维护其心理健康的重要内在力量。感恩品格的培养需要让幼儿愿意向帮助自己的人表达感谢并付诸实际行动。 **宽容**：大班幼儿已逐步摆脱“自我中心”，对宽容有了一定的理解与认识。宽容能让幼儿自主地接纳他人与自己不同的地方，并能在人际交往中通过协商等方式处理同伴之间的矛盾与冲突。 **友爱**：一个人能否与他人友好地相处，是决定一个人是否能在社会上立足的关键。大班幼儿逐渐表现出亲社会行为，并且友爱意识逐渐萌发。友爱品格能够让幼儿在幼儿园和小学里成为更受欢迎的人。 **礼貌**：礼貌是幼儿与人交往必备的技能，不仅能够促进幼儿的社会发展，还让其需求容易被人理解和接受，从而形成自信和自尊。

品格结构与中华传统价值观一脉相承。中华传统价值观倡导的天人合一、民本、和为贵、和而不同、中庸、乐群、均富、诚信等是历经几千年变迁和社会实践而被证明有利于人类生存发展及社会进步的精神财富。其中，君子文化作为中华优秀传统文化的重要组成部分，在一定程度上承载和积淀了中华传统价值观，同时也蕴含着家国情怀、道德遵循、人格力量等时代内涵。牟钟鉴通过对君子道德人格的概括，认为君子文化主要表现为“‘六有’，即有仁义，立人之基；有涵养，美人之性；有操守，挺人之脊；有容量，扩人之胸；有坦诚，存人之真；有担当，尽人之责”①。冯国栋从君子文化的当代价值的视角，提出君子文化主要包括“自强不息的人生态度、厚德载物的人生格局、惩忿窒欲的人生修养以及居德善俗的人生责任”②。君子文化中所蕴含的对国家、社会、个人的教养功能在今天依旧焕发光彩。本套丛书提出的品格正是对中华优秀传统价值观与君子文化的继承与发扬，见表 1-2。

① 牟钟鉴：《重铸君子人格 推动移风易俗》，载《孔子研究》，第 1 期，2016。

② 冯国栋：《从〈周易·大象传〉看君子精神的现代价值》，载《光明日报》，2017-10-11。

表 1-2 品格德目与中华优秀传统价值观的对应关系

中华优秀传统价值观	释义	对应品格德目
仁	仁人、爱人、仁爱	仁爱、爱心、感恩
义	大义、正义、公平、公正、公道	分享、合作、责任、秩序
礼	明礼、礼貌、礼让、礼节、礼仪	尊重、友爱、礼貌
智	知者、明智、智慧、机智	创造、好奇、机智、创意
信	诚信、信任	诚实
勇	勇敢、坚强、刚毅	抗挫、勇敢
节	节气、名节、操守、节制	自制、专注、节俭、节制
恕	己所不欲，勿施于人	宽容、慷慨
宽	事宽则圆	乐观、自信、积极
敏	敏而好学、敏则有功	主动、耐心、独立、适应

(二)社会技能

社会技能是儿童社会性发展的重要方面。格雷沙姆和埃利奥特认为，社会技能是社会可接受的习得行为，它能使个体与他人积极互动，并且知道如何回避那些不被社会接受的行为，同时指出社会技能对个人的成功起着关键作用；随着幼儿的成长，他们会与不同环境、不同情境中的许多人(包括家庭成员、同龄人、教师、其他人)交往，在与他人交往时，一些幼儿能够熟练地使用这些社会技能，而另外一些幼儿却缺乏使用这些积极社交行为的能力或者动机。① 已有研究表明，社会技能水平显著影响儿童的同伴关系、社会支持、身心健康乃至未来的学业适应和社会适应②，幼儿社会技能水平低下将与其无法适应学校、同伴拒绝和未来的消极行为等相联系③，因此幼儿需要有机会去学习并提高自己的社会技能。

本套丛书提出的幼儿 40 项社会技能是陈会昌教授主持的国家自然科学基金重点课题“儿童早期社会化”的核心研究成果，包含了幼儿乃至整个儿童期应该具有的 40 种社会规则、交往技能以及心理能力。按照社会技能的基本内涵，40 项社会技能可以分为六个单元，见表 1-3。

---

① Gresham，F. M. and Elliott，S. N.，*Social Skills Improvement System*：*Rating Scales*，Bloomington，MN：Pearson Assessments，2008，pp. 1-30.

② 张承芬、曹月勇、常淑敏：《学习困难儿童与非学习困难儿童问题行为、社会技能的对比研究》，载《心理学探新》，第 1 期，2000。

③ 张琴：《儿童社会技能的培养》，载《吉林省教育学院学报·上旬刊》，第 1 期，2013。

表 1-3　40 项社会技能及其结构划分

单元	40 项社会技能
基本社会技能	倾听、好好说、大胆地说、说“谢谢”、自我奖赏、寻求帮助、说“劳驾”、忽视
与学习有关的技能	问问题、按要求做、遇到困难多尝试、插话
交友技能	打招呼、分辨体态语言、加入、按顺序来、分享、提供帮助、邀请别人玩、学会称赞
调节情绪的技能	了解自己的情绪、感到被忽视、表达烦恼、害怕时怎么办、判断别人情绪、表达爱
攻击的替代办法	对付攻击、消除坏心情、判断是否公平、自我克制、承认错误和道歉
应对压力的技能	学会放松、避免再犯错误、诚实、请大人帮忙、抗挫能力、争当第一、拒绝、接受拒绝、我的卡片盒

40 项社会技能基本属于品格行为范畴，但是除了行为成分之外，其也存在心理能力的成分，如抗挫能力既包括行为，也包括抗挫的意识和态度。总之，40 项社会技能是极为重要的品格行为，是品格行为的强化版，并可以通过一定的训练而直接表现出来。

(三)分龄渐进的品格养成

品格结构内容丰富，落实到实操层面，则需要有一定的主线或主题，否则教育活动无法有效开展，效果也无法评价，教师和家长缺少抓手。同时，3～6 岁学前儿童的发展也存在着明显的阶段性，因此在不同的年龄发展阶段，品格培养的重点也有所不同。此外，某些品格的培养需要其他品格作为基础，如“合作”“慷慨”的培养需要以“爱心”“分享”为基础。因此，本套丛书以幼儿发展特点和规律为出发点，遵循品格培养的一般规律，形成了每个年龄段的品格教育重点以及 40 项社会技能培养重点，见表 1-4。

表 1-4　品格教育与社会技能培养各年龄段重点

年龄	品格教育重点	40 项社会技能培养重点
小班	适应、耐心、勇敢、爱心、主动、仁爱	倾听、好好说、说“谢谢”、按要求做、打招呼、害怕时怎么办、表达爱、请大人帮忙
	独立、节俭、秩序、好奇、自制、尊重	拒绝、邀请别人玩、按顺序来、学会称赞、问问题
中班	诚实、礼貌、专注、机智、乐观、创造	承认错误和道歉、诚实、说“劳驾”、插话、学会放松、寻求帮助、对付攻击、忽视
	分享、责任、节制、自信、主动、仁爱	分享、自我克制、自我奖赏、大胆地说、我的卡片盒、避免再犯错误
大班	合作、抗挫、感恩、友爱、自制、尊重	加入、接受拒绝、判断别人情绪、分辨体态语言、抗挫能力、遇到困难多尝试、表达烦恼
	创意、慷慨、积极、宽容、乐观、创造	提供帮助、了解自己的情绪、争当第一、感到被忽视、判断是否公平、消除坏心情

三、幼儿品格教育的基本理念

(一)在尊重儿童天性的基础上肯定“品格可教”

对于个体天性的尊重最早其实来源于哲学思想。我国古代哲学家、思想家老子在《道德经》中提出“人法地、地法天、天法道、道法自然”,道法自然指万事万物的运行法则都是遵守自然规律的,这个自然规律包括自然之道,社会之道,人为之道。人是自然的产物,人的发展也必然遵循基本规律,因此教育也要顺势而为,尊重天性。18 世纪中期,启蒙运动思想家卢梭在其代表作《爱弥儿》中指出,“在自然秩序中,所有的人都是平等的”,他对旧教育提出了尖锐的批评,并提出教育要回归天性,要“以儿童为中心”“天性为师”。我国著名教育家陶行知先生基于杜威思想提出了“生活即教育”“社会即学校”“教学做合一”等理念主张,成为我国最早呼吁解放儿童天性的学者。我国著名教育家、心理学家陈鹤琴先生从儿童心理发展角度认识到儿童区别于成人的独特性,以及儿童教育应该具有的独特方法,提出了教育的根本目的是“做人,做中国人,做现代中国人”。

尊重天性不仅在哲学或者教育领域被推崇,更为大量的研究所证实。例如,大样本的双生子遗传特性研究发现,在人类一些生理特征方面遗传具有较强的解释性,包括身高、体重、先天性疾病等。值得注意的是,遗传所带来的“天性”也体现在人格、气质等方面。因此,认识儿童品格或者开展儿童品格教育,要建立在尊重儿童的天性,也就是遗传带来的内部规定性的基础上:一方面,尊重个体道德、人格和社会性发展的规律,从一般规律出发,实施教育;另一方面,尊重个体差异性,遗传表现为两种主要方式,即每个人的最大限度能力不同以及每个人在每种心理能力上表现和发挥的时间表不同。因此,幼儿品格教育需要因材施教,需要个性化指导。

正视并正确认识天性,从天性出发,并非意味着教育在天性面前无能为力。相反,我们应该始终认识到“品格可教”“品格需教”。《学记》中说“玉不琢,不成器;人不学,不知道。是故,古之王者,建国君民,教学为先”①。品格的三结构中,道德形成主要靠后天的培养,人格中除了先天遗传因素之外也依靠后天塑造,而社会性更主要依赖环境与教育。

(二)品格教育具有教育性,是活动,更是过程

并非一切活动都具有教育性,也并非一切具有教育性的活动都发生在正规的学校教育中。教育的本质其实是“规范引导”和“自主建构”,其中“规范引导”是教育的职能,“自主建构”是教育的目的和结果,过程中的教育者与受教育者的关系极其重要,因此品格教育从根本上首先是一种“教育活动”,具有“引导性”“社会性”功能。

品格教育的过程性主要体现在两个方面。首先,品格教育是在活动过程中展开,具有活动性,因此也强调受教育者的主体性。其次,一个人良好品格的养成并非一朝一夕之功,而是需要贯穿一个人生命的始终。

---

① 高时良:《中国教育名著丛书·学记》,53 页,北京,人民教育出版社,2016。

(三)品格教育强调教育者与受教育者之间的平等共生关系

无论从哪个角度讲，教育者都该是教育过程的引导者、受教育者的引路人。真正的教育是在教育者与受教育者之间架起心灵的桥梁，彼此产生深刻的影响。在品格教育中，教师既不是“主人”，也不是“仆人”，而是“平等中的首席”(first among equals)，师生之间是平等共生的关系，在过程中彼此实现教育与精神的共同成长。

(四)品格教育重视对受教育者核心价值的传递

人类社会发展的历史证明，在一定的时空范围和文化背景下，核心价值有其普遍性和共同性。教育的社会属性决定了品格教育必定要赋予受教育者特定的、能为所有文化所接受的、具有共同性和普遍性的核心价值(core values)。托马斯·里克纳就非常强调核心价值在品格教育中的作用，他认为核心价值肯定了人类的尊严，促进个人和群体向善的方向发展，并且保护了人类的权利。核心价值规定了社会中个人的责任，为人类文明所公认，同时具有一定的文化性、民族性和时代性，并将被文明所传承。

(五)品格教育反对简单灌输，重视受教育者的品格形成过程

品格教育不是强调价值的唯一性，而是强调价值的共通性、同一性。因此品格教育的过程并不是教育者对受教育者的专制灌注的过程，而是教育者对受教育者的价值引导，并通过受教育者的自主建构价值，进而形成良好品格的过程。

在上述品格教育基本理念的基础上，本研究形成了具体的品格教育策略，见表 1-5。

表 1-5　品格教育基本理念及对应教育策略

基本理念	对应教育策略
品格形成受先天遗传因素影响	◆ 品格教育内容建构需要遵循个体道德、人格、社会性发展的一般规律。 ◆ 充分考虑不同气质类型和不同人格特点的儿童品格发展的不同特点，教育方法力求有针对性。 ◆ 重视教师和家长的素养提升，最终实现个性化教育。
品格可教、品格需教	◆ 重视品格教育，使其成为全社会的基本共识。 ◆ 把握儿童品格发展关键期，积极实现教育引导。 ◆ 将品格教育作为幼儿园教育、家庭教育和社会教育的重点。
品格教育是具有教育性的活动	◆ 设计有目的、有针对性的教育活动，系统开展品格教育。 ◆ 品格教育需要日常渗透，更需要专门性的教育活动。 ◆ 注重品格教育的引导性和社会性功能。
品格教育具有过程性	◆ 从整个生命历程认知品格教育，构建不同年龄阶段的品格教育重点。
强调教育者与受教育者之间的平等和共生关系	◆ 通过提升“重要他人”的教育素养，构建平等共生的师生、亲子关系。 ◆ 强调在品格教育过程中师生、亲子共同成长。
注重核心价值的传递	◆ 厘清核心价值，确立传递方法与路径。
反对简单灌输，重视受教育者品格形成过程	◆ 基于儿童发展特点，确立适宜的品格教育方式。

四、幼儿园品格教育的实现途径

(一)知情行相统一

品格指个体在遗传和环境交互作用下，形成的道德品质、人格特质和社会性方面的情感、认知和行为特征。从这一界定来看，无论是道德、人格还是社会性，其内部都包含了认知、情感和行为的成分。德性存在于生命个体的精神运动过程中，是知与行的统一，理性与情感的统一。在我国伦理文化中，王阳明基本上完成了“知行合一”的论证和界说，主要包括两个层面：(1)知就是行，行就是知，“知是行之始，行是知之成”；(2)真知必行，不行不知，即“知行合一”既不是一个既得的状态，也不是一个向往的理想，而是一种转化和完善自身品格的内在“决心”过程，两方面都统一于个体的品格形成过程。① 托马斯·里克纳也认为品格实际上是一个社会心理学中的“态度”概念，具有“认知”“情感”和“行为”三方面要素成分，并且这三者不是分离或者分裂，而是统一和交融的。② 因此，品格教育的实施需要通过系统化的教育手段，培养幼儿对于品格的认知，体会到品格情感，并最终落实体现在品格行为上，尤其是强调行为的养成，因此会通过专门的社会领域活动及社会技能训练活动强化行为，最终实现“知行合一”。

借鉴道德认知、情感和行为的界定，品格认知其实就是“品格认识”，是指人们对客观存在的道德和社会关系及如何处理这种关系的原则和规范的认识，包括品格概念的掌握、品格评价和品格判断能力的发展、品格信念的产生及品格观念的形成等。其中，概念掌握、评价和判断能力的发展是认知形成和发展的重要阶段和主要标志。它是在实践的基础上，通过教育、训练和社会影响，在不断掌握概念、逐渐提高评价和判断能力的过程中而形成、发展和加深的。其形成使得人们在品格发展过程中能按照一定的原则和规范去行动，不但懂得应该怎样做，而且懂得为什么这样做，从而提高品格的自觉性、主动性和创造性。作为品格形成和发展的基础，其对品格情感和行为起着指导、调节和控制作用。例如，诚实品格具体到认知方面，就是指孩子知道诚实就是不说谎(品格概念)，知道什么情况属于诚实或者不诚实(品格评价与判断)，建立“说真话”“不私自拿别人的东西”“主动承认错误”等观念(品格观念)。

品格情感是指一种情感体验，是个体的一种主观态度，是在一定的社会条件下，人们根据准则要求进行活动时所产生的爱慕、憎恶、信任、同情等比较持久而稳定的内心体验。品格情感，尤其是其中的道德情感具有一定的社会历史性与阶级性。当品格情感与品格认知一致时，便产生积极稳定的内心体验；两者矛盾时，会产生消极的、不稳定的内心体验。品格情感要在社会实践和教育基础上逐步形成，品格情感教育主要包含两方面的任务：一是帮助幼儿形成和增强同所获得的品格认识相一致的品格情感；二是改变那种与应有的品格认识相抵触的品格情感。品格情感往往表现为自豪、内疚、羞耻和尴尬等。例

① 檀传宝、王啸：《中外德育思想流派》，80页，北京，人民教育出版社，2015。

② 檀传宝、王啸：《中外德育思想流派》，417页，北京，人民教育出版社，2015。

如，诚实品格具体到品格情感方面，就是指当孩子勇于承认自己的错误时，他的情感体验应该是高兴的、自豪的。

品格行为是个体品格认知的外在表现，其基本特征在于它是个体对自己、他人和社会利益的自觉认识和自由选择的表现。作为一种社会行为，它并不是孤立的、纯粹道德意义上的行为，而是可以进行善恶评价的行为。善恶评价的标准取决于它是否有利于他人和社会。因此，品格行为也可以说是能够按照一定的原则和规范进行评价的社会行为，它可以是一时性的，也可以是经常性的。那种已经巩固并且自动化了的品格行为变成了品格行为习惯。组织行为练习是使品格行为转化为品格行为习惯的重要途径。

(二)家园社协同育人

苏霍姆林斯基曾说："两个教育者——学校和家庭不仅要一致行动，向儿童提出同样的要求，而且要志同道合，抱着一致的信念，始终从同样的原则出发，在教育的目的、过程和手段方面，都不要发生分歧。"[①]2018 年习近平总书记在全国教育大会上指出，"办好教育事业，家庭、学校、政府、社会都有责任"。教育部颁布的《3—6 岁儿童学习与发展指南》也指出："家庭、幼儿园和社会应共同努力，为幼儿创设温暖、关爱、平等的家庭和集体生活氛围，建立良好的亲子关系、师生关系和同伴关系，让幼儿在积极健康的人际关系中获得安全感和信任感，发展自信和自尊。"家长是未成年人成长与发展的第一责任人，家庭是幼儿品格形成最重要的场所。因此，幼儿品格教育必须坚持家、园、社协同育人的基本路径，充分发挥幼儿园的主导和引领作用，带动并发挥家长的主体性责任，充分利用社区、社会资源，实现育人目标。

家长是幼儿品格培养的第一"重要他人"。家庭是人生的第一所学校，家长是孩子的第一任老师，家庭教育是人才培养的奠基工程。成功的家庭教育，需要正确价值观的不断引导，同时也有赖于优良家风的濡染。除此以外，家庭功能、家长教养方式、家长参与程度、家庭社会资本等与儿童发展各方面之间相互关系的研究一直以来也是教育学、心理学的重点研究方向，并取得了大量的实证结果。例如，周利娜等人研究发现母亲温情、积极教养及良好的家庭功能是儿童攻击行为发展的保护性因素[②]；李晓巍等人研究发现人格在儿童的问题行为和家庭功能之间起着中介作用，家庭中亲密关系需要通过人格因素来起到减少行为问题的作用[③]。同时，父母自身的人格对幼儿的人格形成和发展也起到重要影响。因此，家长需要在幼儿园的引导下，基于对幼儿心理和品格发展规律的了解，不断提升自己的家庭教育能力和素养，最终建立自身的家庭品格教育理念系统。

幼儿园教师需要不断提高其品格修养与专业能力。幼儿园教师的角色不仅是知识的传

---

① 肖甦主编译：《苏霍姆林斯基教育智慧格言》，333 页，北京，人民教育出版社，2014。

② 周利娜、张文新、纪林芹：《儿童攻击与母亲教养及家庭功能的关系》，见《第十一届全国心理学学术会议论文摘要集》，河南开封，2007。

③ 李晓巍、邹泓、金灿灿等：《流动儿童的问题行为与人格、家庭功能的关系》，载《心理发展与教育》，第 2 期，2008。

递者，而且是幼儿学习活动的支持者、合作者、引导者。教师的言行举止是幼儿模仿的榜样，对幼儿起着潜移默化的作用。幼儿园教师的专业素养和师幼互动的质量直接影响着幼儿品格的形成与发展。师生关系是儿童进入学校环境后新建立的一种关系，儿童同教师关系的质量决定其在学校的社会交往和学业表现。积极的师生关系促进儿童发展和使用社会技能以应对挑战；消极的师生关系阻碍儿童良好发展。在关于母子关系与师生关系对儿童问题行为发展的影响的研究中发现，母子关系无法直接预测入园一年时的问题行为，但冲突性的师生关系却可以直接负向预测儿童的退缩和违纪问题。① 如果教师把幼儿当作有独立人格的人，爱护他们的自尊心，尊重他们的人格，就会与幼儿建立起和谐、平等的师幼关系，进而帮助幼儿建立起安全感、归属感，促进他们与同伴的正向交往。② 同时，幼儿园教师既是幼儿的直接教育者，又是家长的合作伙伴，因此其专业性还体现为与家长进行日常教育问题沟通，以及专门性的家庭教育指导。因此，幼儿园品格家园共育中非常重要的路径就是全面且持续提高教师的家庭教育指导能力、家长工作能力、幼儿园品格教育环境创设能力、品格活动开展能力、师幼互动素养以及幼儿品格的观察与评价能力等。

总之，在幼儿品格培养过程中，幼儿本身的道德发展阶段以及社会心理能力特点的影响，使得家长和教师天然成为影响幼儿品格的重要他人。家长和教师的观念、行为、态度直接影响亲子/师幼互动方式和质量，从而影响幼儿的道德认知和情感体验、自我意识、人格养成及社会性观念与行为表现。因此，品格家园共育的核心是提升家长和教师的教育素养，唯有如此，才能通过“重要他人”的直接和间接影响作用，促进幼儿品格发展。

(三)全环境渗透化

生态系统理论、重叠影响域理论，尤其是情境性理论，特别强调环境在幼儿发展，尤其是品格发展中的重要价值。所谓全环境育人即指在幼儿生活的环境中应无不渗透品格培养的要素，主要表现为物理与心理环境创设、品格教育在一日生活中的渗透培养、社会领域活动与其他领域活动的有机融合等。

1. 以经典图画书为切入和载体

图画书对于幼儿品格培养具有不可替代的价值。已有研究认为文学作品是品格教育的重要资源，教师应使用文学作品中所蕴含的多种道德故事来对学生进行品格教育。图画书作为文学作品的一种，用其独特的文字符号和精美的图画来呈现故事情节，丰富的故事内容不仅蕴含着教化人的意境，也能促使儿童反思自身的行为，并在一定程度上按照绘本中的故事情节进行实践活动。③ 幼儿可以在愉悦的学习与体验中，通过与故事形象共情产生一定的品格情感，内化品格内涵。特别值得注意的是，这种教育过程是渗透式的、参与性的且基于幼儿发展特点、经验与需求，而不是单纯的说教或灌输。

---

① 张晓、陈会昌、张桂芳：《母子关系、师生关系与儿童入园第一年的问题行为》，载《心理学报》，第 4 期，2008。

② 姚铮：《幼儿园人际环境对幼儿社会性发展的影响》，载《幼儿教育》，第 2 期，1994。

③ 赵悦：《幼儿园品格教育中图画书的应用研究》，硕士学位论文，山东师范大学，2021。

2. 在一日生活中随机、灵活培养品格

幼儿的品格学习有很强的随机性，其中有相当一部分学习过程和学习结果不发生在课堂上，而是存在于现实生活中。幼儿园是幼儿生活的第二环境，幼儿在这里学会学习，学会做人，学会生活。因而，教师要充分发挥幼儿园的小型社会功能，有效地促进幼儿社会化，需要把社会教育内容渗透到幼儿的日常生活当中，以日常生活的各个环节为抓手，各环节之间的转换过程可以作为培养幼儿规则意识的重要契机来抓，把入园和离园、用餐和吃水果点心、如厕和盥洗、午睡和休息、整理床铺和自己的生活物品等生活情境都作为教育内容的重点。在培养幼儿生活常规教育中，教师要互相配合，按照生活的常规顺序培养幼儿有序而整洁的好习惯。对于人际交往和社会适应的渗透，有的是一天之内多次重复，有的是日复一日地重复，以促进幼儿早日养成良好的习惯。

3. 在主题活动中渗透品格养成

幼儿园的主题活动，是从幼儿的实际出发，按照科学性、趣味性和灵活性的原则，在一段时间内围绕一个中心选取某个主题，让幼儿在原有经验的基础上通过观察、探索、思考、动手操作和实践活动，获得有关该主题的完整经验，从而获得最佳的教育效果的活动过程。主题活动打破了学科界限，力求保证幼儿教育的生活化和完整性。品格教育不能与其他领域教育分割，它是一个综合领域，避免单纯的学科本位教育现象。品格教育也不能与儿童的技能、价值观等的发展相分离，要将品格培养目标与幼儿的发展目标有机地统一到教育教学活动中。主题活动的教育价值恰好符合品格教育的基本要求。品格教育活动从领域角度更加偏重社会领域，但是同时在健康、语言、科学、艺术等领域也应灵活渗透品格培养。

健康领域与品格教育。良好的师生关系与同伴关系可以促使幼儿获得安定与愉快的情绪，对周围的人和事产生信任感和依赖感，这是形成幼儿良好社会情感的基础。在开展相关活动时，除了实现健康领域本身的培养目标，教师还需适当考虑品格培养的目标。在认识情绪的相关活动中，教师除了引导幼儿了解不同情绪产生的原因、调节情绪的方式，还要引导幼儿关注身边人的情绪状态，进而学会关心、安慰、帮助他人。教师要在活动中有意识地培养幼儿的共情能力，让幼儿“眼中有他人，心中有温暖”。这样不仅能促进学前儿童社会性的成长，提高其人际交往和社会适应能力，还能提高教学活动实施的效果。

语言领域与品格教育。故事与文学是进行品格教育的重要资源，也是开展品格教育的主要途径。很多经典的诗歌、散文、故事都包含着品格教育的内容。例如，诗歌《轻轻地》反映了一种良好的行为习惯——不妨碍他人休息①；散文《云彩和风儿》不仅生动形象地呈现了彩云在风的吹拂下千变万化的姿态，更让幼儿在活泼的文字中萌发对云彩的想象，发展幼儿的创意思维；故事《小蝌蚪找妈妈》让幼儿知道仔细观察、耐心倾听的重要性。所以，在语言领域教育中渗透品格教育的内容不但能赋予语言活动以深刻的内涵，同时也将品格教育落到了实处，帮助幼儿形成品格认知与情感。

科学领域与品格教育。科学领域教育的主要任务是让幼儿在探索具体事物和解决实际

① 胡仙鸽：《幼儿园语言教育活动设计与指导》，112 页，北京，北京师范大学出版社，2016。

问题的过程中，初步尝试发现事物之间的不同之处和相互联系的过程。在对自然事物的探究和运用数学解决实际问题过程中，务必要认识到引导幼儿学会认识与探索世界的最终目的是保护自然和服务社会，使他们学会关心周围的环境，爱护身边的动植物，珍惜宝贵的自然资源，形成初步的环境保护意识。例如，幼儿对“水”的学习和探究，不仅是将水作为一种化学物质来了解，更重要的是要让幼儿意识到水对生命的意义，进而提升到认识水的文化意义和社会意义；让幼儿明白节约用水的现实意义，在日常生活中能够身体力行，做到及时关闭水龙头，不浪费水资源，看到浪费水资源的行为能够及时制止。

艺术领域与品格教育。除了情感和生活内容的相互“类比”以外，审美方面的共同性也很容易通过相互“借鉴”的方式互相贯通，当幼儿学会用画笔或是音乐表达出他们内心美好的体会和感动时，当他们把自己的这些感受表达并分享给身边的人时，其品格认知和情感就有了提升。例如，教师引导幼儿画太阳，就可以带领幼儿在一天的不同时间段欣赏太阳的美景，观察太阳的特点：早晨的太阳是金灿灿的，中午的太阳是银光闪闪的，傍晚的太阳是红彤彤的。教师在观察和体验中引导幼儿用不同的色彩、线条表达自己的发现，同时鼓励幼儿大胆创作，积极与教师和同伴交流、分享，让幼儿在情境中体会与大家一起进行艺术创作的快乐。

4. 在区角活动中渗透品格养成

区角活动是幼儿园一日活动的重要组成部分，是基于幼儿全面和谐发展的需要及幼儿当前的兴趣，在考虑幼儿园正在进行的其他教育活动目标的基础上，规划相应的活动区角，如建构区、表演区、科学区等，在活动区角投放操作材料，设置进区规则，让幼儿可以自由选择喜欢的区角进行游戏，在自主游戏中以积极的方式进行个体学习和发展。

对幼儿而言，区角活动是一种开放性的、低结构性的活动，幼儿以自己的兴趣、需要、意志为导向自主活动，活动的内容、时间、节奏、顺序以及活动的伙伴、规则等都可由幼儿自己决定或与同伴商量、协调，在摆弄与操作、探索与发现、交流与询问等过程中实现和生成活动。在这个过程中，幼儿的社会性会自然而然得到飞速发展。对幼儿而言，另外一种自主性较高的活动类型就是游戏活动。游戏是幼儿最喜爱的活动之一，是培养幼儿良好个性的重要途径，游戏活动中蕴藏着幼儿发展的各种需要和丰富的教育契机。幼儿可以在游戏中了解不同的社会环境，熟悉不同的社会角色，认识不同的社会规则，提升社会交往的各种技能，产生符合规范的社会行为，形成良好的个性和社会情感。区角活动和游戏活动中品格养成的主要渗透方式是通过环境的渲染和熏陶以及制定活动规则来进行的。

5. 创设有利于品格培养的幼儿园环境

有利于幼儿品格发展的物质环境主要具有以下几点特征：优美、安全、卫生的整体环境；活动空间的设置有利于幼儿社会性发展；活动材料有利于促进幼儿之间积极的交往与交流、良好的社会性行为和情感的发生等。因此，教师要在幼儿园和班级环境创设中充分融合品格教育的元素，从主题墙打造、区角环境打造与材料提供、家园共育墙面打造等方面，构建品格物质育人环境。

第二章　适应品格：我爱幼儿园

一、主题说明

◎**情境链接**

3 岁的甜甜刚上幼儿园那会儿是妈妈抱进来的。她会使劲地搂住妈妈的脖子不肯下地，并且哭得撕心裂肺。妈妈走的时候，甜甜会抱着妈妈的腿不放。老师去抱她的时候，她会踢打老师，表现出强烈的排斥，拼命挣脱要去找妈妈，并大声喊着："我不要你，我要妈妈!"

帆帆来到教室后，含着眼泪跟爸爸说："你要早点儿来接我，第一个来，你要和妈妈一起来接我……"老师去拉他时，他手一甩，自己一个人坐到座位上，不哭不闹，默默擦眼泪。

小芒果第一天上幼儿园的时候几乎不说话，但她在家的时候话很多。在幼儿园里只有提要求的时候，她才跟老师说话，如"我想尿尿"。

小班幼儿由于刚刚从熟悉的家庭环境进入陌生的幼儿园环境，人际环境、生活作息、日常活动的改变都会让幼儿产生不同程度的焦虑，每名幼儿入园适应的表现也不尽相同，就像情境中的甜甜、帆帆和小芒果一样。有的幼儿会怕生，不愿亲近老师和小朋友，情绪低落，拒绝进餐，不愿睡午觉；有的幼儿还会出现憋大便、发烧等情况。帮助幼儿渡过这个难关，将会对他们的心理健康和社会适应能力产生深远影响。

大量研究表明幼儿的适应能力对其未来的自我认知、人际交往、社会情感等发展都具有重要影响。许多出现社会性问题的人在童年早期就表现出了适应方面的问题。因此，幼儿入园适应问题成为幼儿社会化过程中面临的首要问题之一。

《3—6 岁儿童学习与发展指南》从适应群体生活、养成基本行为规范、建立归属感三方面确立了幼儿社会适应的目标和要求。结合小班入园适应的现实需求，主题"我爱幼儿园"以适应品格为核心，同时在这个主题中还将重点培养社会技能"好好说"和"倾听"，以帮助幼儿能够在融入幼儿园生活的过程中学会表达自己的意见和想法，并在人际交往中学会倾听别人说话，这是幼儿步入幼儿园这个小社会必不可少的初级能力。本主题将主要从生活适应、情绪调节、活动参与、人际交往四个方面帮助幼儿逐步适应幼儿园生活，从而愿意上幼儿园。

二、主题目标

第一，愿意上幼儿园，入园时情绪比较积极、稳定。

第二，愿意亲近老师并参加幼儿园组织的活动。

第三，喜欢玩幼儿园的玩具，愿意和小朋友一起玩。

第四，喜欢幼儿园的生活，愿意在幼儿园吃饭、睡觉、如厕。

第五，了解幼儿园一日活动的基本流程及活动环节的基本要求。

第六，能够在老师的提示和帮助下，遵守幼儿园的基本要求和规范。

第七，初步掌握基本的生活技能，如吃饭、洗手、如厕、穿简单的衣物、收拾书包等。

第八，能够简要地说出自己幼儿园的名称、幼儿园的地址、自己的班级及班上老师的称呼等。

三、环境创设

(一)主题墙

主题墙是对本期主题实施框架的梳理，体现教育活动的逻辑，基于适应品格的内涵，以图文结合的方式呈现，确保幼儿也能看懂。适应品格主题墙主要包括我的幼儿园、我为什么想哭、我喜欢在幼儿园玩、大家一起真快乐四部分。

1. 我的幼儿园

这部分主要是帮助幼儿了解幼儿园一日生活的安排、各环节的活动要求，引导幼儿熟悉幼儿园的环境，如活动室、睡眠室、卫生间、操场、厨房等。因此，教师可以围绕这两个方向，用活动图片的形式进行梳理和展示。

2. 我为什么想哭

这部分主要呈现幼儿从入园时的焦虑、难过、伤心，到喜欢幼儿园、愿意上幼儿园的情绪变化，让幼儿直观感受到自己的成长。因此环境创设的内容可以包含两个板块：一个板块是幼儿刚入园时的样子，如“你为什么想哭”，记录幼儿的心声及与家长分别的场景；另一个板块是幼儿适应幼儿园生活后，高兴地参与各类活动的状态。由此，使两个板块之间形成鲜明对比。

3. 我喜欢在幼儿园玩

这部分可精选本主题下幼儿园开展的典型活动，以及幼儿在活动中的表现。活动主要分为三类，即区角活动、户外体育活动、学习活动。当适应品格主题活动结束时，教师可以带领幼儿进行回顾，强化幼儿对幼儿园生活的喜爱。

4. 大家一起真快乐

人际交往是入园适应的重要组成部分，这部分环境创设的目的旨在引导幼儿认识老师及班上的幼儿，用图画或照片的方式展示教师关心、爱护幼儿的场景以及幼儿之间一起生活、游戏、互帮互助的场景，以此增强幼儿对班级生活的安全感和信赖感(图 2-1)。

图 2-1　我的老师

(二)家园共育栏

1. 主题内容告知

这部分主要面向家长，因此教师可以用文字或图文并茂的方式呈现，向家长介绍适应品格主题相关内容，让家长知晓本期主题活动安排，还可以向家长推荐适应品格相关的绘本(图 2-2)。

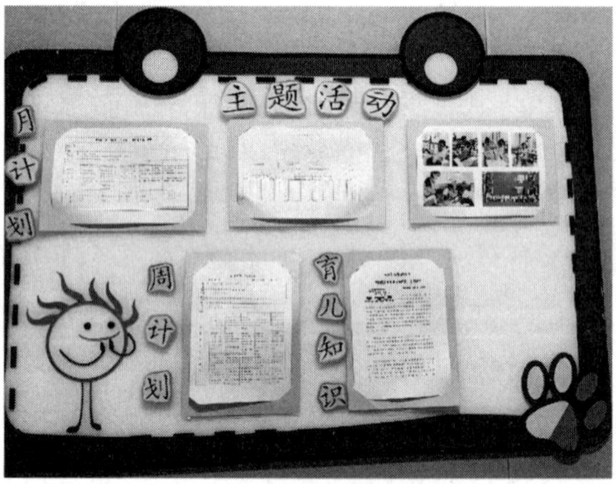

图 2-2　家园共育栏环境创设结构

2. 日常亲子陪伴

日常亲子活动展示墙可以设置在家园共育栏下方距地面 1.3 米左右的位置，记录幼儿和爸爸妈妈在一起的温馨时光，还可以展示亲子陪伴的照片、全家福、父母寄语等，营造幼儿熟悉的氛围。

(三)幼儿成长(学习)记录墙

幼儿成长(学习)记录墙主要以幼儿为主，用来记录幼儿适应品格的发展过程，帮助幼儿直观地看到自己从不愿上幼儿园到慢慢爱上幼儿园的过程，包括入园、离园、心情墙、餐后活动等，主要从两方面进行环境创设布置，即一日生活常规说明、我学会的新本领。

1. 一日生活常规说明

这部分环境创设主要展示幼儿园一日生活各环节的总体要求，只需要呈现幼儿一日生活中典型环节的要求即可，如入园、自由活动、离园等环节，用简笔画或幼儿活动的图片配上简单的文字来呈现，旨在帮助幼儿了解各环节的任务及注意事项。一般来说，这些内容会呈现在班级进门或外墙比较显眼的地方，在入园、离园及散步环节，教师可组织幼儿一起观察图片并说一说自己的理解。

2. 我学会的新本领

这部分环境创设主要用来集中展示幼儿入园适应的成长与变化，内容可以以幼儿生活自理能力的发展及学会的各种小本领为主，如学会穿衣、吃饭、如厕、洗手、睡觉，学会和小朋友一起玩游戏、搭建积木、户外游戏等。

［北京朝芊蓝岛幼儿园(雅园园) 姜古月 李维新］

四、教学活动案例及反思

(一)品格绘本阅读活动

1. 适应品格绘本推介

入园适应是幼儿社会适应的第一步，也是幼儿园、家庭、社会非常关注的话题。目前有大量的关于入园适应的绘本故事、生活图书，基于幼儿园教学活动的特点及适应品格的内涵，本期主题主要筛选了 4 本绘本推荐作为教师开展教学活动的载体。所选绘本涵盖了幼儿一日生活、幼儿分离焦虑(依恋物)、熟悉幼儿园环境等元素，具体见表 2-1。

表 2-1 适应品格绘本推荐及解析

绘本名称	主要内容	绘本中的“适应”
《幼儿园的一天》	这本书讲述了习性各异的小动物们第一天上幼儿园的情境，包含了从入园到离园的整个生活流程。动物宝宝们状况百出的样子和小朋友们第一天上幼儿园的样子如出一辙。	环境适应是幼儿入园适应的重要内容，包括熟悉幼儿园一日生活及各种场所。
《阿文的小毯子》	这本书讲述了小老鼠阿文与他的小毯子之间发生的温暖故事，生动形象地呈现了阿文对小毯子的喜爱与依恋。	入园适应中大部分幼儿会出现“依恋物”的情况。
《我好担心》	小莉是一个美丽又可爱的小鼠妹，她生活在一个非常幸福的家庭里，可小莉平时总是有太多的担心。到了上幼儿园的时候，小莉的担心更是越来越多，这样的情绪也引得全家人跟着她担心。	在适应幼儿园环境的最初阶段，幼儿对未知的新环境容易出现担心、害怕的情绪。
《我爱幼儿园》	故事以莱昂自述的方式，讲述了他刚上幼儿园的经历。从最开始“害怕”幼儿园到最后骄傲地宣布：我爱幼儿园……相信每一个刚入园的幼儿都会有这样一段心路历程。	入园适应意味着要与家人短暂分离，因此大部分幼儿、家长都容易产生分离焦虑。

2. 教学活动案例

接下来我们以语言活动“幼儿园的一天”为例阐述适应品格语言领域教学活动的组织要点，见表 2-2。

表 2-2　适应品格语言领域教学活动

<table>
<tr><th colspan="3">幼儿园的一天</th></tr>
<tr><td>活动环节</td><td colspan="2">活动设计</td></tr>
<tr><td rowspan="3">活动目标</td><td colspan="2">认知目标：了解小动物们在幼儿园一日生活中做的事情。</td></tr>
<tr><td colspan="2">能力目标：能在老师的引导下简单说出画面信息。</td></tr>
<tr><td colspan="2">情感目标：发现幼儿园活动的有趣，愿意开心地上幼儿园。</td></tr>
<tr><td rowspan="2">活动准备</td><td>经验准备</td><td>幼儿对幼儿园一日生活安排有初步的印象。</td></tr>
<tr><td>物质准备</td><td>1. 音乐《爸爸妈妈去上班，我上幼儿园》。
2. 电子绘本《幼儿园的一天》。
3. 幼儿一日生活照片。</td></tr>
<tr><td>活动过程</td><td colspan="2">一、播放音乐《爸爸妈妈去上班，我上幼儿园》，唤起幼儿生活经验
师：小朋友们，跟着老师一起来唱一唱《爸爸妈妈去上班，我上幼儿园》吧！
师：咦？除了小朋友们要上幼儿园，你们猜一猜还有谁也要上幼儿园。
师：到底谁要上幼儿园呢？我们一起来故事里找一找吧！
(品格元素：导入活动与幼儿生活经验息息相关，帮助幼儿认识到长大了要上幼儿园这个事实，缓解幼儿的入园焦虑)
二、出示绘本封面并激发幼儿阅读兴趣
师：你们看到了谁？他们都背着什么呢？(教师引导幼儿观察小动物们都背着书包)
师：他们背着小书包要去哪里呢？我们一起来故事里找答案吧！
(品格元素：教师引导幼儿了解上幼儿园的物质准备——小书包)
三、组织幼儿阅读故事并使幼儿了解小动物们在幼儿园一天的生活
(一)阅读绘本第 1 至 7 页，了解小动物们入园的情景
第 1 至 5 页(此书无页码，作者从扉页开始算第 1 页)：
师：这个故事的名字叫《幼儿园的一天》，原来是森林幼儿园开学了，小动物们都背着小书包上幼儿园。
师：今天有哪些小动物一起上幼儿园？他们是怎样来到幼儿园的？原来我们和小动物们一样是用各种各样的方式来到幼儿园的。
第 6 至 7 页：
师：小动物们来到幼儿园的第一件事就是要跟小朋友和老师打招呼，他们开始做自我介绍。
师：你们会怎样跟小朋友、老师打招呼呢？你们会怎样介绍自己呢？
师：原来我们和小动物们一样，都可以大胆地跟大家打招呼。打完招呼后，他们会做什么呢？一起来看看吧！
(品格元素：此环节从小动物们入园后相互打招呼、主动跟老师问好过渡到幼儿如何问好、如何打招呼，以此鼓励幼儿主动融入幼儿园生活，熟悉日常生活规范)
(二)阅读故事第 8 至 21 页，了解小动物们在幼儿园的活动
第 8 至 11 页：
师：小动物们在做什么呢？
师：小动物们都能把自己的物品放到指定位置，也能够坐到自己的座位上。
师：小动物们都能遵守规则，那我们在幼儿园的时候要遵守哪些规则呢？</td></tr>
</table>

续表

<table>
<tr><th colspan="2">幼儿园的一天</th></tr>
<tr><th>活动环节</th><th>活动设计</th></tr>
<tr><td>活动过程</td><td>师：小朋友们真棒，能说出这么多，看来大家都是能遵守规则的好孩子！
（品格元素：教师引导幼儿熟悉幼儿园的基本规则，如物品摆放、座位要求等）
第 12 至 17 页：
师：区角活动的时间到啦，小动物们都在玩什么游戏呢？
师：那小朋友们在区角活动的时候最喜欢玩什么呢？
（品格元素：教师引导幼儿了解幼儿园区角活动安排）
第 18 至 19 页：
师：小动物们正在做什么？
师：小朋友们吃饭时应该怎样做呢？
（品格元素：教师引导幼儿了解幼儿园的进餐规则和要求）
第 20 至 21 页：
师：嘘——小动物们开始睡午觉了。
师：一上午他们开心地玩游戏，然后吃午餐，现在正美美地睡午觉呢。不用老师哄睡，不哭也不闹，小动物们真乖。看来小朋友们也要向小动物们学习。
（品格元素：教师引导幼儿了解幼儿园午睡的基本要求，如不哭闹）
（三）阅读绘本第 22 至 29 页，了解小动物们下午的幼儿园活动
师：小朋友们猜一猜，睡完午觉后小动物们还要做什么。
第 22 至 25 页：
师：睡完午觉起来，小动物们在院子里玩什么游戏？
师：看完了小动物们的户外游戏，小朋友们想一想你们在户外时最喜欢玩什么。
（品格元素：教师引导幼儿了解户外活动）
第 26 至 27 页：
师：小鳄鱼怎么了？为什么哭了呢？谁来安慰一下他？
师：小鳄鱼听了小朋友们的话，心里舒服多啦，他让我谢谢小朋友们！
（品格元素：教师引导幼儿与小鳄鱼产生共鸣，能在同伴和老师的安慰下，缓和“突然想妈妈”的难过情绪）
第 28 至 29 页：
师：终于放学了，小动物们开心地和爸爸妈妈一起回家！
四、出示幼儿一日生活照片，与幼儿一起回顾
师：小朋友们也和小动物们一样星期一到星期五的白天都要来幼儿园。你们最喜欢来幼儿园做的事情是什么呢？（教师出示一日生活照片与幼儿一起交流）
师：原来你们愿意来上幼儿园的原因是愿意和小朋友、老师一起做游戏，参与集体活动。户外活动时间到啦！那下面就让我们一起去做户外活动吧！
（品格元素：教师将故事经验延伸到真实生活，突出幼儿园生活的有趣，激发幼儿上幼儿园的愿望）</td></tr>
</table>

续表

幼儿园的一天	
活动环节	活动设计
活动延伸	**一、领域延伸** 绘本故事中讲述了幼儿园一日生活从入园到离园这个过程中各个环节的活动和安排，因此教师可以以班上幼儿在某个环节中容易出现的问题或存在的困难为切入继续开展其他领域的活动，如通过音乐律动激发幼儿积极的入园情绪，通过介绍各种蔬菜的营养引导幼儿不偏食、不挑食等。 **二、区角延伸** 教师可以将绘本故事投放在图书区，鼓励幼儿和小朋友一起再次阅读绘本；引导幼儿在美工区画一画自己最喜欢在幼儿园做的事情，如玩的游戏、吃的食物；在娃娃家通过角色扮演模拟幼儿园的生活等。 **三、家园共育** 首先，教师在班级群中介绍幼儿园一日生活安排以及各个环节的目的，同时可注明需要家长支持的工作事项。其次，教师可在班级群中适当分享幼儿在幼儿园的生活情况让家长了解，减少家长的焦虑和担忧。 **四、环境渗透** 教师可以用幼儿活动的情境照片，在班级主题墙展示幼儿园一日生活流程；在幼儿成长(学习)记录墙，记录幼儿初入园时的情绪状态、幼儿的“童言童语”；以文字的形式在家园共育栏展示幼儿园的一日生活安排。

3. 活动反思

(1)活动特点

活动目标清晰，难度适宜，旨在帮助幼儿熟悉一日生活的环节及各环节的关键要求。活动准备能够恰如其分地辅助目标的达成，不花哨、不重叠，并且与幼儿的真实生活相互呼应，体现生活化。活动环节层次分明，教师以启发性的提问自然地推动活动进程，并且采用多角色的语调转换方式进行故事讲述，能够很好地吸引幼儿的注意力，调动幼儿的阅读兴趣。活动总结呼应幼儿真实生活，实现了故事与生活的衔接，发挥了故事对生活的指导意义。

(2)活动实施建议

由于故事中小动物角色较多，幼儿很难在短时间内记住小动物及他们做的事情，因此教师可以准备故事中小动物的图片，并随着故事的进展依次粘贴在小黑板上；或让幼儿对小动物在幼儿园的活动进行连线，加深幼儿对故事的理解。此外，教师还可以鼓励幼儿模仿小动物的部分行为，增强活动的互动性。

(北京市第一幼儿园　仉蕊　石阳)

(二)品格社会领域教学活动

1. 适应品格的社会领域教学活动设计说明

适应品格主题下的社会领域集体教学活动主要以人际交往、熟悉幼儿园的环境、了解幼儿园一日生活安排为切入点。对于刚入园的幼儿，在人际交往方面，首先，教师要创造条件让幼儿愿意跟老师亲近，有问题愿意找老师；其次，教师要让幼儿愿意跟其他小朋友一起玩。在熟悉环境方面，教师要通过集体教学活动的形式，集中性地为幼儿介绍幼儿园的主要场所以及这些场所的功能，并引导幼儿发现幼儿园里好玩的地方，进而愿意上幼儿园。在一日生活方面，教师要通过各种类型的活动，帮助幼儿熟悉一日生活流程，知道自己到幼儿园之后先做什么，再做什么，并慢慢掌握各个环节的活动要求。

2. 教学活动案例

接下来我们以社会活动“走一走，瞧一瞧”为例阐述适应品格社会领域教学活动的组织要点，见表 2-3。

表 2-3　适应品格社会领域教学活动

<table>
<tr><th colspan="3">走一走，瞧一瞧</th></tr>
<tr><th>活动环节</th><th colspan="2">活动设计</th></tr>
<tr><td rowspan="3">活动目标</td><td colspan="2">认知目标：初步了解幼儿园的主要场所和主要工作人员。</td></tr>
<tr><td colspan="2">能力目标：能够简单说一说自己对幼儿园的印象。</td></tr>
<tr><td colspan="2">情感目标：喜欢自己的幼儿园，愿意坚持上幼儿园。</td></tr>
<tr><td rowspan="2">活动准备</td><td>经验准备</td><td>1. 活动前教师与幼儿园内各部门工作人员沟通，请各部门配合幼儿参观活动。
2. 教师提前做好引导语准备，即到不同的部门如何引导幼儿与部门工作人员互动。</td></tr>
<tr><td>物质准备</td><td>1. 小贴画若干。
2. 每人一张幼儿园探险地图。</td></tr>
<tr><td>活动过程</td><td colspan="2">一、幼儿园里走一走，激发幼儿参观的兴趣
师：小朋友们，你们去过幼儿园哪些地方？最喜欢哪里？
师：大家说得特别好，看来我们班的小朋友对幼儿园观察得都很仔细。但还有一些地方是你们不知道的，今天老师就要和小朋友们一起去幼儿园探险，一起去发现幼儿园的小秘密。
（品格元素：此环节以师幼讨论的形式让幼儿说一说他们去过幼儿园的哪些地方以及最喜欢什么地方，能够有效唤起幼儿的生活经验，同时有助于教师了解幼儿对幼儿园环境的熟悉程度及对幼儿园的喜爱程度）
师：去探险之前，老师会给每个小朋友一张探险地图，你们先来看看我们今天要去哪些地方。我们第一站是去哪里？（教师给每名幼儿发一张幼儿园探险地图，包括门卫、教室、厨房、保健室、教师办公室、财务室、活动教室、园长办公室等，并引导幼儿观察画面的数字，根据数字标号依次参观。每参观结束一个地方，教师引导幼儿在地图对应的位置贴上小贴画）
（品格元素：探险地图的设计符合小班幼儿具体形象思维的特点，可以强化幼儿对幼儿园环境的认识）
二、听工作人员说一说
1. 教师引导幼儿请保安室的保安叔叔（爷爷）讲一讲保安室的作用及他们日常的工作。
2. 教师引导幼儿请厨房的工作人员讲一讲幼儿园的饭菜和点心是怎么做出来的。
3. 教师引导幼儿请保健室的老师展示一些保健物品，告诉幼儿保健室的作用。
在这个过程中，教师要引导幼儿主动跟工作人员打招呼，工作人员也要耐心解答幼儿的困惑，积极跟幼儿互动，增强幼儿对幼儿园环境的熟悉度。
（品格元素：教师选择幼儿园中与幼儿日常生活息息相关的部门进行参观，加深幼儿对幼儿园环境、工作人员的整体认识）</td></tr>
</table>

续表

走一走，瞧一瞧	
活动环节	活动设计
活动过程	**三、听哥哥、姐姐讲一讲** 教师带领幼儿到专项教室(功能教室)去看哥哥姐姐做活动，让哥哥姐姐讲一讲专项教室的用途，还可以让哥哥姐姐带着幼儿摸一摸、玩一玩专项教室的材料，让幼儿在“大带小”的互动中体会到上幼儿园的快乐。 (**品格元素：**教师发挥同伴的榜样作用，通过哥哥姐姐的讲述，进一步增强幼儿与幼儿园的亲近感)
活动延伸	**一、区角延伸** 教师可以引导幼儿说一说他最喜欢幼儿园的什么地方，说一说喜欢的原因，并把这个地方画下来，介绍给班上的其他幼儿。 **二、生活渗透** 入园、离园及日常户外活动时，教师可以鼓励幼儿有礼貌地向幼儿园里的工作人员打招呼、问好。 **三、环境渗透** 教师可以将幼儿园的主要场所(小班幼儿常去的重要地点)拍成照片，张贴在班级主题墙，鼓励幼儿自己一边看照片一边说一说这是什么地方。教师也可以将幼儿参观的过程拍照记录，展示在班级主题墙，通过环境创设引导幼儿进一步熟悉幼儿园的环境。

3. 活动反思

(1)活动特点

活动目标明确，重点引导幼儿熟悉幼儿园的环境；三条活动目标的指向很具体，难度适宜，易于实施。活动形式符合小班幼儿认知发展特点，有助于活动目标的达成。在轻松自由的游园活动中，多数幼儿能够主动跟工作人员热情打招呼并认真倾听工作人员的介绍。幼儿最感兴趣的是厨房和专项教室，看着自己的糕点和饼干从烤箱中拿出来，一个个小眼睛都在“发光”。幼儿在专项教室跟哥哥姐姐们的互动也显得尤为大胆，能够在哥哥姐姐们的带领下，一起动手操作材料。

(2)活动实施建议

在整个活动过程中，会有少部分幼儿情绪不太稳定，教师要及时安抚。在之后的活动中，教师需进一步帮助幼儿熟悉幼儿园的环境和人员，并告诉幼儿幼儿园哪些地方能去、哪些地方不能去。

(沈阳市浑南区教育局花语幼儿园　何娇娇)

(三)品格综合领域教学活动

1. 适应品格的综合领域教学活动设计说明

渗透性、整合性是幼儿园课程建设的基本原则，教师要将入园适应融入五大领域的各类教学活动中。适应品格的健康领域活动会涉及幼儿情绪方面的内容，如认识表情，了解情绪，合理地表达情绪等，还包括日常身体保健，如身体锻炼、卫生习惯、健康饮食等；

科学领域活动则围绕幼儿园环境中的材料进行探索，如小花、小草，带幼儿了解班级中操作材料的质地，如软硬、粗糙与光滑等，带幼儿了解生活中常见的天气情况；艺术领域活动要从引导幼儿喜欢上幼儿园、了解幼儿园的角度开展美术、音乐方面的活动。

2. 教学活动案例

接下来我们以健康领域活动“我会正确洗小手”为例阐述适应品格综合领域教学活动的组织要点，见表 2-4。

表 2-4　适应品格综合领域教学活动

我会正确洗小手		
活动环节	活动设计	
活动目标	认知目标：知道生活中需要洗手的场景，初步了解洗手的重要性。	
	能力目标：在老师的引导下初步掌握正确的七步洗手法。	
	情感目标：愿意主动、认真洗手，逐步适应幼儿园生活。	
活动准备	经验准备	1. 幼儿会唱歌曲《洗手》。 2. 幼儿在家中有独立洗手的体验。
	物质准备	1. 歌曲《洗手》。 2. 视频：大班幼儿正确洗手；幼儿洗手时没有挽袖口、弄湿袖子；幼儿洗手时未用香皂；幼儿洗手后没关水龙头。 3. 每人一条小毛巾、一块小香皂，黑板，七步洗手法步骤图。
活动过程	**一、歌曲《洗手》导入，师幼互动，引入主题** 师：小朋友们，听一听歌曲中的小朋友在做什么。 师：请大家想一想我们在什么时候需要洗手呢。 小结：我们在吃东西前后、游戏后、大小便后、从户外回来后，以及不小心把手弄脏的时候都需要洗手，做一个讲卫生的孩子。 （**品格元素：**师幼讨论，明确幼儿园日常生活中需要认真洗手的重要场景，熟悉幼儿园的生活要求） **二、出示幼儿洗手的视频，引发幼儿的讨论** 1. 教师播放幼儿洗手时没有挽袖口、弄湿袖子的视频。 师：视频中的小朋友洗手的时候为什么会把袖子弄湿？洗手时怎样做才不会弄湿袖子呢？ 小结：在洗手前应先把袖口挽上，这样就不会弄湿衣服。 2. 教师播放幼儿洗手时未用香皂的视频。 师：视频中的小朋友在洗手时忘记做了一件什么事？ 小结：要把小手洗干净就一定要用香皂或者洗手液，因为它们可以帮助大家把细菌赶跑。 3. 教师播放幼儿洗手后没关水龙头的视频。 师：视频中的小朋友在洗完手后出现了什么问题？ 小结：洗完手之后我们应及时关上水龙头，节约用水。 （**品格元素：**教师基于真实的生活情境，引导幼儿发现自己洗手时常出现的问题，自然地引出洗手的要求，建立幼儿对正确洗手的基本认识） **三、通过榜样示范的方式，引导幼儿学习正确的洗手方法** 1. 教师播放大班幼儿正确洗手的视频，激发本班幼儿的学习兴趣。 师：视频中的哥哥（姐姐）是怎么洗手的？他们在唱什么？（教师将幼儿说到关键词的七步洗手法步骤图粘贴在黑板上，帮助幼儿梳理经验，熟悉儿歌）	

续表

<table>
<tr><th colspan="2">我会正确洗小手</th></tr>
<tr><th>活动环节</th><th>活动设计</th></tr>
<tr><td>活动过程</td><td>2. 教师分步骤带领幼儿学习七步洗手法。
师：接下来我们要一起来洗手喽。挽起小袖口，打开水龙头，冲湿小脏手，关上水龙头，香皂转三圈。
步骤一图片：两手掌心相对，手指并拢相互揉搓。(对应儿歌：两个好朋友，手碰手)
步骤二图片：掌心对手背，手指交叉，双手交换揉搓。(对应儿歌：你背背我，我背背你)
步骤三和步骤四图片：两只手手指交叉搓一搓；双手互握手指背揉搓。(对应儿歌：来了一只小螃蟹，小螃蟹)
步骤五图片：一只手握住另一只手的大拇指螺旋式揉搓，双手交换进行。(对应儿歌：举起两只大钳子，大钳子)
步骤六图片：指尖在手掌心揉搓。(对应儿歌：我跟螃蟹点点头，点点头)
步骤七图片：一只手握住另一只手的手腕螺旋式揉搓，双手交换进行。(对应儿歌：螃蟹跟我握握手，握握手)
(品格元素：教师通过直观的视频和朗朗上口的小儿歌，强化幼儿正确洗手的方式)
四、创设真实情境，带领幼儿练习七步洗手法
师：刚才我们和哥哥(姐姐)一起学习了正确洗手的方法，接下来请小朋友们跟老师一起到盥洗室洗洗小脏手吧。在洗手过程中要一边说儿歌，一边正确盥洗。(教师在幼儿洗手时进行巡回指导和个别提示)
(品格元素：教师在真实的情境中让幼儿直观地体验与操作，强化幼儿对洗手步骤和要求的理解)
五、帮助幼儿提升经验，活动自然结束
师：大家认真地洗完手了，快伸出自己的小手看看白不白，闻闻香不香，夸夸自己吧。
师：请小朋友们跟老师一起回想一下洗手的时候我们需要注意什么。
小结：1. 洗手前挽起小袖子；2. 洗手时“弯腰搭小桥”；3. 香皂要搓出小泡泡；4. 洗完记得谢谢水龙头、关上水龙头。
总结：今天我们一起学习了一个新本领，叫“七步洗手法”，它能够帮助我们把看不到的细菌赶跑，让身体更健康。希望小朋友们回家后把今天学到的新本领教给你的爸爸、妈妈、爷爷、奶奶，让我们一起做健康、快乐、幸福的一家人。
(品格元素：教师引导幼儿直观地看一看、闻一闻自己认真洗的小手，让幼儿认识到认真洗手的重要性，从而能够在日常生活中更细致地洗手)</td></tr>
<tr><td>活动延伸</td><td>一、家园共育
教师可以鼓励家长在日常家庭生活中指导幼儿用七步洗手法洗手，还可以在班级群中分享幼儿洗手的情境，家庭之间的相互交流有助于幼儿良好卫生习惯的养成。
二、环境渗透
教师可以创设七步洗手法墙饰，鼓励幼儿在日常生活中用七步洗手法正确洗手，养成良好的生活卫生习惯。</td></tr>
</table>

3. 活动反思

(1)活动特点

活动目标清晰，紧紧围绕洗手这件事从认知、能力和情感三方面进行阐述，符合幼儿初入园的生活技能培养要求。同时目标难度适宜，重点聚焦，易于实施。教师通过播放幼儿熟悉的歌曲、清晰的图片、动态的视频等活动材料，有效地支持了本次活动目标的达成，使整个活动变得更加童趣化、直观化、生活化。活动环节层层递进，通过创设问题情境、榜样示范、儿歌提示、真实体验等教学策略，帮助幼儿理解并学会了七步洗手法。延伸活动与家园共育相结合，更好地促进幼儿良好卫生习惯的养成。

(2)活动实施建议

首先，七步洗手法的儿歌比较长，不是全部幼儿都能在短时间内记住并理解，因此教师可以在第三个环节中增加唱儿歌的次数，引导幼儿忘记了就看看黑板上的步骤图，重复练习 1～2 次。其次，在亲身体验洗手时，个别幼儿容易出现玩水、玩香皂的现象，教师在盥洗环节要增加个别指导和提示。

（北京市昌平区南口镇中心幼儿园　高爽　王冉）

(四)幼儿社会技能教学活动

1. 活动设计说明

小班幼儿刚刚入园进入集体生活，对环境、老师、伙伴都比较陌生，幼儿可能不太敢跟老师表达自己的需求，不知道怎样跟其他小朋友打交道，因此，鼓励幼儿大胆说出自己的想法，学会好好地跟老师、同伴沟通就显得尤为重要。对于刚入园的幼儿，教师还要有意识地引导幼儿学会听指令，能够听懂老师的要求，这是建立班级常规非常重要的一步。因此，在这一阶段可以重点培养幼儿两个社会技能，即“好好说”和“倾听”。

2. 社会技能“好好说”教学活动案例

社会技能“好好说”的技能口诀是：微微笑一笑；看着他的脸；声音要友好。接下来我们以活动“我会好好说”为例阐述社会技能“好好说”教学活动的组织要点，见表 2-5。

表 2-5　社会技能“好好说”教学活动

我会好好说		
活动环节	**活动设计**	
活动目标	认知目标：通过观看故事表演理解有话好好说的基本要求。	
	能力目标：能够用适宜的表情、声音、眼神跟别人沟通。	
	情感目标：体会有话好好说给自己和他人带来的舒适与快乐。	
活动准备	经验准备	幼儿能够初步识别并感受喜怒哀乐情绪；能分辨噪声和舒服的声音。
	物质准备	1. 教师自编情境故事《图图好好说话》。 2. 小朋友对着老师微笑、小朋友的眼睛看老师、小朋友说话或表示声音的图片，一日生活典型场景的图片(如进餐、如厕、区角活动等)。 3. 儿歌《你笑起来真好看》。
活动过程	**一、讲述情境故事，引导幼儿感知有事情要好好说** 教师讲述情境故事《图图好好说话》：今天是图图第一天上幼儿园，但是他一点儿也不害怕，勇敢地跟老师问好，和小朋友们一起做游戏。玩着玩着，图图有点儿口渴了，他来到贝贝老师身边，对着老师微笑，眼睛看着老师的脸。贝贝老师微笑地看着图图说：“图图需要帮	

续表

我会好好说	
活动环节	活动设计
活动过程	忙吗?”图图回答说:“老师,我要喝水。”(自然响亮的声音)图图用友好的声音说出自己的需要,贝贝老师表扬了他并带着他去喝了水。 **二、借助图片引导幼儿学习口诀、理解“好好说”口诀内容** 1. 教师出示小朋友对着老师微笑的图片,引导幼儿学习口诀“微微笑一笑”并进行动作模仿。 师:小朋友们,图上的小朋友口渴了,对着老师做了什么表情?(教师引导幼儿观察图上小朋友的表情) 师:小朋友们,学一下这位小朋友跟老师提要求时的表情。 小结:我们跟别人说话的时候要面带微笑,微微笑一笑,跟着老师说一说,做一做。 2. 教师出示小朋友的眼睛看老师的图片,引出口诀“看着他的脸”并进行动作模仿。 师:小朋友们,请你认真看,图上的小朋友说话时眼睛看着哪里。 师:如果老师或小朋友和你说话的时候闭着眼睛或者低头看地板,你的心情会怎么样? 小结:跟别人说话的时候除了微笑,我们的眼睛也要认真地看着对方,可以看对方的脸,也可以看对方的眼睛。微微笑一笑,看着他的脸。 3. 教师出示小朋友说话或表示声音的图片,引导幼儿学习口诀“声音要友好”并进行动作模仿。 师:小朋友们,请你仔细听,这样的声音你喜欢吗?(教师边跺脚边大喊“老师,我要喝水,我要喝水”) 师:这个声音听起来感觉怎么样?当你想喝水时,可以怎么说呢?(教师邀请幼儿表达) 小结:小朋友们的声音真好听,听起来就像优美的音乐一样舒服。所以,我们跟别人说话的时候“声音要友好”。 4. 教师完整呈现技能口诀图片,引导幼儿回顾技能口诀。 师:刚刚我们一共学习了三句口诀,跟别人说话的时候应该怎么做呢? 小结:跟别人说话的时候,我们应该“微微笑一笑,看着他的脸,声音要友好”。 **三、出示一日生活典型场景,引导幼儿使用社会技能“好好说”提需求** 1. 教师出示幼儿进餐、如厕、区角活动的图片。 师:刚刚我们学习了“好好说”的技能口诀,接下来老师要考考大家,看看小朋友们跟别人说话的时候会不会“微微笑一笑,看着他的脸,声音要友好”。 师:今天早餐我们吃了蝴蝶面,请想一想,当你要添蝴蝶面时可以和老师怎样说。 师:小朋友们,当我们正在听故事,你想去厕所时可以怎样说? 师:当你想和小朋友一起玩时可以怎么说? 2. 教师鼓励幼儿根据技能口诀创编动作,边说边做,加深幼儿对技能口诀的理解。 口诀一:“微微笑一笑”(动作:幼儿左手右手分别伸出食指指向自己的脸颊) 口诀二:“看着他的脸”(动作:幼儿左手右手分别做出“眼镜”状放在自己的双眼前) 口诀三:“声音要友好”(动作:幼儿左手自然平放,右手四指并拢侧平举放于右耳朵旁边,做倾听的动作) **四、师幼讨论家中需要好好说话的场景并进行总结** 师:今天的口诀你们学会了吗?小朋友们回家后可以当小老师,把口诀“微微笑一笑,看着他的脸,声音要友好”教给爸爸妈妈。在家里跟爸爸妈妈说话的时候,也要有话好好说呀。 小结:生活中,当我们跟别人说话的时候,不管是和老师、小朋友,还是和家里的亲人都要有话“好好说”,要做一个爱表达、懂礼貌的小朋友哟!

续表

我会好好说	
活动环节	活动设计
活动延伸	**一、区角延伸** 教师可以将打卡“好好说”口诀图片粘贴在语言区，借助环境帮助幼儿养成“好好说”的社会技能，同时捕捉幼儿在区角运用口诀解决问题的视频，在评价环节进行播放，邀请幼儿分享运用口诀表达的积极体验。 **二、家园共育** 教师在班级群中借助视频分享幼儿学习的社会技能，并发起“好好说”社会技能打卡周活动，活动内容如下：亲爱的大朋友、小朋友，你们好，为帮助孩子养成“好好说”的语言表达习惯，××班发起“打卡七天好习惯——好好说”活动。 周一到周五，家长每日拍摄幼儿在家与家人互动表达“好好说”的视频发送到班级群，我们一起帮助孩子养成好习惯，期待您和孩子的加入。周一晚我们准时相约在班级群打卡，您的积极参与是对孩子最好的榜样示范！ **三、生活渗透** 每周五玩具日活动，教师可以引导幼儿在尝试分享、交换玩具的过程中运用“好好说”口诀，学会表达，教师巡回观察指导。在日常生活中，教师要善于捕捉幼儿的表达需要，通过眼神、语言鼓励幼儿逐步养成“好好说”的习惯，对于表达能力较弱的幼儿，接纳幼儿的胆怯心理，并做好家园沟通，在游戏中通过交叉介入，引导幼儿运用口诀“好好说”表达需求。

3. 活动反思

(1)活动特点

活动目标的制定围绕社会技能“好好说”指导要点进行设计与展开，结合小班幼儿身心特点，以情境故事导入。活动结合幼儿已有生活经验，激发幼儿倾听、互动的兴趣，通过模仿表演潜移默化地习得口诀，并通过游戏化方式加以运用。教师结合“好好说”口诀内容，创编表演动作，既帮助幼儿理解口诀的内容，又能帮助幼儿记忆口诀，为应用口诀做好铺垫。

(2)活动实施建议

本次教学活动通过创设幼儿感兴趣的情境、结合入园初期在集体生活中幼儿羞于表达的担忧。教师可以通过观看故事表演、借助图片学习“好好说”口诀并在具体生活情境中尝试运用口诀进行表达。活动中教师要细心耐心倾听并积极回应，为幼儿创设轻松愉悦的表达氛围，对有表达需求但又羞于表达的幼儿给予语言、眼神的鼓励及认可。本活动以游戏化的教学手段，让幼儿在互动中感受大胆表达自我需求带来的积极体验，并通过延伸活动进行经验的迁移与运用。在生活中教师也要以身作则，为幼儿树立良好学习榜样。

（沈阳市艺术幼儿师范学校幼儿园　张瑞）

4. 社会技能“倾听”教学活动案例

社会技能“倾听”的技能口诀是：眼睛看着说话的人；不乱动，不出声；想想他在说什么。接下来我们以活动“我会倾听”为例阐述社会技能“倾听”教学活动的组织要点，见表2-6。

表 2-6 社会技能“倾听”教学活动

<table>
<tr><td colspan="3">我会倾听</td></tr>
<tr><td>活动环节</td><td colspan="2">活动设计</td></tr>
<tr><td rowspan="3">活动目标</td><td colspan="2">认知目标：知道别人说话的时候认真听是对别人的尊重。</td></tr>
<tr><td colspan="2">能力目标：能够理解倾听的含义并在情境中模拟“倾听”的技能。</td></tr>
<tr><td colspan="2">情感目标：体会到认真听别人说话的重要性。</td></tr>
<tr><td rowspan="2">活动准备</td><td>经验准备</td><td>幼儿熟悉游戏“毛虫爬呀爬”的玩法，初步了解蝌蚪的成长变化。</td></tr>
<tr><td>物质准备</td><td>1. 故事《小蝌蚪找妈妈》的情境图。
2. 社会技能“倾听”口诀对应的提示图。</td></tr>
<tr><td>活动过程</td><td colspan="2">一、游戏导入，激发幼儿学习的兴趣
教师带领幼儿玩手指游戏“毛虫爬呀爬”，请幼儿认真听并做出相应的动作。
玩法：教师说儿歌“毛虫毛虫爬呀爬，爬到我的(头顶上、膝盖上、肩膀上等)”。幼儿用小手做毛虫爬的动作，听到教师说毛虫爬到哪里，就把小手放在哪里。教师先匀速说，然后适当拉长声，再突然说，以引起幼儿的注意来增强游戏的趣味性和互动性。在这个过程中，教师要鼓励幼儿认真听。
师：我们一起来玩儿“毛虫爬呀爬”吧，快把你的小手指伸出来，变成一只毛毛虫，小朋友们一定要认真听，看谁听得最清楚、做得最准确。我们的毛毛虫准备好了吗？毛虫毛虫爬呀爬，爬到我的鼻子上；毛虫毛虫爬呀爬，爬到我的头顶上；毛虫毛虫爬呀爬，爬到我的肚子上；毛虫毛虫爬呀爬，爬到……爬到……爬到我的脸蛋上。
小结：我一会儿慢慢地说，一会儿快快地说，小朋友们都能做对，说明你们在认认真真听老师说话，真棒！如果别人说话的时候，我们不认真听会发生什么呢？池塘里的小蝌蚪和妈妈走散了，他们找了好久都没有找到妈妈，你们知道是为什么吗？我们一起来听一听这个故事吧！
二、讲述故事《小蝌蚪找妈妈》，引导幼儿理解倾听的技能口诀
1. 教师讲述故事第一段并出示技能口诀提示图，引导幼儿学习口诀“眼睛看着说话的人”。
• 第一段故事
小蝌蚪在池塘里游啊游，找妈妈。他们看见小鸭围着鸭妈妈叫妈妈，小蝌蚪赶紧游上前叫“妈妈！”鸭妈妈笑着说：“我不是你们的妈妈，你们的妈妈有两只大大的眼睛，还有……”鸭妈妈说话的时候，小蝌蚪们东看看西瞧瞧，没有认真听鸭妈妈说话。
师：鸭妈妈说话时，小蝌蚪在做什么？它们这样做对吗？为什么？如果你们跟我说话，我的眼睛不看着你们，你们有什么感觉？
小结：当别人跟我们说话的时候，我们要用眼睛看着他，认真听，才知道别人说了什么。
2. 教师讲述故事第二段并出示技能口诀提示图，引导幼儿学习口诀“不乱动，不出声”。
• 第二段故事
一条鱼妈妈瞪着大大的眼睛游过来，小蝌蚪们一起喊“妈妈！”鱼妈妈说：“我不是你们的妈妈，你们的妈妈有两只大大的眼睛、四只脚，还有……”不等鱼妈妈说完，小蝌蚪们就大声说着“我知道，我知道了”。它们还到处游来游去，来回乱动，没有认真听鱼妈妈说话。
师：鱼妈妈说话时，小蝌蚪们是怎么听的？这样做对吗？为什么？
小结：当别人跟我们说话的时候，我们不乱动，不出声，要认真听。
3. 教师讲述故事第三段并出示口诀提示图，引导幼儿学习口诀“想想人家说什么”。
• 第三段故事
乌龟妈妈划着四只脚游了过来。小蝌蚪们大声喊“妈妈！”“妈妈！”乌龟妈妈说：“我不是你们</td></tr>
</table>

续表

我会倾听	
活动环节	活动设计
活动过程	的妈妈，你们想想鸭妈妈和鱼妈妈说的话。”小蝌蚪们有些记不清了。乌龟妈妈说：“这次你们要认真听，想想我都说了什么。你们的妈妈啊！有两只大大的眼睛、四只脚，肚皮是白白的，穿着绿色的衣服。” 师：乌龟妈妈说话的时候给小蝌蚪们提了一个什么要求？你们觉得这一次小蝌蚪们能顺利找到自己的妈妈吗？ 小结：当别人跟我们说话的时候，我们不仅要认真听，还要好好想一想别人说了什么。 4. 教师讲述故事第四段，带领幼儿复习社会技能“倾听”的三句口诀。 • 第四段故事 最后，小蝌蚪们终于找到了自己的妈妈。青蛙妈妈对小蝌蚪们说：“孩子，以后听别人说话时一定要眼睛看着说话的人、不乱动、不出声、想想别人说什么。” 小结：青蛙妈妈总结得特别好。让我们一起再说一遍“倾听”的口诀吧！“眼睛看着说话的人；不乱动，不出声；想想他在说什么”。 **三、师幼讨论生活中需要认真倾听的场景，结束本次活动** 师：大家还记得青蛙妈妈告诉小蝌蚪听别人说话的时候应该怎么做吗？我们一起来试试吧！（教师根据技能口诀的提示图，带领幼儿一边唱儿歌，一边做出儿歌要求的动作。） 师：你在生活中有认真听别人说话吗？你是怎么做的？ 小结：以后我们无论在活动过程中，还是和爸爸妈妈、爷爷奶奶、其他同伴说话时，都要时刻提醒自己，要做一个会倾听、懂礼貌的小朋友！今天回家后，我们就用今天学到的这个本领认认真真听爸爸妈妈说话，还可以把这个口诀教给家里人，明天来幼儿园的时候跟老师说一说你是怎么做的。
活动延伸	**一、家园共育** 教师在班级群中分享当天学习的社会技能，包括技能目标、培养重点、培养方法等；同时鼓励幼儿回家后和爸爸妈妈说一说当天学到的新本领。教师第二天晨间活动时，要引导幼儿集体分享他们回家后教爸爸妈妈学习社会技能的心得。 **二、生活渗透** 在日常生活中，教师要有意识地关注幼儿的倾听习惯。例如，教师在布置任务、组织活动或者给幼儿讲故事时，要能够随时关注幼儿的状态，并且可以提前设计一些能够吸引幼儿注意力的小游戏，逐步培养幼儿的倾听能力。 **三、环境渗透** 教师可以根据“倾听”口诀的含义，用图文并茂的方式展示口诀内容；同时还可以呈现幼儿认真倾听的情境，加深幼儿对技能的理解。

5. 活动反思

（1）活动特点

活动目标凸显社会技能“倾听”的内涵要求，同时符合小班幼儿九月、十月刚来园时的发展需要，突出小班幼儿学习特点，运用教具让故事动起来，活起来。活动以手指游戏“毛虫爬呀爬”的形式引入，充分调动了幼儿参与活动的兴趣，同时自然地引出“倾听”的主题，将“倾听”口诀巧妙融入故事讲述，支持幼儿主动学习。教师根据“倾听”口诀的具体内容，灵活改编故事内容，增强了教学过程的趣味性，同时也能更好地帮助幼儿理解“倾听”技能的内涵。

(2)活动实施建议

由于小班幼儿以具体形象思维为主，同时好动、好模仿、喜操作，因此在学习倾听“口诀”的环节，教师可适当增加体验和操作的环节，让幼儿动起来。例如，教师可以根据故事情节，将社会技能“倾听”的三句口诀，依次贴在对应的情节中，和幼儿一起模仿、表演，让幼儿充分体验和感受，帮助幼儿记忆和理解。

(北京市第二幼儿园　任继莉)

五、区角活动案例

《3—6岁儿童学习与发展指南》中指出“营造温暖、轻松的心理环境，让幼儿形成安全感和信赖感”。对于刚入园的小班幼儿来说，幼儿园这个陌生环境会让他们缺乏安全感，因此，班级内部的区角布置以及活动设计要尽可能与幼儿真实的日常生活相关。此外，刚入园的幼儿会出现“分离焦虑”，既包括与父母的分离，也包括与物品的分离，基于此，班级区角布置要体现“熟悉感”，以帮助幼儿尽快稳定情绪，适应幼儿园生活。

娃娃家

活动一：玩具博览会

活动目标： 学习认真倾听他人的发言，愿意主动和小朋友一起玩。

活动准备： 教师请每名幼儿带一件自己喜欢的玩具；在娃娃家布置一个玩具博览会(图 2-3)。

图 2-3　娃娃家玩具区布置

活动过程：

1. 教师带领幼儿参观玩具博览会，引起幼儿的兴趣与好奇。
2. 幼儿自由游戏，向同伴介绍自己的玩具及玩法。

3. 教师小结，鼓励幼儿分享心得，保护玩具。

活动建议：

1. 教师在进行玩具博览会的环境布置时，可以适当地隐藏玩具，等活动规则说清楚之后再进行，以免幼儿看到玩具后，过度兴奋，而听不见教师的提醒。

2. 教师需要注意幼儿带来的玩具，其品质差别不能过大，以防幼儿攀比，鼓励幼儿之间相互分享。

活动延伸：

玩具博览会中的玩具可以定时更换，教师也可以组织“玩具漂流”的活动与本年级其他班级进行交换分享，帮助幼儿认识更多小朋友，不断增强幼儿对幼儿园环境的熟悉度。

活动二：我爱我家

活动目标：乐意扮演角色，在游戏中获得心理上的安全感。

活动准备：幼儿全家福照片墙，爸爸、妈妈和宝宝的角色牌(图 2-4)。

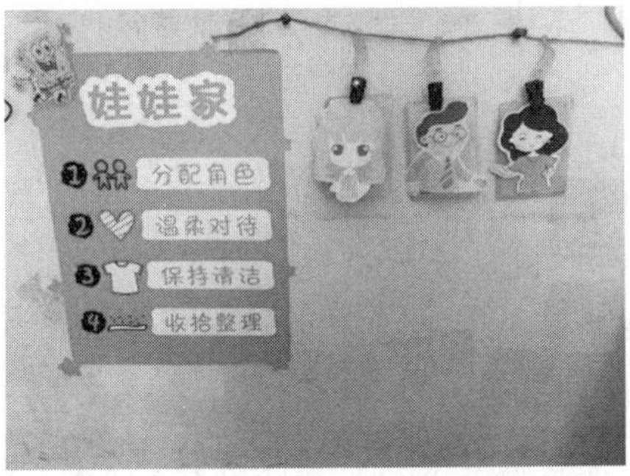

图 2-4 娃娃家角色扮演区布置

活动过程：

1. 教师带领幼儿了解家庭分工：活动前，教师引导幼儿观察娃娃家的全家福照片墙、观察“爸爸”“妈妈”“宝宝”的角色牌，引导幼儿分享交流经验：全家福照片里都有谁？你去娃娃家最想当谁？都可以做哪些事情？

2. 幼儿自主游戏：幼儿按照自己的意愿选择角色牌，进入娃娃家，扮演所选角色牌的角色；幼儿相互介绍自己的角色，明确游戏伙伴的身份。

3. 教师带领幼儿听音乐结束游戏，评选文明家庭。

活动建议：

1. 教师可引导幼儿了解家庭的主要角色及每个角色经常做的事情。

2. 教师可引导幼儿感受一家人互相照顾、互相关心，相亲相爱的情感。

活动延伸：

教师可以把全班幼儿集合起来，拍一张班级全家福照片，给每名幼儿打印一张带回家，并给每位家长发放一份全班幼儿名单。

教师可以请幼儿和爸爸妈妈一起将照片粘在学习单上，爸爸妈妈让幼儿说出自己认识的照片上的小朋友的名字，并在幼儿名单处贴小贴画。幼儿每说出一个小朋友的名字，家长都要给予鼓励。教师鼓励幼儿和爸爸妈妈交流班级里的事情，享受亲子交流的快乐。

活动三：打电话

活动目标：愿意表达自己的情感，学会打电话的基本方法和礼貌用语。

活动准备：手机或电话、家长联系手册(图 2-5)。

图 2-5 “打电话”活动材料

活动过程：

1. 教师创设情境，激发幼儿兴趣。

教师口袋里放着手机，铃声响，教师接听，说礼貌用语。挂断电话后，教师问幼儿：“老师刚才在做什么?”教师鼓励幼儿说出自己打电话的经验，提示娃娃家投放的手机、电话等新材料，鼓励幼儿自主选择。

2. 幼儿自主选择区角，教师观察来到娃娃家的幼儿对电话或手机的使用情况。

3. 活动结束后，教师鼓励幼儿分享打电话的内容和感受。

活动建议：

部分小班幼儿能说出家人的电话号码，但不认识全部数字，因此教师要允许幼儿拨打号码时存在号码位数不对或数字不对应的情况。游戏过程中，教师要鼓励幼儿之间互相交流。例如，一名幼儿打电话，另外一名幼儿接电话，打电话的幼儿尝试完整叙述自己的想法，接电话的幼儿要耐心倾听，等对方说完后再做出回应。

活动延伸：

有条件的班级，教师可以投放能够录音的手机设备，让幼儿将自己想和同伴或者家长交流的话录制下来，作为观察幼儿发展，以及教师和家长家园共育的有效依据。教师还可以结合音乐区，让幼儿表演《打电话》的歌曲，尝试做简单动作，感受音乐的美好和打电话的乐趣。

语言区

活动一：我的幼儿园

活动目标：愿意在语言区和同伴进行交流和倾听，通过交流小书《我的幼儿园》，产生喜欢幼儿园、愿意上幼儿园的情感。

活动准备：教师提前带幼儿参观幼儿园的不同场所，并将参观的照片进行彩色打印，做成小书《我的幼儿园》(图 2-6)，再准备若干可爱的小贴画。

图 2-6　自编小书《我的幼儿园》

活动过程：

区角活动时间，幼儿自取小书《我的幼儿园》，看看、说说小书里有幼儿园的哪些地方，这些地方都是用来干什么的。幼儿为自己喜欢的幼儿园的场所贴上自己喜欢的小贴画，和同伴讲一讲为什么喜欢幼儿园的这些场所。

活动建议：

活动刚开始时，教师需要鼓励幼儿，启发引导幼儿与同伴进行交流。

活动延伸：

教师可以把幼儿参观幼儿园的照片发给家长，让幼儿向爸爸妈妈介绍自己的幼儿园。教师要引导家长及时肯定和鼓励幼儿，激发孩子喜欢幼儿园，愿意上幼儿园的情感。教师也可以将幼儿讲述的视频发送给家长，让家长看到孩子在幼儿园的成长和变化，并及时给予鼓励。

活动二：故事妈妈

活动目标：愿意听适应品格相关的故事，体会故事中的情感。

活动准备：教师准备适应品格相关的二维码故事小书，如《阿文的小毯子》《我好担心》等。

活动过程：

1. 教师介绍语言区新投放的材料——《故事妈妈的二维码故事小书》，激发幼儿的兴趣。

2. 幼儿尝试使用手机设备扫描故事小书的二维码，安静倾听多遍后可以尝试简单讲述。

3. 活动结束后，教师请幼儿在集体面前讲述故事。

活动建议：

教师可以示范手机扫描二维码故事小书的步骤，并指导幼儿自主操作。

活动延伸：

教师可以将《故事妈妈的二维码故事小书》张贴或者悬挂在品格墙上，利用晨间谈话、排队等待、饭后散步、午睡前等环节为幼儿播放。教师还可以进行午睡“故事大王”活动，在午睡时间邀请幼儿为其他幼儿讲述自己听到的故事。

活动三：好听的名字

活动目标：能在听到自己名字时予以回应。

活动准备：各种动物手偶。

活动过程：

1. 你问我答。

幼儿手持手偶向同伴问好：“小朋友好，我是小兔子，请问你是谁?”被问到的幼儿大胆地说出自己的名字。

2. 我猜你答。

幼儿手持手偶向同伴询问：“你好，我是小兔子，请问你是×××吗?”如果幼儿猜对了，同伴之间可以举手、拥抱或应答。

活动建议：

活动前，教师可以先初步让幼儿记一下班上小朋友的名字，如果不能说出大名，先说出昵称也可以。教师还可以让幼儿交换角色，或者加入照片小书等材料，让幼儿去寻找与班上小朋友相匹配的照片，增加难度和趣味性。

活动延伸：

教师可以利用晨间谈话的环节，让幼儿使用手偶点名，或者点数当天来园、未来园的小朋友，让幼儿感受到班集体的温暖和关心，增进同伴之间的互动和友谊。

美工区

活动一：我的小标记

活动目标：能制作自己喜欢的标记并根据标记找到自己的物品，增强对幼儿园的适应能力。

活动准备：若干套形象可爱的贴纸、爱心卡片(图 2-7)。

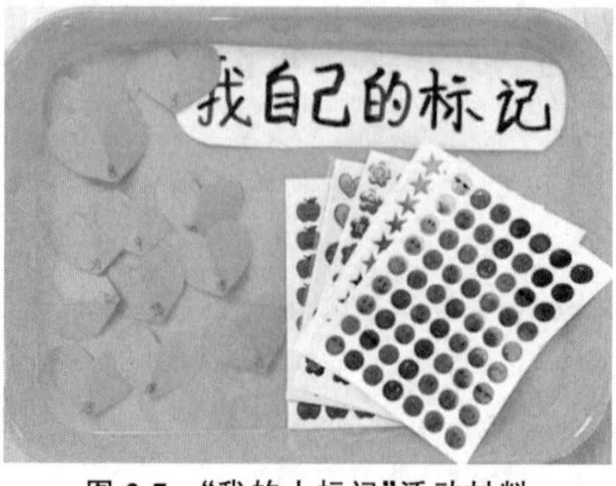

图 2-7 “我的小标记”活动材料

活动过程：

1. 教师请幼儿选择自己喜欢的贴纸，在手工纸上制作自己的物品小标记。

2. 教师引导幼儿说一说自己的小标记的作用和特点。

活动建议：

教师可以和幼儿一起制作属于自己的小标记，拉近教师与幼儿的距离。

活动延伸：

教师帮助幼儿把制作好的小标记塑封好并贴在水杯、毛巾架、床铺、鞋柜等位置（图 2-8），并引导幼儿理解和学说"这是我的×××（物品名称）"。例如，这是我的水杯，上面有小太阳的标记。教师可以带领幼儿找贴有自己标记的物品。

师：在小朋友们挂毛巾的架子上、睡觉的小床上、放衣服的小柜子上、鞋柜上都贴着你们喜欢的小标记。我们一起去找找，看看它们藏在哪里。

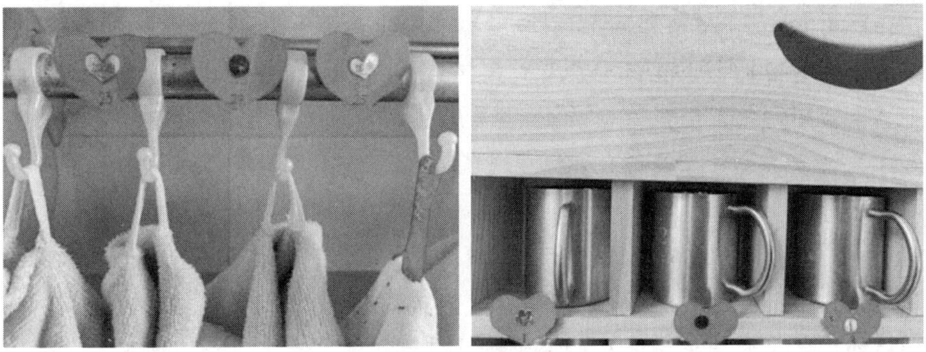

图 2-8 使用标记卡

活动二：情绪小怪兽

活动目标： 知道要高高兴兴来幼儿园，做个开心的小朋友。

活动准备： 教师前期为幼儿讲述《情绪小怪兽》的绘本；提供彩笔与小怪兽卡等材料。

活动过程：

1. 教师创设情境，激发幼儿参与活动的兴趣。

师：之前老师为大家讲述了《情绪小怪兽》的绘本故事。今天小怪兽来到了美工区，但是没有漂亮的衣服，你们愿意帮助它吗？

2. 活动中，教师要引导幼儿给小怪兽涂颜色。

3. 活动结束后，教师请幼儿分享作品，讲述小怪兽的表情、颜色等。

活动建议：

教师可以请幼儿观察不同小怪兽的表情，感受不同颜色和情绪之间的关系。前期可以先带领幼儿制作快乐、愤怒等小怪兽，待幼儿熟悉后再增加害怕等其他的情绪元素（图 2-9）。

图 2-9 情绪小怪兽

活动延伸：

教师可以将幼儿制作的情绪小怪兽张贴在班级墙面上，布置“我的情绪小怪兽”互动墙。教师还可以利用每天来园、晨间谈话或离园前的时间组织幼儿进行“谁是开心小怪兽”的谈话，评选出当天的“笑脸娃娃”，鼓励情绪愉快、稳定、有进步的幼儿。

在条件允许的情况下，教师可以及时捕捉并拍摄幼儿一日活动中的“笑脸”时刻。

在一日生活中，教师要多鼓励幼儿做“笑脸娃娃”。“笑脸娃娃”这一名称可以根据具体情况而定，鼓励方法也可以多样化，如发放奖章、贴纸、拥抱等，最好每个孩子都有机会得到鼓励。

活动三：情绪娃娃

活动目标：学习制作情绪娃娃，学会通过情绪娃娃来表达自己的情绪。

活动准备：毛绒球、毛根、活动眼睛、嘴巴、表情图片等。

活动过程：

1. 教师创设情境，激发幼儿兴趣。

师：小兔子最喜欢的小娃娃丢了，她很伤心，你们愿意帮助她做一个娃娃吗？想帮助她的小朋友可以选择美工区，帮忙制作一个情绪娃娃。

2. 幼儿自主操作，教师观察指导。

教师指导幼儿将活动眼睛、嘴巴等材料贴在毛球上，并用毛根制作身体。过程中，教师要指导幼儿正确取下活动眼睛下面的双面胶贴纸(图 2-10)。

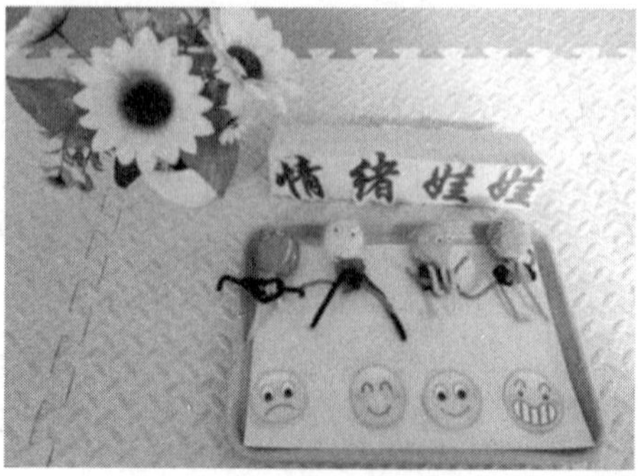

图 2-10 自制情绪娃娃

3. 制作完成后，教师引导幼儿观察眼睛和嘴巴的位置，分享自己制作的娃娃的表情。

4. 作品分享环节。教师引导幼儿讲述自己制作的情绪娃娃，还可以给娃娃取一个好听的名字。

活动延伸：

1. 教师可以在班级中创设一个倾诉的环境，如“心情小屋”，允许幼儿在情绪好或者是不好的时候，告诉自己的情绪娃娃。

2. 教师可以将制作的情绪娃娃投放到娃娃家，在娃娃家游戏时，可以通过照顾情绪娃娃、为娃娃喂食等游戏让幼儿体验关心和照顾他人的情感。

（太原理工大学北区幼儿园　胡颖慧　尚华）

六、一日生活指导

（一）一日生活中幼儿品格与社会技能培养

入园适应需要贯穿小班幼儿一日生活的方方面面，每个环节都是在引导幼儿了解幼儿园生活及要求，熟悉幼儿园环境和活动安排，进而产生积极的入园体验。社会技能“好好说”和“倾听”贯穿同伴交往、师幼互动的全过程，但在一日生活各环节的体现略有不同，如有些环节需要重点指导，有些环节则可随机引导。因此，本期主题品格与社会技能在一日生活中的重点培养环节见表 2-7。

表 2-7　品格与社会技能的日常重点培养环节

生活环节	品格：适应	社会技能：好好说	社会技能：倾听
入园	√	√	
盥洗	√	√	√
进餐	√	√	√
饮水	√	√	
如厕	√	√	
午睡	√		
离园	√	√	√
集体活动	√	√	√
户外活动	√	√	√
区角活动	√	√	√
过渡环节	√		√

（二）一日生活中幼儿品格与社会技能指导要点

本期主题品格与社会技能在一日生活中的指导要点见表 2-8、表 2-9、表 2-10。

表 2-8　一日生活中适应品格指导要点对照表

环节	指导要点
入园	1. 教师通过点名游戏、角色扮演等方式，引导幼儿主动与老师打招呼。 2. 教师通过图片展示、现场演示的方式教给幼儿穿脱衣物的方法。
盥洗	教师张贴盥洗流程图，引导幼儿学会正确的七步洗手法。
进餐	1. 教师引导幼儿学习正确的进餐方法。 2. 教师通过地面箭头指示、环境创设引导幼儿掌握取餐的路线。
饮水	教师利用环境创设图片、区角游戏材料，引导幼儿喝足量的水，学会记录自己的饮水量。
如厕	1. 教师利用环境创设、教师示范等方式，引导幼儿学会正确如厕的方法。 2. 教师利用专门的教学活动，引导幼儿学会使用厕纸擦屁股。
午睡	班内教师要同时在岗、值午休，对于当天接待幼儿或者对自己有依恋的幼儿，教师在午休时间多关注、陪伴幼儿，减缓焦虑。
离园	1. 教师引导幼儿整理自己的物品，不落东西。 2. 借助离园游戏、谈话活动、整理衣物的过程，教师和幼儿进行语言、肢体互动，帮助幼儿适应。
集体活动	教师采用游戏化的活动形式，以单一重复的语言指令、丰富有趣的互动指令为主，引导幼儿熟悉集体活动的规则。
户外活动	1. 教师通过队列指令游戏、互动指令游戏等，引导幼儿学会排队，不随意离开队伍。 2. 教师鼓励幼儿和同伴一起玩。
区角活动	1. 教师设计有趣简单的区角标识，引导幼儿快速熟悉区角规则。 2. 教师提供丰富多样的区角游戏材料，吸引幼儿愿意参与活动。
过渡环节	教师利用餐前时间，开展“美食播报”“我的家乡”“介绍我自己”等语言讲述活动，鼓励幼儿大胆表达自己的想法。

表 2-9　一日生活中“好好说”技能指导要点对照表

环节	指导要点
入园	在点名游戏、角色扮演中，教师引导幼儿学会用适中的音量说完整的话。
盥洗	教师要耐心引导，语气温和，微笑着清晰地告知幼儿盥洗的要求。
进餐	餐前师幼互动，教师引导幼儿学习礼貌用语“请”“谢谢”，如“老师，请帮我盛饭”等。
饮水	1. 教师耐心地与幼儿一起观察图片并讨论。 2. 遇到幼儿洒水的情况，教师要语气温和地跟幼儿沟通。
如厕	1. 面对幼儿如厕常出现的问题，如在整理衣物、冲水、擦拭等方面做得不到位时，教师要耐心教，好好说。 2. 幼儿遇到困难时，教师要引导幼儿大胆地说清楚自己的需求。

续表

环节	指导要点
离园	教师鼓励幼儿大胆地跟老师、小朋友说再见。
集体活动	教师组织专门的社会技能教学活动，引导幼儿了解好好说的方法。
户外活动	教师给出的游戏指令语言要精准规范且有趣。
区角活动	教师设计分享环节，引导幼儿简单说一说自己的活动计划，在区角游戏中引导幼儿学会和同伴好好沟通。

表 2-10　一日生活中“倾听”技能指导要点对照表

环节	指导要点
盥洗	教师提醒幼儿认真听老师讲的话，并引导幼儿进行简要复述。
进餐	1. 教师态度和蔼地倾听幼儿的进餐需求。 2. 教师引导幼儿认真倾听老师对于菜品的描述。
离园	整理衣物、收拾书包的过程中，教师要引导幼儿复述整理的要求，以确保幼儿听懂了老师的指令。
集体活动	1. 教师通过互动指令游戏引导幼儿专注地听。 2. 教师鼓励幼儿简要复述，培养认真听的习惯。
户外活动	教师说完指令后，要引导幼儿简要复述，以确保幼儿已经理解。
区角活动	1. 教师提示幼儿认真听清楚进区规则。 2. 教师引导幼儿耐心倾听同伴的区角活动经验分享。
过渡环节	教师引导幼儿认真倾听同伴的讲述，争当合格小听众。

(三)日常指导策略

1. 适应品格——点名游戏

每日的入园环节，是教师和幼儿进行交流的一个重要环节，除了做到常规的晨检外，教师还可以通过点名游戏，培养幼儿的适应品格。点名游戏顾名思义就是教师点名字幼儿答“到”，其主要目的是确定来园人数及人员。教师在此基础上进行了形式、内容的创新，这样既促进幼儿倾听和表达能力的发展，又能增进师幼情感，帮助幼儿尽快适应幼儿园活动，与他人建立良好互动关系。具体的点名方式如下。

(1)常规方法

教师点名字，幼儿答“到”。

(2)借助玩偶互动点名

小班幼儿刚入园，对环境、人员都很陌生，教师可以借助幼儿的毛绒玩具等依恋物，与幼儿进行握手、拥抱、摸摸小脸等互动，减轻其分离焦虑从而更好地适应幼儿园生活。

(3)借助动作表演点名

教师可以借助比爱心、模仿教师动作等方式进行点名。幼儿听到教师点名后，可以用肢体动作回应，不需要借助语言。这对于内向的幼儿尤为适用。

(4)借助不同的问好方式点名

教师可以提前教给幼儿不同的问好方式，尝试用普通话、方言等问好。

(5)借助讨论当天的天气点名

教师可以和幼儿聊聊当天的天气，如“今天是晴天，太阳公公在天上微微笑”。这样的互动讨论既可以帮助幼儿学会倾听，还能促进幼儿学会说完整的话。

(6)借助模仿动物的叫声、动作、习性等点名

幼儿都很喜欢小动物，那么让幼儿用模仿动物的叫声、动作、习性等来回应教师的点名，会增进乐趣，促进幼儿的表达力、表现力。例如，教师可以教幼儿这样回应：“我是小猫，喵喵喵；我是小青蛙，呱呱呱”等。

(7)借助歌声、自身技能进行回应

教师点名时，幼儿可以选择自己会唱的歌曲或技能表演片段进行回应，增强幼儿的自信心，增强互动性。

以上的点名游戏方法并不是唯一的，教师可以根据本班幼儿的特点，进行渐近性、融合性的选取、应用。总之，教师要选择适合孩子发展特点的，能带动幼儿参与的方法，发展幼儿的能力，帮助幼儿适应才是根本。

2.“好好说”技能——情境案例

良好的语言表达是社会交往的第一步。培养幼儿有话好好说，既能够帮助其形成良好的语言习惯，又能使其掌握自主的情绪控制能力。

案例：小齐是一个活泼聪明的小女生，爸爸妈妈很是宠爱。平时在家中有任何需求，爸爸妈妈都会立刻满足她。小齐来到幼儿园后，若是上课回答问题老师没有第一个叫到她，她就会情绪崩溃号啕大哭；和小朋友玩耍时，小朋友若是没有按照她说的做，她就会很生气并说“我再也不要和你玩了”；区角活动时小齐若是也想要小朋友手中的操作材料，和小朋友商量无果后会直接拿走小朋友的操作材料。

分析：小齐是独生子女，在家时爸爸妈妈围着她转，有任何需求爸爸妈妈都会立刻满足她。在幼儿园当小齐有情绪上或者物品上的需求时，若是老师和小朋友没有立刻关注到她，小齐会有明显的情绪表达。

教师指导：当和小朋友发生争执时，引导小齐用商量的言语和他人沟通，清晰地表达自己的需求；与小朋友玩耍需要沟通时要看着小朋友的眼睛，用友好的声音，面带微笑与他人沟通；当需要他人的帮助时，引导小齐用“请、麻烦”表达自己的需求。

3.“倾听”技能——倾听游戏

刚进入幼儿园的小班幼儿在适应集体生活的过程中，难免会出现不会倾听的问题。培养幼儿的倾听能力，不仅能够帮助其建立良好的常规，迅速适应集体生活，还能帮助他们养成良好的语言习惯和行为习惯。游戏是幼儿学习的主要方式，通过游戏能够有效锻炼幼

儿的“倾听”技能，帮助其学会遵守规则，提升社会适应能力。

(1)眼睛看着说话人

游戏名称：谁的眼睛最闪亮

游戏玩法：教师做出手势动作后，请幼儿观察模仿教师的动作并做出一样的手势动作。

(2)不乱动、不出声

游戏名称：我是小小解放军

游戏玩法：教师请幼儿观看解放军列队视频或图片后，模仿解放军站军姿的动作(腰挺直、手贴裤缝、眼睛向前看)。

(3)想想人家说什么

游戏名称：我来说你来做

游戏玩法：教师请幼儿仔细倾听教师口令，并能够根据教师指令做相应的动作。(例如，教师说小兔子，请幼儿做出小兔子的代表动作；教师说刷牙，请幼儿做出刷牙的动作；教师说羊怎么叫，请幼儿模仿羊的叫声；等等)

(四)生活体验活动

活动案例一：幼儿园“大带小”活动

1. 设计思路

9月，是幼儿园新生入园的时间，由于生活环境的改变，小班的幼儿会产生入园焦虑、恐惧，每天哭闹着不愿上幼儿园。为消除幼儿的入园焦虑，使其尽快适应幼儿园集体生活，幼儿园开展了“大带小”活动，通过大班幼儿、教师、家长三种角色的各式陪伴活动，进一步减少小班幼儿的入园焦虑，减轻哭闹行为，让幼儿更快、更好地适应集体生活。

2. 活动过程

(1)争先恐后来报名，我们来做小导游

教师向大班幼儿说明什么是小导游、小导游的任务是什么、怎么做小导游。幼儿都很感兴趣，纷纷举手报名争当小导游。

(2)设计宣传画——介绍幼儿园最好玩的地方

教师请大班幼儿设计绘画作品，主题为“幼儿园最好玩的地方”。大班幼儿绘画完成后，请大班幼儿带宣传画为小班幼儿做讲解。“我最喜欢幼儿园的小黄车骑行，因为我骑小黄车速度很快，是我们班的第一名”“我最喜欢幼儿园的大滑梯，因为滑梯上有各种好玩的”“我最喜欢幼儿园的样子，因为它好像一个城堡”“我最喜欢沙坑和鱼池 ，因为……”，大班幼儿对于幼儿园最好玩的地方的介绍，引起了小班幼儿的极大兴趣，他们的小眼睛仔细地看着大班哥哥姐姐的绘画作品，听得认真极了。

(3)幼儿园环游记

小班幼儿进入新环境会有陌生恐惧的感觉，为让小班幼儿更好地熟悉幼儿园环境，尽快放下心中的不安，教师带幼儿参观幼儿园的室内室外环境，介绍幼儿园的保安叔叔、厨师阿姨，以熟悉环境的方式增强幼儿安全感，帮助幼儿尽快适应幼儿园生活。

(4)适应性亲子活动

为帮助小班幼儿尽快适应幼儿园的生活，幼儿园开展家长陪同半日亲子活动，通过亲子互动类游戏的开展，幼儿逐步熟悉幼儿园环境，淡化了与家长的分离焦虑，初步消除了幼儿对幼儿园人、事、物的陌生感。

3. 活动总结

“大带小”活动不仅减轻了小班幼儿的入园焦虑情绪，还激发了幼儿积极参与活动的兴趣。在此过程中，小班幼儿感受到哥哥姐姐、老师及家长对自己的爱护和帮助，使得小班幼儿更快、更好地适应幼儿园的生活。大班幼儿在关心弟弟妹妹的过程中学会自我约束，懂得榜样示范，强化了责任意识和规则意识，感受到帮助他人的快乐，语言表达能力和社会交往能力得到了提升。新生家长通过适应性入园亲子活动，更深入地了解了幼儿园的一日流程，一定程度上缓解了家长的焦虑情绪，为新学期正常的教育教学工作奠定了扎实的基础。

活动案例二：亲亲幼儿园，亲亲祖国

1. 设计思路

金秋十月，我们迎来了祖国妈妈的生日。少年强则国强，少年富则国富，培养幼儿的爱国主义情感是幼儿园重要的活动之一。在国庆节到来之际，幼儿园从小班幼儿发展水平和特点出发，开展了“亲亲幼儿园，亲亲祖国”喜迎国庆亲子活动。

2. 活动过程

(1)亲子律动暖场

教师、幼儿、家长一起律动，共唱《祖国好》。

(2)知识讲解

教师带幼儿了解国庆节的来历及相关知识，带领幼儿了解祖国的名胜古迹和悠久历史，认识国旗、国徽的特征，认识中国地图和首都北京，让幼儿充分感知祖国的地大物博、源远流长。

(3)亲子手工制作

为了加强幼儿的动手和审美能力，让幼儿快乐地展现自我，体验成功，感悟成长，教师组织幼儿和家长一起制作小手工，献礼祖国。每名幼儿都是充满想象力的天才，他们用手中的材料包制作精美手工，祝福祖国妈妈。

3. 活动总结

节日主题教育，是幼儿园不变的主旋律。此次活动，幼儿园结合幼儿年龄特点，选用亲子互动的方式，把爱国情感化为具体行动，让幼儿在家人的陪伴下，感受节日的氛围，加深了对幼儿园的了解、对教师的情感、对祖国妈妈的热爱，让民族自豪感在每一名幼儿的心中生根发芽，让幼儿从小的活动中体会到了大的教育。

(中北大学附属学校幼儿园　王慧娟　王文枫)

七、家园共育指导

(一)品格指导要点

对于适应品格的家庭教育指导，重点在于帮助家长做好幼儿入园适应的心理、生理以及规则等方面的准备，并在一定程度上消除家长的焦虑情绪，解决家长常见的一些困惑或问题。

1. 与家长配合帮助幼儿提前熟悉幼儿园的生活

幼儿园可以通过开展一系列活动，帮助幼儿和家长逐步熟悉并适应幼儿园。例如，幼儿园可以针对新生采取"半日制"的入园方式，让幼儿利用一段时间简单熟悉幼儿园的生活及要求，并根据其适应情况，有针对性地将"3 小时制""半日制"慢慢过渡到全天。因此在这一阶段，幼儿园需要引导家长先了解清楚幼儿园的一日生活流程，并耐心地配合幼儿园的安排，有计划、有步骤地帮助幼儿缓解入园焦虑。此外，幼儿园可以在每年 9 月开学之初，提前 1～2 周开放幼儿园，鼓励新生家长在规定的时间段内带着幼儿一起入园熟悉环境，如教室、洗手间、睡房、操场、走廊等，以及提前与班级教师见面。这种方式能够让幼儿提前对幼儿园有一个初步的印象。幼儿园还可以在新生开学初进入社区做一些入园适应相关的主题活动，既可以介绍幼儿园的教育理念、教育方法、教育活动等，也可以组织专门性的讲座以及亲子活动，鼓励家长带着幼儿一起参加。

2. 鼓励家长给幼儿讲述入园适应的相关绘本

家长可以给幼儿讲述一些与入园适应、好好说话以及认真倾听方面的绘本故事，让幼儿产生情感共鸣从而更好地接受、适应幼儿园。例如，《幼儿园里我不哭》是一个关于分离焦虑的故事，能够缓解幼儿和家长分离时的不舍和焦虑，感受幼儿园里老师和小伙伴带来的温暖与爱。《幼儿园里我不怕》讲述了一个叫美雪的幼儿本来不爱上幼儿园，她后来却发现原来幼儿园并不那么可怕，而是一个非常好玩的地方。《妈妈一定来接你》反映了刚入园时幼儿的心理特点，家长的承诺能够有效增强幼儿的安全感，帮助幼儿将每天去上幼儿园变成一件轻松快乐的事。《20 个上幼儿园的好理由》能够让幼儿认识到上幼儿园的必要性，从而快乐地去上幼儿园。

3. 让家长引导幼儿分享自己在幼儿园发生的事情及感受

面对入园适应这件事，幼儿和家长都会有不同程度的焦虑，甚至很多时候，家长的焦虑胜过幼儿。家长会担心幼儿在幼儿园吃得好不好，睡得好不好，老师有没有关注到他，有没有跟小朋友打架等。因此，在离园的时候，家长总免不了向幼儿"打听"当天在幼儿园的生活情况。教师可以提示家长，从如下方面与幼儿交流。

(1)情绪方面

今天在幼儿园的心情怎么样？为什么？

(2)饮食方面

今天在幼儿园吃了什么好吃的？你最喜欢吃的是什么？

(3)自理方面

今天在幼儿园大小便了吗？你是怎么跟老师说的？

(4)午睡方面

在幼儿园睡午觉，感觉怎么样？

(5)活动方面

今天在幼儿园玩了什么，你最喜欢玩的是什么？

(6)交友方面

今天在幼儿园跟谁一起玩了吗？交到新朋友了吗？

值得注意的是，家长一定要引导幼儿感受幼儿园生活的有趣，鼓励幼儿表达他对幼儿园生活的感受和想法，并且要给予其积极、正面的暗示，不断强化上幼儿园是一件非常有意思的事情。通过亲子交流可以帮助幼儿全面了解幼儿园的一日活动流程，家长的认可也会增强幼儿上幼儿园的信心。

4. 指导家长锻炼幼儿的生活自理能力

幼儿的入园适应水平在很大程度上受到幼儿自身的自我服务与自我管理能力的影响。进入幼儿园意味着很多事情都需要自己去做，如背书包、穿脱衣物、喝水、吃饭、如厕、睡觉等，幼儿园的老师不会像爸爸妈妈或爷爷奶奶(外公外婆)那般帮忙甚至包办代替。很多刚刚入园的幼儿在生活自理方面会感到非常不适应，这种不适应容易让幼儿产生挫败感进而打击其上幼儿园的自信心，导致幼儿不愿意去幼儿园，或者上幼儿园的时候会哭闹、发脾气。因此，教师要通过多种方式，帮助家长认识到在家培养生活自理能力的重要性、幼儿常见的问题以及具体的培养方法。

(二)社会技能指导要点

1. 好好说

微微笑一笑。家长要告诉幼儿，跟人说话的时候要面带微笑。因为微笑能够让人觉得很温暖，别人就愿意听你说话。家长可以和幼儿讨论微笑的样子，微笑给自己带来的感受，可以练习真诚的微笑。

看着他的脸。除了表情上要微笑之外，说话的时候眼睛要看着对方的脸，表示对别人的尊重。家长可以跟幼儿练习看着对方的脸说话和不看对方的脸(看其他地方)说话给人的感受，加深幼儿对这个动作的认识和理解。

声音要友好。家长要告诉幼儿，跟人说话的时候音量要适中，不能太大也不能太小，确保对方能听见；此外，说话的声音要温柔，不粗鲁也不冷漠。同样地，家长也可以和孩子一边模拟，一边讨论什么样的声音是温柔的，帮助幼儿理解这句口诀的意思。

2. 倾听

眼睛看着说话的人。家长要告诉幼儿，听别人说话的时候，眼睛要看着对方，不要左右闪躲或东张西望；对方说话的时候，倾听的人最好能看着对方的眼睛，通过眼神互动来表达对对方的尊重。

不乱动，不出声。要告诉幼儿，听的过程中最好能安安静静地听，不要有多余的动作，如捂脸、抠鼻子、打哈欠、做鬼脸等。此外，也不要发出与谈话主题无关的声音，如敲桌子、跺脚等；同时，对方没有说完的时候，要耐心听，不轻易插话或打断对方。

想想他在说什么。家长要引导幼儿意识到倾听的目的就是要了解、理解对方说的内容。因此，听了之后要想一想对方跟自己说的什么，自己该怎么做。针对这一点，家长在日常生活中跟幼儿说完一件事或布置一个任务后，可以进一步问幼儿“妈妈/爸爸刚刚说了什么?”“你听懂爸爸/妈妈刚刚说的内容了吗？是什么?”以此引导幼儿简要复述说话的内容，以检验幼儿听的效果。

(三)你问我答

1. 新入园的幼儿睡午觉时，喜欢让老师陪着怎么办

这是幼儿对环境的陌生、恐惧心理导致，因此教师要尽量满足幼儿。待到幼儿对环境完全适应后，教师可以逐步退出。

2. 新入园的幼儿，每次都带零食或小物品，不让带就哭闹，怎么办

依恋物能够给幼儿带来安全感，这是非常正常的，成人要理解。慢慢适应幼儿园生活后，教师要逐步引导幼儿熟悉幼儿园的规则。若慢慢情绪稳定，能够正常入园还带自己的物品，就让幼儿统一交由教师保管，下午离园统一带走。

3. 早上入园时，有的幼儿嗷嗷大哭，有的闷闷不乐，教师该怎么办

转移注意力：当幼儿大哭，安慰丝毫不起作用时，教师可以带幼儿在外面转一转，看一看，待幼儿情绪平复后，再带幼儿进入教室。寻求帮助：当孩子忧郁、不开心时，教师可向幼儿寻求帮助，邀请幼儿和自己一起完成某件事，让幼儿暂时忘记不愉快，如“可以请你帮我个忙吗?”

4. 幼儿不能准时来园，或经常请假，教师该怎么办

教师要告知家长每天按时入园是帮助幼儿快速适应幼儿园生活的必然要求。当幼儿准时来园时，教师要及时表扬，并且要适当激励准时来园的幼儿。教师还可以创设准时来园的墙面环境，在环境中暗示幼儿上幼儿园不能迟到。

5. 刚入园的幼儿不爱说话，脾气倔，教师该怎样和他沟通

教师可以观察幼儿喜欢的东西，跟幼儿聊他喜欢的话题；帮助他找朋友；可以摸一摸幼儿的头，拍拍肩、拥抱一下等，通过不同的方式帮助幼儿建立安全感。

6. 孩子回家就喊饿，是不是在幼儿园没吃饱

教师要告诉家长幼儿园会保证三餐一点，但不会像在家一样任意时间提供零食。科学配餐，五谷、瓜果蔬菜、蛋、肉一应俱全，偏食幼儿需要时间适应。幼儿园内每天有不少于 2 小时的户外活动，加上幼儿好动，体能消耗大，容易出现饥饿感。

7. 孩子就是不愿意来幼儿园，怎么办

陌生的环境让幼儿缺乏安全感，这是很正常的反应，家长要理解。生活自理能力弱容易给幼儿带来挫败感，家长要有意识地锻炼幼儿照顾自己的能力。家长在情绪、语言上都要给幼儿传递出幼儿园很有趣、很好玩的印象，而家长对幼儿园、教师表现出质疑与不满则会加重幼儿的焦虑。

8. 为什么孩子上幼儿园后夜间睡眠质量变差，多梦且容易惊醒哭闹

离开家长，进入新的环境，幼儿会产生不安、紧张的情绪。幼儿园的新奇体验或白天不愉快的情绪，都会造成幼儿夜间手舞足蹈、呜呜哭甚至突然惊醒的现象。入园适应需要一个过程，短则几天，长则一两个月。家长要耐心引导，不可操之过急。

9. 幼儿身体有轻微不适，可能是什么原因呢

环境变化带来的不安全感和紧张感会造成人体免疫力下降。有的幼儿因过分紧张和焦虑，晚上休息不佳，会引起发烧、腹泻等症状，这些都是由于环境变化而发生的反应。家长要保持平常心态，否则会将不安、焦虑的情绪传递给幼儿，影响幼儿入园的积极性。幼儿园严格按照消毒标准完成每日的卫生消毒、通风、晾晒等工作，为幼儿的身心安全保驾护航。

（北京儿童品格教育研究院）

第三章 独立品格：我长大了

一、主题说明

◎**情境链接**

新学期已经过半，扬扬各方面都适应得挺好，特别是在自理能力方面已经得到很大程度的提升，如能够自己穿脱简单的衣物，能自己用勺子吃饭。正当班上老师为扬扬的成长感到欣喜时，扬扬却给大家泼了“冷水”。中午吃饭时，扬扬不小心把汤洒在了桌子上。平时遇见这样的情况，有的孩子会自己处理(拿抹布擦一下)，有的孩子会告诉老师“我的饭洒了”，还有的孩子则不为所动，等着老师或其他小朋友来帮忙，而扬扬就是第三类孩子。

听见小朋友说扬扬的饭洒了，老师告诉他可以自己去拿抹布来收拾一下，但扬扬坐在椅子上没有行动，把头歪着，眼睛直愣愣地看着老师。最后他在其他小朋友的陪同及帮助下完成了清理的工作。后面老师发现扬扬在遇到问题或困难时经常会不知所措地待着，即便把解决办法告诉他，他也需要老师或小朋友陪同才去采取行动，总体来说就是做事情的主动性和独立性比较欠缺。

独立性是个体依靠自身做出符合社会规范的决定，并能自我调节而达到目标的行为倾向，包括自我依靠、自我控制和自我主张。其中自我依靠是指依靠自己的力量，不经常寻求别人的帮助，是独立性人格的最基本特征，与此相反的方面是依赖。自我控制是指能够主动克制自己不合理的愿望，调节自己的行为，是独立的社会性标准。因为一个人不可能脱离社会生活而无原则、无约束地独立，独立也只能是相对意义上的，还需要能够对社会规则及他人恰当地顺从，与此相反的方面是从众。①

基于此，我们可看出案例中的扬扬虽然具备一定的生活自理能力，但独立性不够，遇到问题不能积极主动地想办法解决。因此，在理解独立性人格内涵的基础上，教师就能够进一步有针对性地对扬扬进行引导。在幼儿逐步适应幼儿园生活的过程中，教师要有意识地培养幼儿的独立能力，如鼓励幼儿自己穿脱衣物，收拾整理物品，自主进餐，如厕，盥洗……这是培养幼儿独立性人格的基本要求。此外，要培养幼儿的独立性人格还需不断规范

① 邹晓燕：《3—5 岁儿童独立性发展特点与影响因素研究》，博士学位论文，辽宁师范大学，2004。

幼儿的言行以符合基本的社会行为标准，要鼓励幼儿独立思考，大胆表达自己的想法，主动参与活动等。本主题将围绕自我依靠、自我控制、自我主张三个方面培养幼儿的独立性。

二、主题目标

第一，自己能做的事情愿意自己做，不依赖他人，如自己洗漱、进餐、穿脱衣物等。

第二，遇到问题或新鲜事物时，愿意在成人的鼓励下自己先思考、先探索。

第三，讨论问题的时候，能够在成人的鼓励下大胆表达自己不一样的想法。

第四，能够听从教师指令，遵守幼儿园一日生活常规要求。

第五，能够在成人的引导下，初步意识到自己要为自己的言行负责。

三、环境创设

(一)主题墙

依据独立品格主题课程，我们围绕幼儿生活独立、思想独立到独立解决问题等方面创设了我的游戏我做主、我不想离开你、我自己来、我能独立做事情、遇到困难我不怕五个部分的主题墙内容。幼儿通过丰富的亲身体验活动和探索性的实际操作活动，在多元化的认知中形成独立的品质。

1. 我的游戏我做主

这部分主要是在游戏活动中，教师鼓励幼儿根据自己的想法自主选择活动区并能独立自主地进行游戏操作，引导幼儿养成认真专注、不怕困难，遇到问题时能通过自己不断地尝试、探索，独立完成游戏。因此，教师可将幼儿在自选游戏的游戏过程中的照片进行记录和展示。

2. 我不想离开你

这部分主要呈现的是从绘本故事中挖掘和节选能帮助幼儿理解从依赖到独立的心理变化的图片(图 3-1)。通过提炼重点图片所蕴含的独立行动可以使幼儿迁移到自身行动中，因此，教师可将幼儿独立走进幼儿园和独立做的一些事情用照片形式来记录展示。

图 3-1　我不想离开你

3. 我自己来

“我自己来”主要从生活中体现，以幼儿日常生活活动为主，展现幼儿在幼儿园学会的本领，如自己吃饭能正确使用勺子，能将自己的饭菜吃光，户外活动后自己取下汗巾，自己穿脱鞋子等，用照片的形式进行记录。

4. 我能独立做事情

“我能独立做事情”结合假期小长假，教师请家长在外出时给幼儿提供自主的机会，自己挑选合适的衣服、鞋子和需要带的物品、选择去自己喜欢而且合适的地方(可给出一定的范围)等，抓住一些“独立”的精彩瞬间，用照片的形式记录，鼓励幼儿大胆去做、去尝试，帮助幼儿提高生活上的独立。

5. 遇到困难我不怕

“遇到困难我不怕”从绘本故事中提炼有关困难的事情，以帮助幼儿理解困难是什么，哪些事情是困难的；同时，将重点图片中所表达的内容再迁移到幼儿自身行动中，提问假如自己遇到这些困难怎么办？有哪些办法？……引发幼儿思考解决困难，例如，早上不想起床怎么办？(前一天晚上可以早点睡，保证充足的睡眠)小朋友摔倒了怎么办？(告诉老师或把小朋友扶起来)在游戏过程中遇到困难怎么办？(自己多试一试，反复尝试或寻求老师和朋友的帮助)(图 3-2)

图 3-2 遇到困难我不怕

(二)家园共育栏

家园共育栏主要体现环境与家长的互动，首先，让家长了解本月独立品格主题下幼儿园的活动计划与安排，包括一日教学活动、家园活动(亲子活动、家长课堂等)；其次，推荐一些有关独立方面的育儿小文章，使家长了解本年龄段的幼儿特点并掌握科学的教育方法。

1. 主题内容告知

家园联系栏主要以本月教学计划、保育工作重点、周安排和育儿小文章为主，让家长了解本月主题教学计划、保育计划或周安排，让家长更加详细地了解幼儿在幼儿园的具体活动内容。

2. 日常亲子陪伴

教师可以在主题的开展过程中加入一些亲子活动，例如，家长陪同幼儿共同完成的卡片制作、幼儿独立完成的事情等。在日常生活中，教师可以请父母多给幼儿讲关于独立品格的绘本故事，鼓励幼儿自己的事情自己做，激发幼儿学会独立思考，逐步成长为具有独立人格的人。

(三)幼儿成长(学习)记录墙

幼儿成长(学习)记录墙的环境创设主要记录幼儿独立品格逐渐形成的过程，帮助幼儿直观看到自己独立完成的事情，如幼儿自己从大门走到班级，独立穿脱衣物，独立制作手工作品等。教师可以将幼儿参与活动的过程性照片、幼儿绘画手工作品、教师或家长的简要文字说明介绍呈现在这里，使幼儿产生互动的兴趣、欣赏的欲望，能继续鼓励幼儿做力所能及的事情，同时激励其他幼儿相互学习。

1. 一日生活常规说明

这部分利用直观的卡通图片形式将幼儿早晨入园需做的事件依次提炼出来，让幼儿通过图片了解、知道入园后要做的常规六件事和该怎样正确、有礼貌地打招呼(图 3-3)，将基本的入园要求规范化，从而培养幼儿良好的行为习惯和打招呼的社会技能。

图 3-3　入园该做哪些事

2. 幼儿成长记录

这部分主要记录了幼儿入园以后的成长过程性的变化，如独立自主进餐，独立穿脱衣服、鞋子，独立拉拉链、扣扣子等生活技能；在游戏中尝试和小朋友合作搭积木、友好地共同游戏、按要求完成搭建任务等良好的游戏品质。

(中国人民解放军战略支援部队信息工程大学第四幼儿园　王文玲　赵渝)

四、教学活动案例及反思

(一)品格绘本阅读活动

1. 独立品格绘本推介

独立品格包括三方面的内容：第一，能力范围内自己的事情自己做；第二，面对任何问题能够有自己的想法，不盲从，也不屈从于权威；第三，遇到需要解决的问题，能够首先自己主动想办法解决，不依赖他人。以上三点也是为幼儿选择优秀的独立品格主题绘本的基本依据。小班幼儿注意时间短且注意力容易分散，同时理解能力较弱，因此，绘本故事的主题要突出，故事线索要简单，角色要鲜明。基于此，本期主题筛选了如下 4 本绘本作为教师开展独立品格绘本教学活动的素材，具体见表 3-1。

表 3-1　独立品格绘本推荐及解析

绘本名称	主要内容	绘本中的“独立”
《宝贝，明天见》	辰辰生日那天，他做了一个重大的决定：他要独自睡在自己的房间。“这当然没问题，因为我是男子汉了。”睡觉前，辰辰自信满满。一个人睡，想什么时候睡就什么时候睡，想做什么就做什么。突然，辰辰想起了什么……	依赖从来都不是单向的，独立也如此。当孩子想要独自去尝试一些事情时，家长既要鼓励孩子大胆去探索，也要适当安慰自己减少担心和焦虑。
《小老鼠奇奇去外婆家》	小老鼠奇奇第一次自己去外婆家，心里充满了期待，同时也有许多担心害怕，最终在小动物们的帮助下，成功地完成了人生中的第一次大冒险。	培养幼儿的独立品格，成人就要适当放手，让幼儿有更多自己做事的机会。
《我不想离开你》	这是一个关于分离焦虑的故事。小袋鼠一天天长大，妈妈鼓励小袋鼠去探索美妙的世界，可小袋鼠却不愿意离开妈妈。	长大了就要学会自己大胆地接触外面的世界，要和小朋友一起玩，要上幼儿园，要努力克服分离焦虑。
《我会独立了》	故事讲述了小虎从事事依赖妈妈到学会自己的事情自己做，并且能够照顾妈妈的整个成长历程。绘本再现了现实生活中的场景，能够与幼儿的生活经验产生共鸣，从而培养幼儿独立做事的优良品格。	随着孩子慢慢长大，家长要鼓励孩子做力所能及的事情，不能事事都依赖大人，要慢慢学会独立做事。

2. 教学活动案例

接下来我们以语言活动“小老鼠奇奇去外婆家”为例阐述独立品格语言领域教学活动的组织要点，见表 3-2。

表 3-2　独立品格语言领域教学活动

<table>
<tr><th colspan="3">小老鼠奇奇去外婆家</th></tr>
<tr><th>活动环节</th><th colspan="2">活动设计</th></tr>
<tr><td rowspan="3">活动目标</td><td colspan="2">认知目标：了解小老鼠奇奇去外婆家的路上发生的事情。</td></tr>
<tr><td colspan="2">能力目标：能在教师的提示下简单复述故事画面里的情节。</td></tr>
<tr><td colspan="2">情感目标：体会小老鼠奇奇第一次自己去外婆家的心情。</td></tr>
<tr><td rowspan="2">活动准备</td><td>经验准备</td><td>幼儿有独立做事的经历，如第一次独立上厕所，第一次独自睡觉，第一次独立穿衣服等。</td></tr>
<tr><td>物质准备</td><td>1. 绘本课件《小老鼠奇奇去外婆家》。
2. 实物绘本《小老鼠奇奇去外婆家》。
3. 幼儿独立做事的照片(第一次独立下楼、第一次独立取快递、第一次独立买东西等)；彩虹棒棒糖黑白图每人一张。
4. 油画棒。</td></tr>
</table>

续表

小老鼠奇奇去外婆家	
活动环节	活动设计
活动过程	**一、出示绘本封面，直接导入** 师：封面上有谁？小老鼠一个人会去哪里呢？爸爸妈妈放心吗？为什么？ 小结：小老鼠奇奇开心地跟爸爸妈妈再见，一个人去外婆家，路上发生了很多有趣的事情，我们一起来看看吧。 (**品格元素：**教师引导幼儿观察小老鼠一家的表情，初步感受奇奇一个人去外婆家的心情) **二、讲述绘本故事，引导幼儿理解故事内容** (一)阅读前半部分：简单了解小老鼠奇奇去外婆家的路上发生的事情 师：小老鼠奇奇要去哪里？他怎么去？ 小结：小老鼠奇奇要独自一人走着去森林另一头的外婆家。 师：奇奇在路上遇到了什么困难？哪些动物帮助了他？ 小结：小老鼠奇奇在去外婆家的路上遇到了好多困难，小河上的桥断了，过不去；森林里有好多岔路口，阴森森的，有点吓人，幸好他得到了鱼儿、小熊、小狐狸和小松鼠的帮助，成功解决了这些难题。一路上，他还遇到了鼓励他的白纹蝶、鼬鼠叔叔和让他从自家抄近道的鼹鼠阿姨，有惊无险，最后总算平安到达了外婆家。 (二)阅读后半部分：体会小老鼠奇奇第一次自己去外婆家的心情 师：小老鼠奇奇虽然经历了好多的困难，但是他最后成功地到达了外婆家，是什么心情呀？ 小结：小老鼠一个人去外婆家虽然遇到了一些困难，也有点害怕，但最后终于到了外婆家，他特别开心和兴奋。 (**品格元素：**教师引导幼儿通过观察奇奇的面部表情来体会奇奇成功解决问题后高兴、快乐的心情) (三)打开实物绘本，引导幼儿简单复述故事的主要情节 **三、引导幼儿联系实际生活，分享自己一个人独立做的事情** 教师出示幼儿独立做事的照片，请幼儿分享自己独立做事的经历。 师：请小朋友们来说一说自己在生活中独立地做过哪些事情，做事情的时候遇到了哪些困难，你是怎么解决这些困难的，当你自己完成一个任务后是什么心情呢。 小结：小朋友们真棒，能说出这么多，看来我们都是不怕困难，勇于动脑并独立解决问题的好孩子。 (**品格元素：**教师引导让幼儿分享自己平时独立做事的经历，知道遇到困难要像小老鼠奇奇一样想办法努力完成，做一个独立自主的好孩子) **四、引导幼儿续编故事情境，体会独立做事的快乐** 师：小老鼠奇奇去外婆家本来还给外婆准备了好吃的棒棒糖当礼物。可是他走的时候却忘记带了，你们愿意帮助奇奇吗？ 师：请小朋友们把棒棒糖涂上漂亮的颜色，让奇奇送给外婆吧！ 小结：小朋友们都长大了，不仅能自己独立做好多好多的事情，而且遇到困难时也能积极地想办法解决，更厉害的是你们还能帮助别人，老师真的为你们高兴。 (**品格元素：**教师引导幼儿在涂色过程中遇到问题自己想办法解决)
活动延伸	**一、领域延伸** 绘本故事旨在告诉幼儿遇到困难时能独立想办法解决，因此教师可以以此为切入点开展其他领域的活动，例如，在体育(安吉游戏)活动中遇到困难要勇于尝试和挑战，独立想办法解决；在艺术活动中要学会坚持完成；在科学活动中能独立思考。

续表

小老鼠奇奇去外婆家	
活动环节	活动设计
活动延伸	**二、区角延伸** 教师可以将绘本故事投放于图书区供幼儿自主阅读，由于绘本图文并茂的形式特别吸引幼儿；还可以将一些鞋子、衣服、裤子等投放到娃娃家，供幼儿独立穿鞋子、衣服、裤子和叠衣服等；也可以引导幼儿在美工区画一画绘本中的角色，并帮助其整理成书。 **三、家园共育** 教师可以与家长沟通，让幼儿独立完成一件家务，通过图文并茂的方式记录下来，然后带到幼儿园来和小朋友一起分享。 **四、生活渗透** 教师在一日生活中以及社会活动中，可以引导幼儿自己的事情自己做，如自己穿鞋子，自己喝水，自己搬椅子等，能在自己的能力范围内帮助自己的同伴也是独立的高级体现形式。 **五、环境渗透** 教师以板块的形式呈现独立的相关图片，如自己的事情自己做。遇到困难自己想办法；引导幼儿在家参与家庭活动，自己做一些力所能及的家务，帮助幼儿养成独立品格。

3. 活动反思

(1)活动特点

《小老鼠奇奇去外婆家》绘本图多字少，内容浅显易懂，符合小班幼儿年龄特点，成功地吸引了幼儿的注意力。活动前教师搜集幼儿独立做事的真实活动图片，如幼儿独立倒垃圾，独立取快递，独立进幼儿园等图片，恰到好处地辅助了活动目标的达成。整个活动环节层次明显，层层递进，让幼儿在仔细观察中进行猜想，教师富有启发式的提问，让幼儿的思维活跃，幼儿阅读的兴趣大大提高。活动总结的环节回归到生活当中，使故事中的经验与幼儿的真实生活相互呼应。教师引导幼儿分享自己第一次做的一件有意义的事情，体会独立做事的成就感，更好地实现本次教学活动的情感目标。

(2)活动实施建议

教师在绘本阅读教学中，要摒弃讲述式、灌输式的教学方式，重视对绘本故事内涵的挖掘，能够和幼儿形成良好的互动，引导幼儿感悟绘本的主旨与内涵。例如，教师在活动中不能只是灌输式地讲述故事，而是通过小老鼠奇奇去外婆家的故事，让幼儿知道独立做事的重要性。

（太原市小店区新星幼儿园　郭娜　王静）

(二)品格社会领域教学活动

1. 独立品格的社会领域教学活动设计说明

独立是幼儿自我意识发展的外在表现之一，当幼儿学会使用“我”进行表达时就意味着幼儿独立意识的萌芽。对幼儿而言独立是指他们能够自己做一些力所能及的事情，遇到问题能够有独立的思考意识与能力，不过度依赖他人。小班幼儿独立品格在社会领域的表现，主要体现在“能根据自己的兴趣选择游戏或其他活动”“自己能做的事情愿意自己做”。

因此不论是日常生活中还是集体教学活动中，教师都要创设条件，提供机会并鼓励幼儿自己尝试、自己思考，培养幼儿自立、自主的意识与能力。

2. 教学活动案例

接下来我们以社会活动“我来想办法”为例阐述独立品格社会领域教学活动的组织要点，见表 3-3。

表 3-3 独立品格社会领域教学活动

<table>
<tr><th colspan="3">我来想办法</th></tr>
<tr><th>活动环节</th><th colspan="2">活动设计</th></tr>
<tr><td rowspan="3">活动目标</td><td colspan="2">认知目标：知道遇到问题时自己要积极主动地想办法。</td></tr>
<tr><td colspan="2">能力目标：能在老师的引导下尝试用不同的办法解决问题。</td></tr>
<tr><td colspan="2">情感目标：愿意在生活中做一个爱思考、爱动脑筋的孩子。</td></tr>
<tr><td rowspan="2">活动准备</td><td>经验准备</td><td>1. 幼儿已经能够根据图片线索简单讲述图片内容。
2. 幼儿已经对教师创设的操作情境比较熟悉。</td></tr>
<tr><td>物质准备</td><td>1. 故事课件《动物村的难题》(教师自编)。
2. 场景布置：(1)科学区里散落一地的乒乓球；(2)操作区里黄豆和太空沙混在一起。
3. 奖章贴纸(与幼儿数量相同)，故事中小动物们的哭声音频。</td></tr>
<tr><td>活动过程</td><td colspan="2">一、情境导入，激发幼儿参与活动的兴趣
师：小朋友们，你们听这是谁在哭？(教师播放哭声音频)
师：原来是动物村的小动物们遇到了困难，它们需要请爱动脑筋、能想办法解决问题的小朋友去帮助它们渡过难关。小朋友们，你们愿意去帮助它们吗？
小结：老师就知道你们是聪明、勇敢、爱帮助别人的孩子，那就让我们向动物村出发吧！
(品格元素：教师用哭声导入，激发幼儿的好奇心，同时为后面的“哭不是解决问题的办法”埋下伏笔)
二、讲述故事，启发幼儿思考解决问题的方法
(一)故事课件图片一：动物村
教师播放故事课件中的图片一，引导幼儿观察。
师：在快乐的动物村里生活着许多小动物，他们每天都在一起开心地做游戏，但是有时候小动物们也会遇到各种各样的问题。
(二)故事课件图片二(伴有哭声)：一只小蚂蚁被水沟挡住去路
1. 教师出示故事课件中的问题情境。
师：这是谁在哭？原来是雨后的大水沟挡住了小蚂蚁回家的路。聪明勇敢的小朋友们快帮帮小蚂蚁吧。
2. 教师引导幼儿积极动脑想办法。
师：刚才大家帮小蚂蚁想出了很多好办法，让我们看一看哪种办法最适合。
办法一：自己游过去。(不适宜，因为不知道水有多深，所以很危险)
办法二：找一片树叶当作小船，划过去。(比较适宜，但是如果刮起风，船也许会翻，也会有危险)
办法三：请小乌龟来帮忙，把小蚂蚁驮到对岸。(这个方法太棒了)
小结：刚才小朋友们积极动脑帮小蚂蚁想出了最安全的过河方法，用自己的聪明才智帮助了别人，真是勇敢、乐于助人的好孩子。</td></tr>
</table>

续表

<table>
<tr><th colspan="2">我来想办法</th></tr>
<tr><th>活动环节</th><th>活动设计</th></tr>
<tr><td>活动过程</td><td>（三）课件图片三（伴有哭声）：小羊的羽毛球挂到了树上
1. 教师出示故事课件中的问题情境。
师：这又是谁在哭？原来是小羊的羽毛球挂到了树上。聪明的小朋友们，你们愿意帮助小羊吗？
2. 教师鼓励幼儿大胆想出不同的办法帮助小羊。
师：你们想的办法小羊都听到了，我们一起来想一想哪些办法适用。
办法一：踩上梯子拿羽毛球。（虽然可以，但是有摔下来的危险）
办法二：找一根长竹竿把羽毛球打下来。（这个办法棒极了）
办法三：请长颈鹿来帮忙。（这也是一个好办法，不过千万别忘记对帮助过自己的人表示感谢）
办法四：请有力气的犀牛撞树，把羽毛球震下来。（不适宜，这样对小树太不友好了，保护环境，人人有责）
小结：小朋友们又积极动脑帮小羊想出了取回羽毛球的好方法，小羊非常感谢大家。
（四）课件图片四（伴有哭声）：小猴的皮球滚进树洞里
1. 教师出示故事课件中的问题情境。
师：这是谁在哭？原来是小猴的皮球滚进了树洞里，急得一直哭。
2. 教师鼓励幼儿结合生活经验想出解决办法。
小结：小朋友们很聪明，利用水有浮力的原理，往树洞里灌水，皮球就会浮上来了。小猴子特别感谢你们，说这真是一个好办法。
（五）逐一出示剩下的故事课件图片，完整讲述故事
（六）对本环节进行小结，并发奖章进行鼓励与肯定
师：刚才在动物村，小朋友们用自己的聪明才智想出了许多方法帮小动物解决问题，体验到了成功和帮助他人的乐趣。动物村的村主任为了向大家表示感谢，特意为每个小朋友带来了奖章。
（品格元素：教师在每一个问题情境下，鼓励幼儿发散思维、深入思考、分析讨论、最终得出合理解决问题的办法。通过这样的师幼互动，今后幼儿再遇到类似的问题，就能进行关联性的思考，学会灵活运用各种方法独立解决问题）
三、创设问题情境，鼓励幼儿大胆想出解决问题的方法
（一）创设情境，引导幼儿思考解决问题的办法，并尝试操作
师：小朋友们，不好了，老师刚才发现我们的科学区里乒乓球散落了一地，操作区的黄豆和太空沙也混在了一起，这可怎么办呢？
1. 幼儿分两组参与体验。
2. 教师巡回观察并记录幼儿解决问题的情况。
（品格元素：操作体验是本次活动的关键环节，教师要鼓励幼儿自主探索，过程中可适当提供帮助与支持，但不可直接给出答案，也不能轻易否定幼儿的想法和尝试）
（二）实践结束，请幼儿分享自己解决问题的不同办法
师：刚才你是怎样解决问题的呢？分享给大家听。（科学区组：用手一个一个捡、用小筐子装、放在衣服口袋里、用塑料袋装等；操作区组：用手一颗一颗捡黄豆、用勺子舀黄豆、用筛子筛沙子等）
小结：刚才在你们辛勤整理的过程中，老师观察到了很多好办法，如用筐子或袋子去装乒乓球，又快又多又不容易掉。用筛子筛沙子的方法能快速将沙子和黄豆分开。连老师都很佩服你们能想出如此巧妙的办法！</td></tr>
</table>

续表

我来想办法	
活动环节	活动设计
活动过程	**四、活动总结，给予肯定并提出希望** 师：其实在生活中我们也常会遇到很多困难，但是遇到问题很正常，也并不可怕，只要我们能勇敢面对，积极思考主动解决问题，办法总会比困难多的。如果实在有解决不了的问题，我们可以寻求老师或成人的帮助，但是不能像动物村的小动物一样哭鼻子，因为哭是不能解决问题的。老师相信你们一定会做一个勇敢、智慧、乐于助人的好孩子。 (**品格元素：**“回归生活”是每个领域应该遵循的规律，所以教师要在活动结尾鼓励幼儿将良好的品质带到生活中)
活动延伸	**一、区角延伸** 教师在科学区和操作区可以多投放一些需要幼儿经过反复尝试才能完成的游戏材料，如各种科学小实验的材料。实验本身具有探究性、复杂性，是幼儿感兴趣并且能集中注意力解决某一问题的操作体验。幼儿在反复尝试的过程中可以提升解决问题的能力。 教师在图书区可以投放关于不怕困难、勇敢面对和解决问题的绘本，如《和朋友们一起想办法》系列图书 8 册，其中包含《牛奶去哪儿了》《怕痒痒的小绵羊》《孵不出来的小鸡》等，让幼儿在阅读中积累解决问题的办法。 教师在语言区可以提供“遇到困难怎么办”的生活情境图片，如在商场和妈妈走散的情境，风筝挂在树上的问题情境，在户外突然下起雨的问题情境……教师可以请幼儿结合图片中需要解决的问题进行交流，和同伴说说自己的好办法，通过相互学习提升个人经验。 **二、家园共育** 著名儿童教育家陈鹤琴认为，教育幼儿是一种复杂的事情，不是家庭一方面可以单独胜任的，也不是幼儿园一方面可以单独胜任的；必定要两个方面共同合作才能得到充分的功效。因此，家长的沟通合作尤为重要。教师首先应帮助家长建立正确的教育观念，然后建议家长在生活中遇到需要解决的问题时，能放手给予幼儿解决问题的机会，但选择问题时，要符合幼儿成长阶段的特点，应当避免过于复杂或难度过大的问题，以免产生消极作用。当幼儿解决问题的方法不切合实际时，教师也要避免直接否定，可以利用引导和启发的方式，引导幼儿独立解决问题，从而建立起解决问题的习惯。 **三、生活渗透** 在一日生活的各个环节，教师要随机发现幼儿所遇到的困难，作为观察者和引导者，鼓励幼儿自主想办法解决问题。教师要善于观察、耐心倾听、细心引导，并适当为幼儿提供支持与帮助，但不要把答案直接告诉幼儿。 **四、环境渗透** 教师可以创设“我能行”主题墙，将幼儿自主解决问题的片段用照片的形式或幼儿自己绘画的形式记录下来，并设计“红花榜”，用奖励小红花的形式鼓励自己解决问题的幼儿。

附：自编故事《动物村的难题》

在动物村里，住着一群可爱的小动物，有小羊、小蚂蚁、小猴、小熊和乌鸦等，小动物们每天快乐地玩耍，生活得很愉快。但是，它们也会遇到各种各样的问题。

有一天，小蚂蚁出去找食物，可是突然天空下起了大雨。大雨过后，小蚂蚁被一条大水沟挡住了回家的路。小蚂蚁急得哭了起来。这时，小羊在树下愉快地玩羽毛球。哎呀！一不小心，羽毛球被挂在了树上，这可怎么办才好？小猴呢？哦！原来它的皮球滚进了树洞里。动物村的其他小动物听到了它们的哭声，纷纷来帮忙。

小乌龟把小蚂蚁驮到水沟对面，小蚂蚁终于可以回家了，小蚂蚁开心地对于小乌龟说："谢谢你，小乌龟，因为你的帮助我才又回到了自己的家。"听了小朋友们出的主意，大家帮小羊找来一根长长的木棍，轻而易举地把羽毛球取了回来。小朋友们的话提醒了小动物们，它们知道了水有浮力，于是大家齐心协力，把树洞灌满了水，小猴的皮球也慢慢浮了上来，小猴开心地笑了。

动物村的小动物们直夸小朋友们，真是聪明、勇敢、爱动脑筋的好孩子！

3. 活动反思

(1)活动特点

活动选题与幼儿生活经验相衔接。教师根据幼儿日常生活中常遇到的问题自编故事《动物村的难题》，通过引导幼儿帮助小动物们解决难题来培养幼儿的思考能力，并鼓励幼儿开动脑筋，想出更多不一样的解决方式，促进幼儿积极思考。

活动过程紧扣活动目标，培养幼儿正视问题，主动解决的意识。遇到问题要克服依赖心理，要勇于面对困难，正视困难，树立自信，不慌张、不急躁，以良好的心态去寻找解决问题的办法，从而让自己变得强大。

本次活动过程通过创设真实的区角情境来支持幼儿的体验式学习，从而达成解决问题能力的提升和良好品格的塑造。

(2)活动实施建议

由于小班幼儿有意注意的时间有限，因此教师在进行故事处理的时候，可根据本班幼儿特点，适当删减或合并某些故事情节，确保教学过程紧凑、不拖拉。

教师制作的课件，图片一定要清晰，小动物遇到的问题一定要很明显，确保幼儿能看懂，能发现。此外，教师讲述故事的时候，前面 1～2 个情境可以由教师来讲述，幼儿观察、表达；后面的情境可以由教师出示图片，鼓励幼儿一边观察一边讲述，锻炼幼儿发现问题、描述问题的能力。出示问题情境时，每一个问题抛出后，教师要根据幼儿的回答给予积极回应与评价，并渗透品格养成。

实践操作环节，教师要根据班上幼儿区角活动或生活中常遇到的问题创设相应的情境，通过体验活动引导幼儿积极想办法解决他们日常生活中遇到的真实问题。

（太原市育星幼儿园　王玮　张瑞秀）

(三)品格综合领域教学活动

1. 独立品格的综合领域教学活动设计说明

品格培养有一个"认知—情感—行为"的发展过程，确立品格目标后，要在幼儿园五大领域活动中渗透，多途径、多角度促进幼儿独立品格的发展。因此，教师除了开展独立主题的绘本阅读活动、专门性的社会领域教学活动，在健康领域可以围绕"生活习惯与生活能力"开展幼儿独立穿脱衣物、整理物品、吃饭、睡觉等方面的活动；在科学领域则要重点培养幼儿独立思考的意识，在教学过程中多采用启发性提问，激发幼儿的探究欲望，创设操作体验的环节，引导幼儿自主寻找答案；而在艺术领域活动则要鼓励幼儿大胆想象，勇敢地用自己喜欢的方式表达自己的想法，因此在艺术创作过程中，教师尽可能不提供临摹的范本，也不要用单一的标准评价幼儿的作品。

2. 教学活动案例

接下来我们以科学领域活动“送水宝宝回家”为例阐述独立品格综合领域教学活动的组织要点，见表 3-4。

表 3-4 独立品格综合领域教学活动

<table>
<tr><th colspan="3">送水宝宝回家</th></tr>
<tr><th>活动环节</th><th colspan="2">活动设计</th></tr>
<tr><td rowspan="3">活动目标</td><td colspan="2">认知目标：初步了解能够盛水的容器的特点。</td></tr>
<tr><td colspan="2">能力目标：能够在操作体验中找到最适合盛水的材料。</td></tr>
<tr><td colspan="2">情感目标：愿意参加科学探索活动，体验成功的快乐。</td></tr>
<tr><td rowspan="2">活动准备</td><td>经验准备</td><td>幼儿已有参照标准比较物品多少的直观经验。</td></tr>
<tr><td>物质准备</td><td>1. 四盆水(确保幼儿游戏时不拥挤)，一个桶，每名幼儿一个画有一条红线的一次性透明杯子，每名幼儿一套盛水的材料(材料用托盘装好，分别是一片树叶、一块硬纸板、一个瓶盖、一个有漏洞的酸奶杯)。
2. 移动黑板、吸铁石，分别为树叶、硬纸板、瓶盖、有漏洞的酸奶杯的图片，沙漏(或钟表)。</td></tr>
<tr><td>活动过程</td><td colspan="2">一、情境导入，引出活动
师：水宝宝出去玩，找不到回家的路，它想请小朋友们帮帮它，我们一起送水宝宝回家吧。
师：我们可以用什么办法帮助水宝宝回家呢？
小结：小朋友们说得真好，我们需要找一些东西来把水宝宝送回家。
二、明确探究任务，引导幼儿观察盛水的材料
师：请小朋友们看一看你们的椅子底下有什么。(每名幼儿一套盛水的材料，包括硬纸板、树叶、瓶盖、有漏洞的酸奶杯)
师：现在需要小朋友们用这些材料把水宝宝快点送回家。你们会选择用什么材料呢？
师：有的小朋友说可以用瓶盖，因为瓶盖可以舀起水来；有的小朋友说可以用酸奶杯，因为酸奶杯也可以舀起水来。到底哪种材料能够把水宝宝安全地送回家呢？老师也不知道，我们一起来试试吧！
三、开展情境游戏，鼓励幼儿探索发现能盛水的材料的特点
师：现在老师给每个小朋友一个杯子，你们用自己手里的材料把盆里的水装到杯子里，杯子里的水装到红线的位置，就可以把杯子里的水送到桶里了。一起来试试哪种材料最适合用来送水宝宝回家！(教师一边讲述游戏规则，一边演示，确保幼儿能理解)
(品格元素：教师让幼儿在操作中反复尝试独立探究并思考不能盛水的原因，增加了初步的感知经验)
师：老师这里有一个沙漏，老师把沙漏转过来的时候，小朋友们就要开始用你们手里的树叶、硬纸板、酸奶瓶和瓶盖把水宝宝送到水杯里，水杯的水到了红线，就可以把水宝宝送进水桶里了。沙漏里的沙子漏完之后，老师来看看哪个小朋友送的水宝宝最多，你们还要告诉我哪一种材料最适合用来装水宝宝。
四、出示四种材料图，引导幼儿总结盛水材料的基本特点
师：有的小朋友送了一杯水宝宝，有的小朋友送了半杯水宝宝，还有的小朋友送了两杯水宝宝。为什么同样的时间里，大家送的水宝宝有的多有的少呢？</td></tr>
</table>

续表

送水宝宝回家	
活动环节	活动设计
活动过程	师：老师把小朋友们用来装水宝宝的四种材料都贴在小黑板上，你们发现哪一种材料最适合用来装水宝宝？ 小结：小朋友们说得真好，你们在送水宝宝的时候发现了，硬纸板是平的，没有办法装水宝宝；树叶虽然能弯起来装一点儿，但是没有封闭，水宝宝还是会流出来；酸奶瓶有漏洞也不能盛水；只有像小瓶盖这样凹型的和没有缝隙的材料才能盛水。小朋友们回家后找一找还有哪些东西也可以用来盛水，明天来幼儿园的时候把你的发现告诉老师和小朋友。 （**品格元素：**教师通过直观的图片和操作经验进行归纳总结，让幼儿将感知经验转化为认知经验，强化幼儿独立探究成功的快乐）
活动延伸	**一、区角延伸** 教师可以在科学区引导幼儿探索怎样改造硬纸板使它能盛水。 **二、家园共育** 教师可以鼓励幼儿在家中找出更多能盛水的容器。

3. 活动反思

(1)活动特点

目标着眼于认知、能力、情感三方面内容，注重在操作中发展能力，同时获得认知经验和情感满足，三者递进统一，也符合小班幼儿的发展水平，易于达成。

活动材料选取日常生活中常见的东西，易于准备，幼儿也易于操作，使活动操作性强、参与性高，有利于目标的达成。

活动注重了幼儿的自主探究，在操作中思考，发现不同材料的不同特点，直观的图片也使幼儿的直接经验转化为感性认识。

延伸活动与一日活动和家庭生活相联系，促进了幼儿对材料盛水的继续探究和发散思维的发展。

(2)活动实施建议

为保证幼儿对不同材料的充分使用和操作，教师要采用示范的方法讲解游戏规则，让幼儿熟悉操作流程。另外，小班个别幼儿会出现玩水现象，教师要以游戏的口吻提醒幼儿，让其继续融入游戏。

（太原市小店区新星幼儿园育杰分园　王建华　魏炳）

(四)幼儿社会技能教学活动

1. 活动设计说明

社会技能“拒绝”是指幼儿对同伴发出的请求或邀请不答应或不愿意时，学会智慧地说“不”，学会合理地拒绝。这不仅是人际交往的技巧，更是自我保护的一种方法。这一技能的培养重点是“自我肯定”。儿童心理学和教育学表明，幼儿时期的“自我肯定”至关重要，如果不想做可以委婉地拒绝，用好好说的方式向同伴解释拒绝的原因，恳请同伴的理解。

2. 社会技能“拒绝”教学活动案例

社会技能“拒绝”的技能口诀是：同伴邀请你；你却不愿意；果断拒绝没关系。接下来我们以活动“不要随便命令我”为例阐述社会技能“拒绝”教学活动的组织要点，见表 3-5。

表 3-5　社会技能“拒绝”教学活动

<table>
<tr><th colspan="3">不要随便命令我</th></tr>
<tr><th>活动环节</th><th colspan="2">活动设计</th></tr>
<tr><td rowspan="3">活动目标</td><td colspan="2">认知目标：初步意识到同伴提出请求或要求，如果自己不愿意可以拒绝。</td></tr>
<tr><td colspan="2">能力目标：能够在老师的引导下用恰当的方式表达自己的拒绝。</td></tr>
<tr><td colspan="2">情感目标：愿意用友好、礼貌的方式和同伴相处。</td></tr>
<tr><td rowspan="2">活动准备</td><td>经验准备</td><td>幼儿有被别人命令的经验。</td></tr>
<tr><td>物质准备</td><td>故事课件《不要随便命令我》。</td></tr>
<tr><td>活动过程</td><td colspan="2">一、谈话导入，激发幼儿参与的兴趣
师：小朋友们，今天我们班来了两个新朋友，比利和安迪，他们之间发生了什么有趣的故事呢，我们一起来看一看！
二、讲述情境故事《不要随便命令我》，引出社会技能“拒绝”
情境一：安迪和比利一起玩球，比利用力一踢，把球踢进了草丛里。
比利：“你去捡球。”
安迪：“为什么让我去捡？”
比利：“如果你不照我的话去做，我就不跟你玩了。”
安迪(喃喃地说)：“每次都让我捡球，这些草扎得我好痛！”
他不敢大声说，担心比利听到了就不再跟他玩了。
情境二：有天早上，安迪戴了一顶红蓝相间的新帽子。要知道，红色和蓝色是他非常喜欢的颜色。
比利：“我命令你把帽子给我！如果你照我说的做，我就带你到我家去玩。”
安迪：“嗯……不行，这是妈妈送给我的……礼物。”
比利：“那好吧，我以后再也不跟你玩了。”
安迪：“等一下，比利！帽子送给你，你要和我玩呀。”
安迪：“每次比利都是想怎么做就怎么做，总是命令我，从来不顾及我的感受。”
师：小朋友们，来说一说比利与安迪之间发生了什么事情。
师：比利老是命令安迪，安迪特别不开心。小朋友们，咱们一起来帮帮安迪！
小结：安迪可以直接拒绝比利不合理的命令。
三、师幼谈论生活中的“拒绝”情境，唤起幼儿的生活经验，想出合理的解决方法
师：小朋友们，在生活中你们有没有遇到小朋友命令或要求你们做一些你们不愿意做的事情？你们会怎样做？
小结：生活中当别人命令我们时，我们不愿意可以大胆拒绝，没关系的，可以用这个方法“同伴命令你，你却不愿意，果断拒绝没关系”。
师：安迪学习了大家一起想出来的方法，大家一起看看接下来的故事是什么样的。
情境三：安迪过生日时收到一辆特别漂亮的自行车。
比利：“安迪，把自行车先给我骑。”
安迪无奈地说：“好啊，当然可以……”就在这时，他突然想到小朋友们告诉他“同伴命令你，你却不愿意，果断拒绝没关系”。</td></tr>
</table>

续表

不要随便命令我	
活动环节	活动设计
活动过程	安迪拒绝道："不行！不行！" 比利冷冷地说："我要先骑。" 安迪："我说'不'！我可以说'不'，而且不用告诉你为什么。我再也不会听从你那些无理的命令了。我不怕你。" 小结：安迪勇敢地拒绝了比利的命令，面对小朋友的无理命令，我们可以用这个方法"同伴命令你，你却不愿意，果断拒绝没关系"。 **四、师幼讨论拒绝的方式，了解礼貌拒绝同伴不合理要求的方式** 师：拒绝的时候该用什么样的语气和态度呢？让我们一起来说一说。 小结：如果遇到不合理的命令或要求时，我们可以大声果断地拒绝。但是遇到小朋友的邀请或请求时，自己不愿意的时候，我们可以用礼貌的方式来拒绝。 **五、师幼巩固"拒绝"的口诀，回顾拒绝的方式，结束本次活动** 师：别人命令你，你不愿意的时候，怎样拒绝？同伴命令你，你却不愿意，果断拒绝没关系。（教师引导幼儿边说边做动作，以适宜的肢体动作加深幼儿对技能口诀的理解与记忆） 师：但是拒绝好朋友的邀请或请求时，我们可以怎么做？ 小结：我们可以用友好、有礼貌的方式表示拒绝。希望小朋友们将今天学到的本领分享给自己的爸爸妈妈。
活动延伸	**一、家园共育** 教师在班级群中分享当天学习的社会技能"拒绝"，包括技能目标、培养重点、培养方法等，并鼓励幼儿回家后和爸爸妈妈说一说当天学到的新本领。教师利用晨间活动组织幼儿集体分享回家后教爸爸妈妈学习社会技能"拒绝"的感受。 **二、生活渗透** 在日常生活中，教师要有意识地关注幼儿学会拒绝，如教师在布置任务、组织活动、给幼儿讲故事时，要能够随时关注幼儿的状态，并且可以提前设计一些情境或呈现幼儿拒绝的情境，加深幼儿对技能的理解，逐步培养幼儿的拒绝能力。 **三、环境渗透** 教师可以根据"拒绝"口诀的含义，用图文并茂的方式展示口诀内容。

3. 活动反思

(1)活动特点

活动目标紧扣社会技能"拒绝"的培养要求，即"知道可以拒绝""能够用恰当的方式拒绝""愿意友好交往"。同时，由于本次教学活动的对象是小班幼儿，因此活动的重点旨在引导幼儿初步认识到同伴交往的时候，如果别人提出的请求自己不愿意时可以大胆地拒绝；活动的难点是引导幼儿初步意识到要用合适的方式拒绝别人。

活动过程紧扣主题，线索明确。首先，活动选择的故事《不要随便命令我》符合社会技能"拒绝"的内涵要求。其次，生活化的故事情境能够唤起幼儿的已有经验，产生情感共鸣。最后，以帮助安迪解决问题贯穿活动始终，增强了活动的系统性、连贯性，能够聚焦幼儿的注意力，确保教学过程中师幼互动的质量。

(2)活动实施建议

首先，在讲述绘本故事的时候，教师需要根据本班幼儿的生活经验及理解水平对故事《不要随便命令我》进行适当改编与调整，以便更好地实现本次教学活动的目标。在确保教学质量的前提下，不超时、不超量、不累赘。其次，教师在组织本次活动时，需牢记活动的重难点并把握好小班幼儿“初步认识”“初步意识到”“简要掌握”的学情，不可过度延伸与拓展，避免幼儿理解困难，影响教学效果。

（山西省直机关新建路幼儿园　花国兴　高彪）

五、区角活动案例

《3—6 岁儿童学习与发展指南》中指出要“鼓励幼儿自主决定，独立做事，增强其自尊心和自信心”。小班阶段是幼儿自主性、独立性迅速发展的时期。这一时期幼儿已不再像过去那样依赖成人，能独立地去探索新奇的、对自己而言有趣而陌生的事物。因此，根据幼儿这一时期的个性发展特点、幼儿独立性的发展水平及存在的问题，教师要树立正确的儿童观，从培养幼儿各项能力的独立性入手，促进幼儿健全人格的发展。基于此，班级区角布置要为幼儿提供充足的时间、宽松的氛围，减少不必要的干预，支持幼儿制定合理的规则，学习自我服务、自我管理，培养其独立处理问题的能力。

生活区

活动一：衣物整理看我的

活动目标：提高生活自理能力，养成自己的事情自己做的良好习惯。

活动准备：洗衣机、晒衣架、幼儿的日常衣裤、篮子、叠衣服示意图(图 3-4)。

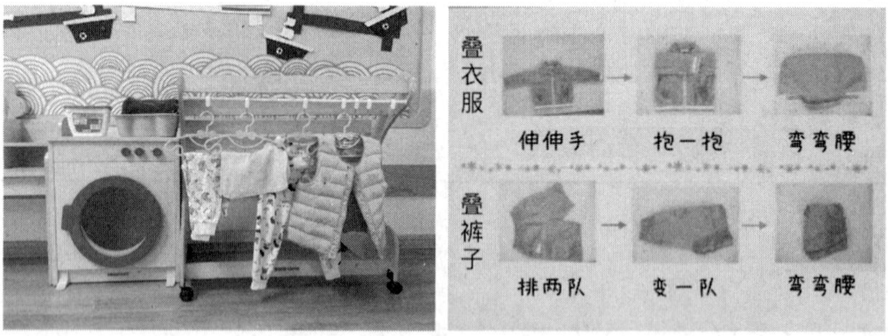

图 3-4　生活区洗衣机、晾衣架布置和叠衣服示意图

活动过程：

1. 教师引导幼儿讨论生活中爸爸妈妈整理衣物的方法。

2. 幼儿自主游戏：拿篮子将脏衣服进行收纳，将篮子里的脏衣服放入洗衣机洗净；然后进行晾晒；晾干后，将衣裤叠整齐，放入衣橱中。

3. 教师小结，让幼儿讲述自己的体验，及时肯定幼儿的表现。

活动建议：

1. 教师要及时关注幼儿“洗衣—晒衣—叠衣”的操作顺序是否正确，若幼儿不熟悉流程，要以恰当的介入方式对幼儿进行指导。

2. 材料准备中的叠衣服示意图尽量以图片形式呈现，并张贴在活动区角中显眼的位置，方便幼儿观看，帮助其更好地理解。教师引导幼儿按照示意图折叠衣裤。

3. 增加游戏趣味性，教师可以开展叠衣服比赛，看谁叠衣服的速度快且叠得好。

活动延伸：

进行家园共育，教师可以请家长在家鼓励幼儿自己整理衣物。同时，教师可以将幼儿其他的日常生活自理内容放入生活区，如分清左右鞋等，让他们有更多的机会进行操作练习，更好地提升幼儿的生活自理能力。

活动二：能干的小手

活动目标：练习扣扣子、拉拉链的动作，锻炼手指灵活性，提高手眼协调能力和自理能力。

活动准备：各种各样的动物绒布，一端缝上纽扣和拉链，一端锁上扣眼(图 3-5)。

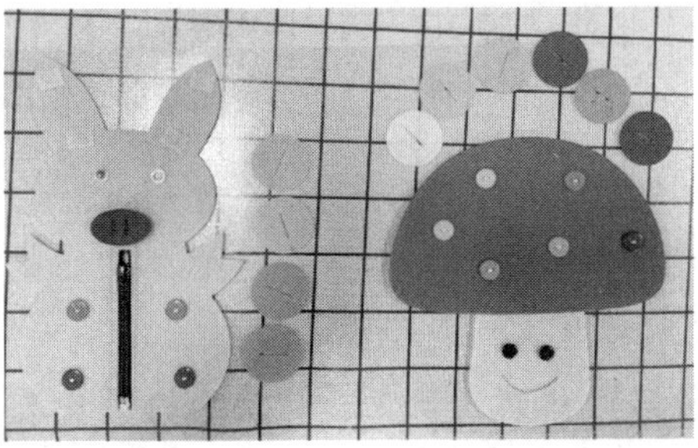

图 3-5　“能干的小手”活动材料

活动过程：

1. 教师引导幼儿讨论穿衣服时遇到的困难以及自己的解决办法。

2. 幼儿自主游戏：选择自己喜欢的动物绒布，依次将带有扣眼的布片与绒布上的纽扣扣在一起，并拉上拉链。

3. 幼儿扣好扣子并拉上拉链后，可以将动物绒布身上的扣子逐一解开，反复练习。

4. 教师小结：遇到自己能够解决的问题时要努力想办法自己动手，不轻易寻求他人帮助。

活动建议：

1. 幼儿操作熟练后，教师可以引导幼儿根据扣子的颜色，使绒布的颜色与其一一对应，有规律地扣扣子。

2. 为提高活动的趣味性，教师可以组织幼儿分小组进行扣扣子比赛，看谁扣得快，练习速度。

活动延伸：

日常生活中，教师可以鼓励幼儿自己穿脱衣服，同时结合其他区角活动，将这些技能运用于“娃娃家”中对娃娃的照顾上，如帮助娃娃穿脱衣服等。

活动三：整理图书

活动目标：学会分类和整齐摆放图书，初步养成在生活中独立整理物品的习惯和能力。

活动准备：大小不一的图书、书架(图 3-6)。

图 3-6　图书区布置

活动过程：

1. 教师引导幼儿讨论图书摆放的方法以及自己看到过的关于图书收纳的方式。

2. 幼儿主动尝试将图书进行分类，并有序进行摆放：将整理好的图书摆放在书架上，一本压着一本，大小一样的书摆放在同一个格子里，大小不一的书也要排列整齐。

3. 幼儿整理完毕后，教师组织幼儿检查自己整理的图书是否摆放得整齐有序。

活动建议：

1. 教师可以启发幼儿自己思考“图书要怎样摆放，才方便拿取”，引导幼儿认识到常用的图书要尽可能放在最方便取用的一层。

2. 幼儿整理完毕后，教师启发幼儿思考“如何给图书做标记，才能帮助大家迅速找到想要看的书”，培养幼儿整理物品的秩序感。

活动延伸：

1. 教师结合数学区活动，帮助幼儿巩固对大小、厚薄、长短、多少的认知。

2. 教师在其他区角提供不同的材料，让幼儿练习整理不同的物品，学习有序、合理地进行整理，培养初步的自我管理能力。

角色区

活动一：欢迎来做客

活动目标：能够有礼貌地接待客人并与客人交流，体会独立待客的快乐。

活动准备：布娃娃、生日蛋糕、水果、小礼物等娃娃家道具(图 3-7)。

图 3-7 娃娃家道具

活动过程：

1. 师幼讨论，确定游戏主题。教师引导幼儿回忆自己去别人家做客的经历，或自己家来客人时爸爸妈妈招待客人的情境。

2. 幼儿自由分配角色，讨论主人与客人分别由谁扮演，自主游戏。

3. 游戏活动开始，“主人”向“客人”发出邀请：“我家娃娃要过生日了，欢迎大家来做客。”随后在家做准备。受邀请的“客人”带着礼物去做客，给娃娃送礼物，送祝福。“主人”迎接“客人”的到来，热情招待，请“客人”喝茶、吃水果，准备丰盛的午餐及生日蛋糕，一起享用。

活动建议：

1. 扮演主人与客人的幼儿可以互换角色进行游戏。

2. 在游戏过程中，教师应引导幼儿运用符合其角色身份的语言、动作与他人互动。

3. 游戏分享环节，教师可让幼儿讲述自己的角色体验，及时肯定幼儿的表现。

活动延伸：

教师可以在班级同时开设几个角色区，让幼儿利用区角中的材料自己准备招待客人的饮料、蛋糕及其他食品、礼物等，使幼儿在自我经验累积的基础上，发挥自己的想象，自我主导角色定位下的具体活动，如选什么样的物品做礼物，做什么样的生日蛋糕等，提高幼儿的自我服务和社会交往能力。

活动二：自助餐厅

活动目标： 喜欢扮演角色游戏，乐意独立地参与活动。

活动准备： 自助餐厅用品、食品玩具、餐具、儿童游戏代币、角色吊牌等(图 3-8)。

图 3-8 自助餐厅环境布置

活动过程:

1. 师幼交流讨论,明确游戏中各角色的主要任务。教师请幼儿回忆自己与爸爸妈妈到自助餐厅就餐的经历,说一说餐厅有哪些人以及他们的主要工作,通过自由讨论帮助幼儿了解餐厅中各种角色的分工。

2. 幼儿自主分配角色。幼儿可以选择收银员、厨师、服务员、顾客等自己喜欢的角色,并佩戴头饰。

3. 幼儿自主游戏。“客人”进店后,“服务员”接待。“客人”选择套餐后去收银处付钱,之后“客人”到摆放各种食物的柜子前进行自主选择,将自己想吃的“食物”装进盘子里端到餐桌上享用,并做到不浪费。“厨师”根据“客人”的要求及时补齐所需食物。

4. 收拾整理材料。“客人”离开后,“服务员”要及时收拾、清理餐具,将材料归类、摆放整齐,以备其他“客人”使用。

活动建议:

1. 教师要指导幼儿不将“食物”放入口中,提示幼儿餐具的正确使用方法。

2. 当“客人”较多时,教师要提醒幼儿不争抢,遵守简单的游戏规则,主动排队、交钱。

3. 教师指导幼儿学会自己按自助餐厅游戏的玩法及规则进行游戏。

活动延伸:

教师可以提供美工区材料,如彩泥、皱纹纸等,引导幼儿自己制作各种各样的“食物”,在进行角色游戏的同时锻炼幼儿独立动手的能力。

活动三:小小采购员

活动目标: 能够根据指令行动,并能较准确地独立完成买菜任务。

活动准备: 购物所需的提包或篮子、仿真蔬菜和水果、儿童游戏代币、角色吊牌等购物道具(图 3-9)。

图 3-9 购物道具

活动过程：

1. 教师创设菜市场情境，引导幼儿交流讨论生活中长辈们是怎样买菜的。

2. 教师协助幼儿明确角色任务与职责，“经理”负责根据需要制订采购计划，“采购员”负责根据计划指令去超市采购，“收银员”负责结账收款。

3. 幼儿自选游戏角色，开始自主游戏。

活动建议：

1. 小班幼儿协商、沟通能力较弱，分配角色时容易发生争执。教师要通过设计场景、组织幼儿讨论等方式逐步培养幼儿解决问题的能力，如学会用恰当的方式拒绝他人。

2. 根据幼儿的游戏水平分配角色，游戏初期教师可以参与到幼儿游戏中，扮演经理的角色，为幼儿分配角色，给幼儿下达任务指令，注意任务指令要简洁明了，易于理解。

3. 由于小班幼儿的思维特点是具体形象思维占优势，因此教师要重点关注“采购员”与“收银员”付款时的表现，发现幼儿在结算支付方面存在困难时及时提供必要的帮助，如幼儿不会抽象运算，引导其进行点数付款。

活动延伸：

幼儿熟悉采购任务后，教师可以继续创设超市情境，可以到美食区、美工区、生活区等其他区角采购商品，逐步丰富游戏情节。同时，教师可以鼓励幼儿自主制订购物计划，增强其独立做事的计划性。

美工区

活动一：我会保护自己

活动目标：通过给娃娃制作围巾、手套，提升关心自己、自我保护、自我服务的能力。

活动准备：制作围巾的长方形纸以及手套轮廓的纸，水彩笔、胶棒等(图 3-10)。

图 3-10　“我会保护自己”活动材料

活动过程：

1. 教师引导幼儿说一说自己冬天保健的方法和注意事项。

2. 教师引导幼儿为自己的娃娃设计一条漂亮又暖和的围巾和一副漂亮又暖和的手套。

3. 教师请幼儿设计好后用胶棒将围巾和手套固定在娃娃身体的对应位置。

4. 教师请幼儿展示自己的作品，与其他幼儿分享。

活动建议：

1. 教师要鼓励幼儿大胆设计各种图案，表现出自己独特的想法和创意，对能力强的幼儿可启发进行有规律地涂色装饰，对能力弱的幼儿可进行适当地帮助和指导，增强幼儿的自信心。

2. 教师适当引导幼儿运用多种辅助材料进行制作，如废旧布料、彩泥、棉花等。

活动延伸：

1. 教师将幼儿完成的作品布置到美工区的区角环境中，鼓励幼儿创作出不同的作品。

2. 教师鼓励幼儿回家练习自己穿戴围巾、手套。

活动二：今天我来做早餐

活动目标： 尝试用团、压、捏、搓的方法制作面条、面包、饼干等餐点，体验独立创作的快乐。

活动准备： 彩泥以及制作中需要的各种辅助材料(图 3-11)。

图 3-11 彩泥以及制作中需要的各种辅助材料

活动过程：

1. 教师重点示范讲解面条、面包、饼干等餐点的制作方法。

2. 教师鼓励幼儿大胆选择辅助材料，制作不同造型的面包和饼干等餐点。

3. 幼儿将自己做的早餐放入纸盘，与同伴分享游戏的快乐。

活动建议：

1. 教师要提示幼儿注意安全，不要将彩泥放入口中，注意个人卫生，确保桌面干净整洁。

2. 教师引导幼儿讲述自己玩泥的方法，特别是团泥、搓泥的技能，启发幼儿想象自己做的早餐的口味。

3. 教师提示幼儿搓“面条”时要用力均匀，轻轻搓，用力不能过大，否则面条会变得有的地方粗，有的地方细，还容易断掉。

活动延伸：

教师可以将幼儿制作的早餐，如面包、点心、饼干等，投放到美食区、角色区，在进行“自助餐厅”“招待客人”“制作美食”等游戏时，重复利用。

活动三：包饺子

活动目标：练习搓、团、切、压、捏的技能，锻炼手部动作的灵活性，培养自我服务能力。

活动准备：彩泥、一次性西餐刀或泥工刀、案板、水饺模具等。

活动过程：

1. 教师帮助幼儿明确游戏任务，让幼儿知道包饺子的方法和需要的材料，尝试包饺子。

2. 幼儿自主游戏：将彩泥搓成长条，尝试使用泥工刀或一次性西餐刀切剂子(做馒头、饺子等面食时，从和好的大块面上分出来的小块)，按压剂子做饺子皮，填入饺子馅，捏紧口，并将包好的饺子摆在盘子中。

3. 为增强游戏趣味性，教师可以开展包饺子大赛，给幼儿相同数量的饺子皮和饺子馅，鼓励幼儿比赛在规定时间内看谁包得既快又好，反复练习逐步提高幼儿包水饺的速度。

4. 教师小结，引导幼儿说说自己的发现和包饺子的体验。

活动建议：

1. 教师要及时提醒幼儿使用一次性餐刀和泥工刀切剂子时注意安全。

2. 教师要引导幼儿练习将剂子切均匀。

3. 教师要观察幼儿游戏活动进程，必要时间接给予幼儿引导。

4. 教师要为幼儿提供不同的材料，提高幼儿的动手操作能力。

活动延伸：

1. 教师可以将包好的水饺投放到美食区、角色区，在幼儿进行“自助餐厅”“制作美食”等游戏时充分利用。

2. 教师可以请幼儿回家后在爸爸妈妈的看护下尝试自己包水饺。

（济南市历下区第一实验幼儿园　刘瑜君　时雪薇）

六、一日生活指导

(一)一日生活中幼儿品格与社会技能培养

小班幼儿需要独立思考问题、主动探求知识、有尽可能多接触新事物的机会。学会说“不”，是小班幼儿社会性人际关系发展中的一项重要技能。当朋友意见和自己想法不一致甚至不合理时，幼儿往往由于缺乏自信或勇气，或为了维系朋友之间的友谊而违心地接受对方的要求，一味地迁就，不善于拒绝，以致压抑个人意愿，从而产生负面情绪。“拒绝”是表达自我及与人平等友善交往的合理方式，使小班幼儿掌握说“不”的能力，以帮助他们在社会化进程中，提升与他人平等交往、形成和谐健康的人际关系的能力。在这一时期，幼儿越来越有主见，并且敢于说出和同伴不一样的想法。因此，本期主题品格与社会技能在一日生活中的重点培养环节见表3-6。

表3-6 品格与社会技能的日常重点培养环节

生活环节	品格：独立	社会技能：拒绝
入园	√	
盥洗	√	
进餐	√	
饮水	√	
如厕	√	
午睡	√	
离园		
集体活动	√	√
户外活动	√	√
区角活动		
过渡环节	√	√

(二)一日生活中幼儿品格与社会技能指导要点

本期主题品格与社会技能在一日生活中的指导要点见表3-7、表3-8。

表3-7 一日生活中独立品格指导要点对照表

环节	指导要点
入园	1. 教师通过打卡游戏、爱心约定等活动，鼓励幼儿自主入园且情绪稳定，可以向家长表达自己入园的意愿，拒绝家长的帮助。 2. 教师在入园时设置多名“迎接小卫士”，发挥榜样力量，鼓励幼儿自己背书包、拿被褥入园。
盥洗	1. 教师引导幼儿回到活动室或在家自己洗手，养成主动盥洗的好习惯。 2. 教师通过绘本和手指游戏，让幼儿学会自己卷袖子、打肥皂，感受洗手的乐趣，不需要老师的帮助。
进餐	1. 进餐时间，教师让幼儿选择自己喜欢的餐点音乐和进餐座位。 2. 教师引导幼儿自己排队拿碗筷、取餐，自主进餐。 3. 教师鼓励幼儿自主制定菜谱，有自己的想法，并说明理由。
饮水	1. 教师通过科学活动和故事引发幼儿对喝水的兴趣，引导幼儿自己制定喝水次数和时间。 2. 教师引导幼儿养成主动喝水的习惯，鼓励幼儿按需喝水。

续表

环节	指导要点
如厕	1. 教师带领幼儿通过讲故事等形式学习正确使用手纸的方法。 2. 教师引导幼儿自己如厕，整理衣裤，大小便后自觉冲厕，不用老师帮忙。
午睡	1. 教师引导幼儿自行穿脱衣物、鞋子，选择喜欢的睡前故事。 2. 教师鼓励幼儿通过故事自行入睡，不用老师帮助。
集体活动	1. 教师通过有趣的互动和情境设计，鼓励幼儿大胆表达自己的见解，回答老师的问题。 2. 教师鼓励幼儿当发现与同伴答案不同时，依然勇敢地说出自己的想法。
户外活动	1. 自主游戏时，教师鼓励幼儿先尝试自己解决困难，如果解决不了，再向老师求助。 2. 幼儿处于有一定风险的挑战情境时，教师应帮助其建立自信，不急不躁，知道保护自己与他人的安全。
过渡环节	教师给幼儿自主安排自己想做的事情的时间，培养幼儿的主见，关注幼儿自我意识的发展。例如，幼儿可根据需要选择喜欢的区角，当音乐响起时，能自己收放玩具。

表 3-8　一日生活中“拒绝”技能指导要点对照表

环节	指导要点
集体活动	在集体活动中，教师鼓励幼儿敢于说出自己的想法，不模仿别人，激发坚持自己想法的独立意识。
户外活动	户外活动时，教师鼓励幼儿与同伴大胆讲述自己的游戏意向，与同伴协商共同完成游戏，而不完全听从有“领导权”的同伴的意见。
过渡环节	同伴与自己想法不一致甚至不合理时，教师鼓励幼儿不违心接受对方的要求，不压抑个人意愿和真实想法。

(三)日常指导策略

1. 独立品格——自主入园

自主入园是小班幼儿独立能力发展的表现之一。教师会在入园时运用多种晨间接待的方式、小游戏、运动活动等，营造有爱有趣的入园氛围，激发幼儿自主入园的兴趣。同时，教师及时鼓励表扬愿意独自入园的幼儿，为需要帮助的幼儿积极提供帮助，以很好地促进幼儿独立意识的产生，具体的方式如下。

第一，家长将幼儿送至幼儿园门口，积极鼓励幼儿自主入园，可以说：“孩子，妈妈很期待你今天的表现，也期待晚上倾听你和朋友之间的故事。”出门前，家长要及时关注幼儿的情绪状态和心理变化，保证与幼儿的良性沟通，解决幼儿入园前的全部顾虑，再适时鼓励幼儿入园。

第二，当教师发现幼儿有所犹豫时，可蹲下身来，耐心沟通：“孩子，你有什么事情想和爸爸妈妈分享吗？需要老师怎样帮助你呢？”

第三，教师率先亲切并大声地喊出幼儿的名字，热情与其打招呼。

第四，教师与幼儿家长亲切交谈，并询问幼儿在家情况，提升幼儿对教师的信任感。当发现幼儿情绪异常时，教师及时与家长沟通，了解原因，共同解决。

第五，教师通过击掌、对暗号、小约定、古诗接龙等形式，吸引幼儿保持愉悦的情绪积极入园，加深家园信任。

第六，教师提前准备丰富的户外热身活动，幼儿入园后可直接进入游戏场地，与同伴进行游戏、运动等。

第七，通过生活小游戏，教师引导幼儿学习如何背水壶、拎被褥等；与家长合作引导幼儿自主整理书包；通过技能小比拼，加深幼儿对自我服务的兴趣。

第八，教师在大厅处设置“小小迎接员”，通过中大班幼儿的榜样和引导，鼓励小班幼儿获得自主游戏的勇气和信心。

以上的游戏方法只是在幼儿园教育实践中教师优先选择的几种有效方式，可以根据本班幼儿的特点应用和更新。总之，在实践中借用游戏的方法调动幼儿的兴趣，帮助幼儿获得独立意识的发展才是根本。

2. 独立品格——自我服务

刚进入幼儿园的小班幼儿在适应初期需要教师百分之百全身心的帮助和照顾。培养幼儿的自主能力不仅能够帮助其建立良好的常规，迅速适应集体生活，还能帮助他们养成良好的卫生习惯，更好地自我服务。游戏是幼儿学习的主要方式，通过游戏能够有效锻炼幼儿的自主技能，帮助其学会基本生活技能，提升社会生存能力。

(1)小菜谱，自己定

班级内设置自主墙面，在一日生活中，教师记录幼儿的自我服务次数。自我服务次数最多的幼儿，可以在下一周的菜谱中选择自己想吃的饭菜。除此之外，教师还可以设置其他环节和奖励，如邀请自主喝水次数最多的幼儿担任班级喝水监督员。

(2)小书包，自己整

教师通过日常比赛、游戏等，引导幼儿学会收纳与整理的技能，比一比谁可以更加快速地整理好个人物品，并且利索地装进书包内，根据幼儿不同表现颁发荣誉小奖章。

3.“拒绝”技能——情境案例

很多幼儿都容易在选择时陷入两难境地，无法较快做出选择。对不同答案的权衡会让幼儿产生矛盾的心理。所以，在面对趋避冲突时，教师可以引导幼儿亲身体验、实践操作，不管是发生或未发生的情境，都可以通过情境塑造以及角色扮演的形式，让幼儿身临其境、亲身体验，从而做出遵从内心的选择。小班幼儿以独自游戏为主，但因发展水平各不相同，也会有幼儿已经萌发共同游戏的想法。在个体发展水平不一的游戏情境下，幼儿之间难免会产生一些小冲突。

案例：3 岁半的方方正在认真地进行一个人的搭建游戏——“我的幼儿园”，搭建工作已经进行了 2/3。只见她正专注地摆弄着手中的积木，认真地选择喜欢的材料为

“我的幼儿园”搭建舞会池，还念念有词地邀请动物朋友来做客，看得出她很享受并且期待建成“我的幼儿园”。而这时，方方的好朋友小雷突然出现，邀请方方去开启新的游戏天地，并且建议方方停止当下的游戏，带着“幼儿园”中的部分搭建材料一同参与他的新游戏。但对于方方来说，她对自己的游戏还饶有兴趣，于是考虑再三，拒绝了小雷的好意，继续投入在自己的游戏之中。

分析：对于大部分幼儿来讲，他们内心并不希望自己辛苦创作的作品付之东流，但他们同样会担心朋友生气而疏远自己。在这种矛盾之下，他们常常陷入两难境地。大部分幼儿就算脑海中还是刚才未完成的游戏，也会因为希望得到朋友的认可而加入新的游戏情境。但过于对他人言听计从会让幼儿无法获得独立意识，不能获得想要的游戏体验。

教师指导：教师在日常生活中要勤于观察，发现幼儿心底真正的想法，鼓励幼儿勇敢地表达自己，给予信心。在这件事上，不管她是在乎同伴想法，还是更在乎自己的游戏体验，只要是自己心中所想、敢于选择，教师都要支持和鼓励。教师还可以在游戏后引导幼儿共同讨论，鼓励幼儿大胆表达自己的真实想法，并给予有针对性的评价。家园共育方面，在幼儿的生活圈内，家长要鼓励幼儿自主选择并大胆说出自己内心真正的想法，让孩子有“说了算”的勇气和自信。

4.“拒绝”技能——“学会拒绝”小游戏

游戏玩法：通过绘本游戏等让小班幼儿懂得拒绝，尤其是要懂得拒绝陌生人的任何邀请以及陌生人的食物或物品。在绘本故事《老狼老狼你是谁》中，教师扮演狡猾的、从来不说真话的狼先生，邀请幼儿一起吃好吃的食物、玩好玩的游戏，让幼儿意识到狼先生表面的热情邀请都是假的，想要把大家骗走吃掉才是真的。教师通过游戏引导幼儿学会拒绝，保护好自己。除此之外，教师还要告诉幼儿，只要自己不愿意就可以大胆拒绝，不用不好意思。

(四)生活体验活动

活动案例：勇敢说“不”

1. 设计思路

勇敢说“不”是一种能力，让幼儿既可以很好地保护自己，也可以更好地与他人相处。此活动旨在让幼儿懂得每个人都有说“不”的权利，要跟从内心感受，拒绝无理要求，不受威胁；同时让幼儿对“恶”的概念有更深的了解，懂得尊重别人的意愿，不强迫别人做不喜欢的事情。

2. 活动过程

(1)敢于说“不”——比利和安迪的故事

教师引导幼儿理解故事内涵，并请幼儿尝试用不同的方式演绎喜欢的情节和对话。教师设置问题导向，引导幼儿思考：“你有过比利这样的朋友吗？如果你是安迪会怎么做？你有过被别人要求做不喜欢事情的经历吗？你会如何拒绝？”教师从故事延伸到现实生活，引导幼儿学会关注内心的想法，勇敢拒绝不喜欢的要求，明白尊重别人意愿的重要性。

(2)善于说“不”——情境设置，角色扮演

午餐时间，大家都在安静地用餐，小阳和乐乐却在窃窃私语。

小阳：乐乐，我们去玩拼图玩具吧，反正今天的饭我不喜欢吃。

乐乐：可是现在是吃饭时间呀！

小阳：不行，我也没吃完，你不要吃了，快和我一起，不然我以后再也不和你一起玩了。

乐乐：那好吧。

结果两个小朋友玩了一会儿就饿了，拼图没玩尽兴，两个人都不开心。

教师请幼儿思考：为什么小阳和乐乐都不开心？如果你是乐乐会怎么做？

(3)拒绝别人的时机

①手头的事比别人约你去做的事更重要时；

②别人所要求的事是自己不情愿做的时；

③在自我认知中判断出是不对的事情时。

3. 活动总结

只要是合理、真诚地拒绝，自然会得到别人的理解和尊重，更不会因此而失去朋友。希望每名幼儿都能学会说“不”，学会做自己，学会拒绝别人的“恶”，也真正明白善的意义。

[临沂市兰山区柳青街道中心幼儿园(金润园)　黄睿　顾超涵]

七、家园共育指导

(一)品格指导要点

对于独立品格的家庭教育指导，重点在于帮助家长培养幼儿良好的劳动习惯和自我服务的能力，树立不为幼儿做任何他力所能及的事情的教育理念，掌握正确的教育观和科学的教育方法，塑造幼儿独立、自信、积极的品质，为幼儿身心健康发展打下坚实的基础。

1. 倡导家长理解并尊重幼儿的身心成长规律

德国著名教育家卡尔·威特曾反复地强调幼儿自己能做的事，就让他自己去做，千万别替他去做。替幼儿做他们能做的事，是对他们积极性的最大打击，因为这样会使他们失去实践的机会，这样就等于在对他们说“我不相信你的能力、勇气”，幼儿会感到危机和不安全感。① 培养小班幼儿的独立性，首先在于培养幼儿自理的能力。针对很多刚刚入园的幼儿不会穿脱衣物的现象，教师可以有计划、有步骤地开展系列主题活动，用游戏的方式教会幼儿正确穿脱衣物。与此同时，教师应与家长密切配合，经常沟通，让家长认识到培养幼儿独立品质的重要性，形成家园合力的“双保险”。

---

① [德]卡尔·威特、[意]蒙台梭利、[美]斯托夫人：《卡尔·威特的教育 蒙台梭利的教育 斯托夫人的教育》，宿一礼等编译，119页，北京，中国华侨出版社，2015。

教师可以邀请家长来幼儿园观摩幼儿生活自理能力比赛，让家长了解幼儿已具备了哪些能力，幼儿已经能做哪些事了。① 教师还可以在社区中组织系列主题活动，提倡幼儿帮助家长做力所能及的家务劳动，如倒垃圾，打扫公共区域卫生等，采集主题照片，同步展示在社区公示栏或幼儿园表扬栏，进一步提高幼儿独立性和自信心。

2. 家园联合锻炼幼儿自主进餐的能力

正确培养幼儿良好的饮食习惯和进餐能力是小班幼儿家长最关注的问题，教师应将“游戏促进幼儿全面发展”的理念分享给家长，指导家长帮助幼儿学习正确使用勺子等，减少包办代替，通过不断表扬、鼓励和赏识幼儿，增强其自信心，提高其自主进餐的积极性与主动性。

教师还可以建议家长准备勺子、碗、蚕豆等物品，教会幼儿盛蚕豆，锻炼手眼协调能力；通过“给娃娃喂食”的游戏使幼儿体验熟练用勺的乐趣，使其获得愉悦感和满足感。

3. 建议家长给幼儿讲述独立品格的相关绘本

绘本是21世纪国际公认最适合幼儿阅读的图画书，在幼儿园和家庭中都被广泛使用，它对幼儿观察力、想象力、认知力、情感共鸣等方面都有显著的促进作用。建议家长陪伴幼儿阅读独立品格的绘本故事，使幼儿在欣赏绘本的过程中，对故事情节产生情感共鸣，从而更好地相信自己也可以做到。例如，德国作家马蒂亚斯·佐特克的《收拾房间的理由》通过一个独特而幽默的故事激发幼儿主动收拾房间和玩具的兴趣，培养良好的生活习惯和自理能力；暖心熊工作室编绘的《爱我就让我自己动手》以小猫头鹰为主角，传递出幼儿都有“其实我也很能干”的心理；奥地利著名儿童文学作家凯蒂·雷切斯的《小兔当家》向我们讲述了幼儿如何学会独立的故事；比利时作家 G. V. 西纳顿的《我不想离开你》是一个关于小袋鼠凡事都依赖袋鼠妈妈，但最终勇敢地从妈妈的口袋里跳出来，去尝试一些没有做过的事情的故事。

4. 提倡幼儿在劳动中锻炼自理能力

教师应与家长密切配合，经常沟通，幼儿园可以利用家访、书信、邮件、开放日、家长会等形式，和家长统一思想、统一步调，以保证家园教育的一致性，达到最佳教育效果。幼儿天性中就有对扫除、做饭、餐具摆放、洗碗、浇花、照顾宠物等真实劳动的热爱，教师可以指导家长将生活物品安置在适合幼儿身高与能力的地方，以确保幼儿生活中的物品具有启发性、操作性、探索性。这样做既引发了幼儿的广泛兴趣又能满足幼儿直接操作、直接获得体验，充分锻炼了幼儿的劳动能力。

(二)社会技能指导要点

拒绝

同伴邀请你。家长要告诉幼儿，当受到同伴邀请时，首先应感谢同伴诚挚的邀请，其次认真思考对同伴邀请做的事情是否感兴趣，是否有意愿去做，为他人着想、换位思考的同时，也要重视内心的选择。

---

① 许芳：《在家园共育中指导家长培养幼儿的独立性》，载《中国科教创新导刊》，第6期，2014。

你却不愿意。当幼儿收到同伴邀请不想参加时，家长应鼓励幼儿将自己的想法表达出来；同时在日常生活中要引导幼儿拥有一颗认同自我的内心，不要轻易迎合别人、为让别人喜欢而歪曲自己的意见。

果断拒绝没关系。毕淑敏说过，拒绝是一种权利，就像生存是一种权利。家长应引导幼儿用好好说的方式婉拒他人，培养幼儿与他人友好相处的能力；在人际交往中，如果被强迫做一件自己觉得错误的事情，家长应让幼儿使用“大胆地说”的技能来拒绝。

(三)你问我答

1. 新入园幼儿自理能力薄弱，如何初步养成幼儿自我服务的习惯

首先，教师应鼓励幼儿在生活中做力所能及的事情，提高幼儿独立意识。其次，教师可以根据幼儿的特点，向家长教授一些简单的儿歌及游戏，边玩边学习，如学唱歌曲《能干的小手》《小手拍拍》或者玩“用颜料印小手”等游戏，让幼儿了解自己的小手很能干；鼓励幼儿从身边的小事做起，如自己洗手、刷牙、穿衣服等提高自我服务的能力。

2. 在家中可以从哪些方面培养幼儿的自理能力

教师应让家长了解培养幼儿自理能力的重要性，增加幼儿自己动手的机会，在实践中循序渐进地提高幼儿自理能力，具体可以从以下几个方面入手。

第一，务必挑选可以轻松穿脱的衣物。家长尽量帮小班幼儿选择松紧带的棉质运动裤、宽松 T 恤等容易穿脱的衣服。最初幼儿会有依赖性，家长可以示范拆解动作，鼓励幼儿积极尝试，给予完成任务所需要的时间，不催促也不轻易帮助幼儿，避免在时间压迫下幼儿失去耐心而剥夺其锻炼的机会。

第二，让幼儿学会自己吃饭、自己上厕所，培养幼儿的自理能力。教师可以提醒家长避免过度或过早纠正幼儿错误，因为这样易造成幼儿认为“自己总是错的”，从而形成凡事需要他人安排与指正的依赖心理。

第三，让幼儿共同参与做家务。塞内加说，教诲是条漫长的道路，榜样是条捷径。家长在操持家务时，可以给幼儿一块抹布、几个不锈钢碗和盘子，让他帮忙擦拭碗、盘；清扫房间时，可以请幼儿帮忙扫地或者擦桌子；洗衣服时，可以分给幼儿自己的袜子和小内衣等。

3. 幼儿吃饭很慢，喜欢让教师喂怎么办

幼儿的个体差异性较大，吃饭慢的原因可以从以下几个方面区分。

第一，幼儿手眼协调能力较差或手指的精细动作不协调。教师可以在日常生活中加强幼儿手眼协调能力以及精细动作的训练。例如，教师用硬纸板制作成可爱的小动物头，将嘴巴挖空成圆形、正方形、三角形的，请幼儿给“小动物”喂食。

第二，有的幼儿牙齿缺钙，上下颚咬合不紧密，在咀嚼纤维高的蔬菜或是肉类时耗时长，造成吃饭慢的现象。教师应及时提醒家长带幼儿医治，避免影响身体发育。

第三，有些幼儿习惯每次吃小口食物缓慢咀嚼，需要多次分批咀嚼，自然比别人吃得慢。教师应鼓励幼儿每一次多增加一点点食物入口。注意应在幼儿自愿的情况下，不要态度强硬或将食物硬塞进幼儿口中，否则幼儿会有被强迫的感觉，而且特别容易发生危险。

教师应与家长密切沟通幼儿在幼儿园的进餐表现，建议家长严格把控好幼儿在家进餐时间，到时间后，即便没吃完饭也立即收桌子。确保幼儿明白以后，将家规坚持下去，使幼儿切身感受到“吃饭这件事是要认真对待的”。

4. 幼儿没有收拾玩具的习惯怎么办

第一，家长可以准备若干个玩具筐，摆放在家中固定的位置。家长给幼儿演示正确取用玩具的方法，即只拿准备玩的，避免无秩序全部倾倒出来。家长还可以在家中设置游戏角，准备一块专门玩游戏的垫子，让幼儿明白这个区角是玩玩具的，形成区域、界限的概念，帮助孩子养成在固定地方玩玩具的习惯。

第二，不要给幼儿收捡玩具。家长不给幼儿收捡玩具，久而久之，幼儿会意识到整理玩具是自己的事，与爸爸妈妈没有关系，这是正确培养幼儿独立性的方法。如果幼儿把玩具扔得到处都是，家长可以提醒幼儿不要忘记收拾好玩具。不管幼儿收拾有多慢，家长只做提醒。

第三，控制幼儿玩具的数量。过多的玩具既不利于收纳整理，还会带来分散幼儿注意力的弊端。

5. 怎样教导幼儿拒绝同伴不合理的请求

第一，家长要耐心引导幼儿将拒绝的理由充分地说出来，请同伴理解，如自身条件不允许或其他事情限制等因素。

第二，家长还需要提醒幼儿采用委婉的口气，避免引发一场不必要的“战争”。例如，当幼儿正在画画，其他小朋友想借用画笔，家长可以提醒幼儿用商量的语气跟他说“我差不多就快画好了，等我画好了再借给你，好吗?”帮助幼儿体会到拒绝别人并不是为难人，而是人之常情。

第三，家长可以教幼儿学会用间接的方式婉拒，如“这样做会使……为了不造成这样的后果，所以我还是……”这样的说法同伴更容易接受。

6. 幼儿没有主见，不能坚持自己的观点，怎么办

事实上，生活中很多事情都很有教育价值，教师应抓住这些教育时机，引导幼儿讨论、探索和尝试，帮助幼儿在真实事件中找到解决问题的方法，以此丰富幼儿的生活经验，增强幼儿“有主见”的意识。例如，在“美丽的春天”的主题活动中，教师可以请幼儿讨论如何布置班级，从而培养幼儿独立思考、自我选择和解决问题的能力。教师可以请幼儿在家中选择外出服，使幼儿体验到有主见和自主选择的乐趣。

（济南市槐荫区第三实验幼儿园　戴怡　郑美娟）

第四章　勇敢品格：我不怕

一、主题说明

◎情境链接

俏俏胆子小，不敢跟人说话、不敢跟小朋友玩。问她喜不喜欢跟小朋友玩时，她总会说："不敢。"上幼儿园后，老师发现俏俏不爱说话，别的小朋友跟她说话，她也不回话。小朋友手拉手连成一个圈玩游戏或者拍球，她就躲在一边看，有时候老师把她抱到小朋友中间，她会吓得哭起来。有时候她的玩具被其他小朋友抢走，她也不敢反抗，就眼睁睁让别人把东西抢走。每次她的东西被抢了或者别的小朋友推她，她也不敢还手。

幼儿年龄越小，害怕的事情越多，主要是因为他们生活经验匮乏而想象力丰富造成的。在日常生活中，我们常常发现，有的幼儿不敢在集体面前讲话，回答问题时声音总是很小；有的幼儿怕高，不敢独自走平衡木；有的幼儿不敢与人交往，回避集体活动，总是充当听众、观众的角色；有的幼儿害怕黑，不敢自己睡觉……就像案例中的俏俏一样，胆小、畏缩，不敢交际，更难以适应新环境。因此，在日常保教工作中，教师要尤其关注班上那些"安静""听话""乖巧"的幼儿，他们或许正是因为胆小而不敢大胆地释放、展现自己。

幼儿勇敢品格的培养主要体现在身体、心理和道德三个方面。

第一，身体的勇敢，如敢于玩各种体育器械，大胆参加体育运动；喜欢参加各种体能活动，能够坚持下来，不怕累；能够勇敢面对摔跤、磕碰等小伤带来的身体疼痛；能够克服炎热、寒冷带来的不舒适感等。

第二，心理的勇敢，如能够克服对打针、黑暗、自己睡等的害怕；能够在众人面前说话、唱歌、表演等；能够大胆表达自己的想法和感受，或提出自己的要求；敢于尝试有一定难度的任务和活动，不怕困难；做了错事敢承认并愿意改正；敢于拒绝别人的无理要求；与别人的意见不同时，敢于坚持自己的意见并说出理由等。

第三，道德的勇敢，如发现集体中有不合理的规则时，敢于提出意见或建议；发现别人受到不公平对待时，敢于说公道话；发现别人做错事时，敢于指出等。

因此，本主题将基于小班幼儿生活经验及认知发展特点从身体的勇敢、心理的勇敢与道德的勇敢三个维度筛选适宜的指标作为抓手，着力培养幼儿的勇敢品格。

二、主题目标

第一，愿意尝试有一定难度的任务或挑战，不怕困难。
第二，能够在老师的引导下，大胆探索幼儿园的体育器械，参加体育运动。
第三，能够勇敢地面对摔跤、磕碰等小伤带来的身体疼痛。
第四，能够克服打针、黑暗、独自睡觉等带来的害怕感受。
第五，敢在集体面前大胆表达自己的想法和感受。
第六，做了错事敢于承认，并努力改正。

三、环境创设

(一)主题墙

小班幼儿的勇敢主要体现在面对危险、困难、控制的时候，能够表现出自信、主动、灵活应对的一种心理品质以及面对不公平的对待时，敢于主张自己的权利。因为，根据勇敢品格的内涵及小班幼儿生活经验与认知发展水平，主题墙主要从勇敢是什么、我的勇敢故事两个方面来呈现课程实施的思路。

1. 勇敢是什么

这部分主要是教师与幼儿开展一次关于勇敢的话题讨论，了解幼儿对勇敢的认识。有的幼儿说“勇敢就是不害怕”，有的说“勇敢就是摔倒了自己爬起来”，有的说“勇敢就是打针不哭”“勇敢是需要勇气的”等。教师以图文并茂的方式与幼儿一起分享自己对勇敢的理解，让幼儿在照片、图画中感受自己的勇敢行为(图 4-1)。

图 4-1　勇敢是什么

2. 我的勇敢故事

这部分主要呈现幼儿在户外活动时勇敢挑战的一些图片，将勇敢挑战户外器械以及勇敢攀登、勇于尝试的照片放入主题墙中，让幼儿更加直观感受到自己的成长。因此环境创设的内容可以包含两个板块：一个板块记录幼儿刚入园时害怕运动的样子；另一个板块记录幼儿适应幼儿园生活后，勇敢地攀爬器械的状态。由此，使两个板块之间形成鲜明对比。例如，教师在“我能挑战”中将幼儿挑战的事情用图画的方式展现出来。在幼儿完成的过程中，教师将挑战成功的幼儿用幼儿学号的方式进行记录，从中还可以渗透有关科学领域的认知。

(二)家园共育栏

1. 主题内容告知

这部分主要向家长介绍勇敢品格主题内容，让家长了解本期主题活动安排及重点配合事项。这部分内容可以分为四个板块：勇敢是什么、勇敢主题活动安排、亲子小任务、请您关注。以上四个板块可以采用文字、一览表、图片等不同形式呈现，让家长熟悉有关主题内容。

2. 日常亲子陪伴

(1)我变勇敢了

首先，教师鼓励家长以图文并茂的方式分享幼儿在勇敢品格活动中的成长与变化，也可以分享自己的育儿心得以及需要跟教师沟通、交流的内容。其次，教师鼓励家长呈现家庭中开展的与勇敢主题相关的活动，例如，“绘本故事我来讲”，爸爸妈妈和幼儿一起讲述勇敢主题的绘本故事并制作生成二维码，设计一张精美的小卡片，粘贴在墙上，让幼儿在幼儿园里也能听到和爸爸妈妈一起讲的故事。

(2)勇敢之旅——爸妈陪我共成长

这一板块主要呈现幼儿在家庭生活中开展的一系列勇敢品格相关的活动。教师将在家园平台上开启“勇敢做自己”记录活动，请家长每天记录幼儿勇敢的行为，并用照片形式发送至家园平台，让家长直观地看到幼儿的进步。当勇敢品格主题活动结束时，家长可以带领幼儿进行回顾，并一起做一张勇敢小报，带入幼儿园分享并张贴到主题墙上，让幼儿学会看到和欣赏别人的特别之处，并勇敢做自己。

(三)幼儿成长(学习)记录墙

幼儿成长(学习)记录墙重点是关注幼儿勇敢地变化，教师在创设前期要考虑幼儿的参与性以及幼儿在活动中随时都可以关注到自己成长变化的过程。教师主要记录幼儿勇敢地做的自己不敢做的事情，可以通过图片展示给幼儿，为每名幼儿创设勇敢之星记录表。幼儿只要勇敢尝试就可以为自己贴上一颗星，如活动中大胆发言，户外活动时勇于尝试体育器械，可以自己午睡等。教师还可以引导幼儿制作一份自己专属的勇敢手册(图 4-2)，以图片的方式记录幼儿大胆改变自己的过程，如我敢一个人上厕所，我会上下楼梯等。

图 4-2　我的勇敢手册

(太原理工大学北区幼儿园　张艳　独冰清)

四、教学活动案例及反思

(一)品格绘本阅读活动

1. 勇敢品格绘本推介

勇敢是面对危险、困难、挫折的时候，能够表现出自信、主动、灵活应对的一种心理品质。基于幼儿园集体教育特点和小班年龄发展水平，本期主题主要筛选了 4 本绘本推荐作为教师开展教学活动的载体。所选绘本涵盖了害怕有哪些表现、小朋友如何不害怕、什么是勇敢、如何变勇敢等元素，多维度向幼儿具体化勇敢的意义，具体见表 4-1。

表 4-1　勇敢品格绘本推荐及解析

绘本名称	主要内容	绘本中的“勇敢”
《鳄鱼怕怕　牙医怕怕》	故事讲述的是一场鳄鱼和牙医之间的心理较量，用简单、反复的语句刻画了鳄鱼和牙医戏剧性的心理变化。他们相互惧怕，又壮胆行事。凶恶的鳄鱼只得乖乖听牙医的摆弄，而红脸的牙医也只能壮着胆子上。	勇敢可以是天生的，也可以是后天锻炼出来的。勇敢是在困难面前，告诉自己“我能行”。
《不，不行!》	小熊奥克塔要上幼儿园了。他总是说“不，不行!”以这种方式排斥和妈妈离开留在幼儿园里。可是最后妈妈要来接他，他还是说“不，不行。”他已经爱上幼儿园啦!	缺乏勇敢品质的孩子往往过分依赖、缺乏独立、畏首畏尾、适应性差。但也是可以后天改善的。
《胆小鬼威利》	威利是一只善良的大猩猩，什么东西都不忍心伤害。他讨厌别人叫他胆小鬼，于是照书上的方法努力让自己变得强壮，保护了自己和朋友，强壮的威利仍旧很善良和谦逊。	勇敢是一种内生力量，可以通过强壮自己来实现。尊重孩子的害怕情绪，允许孩子以自己的方式变勇敢。
《老虎，别怕》	柔弱的小夏和强壮的老虎是最好的朋友，在茶山里生活、冒险。然而遇到真正困难时，却是小夏给了老虎一个大大的拥抱。	不管是尝试新事物，还是承认所犯的错误，都需要勇气。小夏和老虎，心中都有各自的担忧和害怕。而最终他们克服的就是各自内心的“猛虎”。

2. 教学活动案例

接下来我们以语言活动“鳄鱼怕怕　牙医怕怕”为例阐述勇敢品格语言领域教学活动的组织要点，见表 4-2。

表 4-2　勇敢品格语言领域教学活动

鳄鱼怕怕　牙医怕怕	
活动环节	**活动设计**
活动目标	认知目标：初步理解故事内容，能用自己的语言表达鳄鱼和牙医见面的过程和心情变化。
	能力目标：猜测故事情节，感受故事中鳄鱼和牙医克服害怕的勇敢。
	情感目标：遇到必须做但又害怕的事情时愿意勇敢面对。

续表

<table>
<tr><th colspan="3">鳄鱼怕怕　牙医怕怕</th></tr>
<tr><th>活动环节</th><th colspan="2">活动设计</th></tr>
<tr><td rowspan="2">活动准备</td><td>经验准备</td><td>1. 幼儿知道刷牙是保护牙齿的一种方法，不刷牙会造成蛀牙，需要牙医帮助修补。
2. 幼儿已有刷牙、漱口的习惯或者看牙的经历。
3. 幼儿知道鳄鱼是凶猛的动物。</td></tr>
<tr><td>物质准备</td><td>1. 电子绘本《鳄鱼怕怕　牙医怕怕》。
2. 大书《鳄鱼怕怕　牙医怕怕》。
3. 实物绘本《鳄鱼怕怕　牙医怕怕》。
4. 牙刷 1 支，电话 1 部，鳄鱼头饰 1 个。</td></tr>
<tr><td>活动过程</td><td colspan="2">一、用牙刷导入看牙主题，引出绘本主人公
师：小朋友们，这是什么？(牙刷)是用来做什么的？(刷牙)刷牙可以保护我们的牙齿健健康康。
师：但是鳄鱼不喜欢刷牙，他的牙齿好疼啊！你们看，他来了！
教师扮演鳄鱼给牙医打电话：“喂，是牙医吗？我的牙齿好疼，我要去你的诊所看牙！”
二、出示封面和扉页，让幼儿感受鳄鱼和牙医看牙前的害怕情绪
师：如果你是鳄鱼，要去看牙了，你的心情是怎么样的？(害怕、难过)如果你是牙医，找你看牙的是凶猛的鳄鱼，你的心情又是怎么样的？(害怕、担心)
师：你们觉得鳄鱼还会去看牙吗？那牙医会给鳄鱼看牙吗？(会)
师：(出示封面)我们一起去看一看鳄鱼去看牙和牙医发生的故事。
教师出示扉页，带领幼儿再次感知鳄鱼去看牙的恐惧心理。
师：虽然牙齿疼得要命，可是一想到要去看牙，可能被牙医拔掉牙齿的痛，鳄鱼就像抓住绳子悬空一样害怕。
(品格元素：教师通过启发性提问引导幼儿感知治牙前人物害怕的心理，为后期勇敢应对做铺垫)
三、组织幼儿阅读第 2 至 19 页，引导幼儿感受鳄鱼和牙医的复杂心情
第 2 至 7 页(此书无页码，作者从扉页开始算第 1 页)：
师：鳄鱼和牙医的心情怎么样？他们分别在害怕什么？(教师引导幼儿模仿故事语言讲述故事情节)
第 8 至 13 页：
师：鳄鱼和牙医看到对方的时候，他们怎么了？他们分别躲在哪里？小朋友们害怕的时候会怎么做呢？
小结：原来，鳄鱼和牙医一样，都很害怕呀！
第 14 至 19 页：
师：接下来发生了什么？(教师引导幼儿看图讲述)
(品格元素：教师引导幼儿知道过度猜测容易造成恐惧心理，害怕也是个体面对危险或潜在危险时产生的逃避性反应)
四、阅读第 20 页至结束，感受克服害怕后勇敢面对的喜悦
第 20 至 21 页：
师：鳄鱼吓了一跳，摸着自己的坏牙说“这是一件多么可怕的事”。牙医也赶紧缩回手来，后怕地说“这是一件多么可怕的事”。他们害怕得眼泪都流了出来。他们会就这样放弃吗？</td></tr>
</table>

续表

鳄鱼怕怕　牙医怕怕	
活动环节	**活动设计**
活动过程	第 22 至 25 页： 师：鳄鱼发现补牙也没有那么可怕，牙医发现给鳄鱼补牙也没有那么可怕。鳄鱼摸摸补好的牙齿舒了口气，牙医也垂下手来舒了口气。 第 26 至 29 页： 师：他们明年还想再见面吗？为什么牙医也不想看到鳄鱼呢？ 讨论：小朋友们有什么好办法，让他们明年不见面吗？（鳄鱼要刷牙，保护好牙齿） 第 30 至 31 页： 师：鳄鱼拿着牙刷和牙膏坚定地说："所以我一定不要忘记刷牙！"牙医也坚定地嘱咐鳄鱼说："所以你一定不要忘记刷牙！" （**品格元素：**教师引导幼儿知道害怕是可以克服的，需要正确面对，放松心态，所有的事情在经历之后都是自己的财富） **五、出示封底，总结故事内容，强化勇敢的意义** 师：鳄鱼害怕找牙医补牙，牙医害怕给鳄鱼看牙，最终他们都战胜了害怕，勇敢地去做，发现事情也没有那么可怕，最终也成功补好了牙。所以小朋友们遇到了困难或者害怕的事情也可以大声自己说"我一定要勇敢"，相信最后小朋友们也都会成功的。 （**品格元素：**教师将故事延伸到实际生活中，让幼儿明白勇敢也要在生活中去锻炼并服务于生活）
活动延伸	**一、领域延伸** 该绘本故事讲述的是鳄鱼去看牙，和牙医之间相互猜想而引发害怕，最终克服害怕勇敢治好了牙齿，主品格是勇敢。因此教师可以以勇敢为主题开展社会活动，加强幼儿勇敢品格培养；或者以保护牙齿为主题开展健康活动。 **二、区角延伸** 该绘本短小有趣，教师可以将绘本投放到图书区，鼓励幼儿自主阅读；可以在娃娃家增设牙医诊室，让幼儿通过角色扮演模拟看牙过程；还可以在生活区投放牙齿模型和牙刷，让幼儿练习刷牙等。 **三、家园共育** 教师和家长达成一致，督促幼儿早晚坚持刷牙；鼓励有龋齿的幼儿尽快就医；发现幼儿在生活中有正向勇敢品格行为，及时鼓励；允许、尊重和理解幼儿的害怕心理，和幼儿共同想办法克服。 **四、生活渗透** 教师可以在日常生活的各环节与幼儿讨论勇敢的行为表现，鼓励幼儿勇敢地自主解决问题，加深幼儿对勇敢的理解；多关注、尊重和鼓励较为内向胆小的幼儿，增强他们的自信，提升他们的勇气。 **五、环境渗透** 教师创设"勇敢墙"，以幼儿活动图片的形式记录幼儿的勇敢和成长瞬间，鼓励幼儿相互学习。

3. 活动反思

(1)活动特点

活动目标明确，既涵盖了故事内容的理解，也体现了勇敢主题的感知；活动准备了电话、牙刷、绘本课件及实物绘本，能够有效地激发幼儿的兴趣。故事讲述中的画面选择详略得当，主题突出。活动环节层次分明，以“害怕—克服—勇敢—成功—舒缓—嘱托”为主线开展活动，引导幼儿感受故事中人物的心理变化，从而实现活动目标。活动的总结环节回归幼儿实际生活，紧扣勇敢，升华主题。

(2)活动实施建议

由于绘本过于短小，语言极其简练，在精读和通读的过程中，幼儿难免会存在忽视画面或者理解不深的情况。因此教师在教学准备中一定要详细品读画面，深刻感受人物心理在画面中的表现，在领读过程中，通过丰富的语言和启发的提问引导幼儿观察画面细节，以读图揣摩人物心理；也可以通过幼儿对人物语言和行为的模仿来加深印象。

(郑州航空港区航南幼儿园　歹玉姣　李庆竹)

(二)品格社会领域教学活动

1. 勇敢品格的社会领域教学活动设计说明

勇敢品格主题下的社会领域集体教学活动主要以“人际交往、勇敢表达、勇敢打招呼、遇到困难我不怕”为切入点。对于小班的幼儿，在人际交往方面，主要是让幼儿结交新朋友，愿意跟其他幼儿一起玩；并且要学习有礼貌与人交往的方式，培养大胆、接近人、主动性等人格品质，学习对不同的人使用恰当的称呼。教师在集体教学活动中要让幼儿勇敢地表达自己的想法；通过集体教学活动锻炼幼儿在熟悉的人或陌生的人面前，能够勇敢地打招呼。在一日生活方面，教师要通过各种类型的活动，培养幼儿在恐惧时能克服恐惧、放松心态、自助求助的能力。

2. 教学活动案例

接下来我们以社会活动“勇敢表达自己”为例阐述勇敢品格社会领域教学活动的组织要点，见表 4-3。

表 4-3　勇敢品格社会领域教学活动

勇敢表达自己		
活动环节	活动设计	
活动目标	认知目标：初步意识到每个人都有害怕的事情，这是很正常的。	
	能力目标：能在老师的鼓励下，勇敢地分享自己害怕的事情及克服害怕心理的办法。	
	情感目标：愿意在活动中勇敢地表达自己的想法。	
活动准备	经验准备	1. 幼儿玩过找朋友的游戏。 2. 幼儿学过社会技能“害怕时怎么办”(害怕时不要慌，默默数数心放松，不哭不闹求人帮)。
	物质准备	1. 歌曲《找朋友》。 2. 绘本故事课件《勇敢表达自己》。 3. 自制传声筒 1 个。

续表

<table>
<tr><th colspan="2">勇敢表达自己</th></tr>
<tr><th>活动环节</th><th>活动设计</th></tr>
<tr><td>活动过程</td><td>一、播放歌曲《找朋友》，并和幼儿互动，引起幼儿兴趣
师：小朋友们，我身边都没有朋友，感觉太孤单了。老师想找朋友，你们愿意和我做朋友吗？
师：老师播放歌曲去找好朋友，你们如果愿意和我做朋友的话，可以跟我敬个礼，握握手！
教师和幼儿听歌曲玩游戏。
二、播放绘本故事课件《勇敢表达自己》
师：老师找到了朋友好开心呀！但是有个小朋友今天有点儿不开心，我们一起来看看她遇到了什么事。
(一)播放前 5 张故事图片，并有感情地讲述故事
师：妞妞遇到了什么事情呢？
师：你们有没有遇到过这样的事情呢？请小朋友们说一说。
师：你们最后是怎么做的，怎样克服害怕的心理的？
小结：小朋友们在生活中都会遇到害怕的事情，刚才大家都说了自己克服害怕心理的方法，每个人的方法都不一样，让我们看看妞妞有没有找到克服害怕心理的方法吧。
(二)播放后 6 张故事图片，并有感情地讲述故事
师：妈妈给妞妞出了什么主意？
师：妞妞最后交到朋友了吗？
师：妈妈最后是怎么说的？
小结：刚开始，妞妞在想交朋友的时候，心里有点害怕，有点害羞，这是正常的表现。我们每个人都会有害怕的时候，或者害羞的时候。当我们害怕的时候，可以学妞妞妈妈的办法，照着镜子练习，害怕时不要慌，默默数数心放松，不哭不闹求人帮。
三、“悄悄话”活动，鼓励幼儿大胆讲述自己害怕的事情
师：小朋友们，老师这里有一个传声筒，现在你有什么需要老师帮助或想告诉老师的事情可以轻轻地站起来，老师会按顺序来到你的身边，听你说说悄悄话。
师：如果你暂时没有悄悄话，也可以坐在位置上举起双手，老师经过时会给你一个大大的拥抱。
小结：小朋友们都对老师说了很多话，老师特别感动！特别是有几位平时不太爱表达的小朋友也能勇敢地表达自己的想法！我们把传声筒放在教室的门口，当小朋友们有想说又不敢表达的时候可以拿着传声筒来找老师哟！
(品格元素：活动通过玩“悄悄话”的游戏鼓励幼儿勇敢表达，也能增进教师和幼儿之间的感情)
四、引导幼儿再次跟随歌曲玩“找朋友”的游戏，结束活动
教师鼓励幼儿大胆地跟身边的小朋友打招呼，如拥抱、握手、敬礼等。</td></tr>
<tr><td>活动延伸</td><td>一、区角延伸
教师在区角设置“神奇信箱”，告诉幼儿在生活中遇到害怕的事情，就可以对着神奇信箱讲一讲，神奇信箱可以将他们的故事邮寄出去，如不敢玩大滑梯，不敢从平衡木上走过去，尿裤子不敢告诉老师等。</td></tr>
</table>

续表

勇敢表达自己	
活动环节	活动设计
活动延伸	**二、家园共育** 教师鼓励幼儿在家里和爸爸妈妈一起阅读与勇敢主题相关的故事，如《做最勇敢的自己》《最勇敢的小企鹅》《胡萝卜怪》《我不再害怕了》等。 **三、环境渗透** 教师在班级设置“勇敢小明星墙面”，表扬鼓励一日活动中有勇敢表现的幼儿。例如，需要教师帮助时能勇敢说出来；户外活动时能够勇敢地探索体育器械(走平衡木、过吊桥、攀爬等)；入园离园时能够大胆地和门卫爷爷打招呼等。教师要基于幼儿真实的生活情境，鼓励幼儿勇敢表达。

3. 活动反思

(1)活动特点

首先，活动目标明确，并且源于幼儿生活经验，符合小班幼儿认知发展水平要求。教师通过引导幼儿听故事、讨论故事，了解到每个人都有害怕的事情，这是很正常的，进而鼓励幼儿大胆分享。

其次，活动中准备的歌曲、故事以及传声筒的设计，都符合小班幼儿的认知特点，能够极大地增强幼儿参与活动的积极性。尤其是在使用传声筒和老师说悄悄话的环节，幼儿都积极站起来分享他们的悄悄话，他们分享的悄悄话很多是平时不会告诉老师的事情。在日常活动中也会有一些幼儿遇到事情不愿意告诉老师、不敢告诉老师的现象，通过这个环节让幼儿勇敢地和老师表达自己的想法，同时也增进了教师与幼儿的关系。

最后，活动做到首尾呼应，将勇敢交友贯穿始末，使得整个活动能够达到由浅入深、层层推进的效果。

(2)活动实施建议

小班幼儿的语言表达能力较弱，胆子较小，因此教师在教学过程中要耐心引导，为幼儿营造安全的心理氛围。说悄悄话的环节也可以让幼儿同伴之间相互说一说，鉴于小班幼儿表达与理解能力较弱的现状，当幼儿一时不知如何表达时，教师需要给幼儿进行简单示范，帮助幼儿大胆说出自己的想法。

(郑州市二七区郑大幼儿园　王冬青　秦文茹)

(三)品格综合领域教学活动

1. 勇敢品格的综合领域教学活动设计说明

基于幼儿园课程建设的渗透性、整合性原则，将勇敢品格融入五大领域，形成以勇敢为核心的教育教学活动。其中，语言领域主要以勇敢主题的绘本和传统故事为载体，在故事中建立幼儿对勇敢的认知；健康领域则以健康的情绪及身体锻炼为切入点开展活动，通过讨论害怕的事情及带来的心理体验，让幼儿学会勇敢面对，如幼儿怕黑、怕打针、怕小虫子等，还可以组织具有挑战性的体育游戏来培养幼儿克服困难、积极向上的心理素质；在科学领域和艺术领域，则重点培养幼儿大胆探索与表达的意识。

2. 教学活动案例

接下来我们以健康领域活动“我是小勇士”为例阐述勇敢品格综合领域教学活动的组织要点，见表 4-4。

表 4-4　勇敢品格综合领域教学活动

<table>
<tr><th colspan="3">我是小勇士</th></tr>
<tr><th>活动环节</th><th colspan="2">活动设计</th></tr>
<tr><td rowspan="3">活动目标</td><td colspan="2">认知目标：知道爬梯、走平衡木、钻山洞及跳圈的基本方法。</td></tr>
<tr><td colspan="2">能力目标：探索保持身体平衡的方法，尝试在有一定高度的物体上行走。</td></tr>
<tr><td colspan="2">情感目标：体验勇敢参与户外体育游戏的快乐。</td></tr>
<tr><td rowspan="2">活动准备</td><td>经验准备</td><td>1. 幼儿能够跟随音乐模仿几种常见小动物的动作。
2. 幼儿熟悉几种小动物的生活习性。
3. 幼儿玩过一些简单的器械游戏。</td></tr>
<tr><td>物质准备</td><td>1. 胡萝卜、鱼、青草卡片若干，有小动物图案(小兔、小猫、小羊)的纸箱 3 个。
2. 歌曲《我爱我的小动物》《小动物来做操》。
3. 拱形门(山洞)、高 20 厘米与高 15 厘米的独木桥各一座(吊桥)、安吉梯 3 根(山坡)、呼啦圈 9 个(土堆)、泡沫地垫 10 块(30×30 厘米 / 块，河流)。
4. 勇士徽章每人一枚。</td></tr>
<tr><td>活动过程</td><td colspan="2">一、创设情境“走进大森林”，师幼一起做热身运动
(一)准备活动
教师播放歌曲《我爱我的小动物》，带领幼儿去森林里散步(做准备活动，活动手腕、脚腕、膝关节、腰部等)。
(二)热身游戏：淘气的小猴子
指导语：小猴小猴真淘气，跑到这儿，跑到那儿，跑到小河边再跑回来。
(三)游戏“勇敢的送餐员”
师：森林里要举办美食会，来的小动物可多了。小朋友们，快看看都有谁呀。(小兔、小猫、小羊)
师：它们最喜欢的美食是什么？(胡萝卜、鱼、青草)
师：请小朋友们先到森林超市去采购它们爱吃的食物，然后送到美食会。去美食会的路上要闯过不同的关卡，你们敢去吗？
(品格元素：教师创设趣味性的游戏情境，让幼儿在游戏中面对困难初步感受勇敢)
二、介绍游戏玩法，幼儿进行游戏
(一)介绍游戏场地
师：从森林超市到美食会需要跳过小土堆(呼啦圈)，跨过河流(泡沫地垫)，穿过山洞(拱形门)，再走过吊桥(高矮独木桥)，最后爬过山坡(安吉梯)，到达之后把食物分给对应的小动物。
(二)引导个别幼儿示范，其他幼儿观察闯关方法
师：哪个小朋友愿意先去探探路，看看用什么办法能够快速地把好吃的食物送给你喜欢的小动物？
教师引导动作发展较好的幼儿探索闯关的方法，其他幼儿仔细观察，并给予鼓励。</td></tr>
</table>

续表

<table>
<tr><th colspan="2">我是小勇士</th></tr>
<tr><th>活动环节</th><th>活动设计</th></tr>
<tr><td>活动过程</td><td>（三）引导幼儿自主分组，进行游戏
师：下面请“送餐员”出发，去给小动物送上美味的食物。
幼儿根据自己喜欢的小动物，自行分为兔子、小猫、小羊 3 组进行闯关游戏。
幼儿到森林超市，挑选出想要送给小动物的食物，然后经过关卡路线送到美食会。
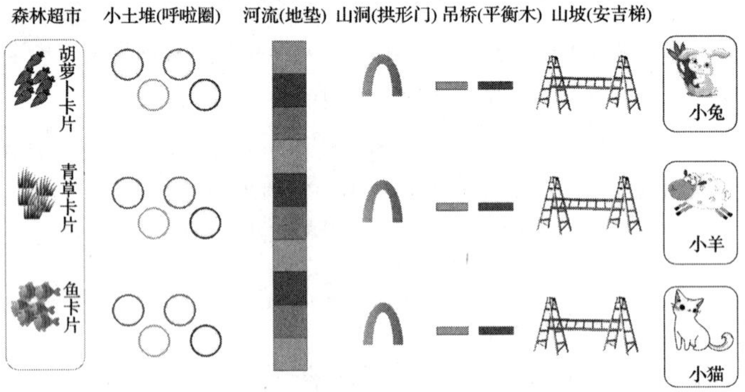

（场地图）
（**品格元素：**教师通过挑战不同难度的器械游戏引导幼儿在观察、尝试中丰富经验，激发动作探索的兴趣，感知从害怕到勇敢的心理变化，逐步形成勇于面对生活中的困难，积极寻找解决办法的良好品格。游戏层层递进，让幼儿在亲身体验中形成良好的情感体验，进一步巩固勇敢行为，在生活中乐于探索未知、挑战自我，促进勇敢品格的养成）
三、颁发勇士徽章，放松整理
师：勇敢的送餐员们真棒！每个小朋友都能勇敢地挑战自己，闯关的时候面对困难不害怕，为小动物送上了好吃的食物。小动物特地准备了勇士徽章，感谢小朋友们。
幼儿跟随歌曲《小动物来做操》调整呼吸、放松身体，活动自然结束。
歌曲《小动物来做操》
来来来，来来来，小动物真可爱。
小鸭子，嘎嘎嘎，摇摇尾巴嘎嘎嘎。
小花猫，喵喵喵，伸伸懒腰喵喵喵。
小青蛙，呱呱呱，跳上跳下呱呱呱。
小小鸡，叽叽叽，找到虫儿叽叽叽。
（**品格元素：**幼儿在完成任务后内心渴望获得肯定，教师通过勇士徽章积极肯定幼儿的表现，促进幼儿体验获得勇气后成功的快乐）</td></tr>
<tr><td>活动延伸</td><td>**一、家园共育**
教师鼓励家长在日常生活中与幼儿尝试多种多样的“勇敢者游戏”，如“蒙眼过障碍寻物”“摸宝箱”等，并将亲子活动的精彩瞬间分享在班级群中，家园共育培养幼儿勇敢品格。
二、环境渗透
教师与幼儿共同创设“我勇敢”主题墙，张贴生活中幼儿表现勇敢的照片，评选出“勇敢之星”，鼓励幼儿勇敢克服困难，促进勇敢行为的养成。</td></tr>
</table>

3. 活动反思

(1)活动特点

活动目标清晰，围绕体育游戏培养幼儿的勇敢品质，从认知、能力和情感三方面阐述，引导幼儿通过体育锻炼、动作发展、亲身体验的方式获得勇敢。活动目标难度适宜，追随幼儿探索兴趣与发展水平，提升幼儿在体育游戏中获得的经验。

活动结合户外体育游戏，创设帮助小动物送食物的快乐游戏氛围，让幼儿通过走高矮不同的平衡木、攀爬有高度的安吉梯等，在游戏中克服恐惧心理，愿意在集体面前大胆地表现自己。

教学过程中，教师对幼儿进行个性化指导。对于胆小的幼儿，教师积极鼓励，帮助幼儿克服胆怯心理造成的自我保护意识过强，不敢参加自以为害怕的活动等表现，愿意在活动中表现、挑战，让幼儿认识到自己的勇敢和能力。在游戏中，教师根据幼儿的表现，用激励性、感染性的语言、眼神、手势、点头、微笑肯定，充分让幼儿感受不逃避、勇敢面对，增强幼儿的成就感。

(2)活动实施建议

攀爬安吉梯对于幼儿来说，不是全部幼儿能够保持平衡地顺利通过，因此教师可以适时调整高度，及时辅助、鼓励幼儿。在自主游戏时，教师多提供给幼儿探索安吉梯的机会，发挥运动潜能，逐步培养幼儿的勇敢自信。

（济南市槐荫区第三实验幼儿园　李媛媛　李天琪）

(四)幼儿社会技能教学活动

1. 活动设计说明

进入幼儿园后，幼儿开始学着勇敢，掌握独立以及克服困难的方法与技能。对小班的幼儿来说，“勇敢”的社会技能是“害怕时怎么办”和“打招呼”，开展这两个社会技能的教育，可以让幼儿在恐惧时放松心态、克服恐惧、进行求助，学会礼貌地与人交往。

2. 社会技能“害怕时怎么办”教学活动案例

社会技能“害怕时怎么办”的技能口诀是：害怕时不要慌，默默数数心放松；害怕时不要急，不哭不闹求人帮。接下来我们以活动“害怕时怎么办”为例阐述社会技能“害怕时怎么办”教学活动的组织要点，见表 4-5。

表 4-5　社会技能“害怕时怎么办”教学活动

害怕时怎么办	
活动环节	**活动设计**
活动目标	认知目标：初步意识到每个人都有害怕的时候，害怕是一种正常的情绪。
	能力目标：能够大胆地讲述自己面对害怕情境时的方法。
	情感目标：遇到害怕的事物或产生害怕情绪时愿意积极应对。

续表

<table>
<tr><th colspan="3">害怕时怎么办</th></tr>
<tr><th>活动环节</th><th colspan="2">活动设计</th></tr>
<tr><td rowspan="2">活动准备</td><td>经验准备</td><td>1. 幼儿知道害怕的含义，在生活中有过害怕的经历。
2. 幼儿玩过游戏“一条鱼水里游”。</td></tr>
<tr><td>物质准备</td><td>1. 家长提供的幼儿日常生活中害怕的照片(三个场景)，幼儿遇到害怕情境时主动寻求帮助的视频。
2. 教师准备两张小朋友害怕的图片(一张是天黑了，一个小朋友独自睡觉，很害怕的图片；一张是同一个小朋友在攀爬架上因害怕不敢下来的图片)。
3. 音乐《一条鱼水里游》、雷声音频。</td></tr>
<tr><td>活动过程</td><td colspan="2">一、游戏导入，激发幼儿的兴趣
音乐律动《一条鱼水里游》，教师请幼儿跟随音乐一起学小鱼游起来。
玩法：教师播放音乐，让幼儿跟随音乐一边唱一边做小鱼游的动作，当唱到“一条鱼水里游”时自己做小鱼游的动作；当唱到“两条鱼水里游”时，两名幼儿面对面做“摇摇尾巴，点点头”的动作，当唱到三条鱼时，三名幼儿游到一起手拉手，转圈圈。
师：小朋友们，我们一起来玩“一条鱼水里游”的游戏，快来学一学小鱼是怎么游的。(教师播放音乐玩游戏，第二遍音乐时出现打雷声音，引起幼儿注意，抓拍雷声响起时幼儿害怕的表情图片)
师：小朋友们，刚才是什么声音呀？我们一起来看一看刚才雷声出现时，小朋友们的表现。(教师播放抓拍表情图，结合图片进行提问)
小结：通过观察图片，在打雷的时候有的小朋友捂住耳朵，有的小朋友感到紧张瑟瑟发抖，这是害怕的表现。
二、引导幼儿结合家长收集的图片或视频讨论自己害怕的事情，理解害怕的情绪
师：小朋友们，除了打雷，你们还有没有自己害怕的事情呢？(教师出示家长收集的图片或视频)你们为什么觉得害怕？你们害怕的时候心里在想什么？(教师引导幼儿自主讨论)
小结：每个人都会有害怕的事情，如果遇到害怕的事情，我们第一时间不要慌张，因为慌张会让事情变得更糟糕。
三、组织幼儿讨论害怕时让自己放松的办法，学习“害怕时不要慌，默默数数心放松”的技能口诀
师：有一个小朋友叫康康，他经常害怕，想让小朋友们来帮助他变得更勇敢，我们一起来看一看。
教师出示图片一：天黑了，一个小朋友独自睡觉，很害怕。
师：康康怎么了？他在害怕什么？他害怕时有哪些表现？你们有什么办法让他不害怕？(教师引导幼儿自主讨论)
师：原来小朋友们有这么多让自己放松的办法，老师这里也有个好办法可以让害怕的自己放松下来。我们一起试一试，一起闭上眼睛做深呼吸，并默数 1，2，3，你们感觉怎么样？(幼儿自由讨论)
小结：当遇到害怕的事情时，我们可以深呼吸，心里默数 1，2，3，告诉自己不害怕，让自己放松下来。老师这里有个好听的儿歌，我们也可以通过唱儿歌放松下来，这个儿歌的前两句是“害怕时不要慌，默默数数心放松”(口诀新唱，此处教师用《一条鱼水里游》的旋律唱出口诀)。请小朋友们和老师一起唱一唱。
四、学习害怕时正确寻求他人帮助的方法
教师出示图片二：同一个小朋友在攀爬架上因害怕不敢下来。
师：康康怎么了？如果你是康康，这时你会怎么办呢？(教师引导幼儿自主讨论，引出“请求帮助”口诀)</td></tr>
</table>

续表

害怕时怎么办	
活动环节	**活动设计**
活动过程	师：我们来看看视频中的小朋友是怎样向别人求助的。(教师带领幼儿观看遇到害怕问题时正确寻求帮助的视频)请小朋友们来模仿一下，视频中的小朋友是怎么求助别人的。(老师，我不敢滑滑梯，请你帮帮我) 师：在自己害怕时，和别人说请求时要把自己害怕的原因和希望别人帮自己做的事情表达清楚，不能只是大喊大叫，这样别人也不知道如何帮助你，要做到"害怕时不要急，不哭不闹求人帮"。(教师唱出来) 师：今天我们学习到了"害怕时怎么办"的技能儿歌，以后再害怕的时候就可以心里默唱这个儿歌，让自己能够沉着冷静地解决问题。 师：让我们一起来唱一唱，"害怕时不要慌，默默数数心放松；害怕时不要急，不哭不闹求人帮。"(教师先唱，幼儿跟唱) 师：我们来问问康康学会了吗？ 教师出示康康图片，模拟康康的声音说："小朋友们，你们能再完整地教给我一遍吗？" 师：小朋友们好棒啊，不仅自己学会了口诀，还帮助康康变得更勇敢了。 **五、情境再现，强化口诀，结束活动** 师：老师这里有几张照片，请小朋友们说一说，如果遇到这种情况，你会用什么办法让自己放松下来，变得不那么害怕呢。(幼儿自主回答) 场景一：幼儿害怕打疫苗的照片。 场景二：幼儿害怕高的大滑梯，不敢滑下来的照片。 场景三：幼儿突然流鼻血的照片。 师：刚刚小朋友们想了很多办法，有很多小朋友都用了我们刚学习的儿歌"害怕时不要慌，默默数数心放松；害怕时不要急，不哭不闹求人帮"来让自己不害怕，变得更勇敢。其实有一些我们害怕的事情可以躲开，但是有一些也是我们躲不开的(如打雷、下雨、打针等)，只有我们变得有勇气，想办法克服困难，才能让自己越来越勇敢。
活动延伸	**一、家园共育** 首先，教师鼓励幼儿回家后主动跟爸爸妈妈分享当天的收获。其次，教师在班级群中分享当天学习的社会技能，鼓励家长在家庭中有意识地强化幼儿对技能的理解。最后，教师以文档、语音、文字等形式分享给家长培养社会技能"害怕时怎么办"的主要方法。 **二、生活渗透** 首先，在日常生活中，教师刻意通过谈话讨论、讲故事等方式有意识地引导幼儿建立对害怕的基本认识，即每个人都有害怕的事情，这很正常，不丢人，遇到害怕的事情可以主动跟身边的人说一说。其次，教师要教给幼儿正确调节害怕或紧张情绪的方法，如深呼吸，默默数数，转移注意力等。 **三、环境渗透** 教师以图片或幼儿绘画作品的形式演绎技能口诀"害怕时不要慌，默默数数心放松：害怕时不要急，不哭不闹求人帮"并呈现于品格主题墙，让幼儿能够直观地看到缓解害怕情绪的方法；创设"小小勇士墙"，当幼儿完成一项勇气挑战任务时，给予小红花奖励，月底评比出"最佳小勇士"。

3. 活动反思

(1)活动特点

活动目标明确，紧扣社会技能"害怕时怎么办"的内涵要求，确保了整个活动的统一性，不偏题。活动准备充分且素材源于幼儿生活，能够唤起幼儿的生活经验，激发幼儿参与活动的积极性。同时活动准备联动家长，获得家庭对幼儿教育的支持，如向家长征集幼儿日常生活中害怕的情境，包括图片和视频，从侧面体现了幼儿教育家园共育的特点。活动过程自然、轻松、流畅，以“一条鱼水里游”的音乐游戏导入，通过“雷声”音效，引导幼儿讨论生活中害怕的事情，自然地引出活动主题；进而以生活中的案例为抓手，将技能口诀融入其中，让幼儿直观地体会技能口诀的内涵，从而达成活动目标。

(2)活动实施建议

首先，生活化、情境化是幼儿社会技能集体教学活动组织的基本原则，活动的素材要尽可能与幼儿的实际生活紧密相关，因此以康康为主角的图片最好换成班上的幼儿，增强情境的代入感。其次，在引导幼儿学习技能口诀时，教师要尽可能用幼儿能够理解的语言对口诀进行解说，以口诀的内涵指向与幼儿交流，而不是直接生硬地说口诀。最后，活动总结部分要突出家园共育，即鼓励幼儿回家后和家长分享或讲述当天学到的技能，依次来强化幼儿对技能的理解。

(济南市槐荫区公园里幼儿园　张雨婷　宫利平)

4. 社会技能“打招呼”教学活动案例

社会技能“打招呼”的技能口诀是：熟人走过来，向他微微笑；看着他的眼；称呼并问好。接下来我们以活动“勇敢打招呼”为例阐述社会技能“打招呼”教学活动的组织要点，见表 4-6。

表 4-6　社会技能“打招呼”教学活动

<table>
<tr><th colspan="3">勇敢打招呼</th></tr>
<tr><th>活动环节</th><th colspan="2">活动设计</th></tr>
<tr><td rowspan="3">活动目标</td><td colspan="2">认知目标：初步了解跟他人“打招呼”的时机及礼貌打招呼的方法。</td></tr>
<tr><td colspan="2">能力目标：能在老师引导下用恰当的称呼及礼貌用语跟不同的人打招呼。</td></tr>
<tr><td colspan="2">情感目标：愿意与人打招呼，逐渐养成主动热情与人交往的态度与能力。</td></tr>
<tr><td rowspan="2">活动准备</td><td>经验准备</td><td>1. 幼儿有一些见面问好的经验。
2. 幼儿了解生活中的常用称呼，如爷爷、奶奶、叔叔、阿姨、哥哥、姐姐等。</td></tr>
<tr><td>物质准备</td><td>1. 幼儿熟悉的小动物形象手偶(小猫、小狗、山羊、小猪等)。
2. 视频片段：保健医为幼儿做晨检，教师晨间接待幼儿入园，教师晨间在教室门口迎接幼儿。
3. 技能口诀图片。
4. 盲盒形式的课件，点击后会出现不同场景的打招呼图片。</td></tr>
<tr><td>活动过程</td><td colspan="2">一、手偶表演引出活动，激发幼儿参与兴趣
1. 教师进行手偶表演：《猜猜它们说什么》。
小猫走在去幼儿园的路上，迎面遇到了自己的好朋友小狗。小狗：“小猫，你好!”小猫看了一眼小狗，什么也没说就走了。小猫又继续往前走，它遇到了去公园锻炼的山羊爷爷。小猫特别想和山羊爷爷打招呼，告诉山羊爷爷自己要去幼儿园，可是它又低头走了。快到幼儿园大门口时，小猪妈妈微笑着和小猫打招呼：“小猫，早呀!”小猫冲小猪妈妈笑了笑就走进幼儿园了。小猫其实特别想和它遇到的人打招呼。我们来帮帮它，好吗?</td></tr>
</table>

续表

<table>
<tr><th colspan="2">勇敢打招呼</th></tr>
<tr><th>活动环节</th><th>活动设计</th></tr>
<tr><td>活动过程</td><td>2. 教师引导幼儿帮助小猫大胆并有礼貌地跟熟人打招呼。
师：我们一起告诉小猫，遇到自己的好朋友时，可以怎样打招呼。
师：对了，“小狗好！”或是“你好！”都可以，这样就是有礼貌的做法。
师：遇到山羊爷爷，小猫可以怎样说呢？
师：“山羊爷爷好”或是“山羊爷爷，您好”。你们真棒！因为山羊爷爷是长辈，我们要尊重长辈。小猫听了你们的话和山羊爷爷打招呼了，山羊爷爷还夸小猫真有礼貌呢。
师：遇到小猪妈妈的时候，我们再提示一下小猫可以怎样打招呼。
师：对了，说“阿姨好”就可以。小猫听了你们的话，以后再遇到它熟悉的人，就知道怎样打招呼了，谢谢你们。
二、出示幼儿入园场景视频，引导幼儿理解打招呼的方法并学习口诀
1. 教师播放保健医为幼儿做晨检的视频。
师：走进幼儿园，保健老师要为我们每个小朋友做晨检。每天见到她们时，要怎样打招呼问候呢？哪位小朋友想来模仿一下呢？
小结：当我们见到保健老师时，要微笑地看向她们，并用有礼貌的声音问候：××老师好。（教师引导幼儿初步知道打招呼的方法和口诀内容）
2. 教师播放教师晨间接待幼儿入园的视频。
师：每天在大厅、楼道的拐角处，都会有老师迎接小朋友们入园，见到老师后，小朋友们要怎样打招呼呢？谁愿意来演示一下，告诉大家你是怎么跟老师打招呼的。
师：真棒呀！×××就用上了老师刚才介绍的方法。你们看清楚了吗？我们再看一遍，看看他哪里做得对。
小结：对了，×××是微笑地看着老师说“老师早！”（教师带领幼儿再次熟悉方法和口诀内容）×××展示得真好，大家也看得很认真。
3. 教师播放教师晨间在教室门口迎接幼儿的视频。
师 ：小朋友们走进教室的时候，老师是怎么跟大家打招呼的呢？谁愿意跟大家分享一下？
师：小朋友们说得真清楚，我们再一起看看视频，看一看××老师是怎样跟小朋友们打招呼的。
小结：给你们点赞，棒棒的！在生活中，当我们遇到认识的人时，要微笑地看着对方的眼睛，然后有礼貌地跟对方打招呼。
4. 教师出示技能口诀图片，引导幼儿理解口诀含义。
师：老师还要和你们分享一个儿歌，能帮助我们更有礼貌地和别人打招呼。（教师边说儿歌，边贴图片，帮助幼儿更好地记住口诀内容）
<table>
<tr><td>熟人走过来，向他微微笑</td><td>看着他的眼</td><td>称呼并问好</td></tr>
<tr><td></td><td></td><td></td></tr>
</table>
三、抽盲盒——游戏“我会打招呼”
师：有了好方法，又记住了口诀，老师要考考小朋友们，是不是真的会打招呼呢？我们一起玩儿抽盲盒的游戏。</td></tr>
</table>

续表

勇敢打招呼	
活动环节	活动设计
活动过程	玩法：教师播放盲盒形式的课件，请幼儿挑选屏幕上的图案，点开看看是什么内容，再告诉大家遇到这种情况怎样打招呼。 盲盒内容如下。 场景一：在幼儿园门口，见到保安叔叔。(看着保安叔叔，微笑问好或挥挥手说叔叔好) 场景二：是我们幼儿园的老师，但是不熟悉。(老师好) 场景三：不认识的家长。(不用打招呼，因为是陌生人) 场景四：现在不认识，但一会儿要见面就会认识了，如班里新来的小朋友。(见到新来的小朋友，向他问好) 场景五：认识的人旁边还有一个不认识的人。例如，认识邻居奶奶，但不认识奶奶家的小妹妹。(先和奶奶有礼貌地打招呼"奶奶好"，再和小妹妹打招呼) 小结：今天小朋友们帮助小猫解决了怎么打招呼的问题，玩游戏的时候也知道了不同情况打招呼的正确方法，你们真棒！以后再遇到我们熟悉的人时，相信每一个小朋友都会有礼貌地打招呼。
活动延伸	**一、家园共育** 教师在班级群分享本次活动，让家长第一时间了解具体内容、养成方法以及如何在生活中进行渗透。家长要及时认可、表扬幼儿主动友好打招呼的好行为，让幼儿从成人的赏识中强化自己主动礼貌打招呼的行为。教师和家长通过身教言传巩固幼儿习得的好行为，同时做到家园教育方法一致。面对幼儿不知道怎样与别人打招呼的时候，家长也可以直接告诉幼儿一些具体可行的方法：如果遇到认识的长辈(爷爷、奶奶、叔叔、阿姨……)与他们打招呼时要有称谓(如爷爷好、阿姨好或者爷爷，您好！)幼儿与幼儿之间可以叫名字，也可以直接说"你好"。 **二、生活渗透** 在日常生活中，教师和家长都要有意识地培养幼儿主动打招呼的好行为。如在幼儿园遇到其他班的老师、观摩的老师、来访的客人等，教师要以身作则主动打招呼。如有幼儿到别人家做客，家长也要把握住培养幼儿有礼貌主动问候的契机，通过身教言传在日常生活中渗透。 **三、环境渗透** 教师可以依据本班幼儿打招呼或礼貌问候的具体情况，创设"打卡墙"或温馨提示内容，通过外化有形的提示，巩固幼儿的好行为。

5. 活动反思

(1)活动特点

活动目标清晰，能够准确地体现社会技能"打招呼"的内涵，难度符合小班幼儿认知水平。如"初步了解""在老师的引导下"等表述方式能够帮助教师更有针对性地选用教学策略和手段，有助于目标的达成。活动准备贴近幼儿生活，同时促进活动目标的达成。小动物手偶、生活视频以及游戏盲盒，都是小班幼儿非常喜欢的素材，不仅能够激发幼儿的好奇心，还可以持续地维持幼儿参与活动的兴趣。活动环节由浅入深，层层推进。活动从欣赏手偶表演开始，让幼儿站在旁观者的视角，了解打招呼的内容，再迁移到自己在生活中怎样与别人打招呼，从而唤起幼儿已有的经验，为后面的环节做铺垫；接着从幼儿真实的生活场景出发，让幼儿直观地看到并讨论入园过程中在不同环节，遇到不同的人，应该怎样打招呼，自然地引出技能口诀；最后以盲盒游戏的方式，强化幼儿对技能的理解与运用。如此环环相扣，在自然、轻松的互动中实现本次教学活动目标。

(2)活动实施建议

首先，打招呼这一活动，源于幼儿日常生活。因此在活动准备过程中，教师要注意选取最典型的实例，以此唤起幼儿共鸣，让幼儿感到这样的情境就发生在自己身边，为幼儿表达自己的想法奠定基础。

其次，活动环节的衔接要自然，例如，第一环节结束部分：我们一起帮助小猫解决了打招呼的问题，再来看看小朋友们来到幼儿园会遇到谁呢，应该怎样打招呼。教师让幼儿带着帮助小猫的经验，带着对老师提问的好奇心，进入第二个环节。当幼儿回答正确时，教师的正面回应一定要具体。例如，×××就是看着对方眼睛的，×××就是面带微笑的，×××就用了“您”这个词打招呼了，真有礼貌。教师要让幼儿知道哪里正确，为什么正确。“抽盲盒”环节盲盒里的场境内容，教师可以根据本班幼儿当前发展水平或不同地域打招呼的方式进行选择。

（北京市第二幼儿园　张莉　刘丹）

五、区角活动案例

幼儿勇敢品格的培养，首先需要辨析与勇敢对立的“恐惧”“害怕”“不敢”的事情及原因，其次才是应对策略。幼儿常见的恐惧、害怕的事情有打针、吃药、看病、突然的巨响、陌生的环境、黑暗等。结合上述分析及小班幼儿年龄特点和生活经验，我们以角色区、建构区、表演区为例创设勇敢品格区角活动。在角色区(小医院)，教师在游戏中引导幼儿学习一些面对“害怕”的事情的方法，消除幼儿的恐惧情绪，在“预演”中积累应对经验；在建构区和表演区，教师鼓励幼儿在游戏中自信、主动、灵活地应对并战胜困难和挫折。

角色区(小医院)

活动一：口腔诊所

活动目标：体验看牙的过程，缓解就诊焦虑，能够勇敢地面对看牙这件事。

活动准备：口腔诊所标志、白大褂、鳄鱼头饰、牙医头饰、口腔医疗器材玩具(部分自制)，酒精消毒液(图 4-3)。

活动过程：

1. 教师带领幼儿参观“口腔诊所”，认识游戏材料和玩具。
2. 教师带领幼儿回顾绘本《鳄鱼怕怕　牙医怕怕》，调动幼儿的看牙医的经验。
3. 幼儿自选游戏角色，进行游戏。
4. 幼儿分享交流，教师小结反馈。

图 4-3 “口腔诊所”部分材料

活动建议：

1. 新开设该区角时，教师可建议幼儿结合《鳄鱼怕怕 牙医怕怕》绘本进行表演，感受绘本中角色的害怕情绪以及克服害怕的过程。幼儿熟悉故事情节后，教师可引导幼儿逐步添加新的游戏情节，可以是扮演不同的小动物看牙，也可以是幼儿本人去看牙。

2. 随着幼儿游戏的熟悉度增加和情节的丰富化提升，教师可逐步提供新的游戏材料，可以是低结构的、发挥幼儿想象力的、能够以物代物的材料，如投放药品、卡片，增加配药和购买药物环节。

活动延伸：

1. 教师可以在晨间活动或过渡环节开展“爱牙小讲堂”活动，邀请幼儿单独或小组展示爱护牙齿的儿歌《天天爱刷牙》、歌曲《牙刷火车》、律动《刷牙歌》，或介绍保护牙齿的方法。

2. 亲子活动“护牙行动——我会刷牙”。教师邀请家长帮幼儿用拍照或拍视频的方式记录幼儿刷牙的过程，进行好习惯 21 天打卡活动。

3. 教师可丰富不同种类诊所，开展小医院游戏，如增加肠胃科、眼科诊所，还可以增加挂号处、药房、输液室等功能室。

活动二：勇敢打疫苗

活动目标： 通过游戏减少对打疫苗的恐惧感，勇敢打疫苗。

活动准备： 环境布置，白大褂、针筒玩具等。

活动过程：

1. 教师介绍区角，师幼共同讨论打疫苗的流程和要求。

2. 教师强调游戏中的安全事项，模仿医生打疫苗的动作，针筒不能用力扎幼儿的胳膊。

3. 幼儿自选角色进行打疫苗游戏，角色有分诊台医生、打疫苗医生、排队打疫苗的人。

4. 教师观察指导，引导幼儿扮演好所选角色的动作、语言，提醒“小医生”针筒的使用方法，关注幼儿游戏安全。

5. 幼儿分享交流打疫苗的感受以及克服害怕的方法。

活动建议：

1. 教师应时刻关注游戏过程中幼儿的安全，提醒幼儿使用针筒玩具的注意事项。

2. 教师可开展打疫苗相关的角色游戏，例如，结合“小医院”游戏，开展病房打针、输液游戏；结合美工区利用超轻黏土揉圆、按压制作西药药片，用纸屑、彩笔制作创可贴，用废旧报纸、胶水等材料发酵、晾干、涂色制作中药药丸，为“小医院”供给药物，丰富游戏情节和内容。

活动延伸：

1. 教师可组织开展评选“打疫苗小勇士”的活动。区角活动结束后，教师邀请本次参加游戏的幼儿选出打疫苗最勇敢的幼儿，每人投一票，一周后统计获得票数最多的人，进行表彰。

2. 若幼儿园组织幼儿打疫苗，教师鼓励幼儿配合医生打疫苗，并在打完疫苗后发放勇士勋章，表扬幼儿的勇敢行为。

3. 若家长带领幼儿打疫苗，教师可向家长发放《打疫苗须知》，鼓励家长用正确的方法鼓励幼儿打疫苗，注意安抚幼儿情绪。

活动三：宝宝生病了

活动目标：在游戏中体验打针、吃药，寻找克服害怕打针、吃药的方法。

活动准备：小医院环境布置，进区牌、白大褂、小医生玩具等(图 4-4)。

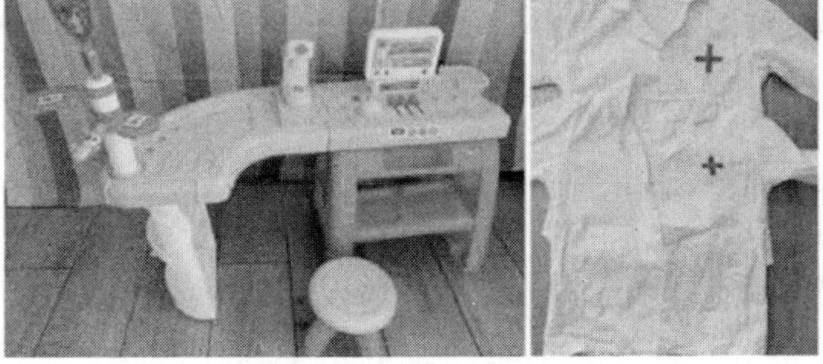

图 4-4　“宝宝生病了”活动材料

活动过程：

1. 教师介绍区角及游戏材料。

2. 幼儿运用进区牌与同伴商议选择医生、护士、患者及患者家属的角色进行游戏。

3. 教师观察指导，适时以游戏者的角色参与到幼儿活动中，丰富幼儿游戏的情节。

4. 幼儿分享交流：看病害怕时怎么办？

活动建议：

1. 教师应关注幼儿的角色行为，注意提醒幼儿所扮演的角色会做哪些事情。教师还应关注游戏流程，注意提示流程中的关键环节，如“小宝宝肚子疼，是什么原因？需要热敷吗？还是需要吃药？或者更严重的需要打针、输液吗？”

2. 教师引导幼儿用哭一哭、妈妈抱一抱、为自己加油鼓劲的方法来缓解打针、吃药时的害怕情绪，让幼儿在游戏中体验害怕是正常的，只要勇敢面对就是最棒的。

活动延伸：

教师可开展更加丰富的“小医院”游戏，如健康体检等；或者创设中医馆，让幼儿认识常见的中药材如枸杞、胖大海、罗汉果、山楂、菊花等，可以泡制菊花茶让幼儿进行品尝，了解这些常见的中药的药用价值，还可以开展中医按摩、推拿等游戏，让幼儿了解和感受中医的奥妙和伟大。

建构区

活动一：多米诺骨牌搭建

活动目标：

1. 努力尝试搭建，不害怕失败。

2. 在活动中感受力的连续性和多米诺骨牌效应，体验游戏的乐趣。

活动准备：多米诺骨牌和多米诺骨牌搭建示范图纸(图 4-5)，多米诺骨牌搭建视频。

图 4-5 “多米诺骨牌搭建”活动材料

活动过程：

1. 教师带领幼儿了解多米诺骨牌的游戏方式。

幼儿自主游戏，探索并总结自己的游戏方法。教师播放多米诺骨牌游戏视频，介绍不一样的游戏方式，鼓励幼儿战胜自己，勇于挑战。

2. 幼儿操作。

幼儿尝试进行多米诺骨牌的直线搭建游戏，并能够在失败后继续进行搭建，勇敢地面对失败和困难。当幼儿熟悉初级搭建的技巧之后，教师鼓励幼儿尝试直线搭建与形状搭建相结合，如图 4-5 的右边图中直线与平行四边形的结合，逐渐投放更有难度的多米诺骨牌搭建示范图，鼓励幼儿勇于挑战，不怕困难，增强自信心和成就感。(难度的提升要充分考虑幼儿对基础难度——直线搭建的掌握程度)

活动建议：

1. 游戏前，教师要引导幼儿充分了解多米诺骨牌搭建的技巧，如充分感受多米诺骨牌的大小与骨牌之间间距的关系、摆放时的稳定性等。

2. 在全部摆放完成后，教师应与幼儿共同推倒第一块多米诺骨牌，共同感受多米诺骨牌连锁倒下后的震撼场面，增强幼儿的成就感与自信心。

3. 每一个难度阶段，教师都要带领幼儿进行经验总结，为后续游戏打下基础。

活动延伸：

教师可借助网络或家长会，为家长分享幼儿搭建的图片或视频，鼓励亲子共同搭建多米诺骨牌，并尝试更高难度的搭建样式，如垒高、固定场景搭建、S 形搭建等(图 4-6)。

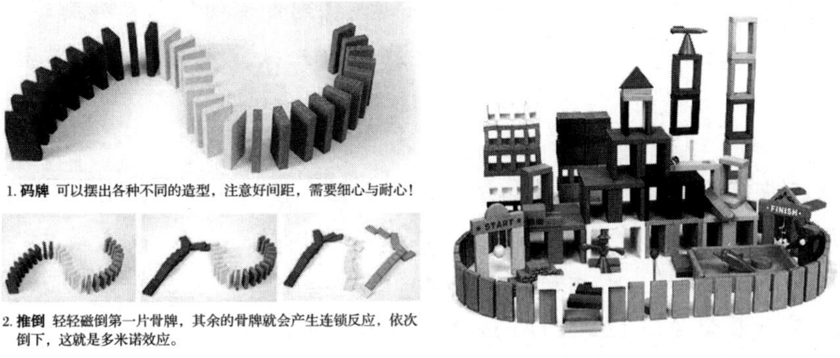

图 4-6　多米诺骨牌搭建图纸

活动二：纸杯叠叠乐

活动目标： 掌握纸杯搭建技巧，能够积极地面对失败，勇敢地重新再来。

活动准备： 不同颜色的纸杯若干(图 4-7)，纸杯搭建的作品图片。

图 4-7　不同颜色的纸杯

活动过程：

1. 教师引导幼儿了解纸杯叠叠乐的游戏。

幼儿自主游戏，探索纸杯搭建的不同玩法。在这个过程中，教师要及时发现能够按预期要求搭建纸杯的幼儿，并引导其他幼儿进行观察，掌握纸杯搭建的基本方式，如要注意纸杯摆放的朝向、纸杯与纸杯的间距。

2. 幼儿操作。

幼儿进行合作搭建，游戏过程中可能会遇到倒塌的情况，教师要适时给予指导，引导幼儿找出倒塌的原因，并鼓励其勇敢地面对失败，继续搭建。

3. 教师为幼儿与作品合照，记录本次的搭建成果。

游戏结束后，教师让幼儿根据作品图片进行分享交流，总结成功经验，并激发幼儿突破自己，挑战更高难度的作品，如垒高加围拢，情境式搭建(搭建城堡)，按颜色分层进行有规律地搭建等。

活动建议：

1. 在幼儿失败后，教师应适时介入，帮助幼儿找到倒塌的原因，鼓励幼儿再次搭建。

2. 教师可以出示纸杯搭建的作品图片，鼓励幼儿搭建不同难度的造型，提高幼儿兴趣。

活动延伸：

教师可以与益智区相结合，进行排序知识的巩固，让幼儿根据纸杯的不同颜色，进行有规律地搭建。从每一层一种颜色，逐渐过渡到整体作品为 ABAB 式搭建，再过渡到整体作品为 ABCABC 式搭建，最后向每一层为不同规律搭建，如第一层为 ABAB，第二层为 ABCABC，第三层为 ABCDABCD……逐渐增加难度。

活动三：吸管搭建

活动目标：掌握吸管搭建的技巧，能够勇敢地挑战复杂的搭建材料，不怕困难。

活动准备：吸管、连接器(图 4-8)。

图 4-8　吸管及连接器

活动过程：

1. 教师引导幼儿了解吸管的结构特点和游戏方式。

教师出示吸管，问幼儿在哪里见过，吸引幼儿注意力。每名幼儿一根吸管，充分感受吸管的特点，例如，可以吹一吹，折一折，知道吸管较软，可以折弯的特点。

师：如何将这些吸管连接在一起呢？

教师出示连接器，鼓励幼儿自己尝试连接，提醒幼儿在操作时彼此间保持距离，不要扎到旁边的幼儿和自己的眼睛。

2. 幼儿操作。

教师发放吸管和连接器，幼儿自主操作，充分感受吸管的特点后，尝试进行平面作品的搭建，如做一个太阳或者花朵等。教师引导幼儿利用吸管可以折弯的特性尝试进行立体作品的搭建(图 4-9)。(建议教师与幼儿共同游戏进行立体作品的搭建)

3. 教师总结。

教师总结在搭建时遇到的问题，出示幼儿搭建的平面作品的照片，启发幼儿思考如何才能使自己的作品“站”起来，为下一次活动做准备。

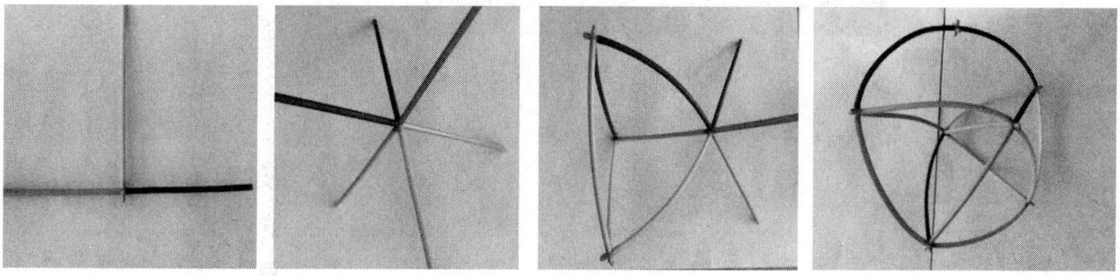

图 4-9　吸管搭建的立体作品

活动建议：

1. 教师要鼓励幼儿大胆创新，不局限他们的拼搭方式。

2. 如果幼儿在第一次活动中就可以实现让作品“站”起来，那么教师可以鼓励其他幼儿模仿学习。

活动延伸：

1. 活动结束后，教师可以将作品进行展示，便于幼儿之间的互相学习。

2. 教师鼓励幼儿与家长一起完成一幅立体的吸管搭建作品，并拍摄照片带到幼儿园与同伴分享，在更好地促进幼儿掌握吸管搭建技巧的同时，锻炼幼儿的语言表达能力。

3. 教师可以鼓励幼儿尝试小组建构，设置任务如搭建房子、椅子、城堡等，增强幼儿合作能力以及共同分析、解决问题的能力。

表演区

活动一：勇敢的自己

活动目标：

1. 通过模仿《鳄鱼怕怕　牙医怕怕》中的人物进行情境表演。

2. 感受表演活动的乐趣，能够大胆表演，提升自信心。

活动准备：《鳄鱼怕怕　牙医怕怕》故事旁白音频及故事图卡，鳄鱼、牙医的头饰(图 4-10)，表演剧本(附)。

图 4-10　鳄鱼、牙医的头饰

活动过程:

1. 教师将《鳄鱼怕怕　牙医怕怕》故事图卡布置在区角环境中，参观区角时引导幼儿观察图片、回忆故事内容。

2. 师幼共同表演故事。两名幼儿商议选择鳄鱼和牙医的头饰，教师读旁白并引导幼儿进行鳄鱼和牙医的角色表演。

3. 幼儿合作表演。幼儿 2 人一组边观察图片边表演，教师播放故事旁白音频并用暂停的方式提示幼儿说出台词。反复多次。

4. 教师观察，并请表演较好的幼儿进行展示。

5. 分享交流：教师请参加表演的幼儿谈一谈看牙医的时候是否害怕，是怎样克服害怕的。

活动建议:

教师在幼儿表演前提示幼儿注意倾听故事中鳄鱼和牙医对话时语气的变化，尤其是“这次，不用太久了吧”和“这次不用太久了”这两句话的区别以及最后一页“所以我一定不要忘记刷牙”和“所以你一定不要忘记刷牙”这两句话的不同。教师须在幼儿初次尝试游戏时参与其中，在幼儿初步掌握表演要点、熟记表演台词后，引导幼儿自主游戏。对表演较好的幼儿，教师要及时予以鼓励，调动其他幼儿参与的积极性。

活动延伸:

1. 教师可以请幼儿在角色区进行“口腔门诊”游戏。

2. 教师可以请幼儿在美工区制作鳄鱼和医生的头饰及服饰，投放到表演区供幼儿表演。

3. 教师通过班级群分享幼儿表演时的视频，建议幼儿与家长进行亲子表演，巩固故事内容的同时，增进亲子关系，内化幼儿勇敢品格。

附:《鳄鱼怕怕　牙医怕怕》表演剧本

小鳄鱼的一颗牙齿坏了。它一边捂着自己的牙齿，一边担忧地说：“我不想去看牙医，补牙太疼了，我害怕。”

可是牙齿坏了，实在太疼了，小鳄鱼不得不去看牙医。只见他畏畏缩缩地来到诊所，站在门口不敢进去。

另一边，牙医知道今天小鳄鱼要来检查牙齿，他也很紧张，很害怕。他可不敢在鳄鱼的嘴巴里治疗牙齿呀，想想就非常可怕。但是作为医生，他必须去给小鳄鱼检查牙齿。你看，医生正在整理一会儿要看牙的工具呢。

小鳄鱼终于鼓足勇气推开了牙医的门，当它看到医生的时候还是忍不住吓得大叫一声："啊！"医生看到小鳄鱼的时候也忍不住大叫了一声。他们看起来都很紧张、很害怕的样子。

快看，小鳄鱼吓得躲到了花盆后面，医生也吓得躲到了椅子的背后。他们在心里悄悄地说："我一定要去吗？"就这样你看着我，我看着你，谁也不敢往前走一步。

做了很久的思想斗争，小鳄鱼终于平复好了情绪，坐在了专门检查牙齿的躺椅上。医生也鼓起勇气，安慰自己别怕。

只见小鳄鱼紧紧地闭着眼睛，双手用力地抓着躺椅的扶手。他在心里给自己打气说："我一定要勇敢。"医生也鼓足勇气，一边靠近小鳄鱼，一边把袖子挽起来，他在心里也给自己打气："我一定要勇敢。"

终于要开始检查牙齿了。小鳄鱼心想："我做好了最坏的打算。"医生也同样想："我做好了最坏的打算。"于是小鳄鱼努力克服心里的紧张和害怕，把嘴巴张得大大的。医生赶紧把手伸进小鳄鱼的嘴巴里拿着电钻把坏掉的牙齿磨掉。

"啊！"发生了什么？只见医生捂着自己的胳膊大叫了一声。原来补牙的时候小鳄鱼实在太疼了，忍不住把嘴巴收起来，医生的胳膊就被咬了一口，真是太可怕了！医生一边捂着被咬的胳膊一边说："这是一件多么可怕的事啊！"小鳄鱼也捂着嘴巴说："这是一件多么可怕的事啊！"

过了一会儿，平复了心情之后，小鳄鱼和牙医都鼓足了勇气，安慰自己"不用太久"。是的，坚持一下，马上就好了，小鳄鱼闭紧眼睛，张大嘴巴。此刻，牙医抓紧机会赶快将坏牙补好。整个过程一气呵成，"呼——"终于结束了，俩人都舒了一口气。

最后，他们互相礼貌道再见，并且都在心里默默地说："我明年再也不要见到他！"

活动二：夏天的雷雨

活动目标：

1. 回忆绘本故事《怪物打雷啦！》，能用语言描述故事中人物战胜恐惧的做法。
2. 用肢体动作表现歌曲内容，并尝试用铃鼓进行伴奏。
3. 愿意参与活动，感受表演活动的乐趣。

活动准备：歌曲《夏天的雷雨》，铃鼓每人1个，《夏天的雷雨》音乐图谱（图4-11），《怪物打雷啦！》故事音频，音响。

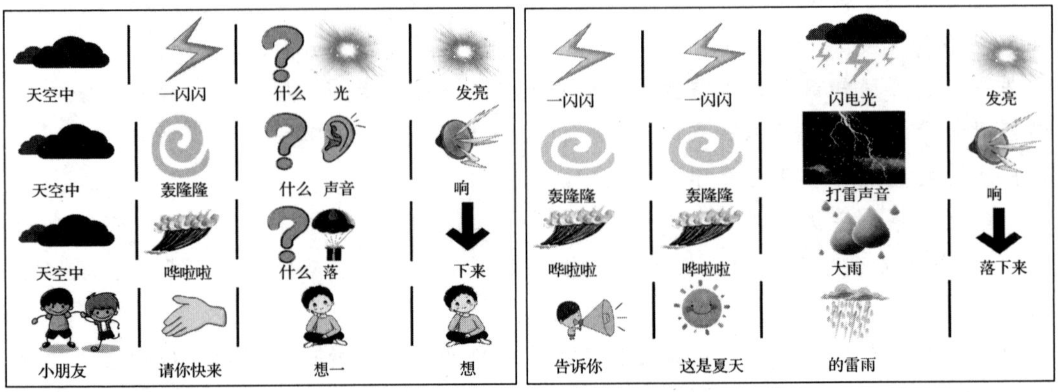

图 4-11 《夏天的雷雨》音乐图谱

活动过程：

1. 教师播放《怪物打雷啦!》故事音频，引导幼儿回忆绘本内容。

2. 教师播放歌曲《夏天的雷雨》，引导幼儿用肢体动作表现歌曲。

师：我们所害怕的雷声和雨声，如果加上音乐，也会变得很美妙、很动听的。小朋友们可以仔细听一听，如果用我们的身体来表现歌曲中的闪电、雷声和大雨，可以做哪些动作呢？

3. 幼儿自主探索，表现歌曲。

教师可根据幼儿的动作适宜性，引导幼儿模仿表演。例如，可以用双手表现闪电，用拍手表现雷声，用双手在头顶抖动手指表现大雨。

4. 教师带领幼儿认识乐器铃鼓，让幼儿跟随音乐节拍表现音乐。

(1)教师带领幼儿认识铃鼓，请幼儿想一想铃鼓怎么用。(左手拿铃鼓，右手手指轻击鼓面)

(2)教师为幼儿进行配乐(使用铃鼓打节拍)，幼儿表演歌曲。

(3)教师出示《夏天的雷雨》音乐图谱。师幼一起讨论如何使用铃鼓打节奏，表现歌曲的旋律。(教师根据参与表演的幼儿人数进行分组，一组幼儿打节拍，一组幼儿进行表演。两组相互交替进行歌曲表演)

5. 分享活动，教师引导幼儿谈一谈此时对雷雨天的想法。

师：你们现在对下雨天或者打雷的声音的感受是什么？以后再遇见打雷，你会如何做呢？

总结：打雷是一种自然现象，虽然声音很大，但就像我们刚刚表演的音乐一样，只要你勇敢去体会，也是很美妙的。小朋友们都很勇敢，自然不用害怕打雷啦。

活动建议：

1. 教师可以在设置表演活动前利用一日生活过渡环节让幼儿熟悉歌曲内容。

2. 在乐器的使用上，教师应利用集体教学活动将每一种乐器的正确使用方法告诉幼儿。

活动延伸：

1. 教师可以根据幼儿的掌握情况改变图谱并投放到表演区，加入不同乐器如三角铁、摇铃和铃鼓，分别表现闪电、雷声和大雨的声音。

2. 教师可以引导幼儿在美工区创作一幅以“夏天的雷雨”为主题的绘画作品，与同伴分享，介绍自己的作品。

活动三：我不是胆小鬼

活动目标：

1. 能进行光影剧表演，掌握一定的方式方法让自己变得不害怕困难。

2. 感受光影剧表演的乐趣，愿意大胆表演和创作。

活动准备：光影剧材料：PVC 管框架 1 个、长方形白布 1 条、手电筒 1 个、大猩猩手偶 1 个(扮演威利用)、小男孩手偶 1 个(扮演小混混用)。

活动过程：

1. 教师讲述故事情境，引导幼儿回忆故事内容。

情境参考：威利走在放学的路上，不小心踩到了迎面走来的小混混。威利很害怕，赶紧说：“对不起，对不起。”可是，那个小混混并没有原谅威利，而是叉着腰冲着威利大喊：“你把我撞得很疼，你今天别想回家了!”威利吓得直哆嗦，害怕地问小朋友们：“我该怎么办呢?”

2. 教师引导幼儿讨论：威利遇见欺负他的人很害怕，不知道怎么办，请小朋友们想办法帮助他。

3. 教师从幼儿想到的办法中选取 2～3 种进行表演。

教师可以表演教威利练武功、带威利锻炼身体、给威利吃很多香蕉等，让幼儿体会威利变坚强、变勇敢的决心和力量。

4. 教师出示光影剧材料，介绍光影剧的表演方法。

教师将手电筒打开照射在白布的中间，两名幼儿各拿一个手偶，根据故事情境和幼儿想到的办法进行手偶光影剧表演。

活动建议：

1. 教师应参与到光影剧表演中，通过故事情境描述引导幼儿进行想象。

2. 在幼儿熟悉光影剧表演后，教师以观察为主，并提供更为丰富的素材扩充表演内容，如经典儿童故事《小红帽》。

活动延伸：

1. 教师可以带领幼儿学习威利让自己变强大的方式，利用户外活动时间，练习走、跑、跳等基本动作，积极参加体育活动，争做锻炼小达人。

2. 教师可以在晨间谈话时与幼儿开展以“害怕”“胆小”“勇气”为主题的谈话活动，如“你最害怕什么?”“害怕是什么样的?”“胆小鬼是什么意思?”“遇到坏人怎么办?”“怎样变强大?”

(呼和浩特市新城区第二幼儿园　王慧娟　包婧)

六、一日生活指导

(一) 一日生活中幼儿品格与社会技能培养

幼儿期是个性品质可塑性较强的时期，从小培养勇敢品质，对于幼儿的身心健康发展有着不可低估的作用。在日常生活中我们常常发现，有的幼儿不敢举手发言，不敢参加体育活动，不敢与人交往，害怕黑暗、害怕打雷等。小班幼儿初到幼儿园陌生的环境，缺乏安全感，不愿参加集体活动，帮助幼儿克服分离焦虑，熟悉并喜欢幼儿园等是勇敢教育重点关注的问题。社会技能“害怕时怎么办”和“打招呼”贯穿同伴交往、师幼互动的全过程，但在一日生活各环节的体现略有不同，如有些环节需要重点指导，有些环节则可随机引导。因此，本期主题品格与社会技能在一日生活中的重点培养环节见表 4-7。

表 4-7　品格与社会技能的日常重点培养环节

生活环节	品格：勇敢	社会技能：害怕时怎么办	社会技能：打招呼
入园	√	√	√
盥洗	√		
进餐	√	√	√
饮水		√	
如厕	√	√	
午睡	√	√	√
离园	√		√
集体活动	√	√	√
户外活动	√	√	√
区角活动	√	√	√
过渡环节	√	√	

(二) 一日生活中幼儿品格与社会技能指导要点

本期主题品格与社会技能在一日生活中的指导要点见表 4-8、表 4-9、表 4-10。

表 4-8　一日生活中勇敢品格指导要点对照表

环节	指导要点
入园	1. 教师通过早晨亲切地问候引导幼儿积极主动与老师打招呼。 2. 教师通过绘本、谈话活动引导幼儿在入园的时候自如地和家长说再见，走进幼儿园。
盥洗	1. 教师通过绘本、谈话活动引导幼儿大胆地表达自己想洗手的想法。 2. 教师鼓励引导幼儿在衣服被打湿的时候寻求老师的帮助。
进餐	教师通过饭前小游戏、就餐流程标志引导幼儿掌握取餐的方法，提高幼儿自我服务的能力，学习主动交流，敢于自助取餐。

续表

环节	指导要点
如厕	教师利用环境创设、教师示范等方式，引导幼儿学会正确的如厕方法，养成独立自主如厕的习惯。
午睡	1. 入园初期要保证班内教师同时在岗，对于依恋感较强的幼儿，午休时间教师要多关注、陪伴，减缓幼儿的焦虑情绪。 2. 教师通过绘本故事、情境模拟引导幼儿克服内心恐惧，培养幼儿独自午休的能力。
离园	1. 教师在亲切的互动中，鼓励幼儿的点滴进步，使幼儿感受到自己很能干。 2. 教师通过游戏口吻与幼儿约定明天再见，使他们保持良好的情绪回家，第二天能够勇敢开心地入园。
集体活动	教师通过体验式学习等方法，引导幼儿克服胆小、恐惧的心理，敢于表现自己，培养幼儿积极主动、认真专注、敢于探究和尝试的学习品质。
户外活动	教师通过体育游戏为幼儿创设解决困难的情境，让幼儿在体育游戏中对器械、场地、玩法等进行充分体验，充分尊重和保护幼儿的好奇心，养成其不怕困难、勇敢乐观的品质。
区角活动	教师引导幼儿在娃娃家等区角的社会性活动中不断与同伴交往，在潜移默化中培养幼儿主动与人交流的勇气。
过渡环节	教师利用餐点前时间，设立“餐前播报员”“特长才艺展示”等活动，鼓励幼儿大胆表现自我。

表 4-9　一日生活中“害怕时怎么办”技能指导要点对照表

环节	指导要点
入园	1. 教师通过早晨亲切的问候、交谈，缓解幼儿的入园焦虑。 2. 教师采用抱抱等方式安抚和疏导幼儿焦虑、害怕的情绪。 3. 教师在点名游戏、绘本故事中，引导幼儿学会大胆地迈步走向幼儿园。
进餐	教师引导幼儿学习独立进餐，反复练习掌握进餐方法，克服因不会独立进餐产生的恐惧心理。
饮水	遇到幼儿洒水的情况，教师要语气温和地跟幼儿沟通。
如厕	教师用接纳、平和的态度对待幼儿的如厕行为，如在整理衣物、冲水、擦拭等方面做得不到位时，通过小游戏或情境模拟消除幼儿“感觉自己做不好”的恐惧心理。
午睡	1. 教师利用绘本故事、温馨的话语等方式安抚和疏导幼儿因不能独立午睡而产生的焦虑，逐步养成独自午休的习惯。 2. 教师允许幼儿携带小的毛绒玩具陪伴入睡。教师要注意毛绒玩具的安全性，多进行巡视关注，避免安全事故的发生。
集体活动	教师组织相关的社会活动，引导幼儿在反复体验、实践操作中了解克服内心恐惧的方法，如注意力转移法、表扬鼓励法。
户外活动	1. 教师让幼儿在游戏过程中感知各种陌生的事物或情境。 2. 教师引导幼儿在真实的自然生活情境中勇敢应对不同的困难情境。

续表

环节	指导要点
区角活动	教师通过角色扮演，站在幼儿的角度主动与幼儿沟通交流，缓解幼儿人际交往中的害怕心理。
过渡环节	教师利用手指游戏、桌面游戏等多种自主活动形式，帮助幼儿克服在陌生环境中的焦虑。

表 4-10　一日生活中“打招呼”技能指导要点对照表

环节	指导要点
入园	1. 教师通过早晨亲切的问候、交谈引导幼儿学会用有礼貌的方式主动同老师、小朋友问好。 2. 在点名游戏、角色扮演中，教师引导幼儿积极主动回应。
进餐	餐前师幼互动，教师引导幼儿学习“请”“谢谢”等礼貌用语主动交流，如“老师，请帮我盛饭”。
午睡	幼儿遇到问题需要帮助时，教师引导幼儿大胆地说清楚自己的需求，如“老师，我想小便。”
离园	教师鼓励幼儿大胆、主动地跟老师、小朋友说再见。
集体活动	在语言故事活动中，教师引导幼儿学习主人公打招呼的方法，如小动物朋友是怎样打招呼的；在社会活动中引导幼儿运用学习的打招呼方式与同伴打招呼。
户外活动	1. 教师引导幼儿主动邀请同伴、老师共同游戏。 2. 教师引导幼儿主动与伙伴分享交流克服困难的方法。
区角活动	教师利用娃娃家等区角游戏中的幼幼互动，引导幼儿模仿日常生活中与爸爸妈妈“打招呼”的情境，主动与同伴沟通交流。

(三)日常指导策略

1. 勇敢品格——勇敢小卫士

培养小班幼儿勇敢品格时，教师在给幼儿提供相对平稳安心的环境的同时，也要给予挑战。勇敢品格主要通过幼儿的直接经验进行培养，因此应该贯穿于幼儿真实的生活，注重在一日活动中进行渗透。勇敢品格一般从勇敢认知、勇敢行为、勇敢情感三个维度着手。教师可以以“勇敢小卫士”为主题将勇敢品格渗透到幼儿的一日生活过程中，引导幼儿在活动中自主形成勇敢品格，发展勇敢能力，并在活动结束之后进行成果展示与分享。“勇敢小卫士”的主题记录分为自理能力、水果前或餐前介绍、睡前分享三个板块。

(1)自理能力

这个板块主要培养幼儿自主取放自己的物品，包括书包、水壶、衣服、板凳等。这一过程中，教师引导幼儿适应环境，尝试进行自主服务，如收纳衣物，整理玩具，摆放水壶；引导幼儿根据自己一日生活中的需要来锻炼照顾自己的能力，帮助幼儿建立自我效能感，同时使其乐意尝试和接触其他的事情。完成任务的过程也让幼儿相互帮助，发现问题、解决问题并直面挑战。

(2)水果前或餐前介绍

教师要考虑班级的实际情况，水果前介绍与餐前介绍可逐步循序渐进进行。常规介绍：主要由幼儿介绍本次水果(或者本餐)的内容，初步建立幼儿站在集体面前不胆怯的心理。幼儿互动式介绍：可以采用教师与幼儿之间或者幼儿与幼儿之间的互动介绍，在进行互动介绍的时候可以丰富活动内容，提高幼儿活动的兴趣与积极性，帮助幼儿建立自信心。

(3)睡前分享

这个板块主要让幼儿在活动中积极主动分享自己的小故事，在分享过程中培养幼儿挑战自我、克服恐惧并大胆表现的能力。

2.“害怕时怎么办”技能——情境案例

幼儿在成长的过程当中接触到新的环境时会遇到不同的问题或挑战，由于他们经验较少，可能会产生害怕的心理。教师要善于发现幼儿害怕的原因，追其根本，巧妙引导幼儿勇敢面对，或者是引导他们尝试寻求好朋友、老师、家长等人的帮助。

案例：冉冉是一个文静内向的小姑娘。上幼儿园以后冉冉说话的次数很少，几乎不会和人交流，并无法表达自己内心的想法。老师多次与她沟通，她也不肯开口说话。她也不会主动和小朋友去交流沟通，经常一个人坐在角落里默默玩耍。冉冉的家长也非常担心，和老师多次共同协商也无果，寻找各种方法引导效果也不佳，去医院检查时显示孩子发展一切正常，没有发现任何病理问题。

分析：小班幼儿一入园面对崭新的环境和陌生的人，难免会产生害怕的情绪。由于幼儿情绪还未稳定，难免不愿开口说话。胆小害怕的情绪会随着时间的增长而逐渐明显。同时，由于家长和教师比较着急，幼儿本身也会着急，从而加深了幼儿的恐惧。冉冉因此不敢开口说话，也不敢主动去寻求教师的帮助。

教师指导：经过分析冉冉的成长经历，教师发现冉冉长时间生活在过度保护的环境下，因此冉冉只要一看到陌生的事物就会觉得胆怯。针对这种情况，家长要适当放手，让幼儿在日常生活中积累勇气经验，增加自信。久而久之，幼儿慢慢就会克服内心的怯懦，胆子逐渐增大。大人的情绪渲染会加深幼儿的恐惧行为，所以教师要加强与家长的联系，支持幼儿的做法和想法，在慢慢引导中帮助幼儿打开心扉。教师可以多带幼儿接触新的小伙伴，让小伙伴用热情去感染幼儿，让幼儿对活动产生兴趣，愿意开口说话，也可以通过一些新鲜的小游戏锻炼幼儿的胆量。

3.“打招呼”技能——情境案例

当幼儿遇到陌生人时，例如，班级里来了客人，如果教师不提醒，不示范，会有多少幼儿能主动、发自内心地问好呢？如果只是为了模仿教师或者是为了完成某种任务，这对幼儿自身的成长又有多大的意义呢？为了将幼儿被动的行为转化为其内在的情感需求，为了让幼儿将短期之内的礼貌行为转变成为一生的良好习惯，采取正确的方式必定事半功倍。

案例：一天下午，班级的公主点心坊开始营业了，训晓在班级里喊着："大家快来吃啊，有好吃的小蛋糕和小饼干!"这时娃娃家里的"爸爸妈妈"们听见了，就抱着自己的宝宝来到了点心坊。在点心坊中，老师经过观察，发现懂得用言语进行交流的幼儿很少，大部分幼儿都只是在自己的店里摆弄着器具。经过一段时间的引导，老师发现幼儿都能用"好听"的话来招待"客人"和做文明的"小客人"。梓萌今天当娃娃家的妈妈，她抱着宝宝来到点心坊。这时"老板"来到门口有礼貌地说："您好，尊敬的客人，请问您要吃点什么呢?""客人"说道："我要吃抹茶小蛋糕。""老板"说："好的，请您等一下，马上就来。""客人"吃完点心后，"老板"也没有忘记跟"客人"有礼貌地说："再见，欢迎下次再来。"这一连串的文明礼貌用语正是在角色游戏中一天天培养出来的。

分析：在实际工作中结合小班幼儿的实际情况，针对小班幼儿的可塑性强、易受环境感染的特点，教师对幼儿进行可行性的尝试。小班幼儿喜欢玩角色游戏，在角色扮演过程当中实现角色的转换，容易学习该角色的行为。为此，教师应该尽量创造条件开展角色游戏，例如，在娃娃家、小超市等角色游戏过程中，让幼儿学会接待、让座等行为，引导幼儿排队买东西，遵守公共秩序，并学会用礼貌用语来与售货员、服务人员等交流。

教师指导：角色游戏是最贴近幼儿实际生活的一种游戏，教师在角色游戏中指导幼儿将游戏中的礼貌用语迁移到幼儿园的一日生活、家庭生活、社会活动当中。不同场景的锻炼，能够使礼貌用语产生行为效应，让幼儿真正养成良好的行为习惯，逐渐形成文明的打招呼技能。不同的环境创设，可以刺激幼儿的行为主动性；不同的教育行为，可以提高幼儿行为的合理性。考虑到游戏的单一性并且场所固定，教师还可以增设班级小小接待员，让幼儿专门学习接待，并以此来促进其他幼儿的主动性，给幼儿更多的空间，体验在不同场景下打招呼；同时，与家庭进行配合，让幼儿在家庭情境中运用打招呼技能，进一步培养幼儿勇敢品格的发展。

(四)生活体验活动

活动案例：勇敢者的道路

1. 设计思路

勇敢既是一种精神力量，又存在于一系列具体的行为表现当中。小班幼儿的心理特征是"胆怯、怕黑、怕生"。为了帮助幼儿克服自己的恐惧，培养勇敢品格，教师可以通过一系列的克服恐惧、勇敢面对的小游戏，让幼儿在愉快的情绪体验中通过自身的主观体验，在游戏中自主自发地探究游戏，发现游戏内容，寻找解决办法，增强与小伙伴之间的合作与交流，在和小伙伴共同面对问题时团结解决困难。

2. 活动过程

(1)做自己的小主人

教师先向幼儿说明游戏规则以及怎样设计线路才可具有层层的挑战性，以小组为单位开展游戏。游戏过程中由幼儿自由自主地去设计线路，讲解线路，并以投票的方式选择最合适最具挑战性的线路。

(2)我是勇敢的小伞兵

在去往跳伞台的路上，幼儿会经过一座独木桥(由平衡木、长板、短板搭建的独木桥)，以及布满重重陷阱的石墩(分别由空心轮胎和实心轮胎搭建，实心轮胎里面布满“炸弹”)，绕过一座弯曲的长桥(由起伏不平的布料搭建)来到跳伞台。幼儿通过由低到高的椅子搭建的跳伞台进行跳伞。

(3)翻山越岭

①幼儿根据自身条件挑战翻越不同难度的攀登网，获得新的路线。

②幼儿匍匐爬过用安全垫做成的黑暗山洞。

③根据游戏活动内容和与幼儿商量的结果，教师可适当增加或减少其他游戏环节。

(4)我是勇敢者

在游戏活动结束之后，教师邀请幼儿进行经验分享交流，分享游戏感受和游戏内容，鼓励幼儿表达自己的想法，增加幼儿的自信心和集体荣誉感。

3. 活动总结

恐惧是人的一种正常情绪，是一种正常现象。幼儿的勇敢品质不是与生俱来的，也非后天自然可得的，它是以幼儿自我意识的发展为前提，随着知识经验的积累和能力的增强，通过专门的实践锻炼而获得的。

因此在活动开始前，教师要注意帮助幼儿梳理游戏内容，讲清游戏规则，及时抓住教育生长点，通过反复练习技能，积极引导幼儿大胆主动地做游戏的主人，培养幼儿的勇敢品质，掌握勇敢行为技能。在活动过程当中，教师要积极观察幼儿，关注幼儿出现的心理问题，巧妙利用幼儿的心理及时调整游戏方式方法。教师还要注意提醒幼儿注意安全问题，引导幼儿勇敢挑战自我，克服困难，勇敢面对问题，培养幼儿的勇敢技能。在活动中，幼儿不仅会对自己产生新的认识，还会通过直接经验获得关于勇敢的情感体验，勇敢独立地面对并克服恐惧，能够锻炼胆量。教师长期开展践行体验的活动，不仅可以提高幼儿对勇敢品质的认识，还能让幼儿通过行为训练在循序渐进的过程中掌握勇敢技能。有必要时，教师可以争取家庭、社会的支持，形成教育合力。

勇敢知识的运用、勇敢情感的培养、勇敢行为技能的掌握不是在一次体验活动中就可以养成的，勇敢品质教育是个长期而又缓慢的过程，并非一蹴而就的。

(东营市广饶县康居幼儿园　成淑芳　王晓睿)

七、家园共育指导

(一)品格指导要点

对于勇敢品格的家庭教育指导，教师应从认知勇敢、行为勇敢、情感勇敢三方面着手，在教学和家庭教育指导实践中，重点帮助家长做好幼儿在心理、生理以及环境等方面的准备，逐渐帮助幼儿养成勇敢品格，并且要注意解决家长常见的一些困惑或问题。

1. 指导家长帮助幼儿增强自理及自立能力

幼儿园可以指导家长开展一系列亲子活动，培养幼儿的自理能力，增强幼儿的自信心。例如，教师可以鼓励家长在家庭中开展“独立周”活动，让家长们放开手，让幼儿在自我服务中感受快乐。此外，教师可以通过家长会、开放日或者家长进课堂等活动让家长参与到幼儿园的教育中，通过鼓励家长在家开展有益的亲子游戏、亲子共读等家庭教育活动，巩固幼儿自我服务的意识和能力，以便将良好的自我服务习惯通过幼儿带入家庭，为提升家庭整体素养打下基础。

2. 鼓励家长帮助幼儿阅读关于勇敢品格的绘本

家长可以通过与幼儿讲述、共读、表演等不同形式，帮助幼儿阅读、理解勇敢主题的绘本故事，让幼儿产生情感共鸣，从而更好地提升自信，养成独立思考和解决问题的习惯。例如，《鳄鱼怕怕　牙医怕怕》能够让幼儿在对医生有敬畏之心的同时，也知道医生对保护自己健康的重要意义，克服对医生的恐惧；《和勇敢做朋友》讲述的是一个叫布雷芙的小姑娘在极地历险的故事，幼儿在主人公的经历中，能感受到解决问题的正确途径是遇到事情不要慌张，要冷静思考，敢于去探索、去挑战。这些优秀的绘本既包含着有趣的角色、故事，也蕴含着积极正面的教育，幼儿在语言和思维发展的同时，也能在不知不觉中收获内心的成长。同时，亲子共读的形式有助于良好亲子关系的建立，也能直接影响幼儿勇敢品格的养成。

3. 让家长鼓励引导幼儿勇敢地表达自己

在班级中，不乏内向及腼腆的幼儿，他们不善于表达自己的情感与需求。教师可以指导家长通过积极正面的引导、开放的问题，帮助幼儿获得表达内心情感与想法的勇气，可以从以下方面进行引导。

(1)情绪方面

家长可以问：“今天在幼儿园的心情怎么样？为什么？”

(2)社交方面

家长可以问：“今天和小朋友发生了什么难忘的事吗？你可以给我讲讲吗？”

(3)活动方面

家长可以问：“今天在幼儿园都玩了什么？最喜欢玩的是什么啊？为什么？”

(4)需求方面

家长可以问：“今天你有什么想做的事情？你希望和谁一起做？为什么？”

类似这种形式的提问还有很多，大多是开放问题，而非“选择题”，目的是通过这样的引导，让幼儿回忆事件，整理思维，组织语言，发展清晰表达的能力；让幼儿在表达的过程中，进一步整理思路，培养自信，养成勇于表达的习惯。

(二)社会技能指导要点

1. 害怕时怎么办

害怕时不要慌。害怕时不要慌是幼儿人际交往中的重要技能，也是培养幼儿自我控制能力的内在要求。这一技能的培养重点包括：让幼儿知道困难是可以克服的；教给幼儿勇敢的三要素，即心灵上的鼓励、眼神的交流及柔和的声音。

首先，家长不要强迫幼儿去做他们害怕的事情。有些家长坚持让幼儿去做他们害怕的事情，通过“逼迫”的方式让幼儿勇敢起来，这样的方法适得其反，有时甚至会给幼儿脆弱的心灵留下难以磨灭的阴影。

其次，作为家长，我们应该帮助幼儿看清自己内心的恐惧，体会害怕的情绪，并帮助其分析原因，逐渐克服消极情绪，构建完整人格。通过这样有效的途径，能够让幼儿明白即使感到恐惧，也没有关系，可以寻求帮助，也会得到帮助。同时，家长应注意，良好的亲子关系是重要的基础，也是一名幼儿内心强大、充满勇气的根本。

默默数数心放松。家长可以让幼儿尝试一些小的口诀、方法，如遇到困难可以在心中默默数数，让情绪放松。

害怕时不要急，不哭不闹求人帮。在生活中，幼儿难免会遇到一些凭借他们自己的力量无法解决的困难，却不敢寻求帮助。这其中的原因各不相同：有些幼儿不善沟通，不敢开口；有些幼儿没有正确的方法，不知道如何寻求帮助；有些幼儿不能把握时机，分辨什么时候应该寻求帮助等。无论是哪种情况，家长的引导和教育都十分重要，家长应有意识地根据以上不同的情况，鼓励幼儿或为幼儿做示范，让幼儿能在实践中直观地感受方法，获得技能。

2. 打招呼

熟人走过来，向他微微笑。家长应在遇到熟人时，鼓励幼儿做好打招呼的准备。当有熟人路过时，应首先微笑，表示友好，传达给对方愿意与对方交流的意愿，不躲藏，不回避，大方自信地面对。

看着他的眼。看着对方的眼睛说话是一种基本的尊重与礼貌，能够更清楚地让对方感受到你的友善。家长可以通过模拟情境游戏的方式，让幼儿从与家人的眼神交流开始锻炼，时间由短到长，让幼儿能够勇敢、自信地与他人进行眼神交流。

称呼并问好。幼儿与他人打招呼时，首先应准确地说出对方的称呼，问好时声音要洪亮，语速不宜过快。在此过程中，幼儿起初会有一点儿不好意思，家长不应过分勉强，而应积极鼓励，大方示范，在幼儿第一次表现出问好行为时给予肯定，给予幼儿心理上的支持。

(三)你问我答

1. 幼儿见到熟人，不愿意打招呼怎么办

家长应积极引导，正面示范，要让幼儿知道见面打招呼是基本的礼貌行为。日常生活中，家长要让幼儿熟悉对不同长辈的礼貌称呼，见到熟人时，温柔提醒幼儿要目视他人，面带微笑，大声问好。家长可做正面示范，主动向他人打招呼，并引导幼儿模仿。如果幼儿不愿意，不要埋怨强求，在幼儿尝试问好后，积极地鼓励表扬。

2. 幼儿非常胆小，怕黑、怕高、怕昆虫等，如何进行引导

家长要正面面对幼儿的恐惧，接纳幼儿的恐惧心理。第一，家长应安抚幼儿的情绪，帮助幼儿平静下来，走出害怕的情绪。第二，家长应告诉幼儿害怕是很正常的事情，遇到这样的情况不要慌，可在心中默默数数或深呼吸，再向大人求助。第三，家长要引导幼儿认识黑暗、学习动物习性等自然常识，帮助幼儿熟悉、适应，避免因未知而造成不必要的恐惧。

3. 班级中总有一些幼儿，在自己需要帮助时不敢表达，邀请其他幼儿作为传声筒和教师交流，教师应如何对待

教师应该给予幼儿认同与肯定，请朋友来表达也是他交往的一种方式。教师可以邀请两名幼儿站到一起，引导胆怯的幼儿重复自己的需求，同时表扬伙伴的帮助，减缓幼儿表达时所产生的焦虑，慢慢让幼儿更放松地与教师直接沟通。

4. 入园后，班里的其他幼儿都敢大胆发言，自己的孩子却胆怯害羞，家长要如何对待

每名幼儿的发展水平和经验不同，对环境、集体的适应程度也不同，所以会产生不同程度的害怕及恐惧。这时，家长要给予幼儿更多的陪伴、安慰与鼓励，使其产生安全的心理氛围，帮助他更好地适应环境，克服恐惧。

5. 幼儿受点儿小伤或者遇到困难就会大哭大闹，很难安抚，怎么办

家长要鼓励幼儿通过“说出来”的方式“赶走”恐惧。对于幼儿来说，哭闹只是一种表达方式。家长应引导幼儿通过说出来的方法，表达自己遇到的问题，同时要让幼儿感受到，受伤时表现出的坚强、不娇气，才是勇敢的行为。

6. 幼儿在室内活动较为轻松，户外运动时表现出退缩、不愿意参与的情况，教师应如何解决

教师应提供保护，鼓励幼儿大胆尝试。当家长对幼儿过度保护时会导致幼儿对户外活动缺少安全感。对于这种情况，教师应与家长沟通，多多放手，让幼儿多去接触陌生环境，循序渐进地熟悉环境，信任成人提供的保护。

7. 个别幼儿总是喜欢独自行动，在集体中无存在感，教师应如何引导

因材施教，分配任务。不只是“会表达”才“够优秀”，针对害羞的幼儿，教师可分配给他们一些“不说话的”小任务，如负责离开班级时关闭开关，用餐前分发碗筷等，提升幼儿的参与感，增强独立性与自信，减轻害羞的心理，从而让幼儿更好地融入集体。

8. 幼儿爱逞能，认为自己很勇敢，甚至做出危险的举动，家长应怎样指导

及时指出，妥善处理。崇尚勇敢是幼儿的共性，但由于幼儿辨别能力低，经常会受动画片的影响进行盲目的模仿。家长应当对幼儿的行为进行辨析，帮助幼儿正确分辨“鲁莽”和“勇敢”，告诉幼儿不计后果的“勇敢”是错误的，要妥善处理容易发生危险的情况。

（济南市槐荫区演马佳苑幼儿园锦绣兰庭分园　刘海奇　马文舒）

第五章　爱心品格：我们一起玩

一、主题说明

◎**情境链接**

丹丹小朋友走路时不小心摔倒在地，教室里发出哄堂大笑，没有一个小朋友跑过去扶一下丹丹。在课堂上，经常会有小朋友站起来回答问题，如果答错的话，其他小朋友就会哈哈大笑。如果一个小朋友做错事被老师批评了，很多小朋友不会因为同伴被批评而难过或上前安慰，而是会数落、嘲笑他……

上述情境既反映出幼儿主动关心、安慰他人的意识比较薄弱，同时也警示了成人在日常生活中要进一步加强对幼儿爱心品格的培养。爱心既是关心、爱护他人的情感，也是重要的亲社会行为，主要包括对自己、他人以及对周围环境的爱护。小班幼儿由于还处于自我中心发展阶段，观点采择能力较弱，很多时候还不能主动站在他人的角度思考问题，因此会出现上述案例中“嘲笑”同伴的行为，有时候还会因为争抢玩具而大打出手，或掐小猫、小狗的尾巴，或踩虫子、摘花、踏草坪……爱心品格的培养需要体现在方方面面。

一个具有爱心品格的幼儿会对身边的人或事物（如动植物）表现出怜悯、同情、感恩之心的亲社会行为。具体来说，首先他们会爱自己、悦纳自己；其次能够爱他人、同情与帮助弱者；最后能爱护集体、爱护动植物和公共环境。《3－6 岁儿童学习与发展指南》（简称《指南》）在健康领域指出要“创设温馨的人际环境，让幼儿充分感受到亲情和关爱，形成积极稳定的情绪情感；帮助幼儿养成良好的生活与卫生习惯，提高自我保护能力”；社会领域要求幼儿能够“愿意与人交往”“能与同伴友好相处”“关心尊重他人”“遵守基本的行为规范”等，这些目标都涵盖在爱心品格的培养之中。本期主题将从保护自己、关爱他人、爱护动植物、保护环境四个维度启发幼儿爱的意识，激发幼儿爱的情感，培养幼儿爱的行为和语言，为爱心品格的发展奠定基础。

二、主题目标

第一，学会爱护自己，如勤洗手，勤刷牙，少吃糖，不做危险的事情等。

第二，能够在他人的提醒下，主动关心身边的人及需要帮助的人。

第三，与同伴相处的时候，具备初步的谦让、互助意识。

第四，爱护公共设施，不随意破坏。

第五，初步建立环保意识，不随意扔垃圾、折花草。

三、环境创设

(一)主题墙

培养爱心是幼儿早期品格教育中非常重要的组成部分。幼儿是在家庭的温馨、社会的关爱中长大的，浓浓的爱源源不断地滋养着他的心灵。幼儿刚从家庭中走出来，进入幼儿园这个集体中学习与生活，必然会遇到很多相处过程中发生的问题。爱心品格主题主要包括对自己的爱心、对他人的爱心、对动植物的爱心三个目标维度，因此主题墙的结构相应地划分为与之相对应的三个部分。

1. 对自己的爱心

幼儿对自己的爱心包括爱护自己的身体，不做有危险的事情，学会保护自己。教师要结合《指南》中健康领域的相关内容，引导幼儿初步认识自己的身体结构，培养良好的卫生习惯，如饭前便后洗手，正确如厕，勤洗澡，不用脏手揉眼睛等，知道爱护牙齿、眼睛的方法。教师要培养幼儿喜欢参加体育运动、不偏食、多喝白开水等良好的生活习惯及基本的生活能力。因此，这部分可以围绕这几个方向，用活动图片的形式进行梳理和展示。

2. 对他人的爱心

小班幼儿还处于自我中心发展阶段，很多时候不能主动站在他人的角度思考问题。而从小培养幼儿的爱心是帮助幼儿将来建立亲社会行为，形成和谐融洽的社会关系，享受幸福人生的关键。有爱心的幼儿更容易在学校生活和社会生活中收获友谊，更容易融入集体生活，建立归属感。幼儿在学会爱自己的基础上学会爱他人，会对特定的人或事物表现出怜悯、同情、感恩之心的亲社会行为，能够爱他人、同情与帮助弱者；在生活中能逐步表现出一些爱的行为与语言，能关注身边的小伙伴、亲人的简单情绪，在成人的提醒下，愿意安慰身边的人，向他们表达自己的爱心，并在此基础上延伸至悦纳社会、热爱祖国。

3. 对动植物的爱心

《指南》明确提出幼儿要“亲近自然，喜欢探究”，幼儿要“喜欢接触大自然，对周围的很多事物和现象感兴趣”。教师要引导幼儿体会人与自然、动植物的依赖关系，关爱动植物，保护环境。

(二)家园共育栏

家园共育栏首先是与家长共建一个互相支持的育儿空间，将在主题活动开展前访谈家长的心理需求、知识需求并进行梳理呈现。告知主题进程中家长课堂、亲子活动、家长沙龙、开放日等内容信息，起到教师指导、空间共享的作用，展现爱心主题中亲子活动的有趣场景。

1. 主题内容告知

首先，教师可以给家长提供培养幼儿爱心的教育建议。例如，教幼儿学会爱自己，给幼儿更多理智的爱，宠爱但不骄纵；给幼儿有安全感的环境，尤其是稳定家庭；妈妈做榜样，乐观生活，情绪稳定；爸爸多支持肯定，让幼儿更自信，更了解自我。其次，教师可以向家长推荐“爱心”主题的绘本，如《葡萄》《大熊抱抱》《小人儿帮手》《逃家小兔》等，带动家长共同思考，提前做好情感及知识的储备，配合主题的展开。

2. 日常亲子陪伴

教师可以组织亲子共读，让家长在家里与幼儿一起阅读有关“爱心”品格的绘本，在阅读中强化幼儿对爱心的理解，知道爱心的重要性；还可以开展“爱的加油站”家庭谈话活动，亲子之间谈一谈当天发生的比较开心的事情，如与他人发生或看到的相互帮助、照顾、安慰的情境。教师可以引导家长有意识地记录幼儿有爱的行为，并以亲子海报的形式讲述发生在家庭中的“爱”的故事，把这份幸福和美好分享给大家。

(三)幼儿成长(学习)记录墙

此类墙壁应设置在走廊、区角等空间 1.3 米以下的范围。幼儿成长(学习)记录墙要凸显儿童视角，具有儿童感，应梳理儿童经验线索、展现学习过程、实现整体认知与体验，真正从幼儿立场出发呈现幼儿对于“爱心”的理解与感知体会。

1. 表达爱

良好的亲子关系、师生关系和同伴关系可以帮助幼儿发展自信和自尊，获得安全感和信任感。《指南》中指出 3～4 岁的幼儿“能感受到家庭生活的温暖，爱父母，亲近与信赖长辈”。因此，教师要为幼儿创设充满关爱的环境，鼓励幼儿大胆表达对他人的爱，从而促进幼儿形成善良、主动等人格特质。

2. 邀请别人玩

3～4 岁的幼儿想加入同伴的游戏时，能友好地提出请求。教师可以利用相关的图书、故事，结合幼儿的交往经验，让幼儿在讨论什么样的行为受大家欢迎的过程中学会关爱他人、照顾别人的情绪。因此，在小班阶段，教师要在活动过程中让幼儿体会别人帮了你，要感谢帮助过自己的人，用“说‘谢谢’”的方式表达感情。

3. 我的“朋友”

注重生命教育，在自然角中，教师可以引导幼儿了解动植物的习性，每天照顾动植物。教师也可以延伸相关绘本中的做法，每天给动植物“朋友”唱歌、晒太阳，记录它们的身高等，萌发幼儿爱护动植物的情感。

（山东省住房和城乡建设厅幼儿园　刘书萍　刘颖）

四、教学活动案例及反思

(一)品格绘本阅读活动

1. 适应品格绘本推介

小班幼儿正处于自我中心发展阶段，认为什么事情都应该以自己为主，自己想要什么都应该得到满足，很少能站在他人角度思考问题。从小培养幼儿的爱心品格有助于幼儿亲社会行为的发展，有爱心的幼儿更能够在集体中收获友谊，建立归属感。本期主题主要推荐了 4

本绘本作为教师开展教学活动的载体。所选绘本会让幼儿感受什么是爱心，体会到有爱的世界是充满美好温暖的世界，有爱心的人是受到大家欢迎和喜爱的人，具体见表5-1。

表 5-1 爱心品格绘本推荐及解析

绘本名称	主要内容	绘本中的"爱心"
《葡萄》	这本书讲述了小狐狸为了收获丰富美味的葡萄不断寻找"高手""专家"，想要掌握正确的方法栽培，在请教的过程中学会了如何去种出丰硕的葡萄，也学会了爱的方式。	爱对方就要考虑对方的实际需要并用实际行动表达出来，如"给他吃""给他依靠""保护他"等，爱是一个动词，而不是名词。
《大熊抱抱》	这本书讲述了一只心中充满爱和幸福的大熊的故事。他喜欢用抱抱来表达对身边一切生命的爱心，尤其喜欢抱树。突然有一天，有一个背着斧头的男人走进森林要准备砍树，大熊看到他一次又一次地伤害大树又难受又愤怒，不过他没有伤害这个男人，反而给了他一个抱抱，然后又转身给了受伤的大树一个抱抱。	"抱抱"是表达爱的一种方式，给人一种温暖的感觉。故事不仅告诉幼儿要亲近和爱护大自然，也让幼儿学会用"抱抱"表达爱意。
《最爱的，是我》	五只甲龙宝宝把霸王龙当成了爸爸。当戈尔冈龙来袭时，甲龙宝宝拼尽全力，保护爸爸；当甲龙宝宝遇到危险时、当甲龙宝宝之间产生矛盾时，霸王龙都肩负起了一个"父亲"的责任。经过一段时间的"争风吃醋"后，五只甲龙宝宝终于明白了自己都是爸爸的最爱。	霸王龙将自己对甲龙宝宝的爱写在了每个宝宝的名字里。当一方遇到危险时，另一方都会拼尽全力去拯救、保护。霸王龙也在每日和甲龙宝宝的相处中体现出了自己对它们的爱。
《逃家小兔》	这本书讲述了一只小兔子和妈妈玩语言捉迷藏的故事。全书贯穿了兔妈妈对兔宝宝不离不弃的母爱，不论小兔子变成小鳟鱼，还是高山上的石头，或者花园里的小花，兔妈妈都能想到对应的角色，追随着小兔子。	主题凸显了爱心品格中的"爱他人"，即父母对子女的爱。充满创造想象的奇妙对话，体现了妈妈无私、伟大的爱，同时也激发出幼儿对父母等家人的爱。

2. 教学活动案例

接下来我们以语言活动"葡萄"为例阐述爱心品格语言领域教学活动的组织要点，见表5-2。

表 5-2 爱心品格语言领域教学活动

<table>
<tr><th colspan="3">葡萄</th></tr>
<tr><th>活动环节</th><th colspan="2">活动设计</th></tr>
<tr><td rowspan="3">活动目标</td><td colspan="2">认知目标：仔细观察画面，理解故事内容，从狐狸对葡萄的付出感知爱的意义。</td></tr>
<tr><td colspan="2">能力目标：能在老师的引导下根据故事情节进行简单的猜想和表达。</td></tr>
<tr><td colspan="2">情感目标：愿意在生活中对家人、老师和同伴做出更多有爱的行为。</td></tr>
<tr><td rowspan="2">活动准备</td><td>经验准备</td><td>1. 幼儿对葡萄有基本认识，如颜色、形状、味道、生长特点等特性。
2. 对"爱是什么"有自己的认识。</td></tr>
<tr><td>物质准备</td><td>1. 绘本课件《葡萄》。
2. 绘本《葡萄》部分音频。</td></tr>
</table>

续表

葡萄	
活动环节	活动设计
活动过程	**一、出示绘本封面，激发幼儿的好奇心** 师：这是谁？猜猜他想做什么？狐狸很想种葡萄，怎样才能种出葡萄呢？ **二、阅读绘本第 1 至 11 页，了解故事内容，启发幼儿思考** 第 1 至 3 页(此书无页码，作者从扉页开始算第 1 页)： 师：狐狸种葡萄的时候是什么样子的？ 教师鼓励幼儿看图讲述，能用简单的语言表达自己的发现。 小结：用工具用力刨地、插秧累得满头大汗、喘着粗气，他真是一只勤勤恳恳的狐狸呀！ (**品格元素：**教师引导幼儿通过观察画面了解小狐狸的辛勤) 第 4 至 5 页： 师：狐狸在做什么？葡萄种在土里就能自己长大吗？ 教师鼓励幼儿表达自己的想法。 第 6 至 7 页： 师：狐狸怎么了？(馋得直流口水)怎么才能吃到像梦里那么好吃的葡萄呢？ 教师播放绘本课件《葡萄》中的图片，让幼儿观察，大胆猜测，根据狐狸之前的行为说出刨地、插秧、勤勤恳恳等。 第 8 至 11 页： 狐狸也不知道怎样才能种出最多最甜的葡萄，但他在积极地想办法，他想了什么办法呢？他去了图书馆、上网查资料，还专门咨询葡萄种植专家，最后他发现要种出又多又甜的葡萄最重要的是要有爱。 (**品格元素：**教师带领幼儿总结出最重要的是要有爱，初步感知“爱”) **三、阅读绘本第 12 至 23 页，了解爱的各种表现方式** 第 12 至 21 页： 教师播放绘本《葡萄》这部分的音频，欣赏画面，带领幼儿了解狐狸的做法。 教师播放绘本课件《葡萄》中的图片，鼓励幼儿大胆表达：他们是怎么告诉狐狸的。 (**品格元素：**教师引导幼儿了解爱的不同表达方式，如爱就是照顾、保护和提供帮助) 第 22 至 23 页： 师：最后还有一位老伯伯告诉狐狸，爱是恒久忍耐，到底这句话是什么意思呢？狐狸也不是很明白，我们一起往下看。 **四、阅读绘本第 24 至 35 页，感知狐狸对葡萄做出的爱的行为** 第 24 至 29 页： 教师播放故事录音，欣赏画面，带领幼儿了解狐狸对葡萄的爱。 师：如果你是狐狸，你还会用什么方式给葡萄表达爱呢？ 师幼共同回忆狐狸对葡萄表达爱的方式。 师：谁还记得狐狸对葡萄都做了哪些事？ 第 30 至 31 页： 师：在狐狸的照顾下，葡萄一天天长大，很快就结出了一串又一串的葡萄。不过看起来还没有变成又多又大的葡萄。又过了好久，葡萄终于长成又多又大又甜的样子。这个时候狐狸突然理解“爱是恒久忍耐”这句话。你们觉得这句话是什么意思呢？

续表

葡萄	
活动环节	**活动设计**
活动过程	第 32 至 35 页： 教师讲述故事情节。 小结：这是一个狐狸种葡萄的故事。狐狸的方法里面最重要的就是：要有爱。 (**品格元素：**教师引导幼儿了解狐狸用不同的方式爱葡萄，如给葡萄树吃，保护它，给它依靠，熏陶它等) **五、师幼交流，尝试在生活中表达爱** 师：你们有像狐狸一样照顾小植物吗？你们是怎么做的呢？ (**品格元素：**教师激发幼儿对植物的爱) 师：除了爱小动物小植物，我们还要爱谁？ 师：爸爸妈妈是怎么爱你们的呢？老师是怎么爱小朋友的？ (**品格元素：**教师引导幼儿回忆家人和老师对自己表达爱的不同方式，激发幼儿向身边人主动表达爱的情感) 小结：小朋友们说得真好，狐狸用爱种出了又多又甜的葡萄，而我们身边也充满着爱，(此刻教师展示爱的瞬间)有爸爸、妈妈、老师、小伙伴等。那你对爸爸妈妈、老师、小朋友怎么表达爱呢？今天就让我们回家用自己喜欢的方式表达对爸爸妈妈的爱吧。
活动延伸	**一、领域延伸** 在社会领域，教师可以开展“我爱我的家人”活动，通过照片、视频等方式再现日常生活中爸爸妈妈、爷爷奶奶(姥姥姥爷)对幼儿的关心和照顾，让幼儿体会家人对自己的爱，进而引导幼儿说一说自己爱家人的方式，鼓励幼儿大胆表达对家人的爱；还可以开展活动“我发现的爱”，采用马赛克方法，带领幼儿通过拍照、谈话、绘画等方式记录幼儿园里爱的精彩瞬间，如老师对小朋友的爱、同伴之间的爱等，让幼儿逐步意识到幼儿园是一个充满爱的地方，知道生活中的爱无处不在。 在艺术领域，教师可以准备一张长轴白纸(可供班上幼儿一起绘画)，鼓励幼儿用绘画、拓印、粘贴等多种方式在白纸上绘制出无数的小爱心，表达“满满的爱”；还可以开展“甜甜的葡萄”艺术创作活动，提前准备好实物葡萄，和幼儿一起用葡萄进行创意摆盘，再品尝甜甜的葡萄，在活动中体会与老师、同伴一起游戏的快乐。 **二、区角延伸** 教师可以将绘本故事投放在图书角，引导幼儿自由阅读，体会爱心品格。 教师可以引导幼儿在美工区制作小礼物，送给自己爱的人以表达爱意；引导幼儿和自己爱的同伴一起游戏等。 **三、家园共育** 教师可以将绘本课件《葡萄》发在班级群中，引导幼儿向爸爸妈妈介绍这个绘本故事，和他们说一说种植葡萄最需要的秘诀是什么。 教师可以制作“爱心卡”，鼓励家长记录幼儿在家中表达爱的各种瞬间(拍照或录像)，在班级群中分享。教师还可以引导家长帮助幼儿了解生活中表达爱的不同方式，从而意识到我们生活在一个有爱的、温暖的世界里，萌发真、善、美的情感。 **四、生活渗透** 绘本故事中提到了不同动物、不同人表达爱的方式，教师在活动最后也请幼儿表达了家人和老师对自己爱的方式。教师可以引导幼儿之后在班级中向同伴表达爱，师幼共同探讨“向同伴表达爱的不同形式”。

续表

葡萄	
活动环节	活动设计
活动延伸	教师还可以鼓励幼儿发现生活中有爱的瞬间(如公交车让座，扶老人过马路等)，引导幼儿了解爱的不同表达方式。 **五、环境渗透** 教师可以将幼儿与幼儿之间、幼儿与老师之间、幼儿与家人之间、收集到的陌生人之间有爱的瞬间(照片)在班级“爱心”环境中呈现。

3. 活动反思

(1)活动特点

目标的内容即体现绘本的中心思想，也呼应小班幼儿的生活经验，同时目标的难度符合小班幼儿认知发展水平。活动重点突出，幼儿从狐狸对葡萄的付出感知爱的意义。通过回忆故事情节，如请教四位有爱的人怎么做才算“要有爱”，狐狸对葡萄表达爱的方式，引导幼儿了解向身边人表达爱的方式，从而解决了难点。

活动总结注重幼儿生活经验的迁移。从狐狸对葡萄表达爱转移到家人、老师对幼儿的爱以及幼儿对植物的爱，以此引导幼儿感知身边的爱，进而萌发愿意主动表达爱的情感。师幼互动轻松、自然。教师在活动过程中始终坚持“幼儿是学习的主体”这一基本原则，给予幼儿充分表达、探索的机会。

(2)活动实施建议

故事中狐狸有自己对葡萄表达爱的方式，教师在导入环节时询问幼儿“怎样才能种出葡萄”，讲完故事后也可以再次询问，以提升幼儿的经验，了解幼儿是否懂得如何“表达爱”，梳理表达爱的多种适宜的方式。

小班幼儿处于语言发展的关键期，同时又是学习和使用正确语言的萌芽期。教师在教学活动中，要多引导幼儿使用好听的词，说完整的话。同时，当幼儿回答完问题时，教师也可以对幼儿的答案进行梳理、提炼。

［北京市丰台区第一幼儿园(民族园)　张珊薇　周芸吉］

(二)品格社会领域教学活动

1. 爱心品格的社会领域教学活动设计说明

爱心品格主题下的社会领域教学活动主要以识别爱心情境、了解表达爱心的方式、体验爱心行为的快乐为切入点。对于小班幼儿来说，在识别爱心情境方面，教师主要是通过情境体验，引导幼儿识别他人需要的帮助，并能积极回应，提高幼儿的移情能力。在了解表达爱心的方式方面，教师要通过集体教学活动的形式，让幼儿了解表达爱心的几种方式。体验爱心行为方面，教师要重点为幼儿创造表达爱心的机会，让幼儿初步获得积极的体验，激发幼儿做有爱心的小朋友的意愿。

2. 教学活动案例

接下来我们以社会活动“关心小动物”为例阐述爱心品格社会领域教学活动的组织要

点，见表5-3。

表5-3 爱心品格社会领域教学活动

<table>
<tr><th colspan="3">关心小动物</th></tr>
<tr><th>活动环节</th><th colspan="2">活动设计</th></tr>
<tr><td rowspan="3">活动目标</td><td colspan="2">认知目标：初步意识到他人有需要时，在能力范围内要主动提供帮助。</td></tr>
<tr><td colspan="2">能力目标：能够在成人的引导下用合适的方式表达对他人的关心。</td></tr>
<tr><td colspan="2">情感目标：体会爱的快乐，愿意在生活中做出更多有爱的行为。</td></tr>
<tr><td rowspan="2">活动准备</td><td>经验准备</td><td>1. 幼儿在生活中有帮助他人或接受他人帮助的经验。
2. 幼儿已初步了解爱心的言行。</td></tr>
<tr><td>物质准备</td><td>1. 歌曲《爱心大无限》。
2. 儿歌《小猴子摔倒了》《小兔子找妈妈》的图片。
3. 生活中幼儿之间有爱的照片。</td></tr>
<tr><td>活动过程</td><td colspan="2">一、情境导入：故事开始，激发幼儿兴趣
师：今天我们班来了几个小客人，他们遇到了一些困难，想请小朋友们来帮忙！让我们一起来帮助他们吧！
(品格元素：教师创设爱心情境，激发幼儿做有爱心的小朋友的意愿)
二、情境创设：引导幼儿识别爱心情境
(一)情境一：小猴子摔倒了，哭泣
教师出示儿歌《小猴子摔倒了》的图片，请幼儿观察。
师：发生什么事情了？小猴子表情怎样？小猴子心情怎样？我们可以怎么关心它，可以说些什么？做些什么？
师：你们都是有爱心的小朋友。小猴子在小朋友们的关心下，不伤心了，谢谢小朋友们。老师把你们帮助小猴子的方法，编成了儿歌。
教师带领幼儿学说儿歌《小猴子摔倒了》。
《小猴子摔倒了》：
小猴子摔倒了，小朋友来帮忙。擦干泪抱一抱，小猴子笑一笑。安慰小猴子别哭了，擦干眼泪抱一抱，小猴子开心不哭了。
(二)情境二：小兔子不上幼儿园，哭泣
教师出示儿歌《小兔子找妈妈》的图片，请幼儿观察。
师：小兔子怎么了？它的表情怎样？心情如何？原来它想妈妈了。我们可以怎么关心它，帮助它呢？
师：谢谢你们，小兔子不伤心，变得开心了。你们说了那么多帮助小兔子的方法，老师把你们帮助小兔子的方法，编成了儿歌。
教师带领幼儿学说儿歌《小兔子找妈妈》。
《小兔子找妈妈》：
小兔子呜呜呜，快来问问怎么了。原来它想找妈妈。小兔子你别哭，等妈妈别着急。我和你做朋友，一起玩做游戏。
师：今天小朋友们帮助了摔倒的小猴子和哭着找妈妈的小兔子，想出了许多让小动物开心的方法。你们真是有爱心的小朋友。
(品格元素：教师引发幼儿讨论后，通过儿歌及儿歌对应图片的方式帮助幼儿梳理总结有爱心的行为，让幼儿通过实际情境感受助人的快乐)</td></tr>
</table>

续表

关心小动物	
活动环节	**活动设计**
活动过程	**三、联系生活：引导幼儿经验拓展，表达积极情绪体验** 师：今天你们帮助了小动物，你们是什么样的心情？在生活中你们还帮助过谁？说过哪些有爱心的话？做过哪些有爱心的事情呢？ （**品格元素：**教师引导幼儿表达爱心行为的积极情绪体验，激发幼儿成为一名有爱心的人） 师：生活中，谁帮助过你？他做了哪些有爱心的事情或说了哪些有爱心的话呢？被别人帮助时，你是什么样的心情？ 教师出示生活中幼儿之间有爱的照片启发幼儿表达爱心。 师：原来帮助别人和被别人帮助都能令我们开心、快乐。 **四、活动结束：引导幼儿音乐律动，体验表达爱** 师：爱要大声来表达，你们想表达对谁的爱呢？（幼儿自主表述）让我们一起跟随音乐表达对身边人的爱吧！ （**品格元素：**教师引导幼儿在歌曲《爱心大无限》的旋律中体验表达爱的快乐）
活动延伸	**一、区角延伸** 教师可在美工区投放半成品的贺卡、装饰物和胶棒等材料，请幼儿制作爱心卡。教师引导幼儿说一说自己想要向谁表达自己的爱，并引导幼儿了解表达爱的方法。 **二、生活渗透** 教师可以营造有爱的班级氛围，为幼儿创设表达爱的机会，发现幼儿有爱心的行为，及时鼓励，引导幼儿成为有爱心的小朋友。 **三、环境渗透** 教师与家长共同搜集日常生活中爱的故事，用视频、照片、绘画、语言等方式记录下来在班级内或走廊展示。教师还可以在图书区投放绘本《猜猜我有多爱你》《爱心树》《从小有爱心》，鼓励幼儿听一听、讲一讲共同分享爱的故事。

3. 活动反思

(1)活动特点

活动目标表述清晰、明确，难度适宜；活动形式采用情境创设，符合小班幼儿年龄特点，能引起幼儿极大兴趣。活动环节环环相扣，层层递进。根据小班幼儿的生活现状，从熟悉的场景出发，调动幼儿的经验，唤起他们的情感。幼儿能够在教师创设的富有带入感的情境中迅速进入角色，积极想办法帮助小动物，在两个贴近生活的“问题情境”中产生积极的情感体验，有效激发了爱心品格。

(2)活动实施建议

根据小班幼儿年龄特点，教师在提问时要注意一次提问的数量，可根据幼儿的理解情况一次提问 1～2 个问题。第三环节中，如幼儿受前期经验影响，无法拓展更丰富的情境，教师不必过于着急，可以在今后的活动中继续丰富幼儿的经验。教师也可以通过家园共育提前丰富相关经验。本环节重点是引导幼儿表达爱心行为的积极情绪体验。

（北部战区总医院第二幼儿园　刘咏梅　池彬）

(三)品格综合领域教学活动

1. 爱心品格的综合领域教学活动设计说明

爱心品格的科学领域活动可以引导幼儿认识常见动植物，了解动植物和人类生活的关系并懂得爱护它们；感知区分物体的大小、多少，能手口一致地点数，并能在生活中运用。健康领域活动会涉及身体健康、情绪愉快、适应环境、卫生习惯、自理能力、自我保护等方面。例如，让幼儿感受亲人、朋友给予的爱，能够表达对家人、朋友的爱，学会如何关爱他人等。艺术领域活动可以从感受爱、表达爱的角度，引导幼儿用音乐、美术的形式进行创作，营造温馨的心理氛围，让幼儿敢于并乐于表现对身边人和事物的爱。

2. 教学活动案例

接下来我们以科学领域活动“狐狸的葡萄园”为例阐述爱心品格综合领域教学活动的组织要点，见表5-4。

表5-4 爱心品格综合领域教学活动

狐狸的葡萄园		
活动环节	活动设计	
活动目标	认知目标：感知5以内的数量，知道最后一个数代表物体的总数。	
	能力目标：能够按照游戏指令准确地拿取5以内数的物体。	
	情感目标：感受别人遇到困难的心情，并乐意帮助他人。	
活动准备	经验准备	幼儿已熟悉绘本《葡萄》的内容。
	物质准备	1. 丰收的葡萄园图片，数量分别是1～5串的紫葡萄、绿葡萄、红葡萄、大葡萄、小葡萄图片，狐狸哭泣图片、分别带1～5点数的筐子图片。 2. 音乐《森林狂想曲》。 3. 点数操作材料人手一份(葡萄串卡片、筐子卡片若干)、分别贴有点数3、4、5的小汽车三辆。 4. 葡萄(至少够每人五粒)、水果盘(人手一个)。
活动过程	**一、回顾绘本故事，激发幼儿参与活动的兴趣** 师：小朋友们还记得狐狸为了种又多又甜的葡萄都做了哪些事情吗？ 小结：狐狸为了种出又多又甜的葡萄，去做了很多的工作，得到的结论是要有爱，为了知道什么是要有爱，他拜访了几位有爱的人，回来按照“专家”们的指导去实践，最后它的葡萄果真是又多又甜。 (**品格元素：**教师以幼儿熟悉的故事情节导入，使幼儿再次感受爱心的力量) **二、出示丰收的葡萄园图片，让幼儿感知5以内的点数** 师：今天，狐狸的葡萄园又丰收了，他邀请我们一起去葡萄园游玩，你们想去吗？我们一起去看看吧。 教师出示丰收的葡萄园图片，让幼儿点数一棵树上有几串葡萄。 师：哇，好多的葡萄，这一棵葡萄树上有多少串葡萄呀？伸出你的小手指一起来数一数吧。 师：这些葡萄长得一样吗？哪里不一样？你们帮狐狸数一数，紫葡萄、绿葡萄、红葡萄、大葡萄、小葡萄分别有几串？ 小结：小朋友们，你们可真棒！狐狸说你们真是点数小能手。	

续表

狐狸的葡萄园	
活动环节	**活动设计**
活动过程	**三、设置情境，引导幼儿手口一致地点数并会按数取物** (一)出示狐狸哭泣图片，引导幼儿感受狐狸遇到困难的心情 师：咦，狐狸怎么了(狐狸哭了)？你们觉得他为什么会哭，他有什么样的感觉？ 师：因为狐狸的葡萄种得太多了，一个人也吃不完，他想送到森林超市去售卖，但是森林超市要求每个筐子里的葡萄数量要和筐子上的点数一样多。狐狸不会点数，总是数错，所以急得呜呜地哭，这可怎么办？小朋友们，你们愿意帮帮狐狸吗？ (二)出示带点数的筐子图片和葡萄图片，引导幼儿按数取物，体验帮助狐狸的快乐 师：小朋友们，先帮狐狸看一看，筐子上有几个点。 师：有 5 个点，就说明筐子里要放 5 串葡萄。(教师示范) 1. 教师引导幼儿根据筐子的点数放对应数量的葡萄串。 师：这里还有很多筐子需要放葡萄，让我们一起来帮助狐狸吧。 幼儿拿出筐子，数一数有几个点，然后把相应数量的葡萄串放到筐子里。 2. 教师引导幼儿根据小汽车上的点数放对应数量的筐子。 师：我们把葡萄都装完了，超市的小汽车也到了，超市说，每辆小汽车上有几个点，就装几个筐子。 教师出示三辆小汽车(分别贴着 3、4、5 的点数)，请幼儿根据小汽车身上的点数，把筐子放到小汽车上。 (**品格元素：**教师引导幼儿理解狐狸遇到困难时的心情，产生想要帮助别人的想法，能够站在别人的立场共情，并在帮助狐狸的过程中学会按数取物) **四、品尝好吃的葡萄** 师：狐狸的葡萄终于运走了，狐狸说谢谢大家。为了感谢大家对他的帮助，他请大家品尝他种的葡萄，每个小朋友五粒。请你们边拿边数，然后一起品尝爱的味道吧。 小结：狐狸的葡萄甜吗？小朋友们，你们今天开心吗？看到狐狸遇到困难很难过的时候，我们就帮助他克服困难，帮助别人让我们感到很快乐，我们都要做有爱心的小朋友。听着好听的音乐，我们一起和狐狸跳个舞吧。 (**品格元素：**教师在品尝葡萄的过程中复习按数取物，同时感受爱的回报，进而体验帮助别人的快乐)
活动延伸	**一、区角延伸** 教师可以在生活区投放喂娃娃的玩教具，让幼儿练习 5 的点数，继续体验关心他人的快乐。教师也可以在娃娃家投放小汽车、葡萄的玩教具，让幼儿继续进行情境表演“运葡萄”。 **二、生活渗透** 教师可以营造助人为乐的班级氛围，发扬“你帮帮我”“我帮帮你”的班风。 **三、环境渗透** 教师和家长共同搜集日常生活中幼儿乐于助人的照片，在班级内或走廊展示。

3. 活动反思

(1)活动特点

活动目标明确，即引导幼儿感知 5 以内的数，初步具有集合思维，并在活动操作中锻炼幼儿按数取物的能力。重难点突出且以助人为乐、爱心品格培养为切入点，符合品格综合领域教学设计要求，富有童趣，易于实施。

教师通过幼儿熟悉的绘本《葡萄》里狐狸这一角色贯穿整个活动，让幼儿始终在帮助狐狸的情境中，通过情感共鸣、动手操作，支持幼儿学习，有效突破重难点。延伸活动和区角活动相结合，更好地锻炼幼儿按数取物的能力，更好地理解数、量及数量关系。

(2)活动实施建议

在品尝好吃的葡萄环节中，教师要准备足量的葡萄，一定要提醒幼儿先点数后品尝，在取葡萄的过程中互相谦让，在品尝后葡萄皮不要乱丢，养成良好的生活卫生习惯。

(济南市槐荫区青少年宫第一幼儿园安澜园　李莎莎　靳建芳)

(四)幼儿社会技能教学活动

1. 活动设计说明

幼儿能够对他人表达内心爱的情感，是幼儿社会性发展的表现和要求。让爱不再内敛，最重要的社会技能就是“表达爱”和“说‘谢谢’”，即在日常生活中能用自己喜欢的方式大胆表达自己的爱和感谢，同时也能收获更多的温暖。

2. 社会技能“表达爱”教学活动案例

社会技能“表达爱”的技能口诀是：喜欢谁，要表达；亲亲、抱抱、送礼物；做件好事温暖他。接下来我们以活动“会‘说’我爱你”为例阐述社会技能“表达爱”教学活动的组织要点，见表5-5。

表5-5　社会技能“表达爱”教学活动

<table>
<tr><th colspan="3">会“说”我爱你</th></tr>
<tr><th>活动环节</th><th colspan="2">活动设计</th></tr>
<tr><td rowspan="3">活动目标</td><td colspan="2">认知目标：知道表达爱可以给自己和别人带来快乐。</td></tr>
<tr><td colspan="2">能力目标：能够用合适的方式表达对他人的喜爱之情。</td></tr>
<tr><td colspan="2">情感目标：愿意主动表达对他人的关心和喜欢。</td></tr>
<tr><td rowspan="2">活动准备</td><td>经验准备</td><td>幼儿有律动活动的经验，会唱歌曲《我爱你》。</td></tr>
<tr><td>物质准备</td><td>绘本课件《我爱你》、歌曲《我爱你》。</td></tr>
<tr><td>活动过程</td><td colspan="2">一、音乐律动《我爱你》，调动幼儿参与活动的兴趣
教师带领幼儿一起律动，感受歌曲中我爱你的情感。
师：小朋友们，让我们一起跳起来吧！
师：刚才律动的歌曲是什么名字？歌曲中都说了什么？你们在生活中都爱谁呢？
二、讲述绘本《我爱你》
教师通过绘本故事，引导幼儿理解“表达爱”技能的内涵，愿意用“我爱你”表达情感。
师：今天，老师给大家带来了一本关于爱的绘本，请小朋友们看看绘本的封面上都有谁，他们在做什么。这个绘本叫《我爱你》，我们一起来看一看绘本讲的是什么吧。
1. 教师讲述绘本，引导幼儿学习口诀“喜欢谁，要表达”。
师：故事中的小獾都对谁说了我爱你？
小结：故事中的小獾喜欢谁，就会把心里的爱大声地表达出来，这样心里就会感到很开心。</td></tr>
</table>

续表

会"说"我爱你	
活动环节	活动设计
活动过程	2. 教师第二遍讲述绘本，引导幼儿讨论表达爱的方式，学习口诀"亲亲、抱抱、送礼物"。 师：小朋友们，你们觉得除了大声地说出我爱你，我们还能用什么方式表达爱呢？ 师：如果你是小獾，你还会怎样做？ 师：原来我们除了把爱说出来，还可以通过动作，如亲亲、抱抱，或者送礼物的方式来表达我们心中的爱。 3. 师幼讨论口诀"做件好事温暖他"的含义，说一说生活中可以做的好事。 师：刚刚小朋友们说了很多表达爱的方式，大家说得都非常棒，看来我们都是心里装着很多很多爱的好宝宝。 师：有时候我们还可以通过做一些事情来表达对别人的爱。如果要表达对爸爸妈妈、老师和小朋友的爱，你们会为他们做什么事情呢？(注：师幼讨论这个问题的时候，爸爸妈妈、老师、小朋友这三个角色不要一下说出来，否则幼儿记不住，也说不清，最好说完一个对象，互动之后再讨论下一个对象) 师：爸爸妈妈下班回家的时候，我们可以帮他们拿拖鞋；老师蹲在地上的时候，我们可以主动拿小凳子给老师坐；看到小朋友有困难，我们可以主动上前帮忙……(教师根据幼儿的回答灵活进行反馈)小朋友们说了这么多有爱又温暖的事情，说得真好。老师要表扬大家！ **三、商讨互动，强化口诀** 教师引导幼儿知道表达爱可以给自己和别人带来快乐。 师：我们刚刚通过绘本故事学习了如何表达爱。小朋友们，你们在生活中最喜欢谁？你们会怎么表达爱呢？(幼儿根据问题互相说一说各自表达爱的事情) 师：你们说得都非常好，现在大家都能够正确地表达爱了吗？接下来老师准备了两个情境，谁愿意来试一试，感受一下？(表演完以后，教师请幼儿说出表达爱和接受爱的感受) 情境一：你的好朋友要过生日了，你会用什么方式表达对好朋友的喜欢和爱呢？ 情境二：好朋友送给你一个你特别喜欢的礼物，你会怎样表达对好朋友的感激之情呢？ 小结：小朋友们都说了自己的感受，有的说收到礼物很开心，有的说一起拥抱很温暖，有的说送别人礼物也很快乐……原来爱不仅可以给自己带来快乐，也能够让别人带来快乐。 **四、跟随歌曲《我爱你》与同伴共舞** 师：今天我们知道了"喜欢谁要表达"，可以"亲亲、抱抱、送礼物"，还可以"做件好事温暖他"。希望小朋友们在生活中也能够大胆地表达你对老师、小朋友、爸爸妈妈和其他人的喜爱，因为表达爱也是一件很快乐的事情。现在，让我们一起听着歌曲和你的好朋友一起跳个舞、抱一抱、亲一亲，把自己对好朋友的喜爱表达出来吧。
活动延伸	**一、区角延伸** 教师鼓励幼儿在美工区为自己喜爱的人制作"爱的礼物"，通过相互赠送爱心卡片来表达爱，感受爱。 **二、家园共育** 教师结合爱的主题，鼓励幼儿回家后用自己喜欢的方式向家人大胆表达"我爱你"的情感，利用小视频或者图片的方式在班内进行爱的主题讲述，说一说我爱的人，或者是爱的方式等，让幼儿大胆表达爱。

3. 活动反思

(1)活动特点

本次活动的设计，比较侧重于情感激发和表达，适合小班幼儿。绘本故事《我爱你》中的画面形象生动可爱、故事内容简单、温馨，可以让小班幼儿更好地理解爱的表达。在绘本欣赏的过程中，课件的图片清晰，结合教师温和的语气，让故事更加具有感染力，很好地激发了幼儿参与的积极性。在活动过程中，幼儿互动积极，大胆清晰地表达着各自的想法，愿意与同伴一同表达感受，在活动中愿意大声说出“我爱你”，并能用“我爱你”表达对同伴、老师、物品等爱的情感。

(2)活动实施建议

教师讲完故事，应着重让幼儿讨论：小獾说了什么，都是对谁说的，为什么会说“我爱你”，说“我爱你”的时候小獾的心里感觉怎么样，通过进一步了解故事人物更加深入地了解为什么表达爱，如何表达爱。

(北京市第一幼儿园　张琦)

4. 社会技能“说‘谢谢’”教学活动案例

社会技能“说‘谢谢’”的技能口诀是：别人帮了你；点头微微笑；礼貌说声“谢谢你”。接下来我们以活动“我会说‘谢谢’”为例阐述社会技能“说‘谢谢’”教学活动的组织要点，见表 5-6。

表 5-6　社会技能“说‘谢谢’”教学活动

<table>
<tr><th colspan="3">我会说“谢谢”</th></tr>
<tr><th>活动环节</th><th colspan="2">活动设计</th></tr>
<tr><td rowspan="3">活动目标</td><td colspan="2">认知目标：知道得到别人关心、帮助的时候要和别人说“谢谢”。</td></tr>
<tr><td colspan="2">能力目标：能够用适宜的语气、动作和表情向对方表达感谢。</td></tr>
<tr><td colspan="2">情感目标：乐于与人交往，初步体会交往中的互惠性。</td></tr>
<tr><td rowspan="2">活动准备</td><td>经验准备</td><td>幼儿提前收集“谢谢”。</td></tr>
<tr><td>物质准备</td><td>1. 绘本《谢谢，谢谢你！》。
2. 社会技能“说‘谢谢’”口诀对应的图片。</td></tr>
<tr><td>活动过程</td><td colspan="2">一、谈话导入，激发幼儿的兴趣
教师请幼儿说一说自己收集到的“谢谢”的情况。
师：小朋友们开动脑筋，通过自己的行为，得到了他人的“谢谢”。看一看谁收集的“谢谢”比较多。
师：昨天我请小朋友们一起收集“谢谢”，你收集到了几个“谢谢”呢？
师：你做了什么，别人对你说了“谢谢”呢？
师：听到“谢谢”以后，你有什么感受？
小结：小朋友们都太棒啦！有的帮助家长做家务收到了“谢谢”；有的孝顺长辈，给奶奶剪指甲收到了“谢谢”；还有的给好朋友分享好吃的收到了“谢谢”……当收到“谢谢”的时候，我们会特别自豪，因为能够帮助到他人真是一件特别值得我们开心的事情。</td></tr>
</table>

续表

<table>
<tr><th colspan="2">我会说“谢谢”</th></tr>
<tr><th>活动环节</th><th>活动设计</th></tr>
<tr><td>活动过程</td><td>二、绘本阅读，激发幼儿学习的兴趣
师：今天，来了一只小獾，它也收到了很多“谢谢”。我们看看在它身上发生了什么有趣的事情吧！
教师完整讲述绘本故事。
三、学习“说‘谢谢’”技能的口诀，引导幼儿理解说“谢谢”使用的场景和方法
1. 教师引导幼儿理解口诀“别人帮了你”。
师：故事讲完了，小朋友们，刚刚小獾都和谁说了“谢谢”？它为什么要和他们说“谢谢”？（如果幼儿回忆起来有困难，教师可以帮助幼儿回忆绘本内容）
师：（教师总结幼儿发言）有小朋友说得到了别人的帮助要说“谢谢”，感受到别人的关心时要说“谢谢”，还有小朋友说别人陪自己玩儿的时候要说“谢谢”……我们遇到这些情况时，也一定记得对帮助我们的人说“谢谢”哟。
2. 教师引导幼儿学习口诀“点头微微笑”。
师：请小朋友们看一看绘本里面的小獾，它在说“谢谢”的时候，表情是什么样子的呀？
师：请小朋友们说一说，我们和别人说“谢谢”的时候，表情应该是什么样的？哪位小朋友愿意来展示一下怎么跟别人说“谢谢”？
师：小朋友们观察得很仔细，说得特别好。说“谢谢”的时候除了用嘴巴说“谢谢”两个字，我们的表情应该是微笑的，声音是好听的，还可以跟别人点点头。所以，说“谢谢”的时候要“点头微笑”。
3. 教师引导幼儿学习口诀“礼貌说声‘谢谢你’”。
师：刚刚我们一起讨论了和别人说“谢谢”时候的表情，现在请小朋友们回忆一下，你们还记得“有话好好说”里面告诉我们跟别人说话的时候应该怎么做吗？请小朋友们一起说一说。（教师带领幼儿回顾“好好说”的口诀：“微微笑一笑，看着他的眼，声音要友好”）
师：小朋友们说得真好，当别人帮了我们的时候，就要做到“礼貌说声‘谢谢你’”。
4. 教师结合社会技能“说‘谢谢’”口诀对应的图片，引导幼儿回顾社会技能“说‘谢谢’”。
师：接下来，让我们一起告诉故事里的小獾和小动物们说“谢谢”的秘诀吧。“别人帮了你；点头微微笑；礼貌说声‘谢谢你’”。小朋友们想和别人说“谢谢”的时候，可以把这个礼貌说“谢谢”的口诀用上哟！
四、创设情境，引导幼儿体验“说‘谢谢’”技能
师：你们喜欢这个故事吗？那想不想看一看这个故事的表演呀？接下来请小朋友们来试着演绎一下这个有意思的故事。请小朋友们自由分组，和你的朋友们商量一下角色，看看谁表演得生动有趣，看看谁说得“谢谢”最好听、最舒适。
幼儿分组讨论，教师巡回指导。
师：老师现在请几组小朋友到前面进行表演，大家看看哪一组说“谢谢”说得最好听、最舒适。
五、活动总结
师：小朋友们，今天我们通过收集“谢谢”以及阅读绘本《谢谢，谢谢你！》，知道了我们什么时候该说“谢谢”，应该用什么样的表情和语气说“谢谢”。作为一个懂礼貌的小朋友，大家无论是在幼儿园，还是在家里，得到别人帮助、夸奖的时候都要及时地向别人表达我们的感谢。那我们班也要看看小朋友们谁最有礼貌，我们就把他评选为我们的礼貌小标兵，大家加油啊！</td></tr>
</table>

续表

我会说“谢谢”	
活动环节	活动设计
活动延伸	**一、家园共育** 教师在班级群中分享当天学习的社会技能，包括技能目标、培养重点、培养方法等。教师鼓励幼儿在家中继续开展收集“谢谢”的活动，家庭成员之间可以互相比赛，比一比谁收集的“谢谢”最多，不断养成孩子助人为乐的品质，还可以培养幼儿经常说“谢谢”的好习惯，给予幼儿良好的生活氛围，渐渐地化外在的培养为孩子内在的、主动的行为。 **二、环境渗透** 教师可以根据“收集‘谢谢’”的活动继续开展，第一次可以收集一个“谢谢”，再收集三个，依次递增，将幼儿收集的“谢谢”在环境中展示，还可以用盖印章的方式呈现幼儿说出“谢谢”的数量。此外，教师可根据口诀的含义，用图文并茂的方式展示口诀内容。

5. 活动反思

(1)活动特点

活动目标凸显社会技能“说‘谢谢’”的内涵要求，符合小班幼儿礼貌教育的发展需要，目标的难度符合小班幼儿认知发展水平。活动设计紧扣幼儿真实生活，以“收集‘谢谢’”的方式，让幼儿体会“说‘谢谢’的生活情境及带来的快乐”。活动以幼儿真实的生活经验作铺垫，增强活动与幼儿的共鸣，凸显社会技能教学活动的“生活化”“情境性”特点。

活动以绘本故事《谢谢，谢谢你!》为载体，在有趣的故事情境中让幼儿直观地看到故事角色之间表达感谢的场景，了解说“谢谢”时的语言、动作、表情以及说“谢谢”带给他人的温暖感受，从而帮助幼儿更好地理解“说‘谢谢’”的内涵。活动通过讨论、讲述、故事表演等方式，由浅入深地引出主题，突出重点，逐步引导幼儿了解生活中说“谢谢”的场景、理解说“谢谢”的意义、熟悉说“谢谢”的注意事项，使整个活动围绕目标形成了一个完整的闭环。

(2)活动实施建议

由于小班幼儿以具体形象思维为主，同时有意注意时间较短，但活动中谈话导入，再加上故事讲述，所用时间比较长，活动效果难以保证。因此，为了让幼儿更好地理解技能的内涵，本次教学活动可以视情况分为两个课时来开展。第一课时可以围绕“收集‘谢谢’”的活动进行开展，让幼儿体会“说‘谢谢’的生活情境及带来的快乐”，并初读绘本《谢谢，谢谢你!》，了解故事的大概内容，知道得到别人关心、帮助的时候要和别人说“谢谢”。第二课时可以进行《谢谢，谢谢你!》的精读，让幼儿学习“说‘谢谢’”技能的口诀，理解“说‘谢谢’”使用的场景和方法，能够用适宜的语气、动作和表情向对方表达感谢。在第一、第二课时衔接时，教师可以用绘本故事来串联，例如，在第二课时可以先让幼儿回顾故事的大概内容，再进行开展。

在总结口诀的时候，教师还可以直接用动作或者表情代替其中的词语，如“点头微微笑”这句直接用动作来代替，比语言更有感染力。

[北京市丰台区第一幼儿园(民族园)　周硕]

五、区角活动案例

《幼儿园教育指导纲要(试行)》提出幼儿要“爱父母长辈、老师和同伴，爱集体、爱家乡、爱祖国”。爱是人类最基本、最自然的情感，也是进行儿童教育的基础，只有对儿童进行以爱为基础的教育，才会使儿童在充满爱的氛围中形成良好的情感，形成自尊和自信，学会爱亲人、爱他人和爱人类社会。幼儿对爱的感受很自然，也很丰富，也很容易被感染。因此，创设丰富多彩的区角活动，可以让幼儿在游戏中体会对自己、对他人的爱。

美工区

活动一：爱心鸟窝

活动目标：体验为鸟宝宝建爱心窝的快乐，尝试用实际行动表达对鸟的关爱，增强爱鸟护鸟意识。

活动准备：

1. 绘本故事《鸟巢的故事》，各种鸟窝图片(图 5-1)。

2. 制作鸟窝所需的各种材料：树叶、干草、树枝、毛线、棉花、纸盒、纸箱、小碗、鞋子。

图 5-1　鸟窝图片

活动过程：

1. 教师以故事《鸟巢的故事》导入主题活动，激发幼儿兴趣。

幼儿讨论：(1)小鸟的家在哪？长什么样？(2)鸟窝的作用是什么？(遮风挡雨，休息、孵蛋)

2. 教师出示鸟窝图片，引导幼儿观察不同形状、不同材料的鸟窝。

3. 教师引导幼儿说一说自己想要做一个什么样的鸟窝。

4. 幼儿自主选取材料，制作爱心鸟窝。

5. 爱心鸟窝展示，幼儿分享。教师将做好的鸟窝放置班级展示台，引导幼儿分享自己做的鸟窝的名称、所用材料及特点。

活动建议：

由于小班幼儿年龄较小，在幼儿搭建爱心鸟窝时，教师可以以鸟宝宝的口吻提醒幼儿鸟宝宝住在什么窝里最舒服，在情境中指导幼儿。

活动延伸：

教师引导幼儿和爸爸妈妈走进大自然，观察大自然中的鸟窝，去发现大自然中其他动物的家是什么样子的。教师还可以让幼儿进行一次真实的自然体验，进一步激起幼儿保护小鸟及其他小动物，爱护大自然、保护大自然的情感。

活动二：爱心树

活动目标：知道关心帮助身边的人，做一个有爱心的孩子。

活动准备：

1. 绘本故事《爱心树》。

2. 彩笔、爱心树卡片(图 5-2)。

图 5-2　爱心树卡片

活动过程：

1. 教师创设情境，激发幼儿参与活动的兴趣。

师：小朋友们，你们还记得老师以前讲的关于《爱心树》的故事吗？谁愿意分享一下爱心树都做了哪些有爱心的事情呢？(幼儿分享)。爱心树真有爱心，可它也有烦恼的时候，因为它不小心弄丢了自己彩色的衣服，现在正难过呢。小朋友们，你们愿意献出自己的爱心帮爱心树设计一件漂亮的衣服吗？

2. 教师引导幼儿说一说自己想给爱心树做的衣服。

3. 教师鼓励幼儿发挥想象给爱心树涂上自己喜欢的颜色，为爱心树穿上漂亮的衣服。

4. 活动结束后，教师请幼儿分享作品，如给爱心树设计了什么颜色的衣服，用了什么装饰品，爱心树看到漂亮的衣服心情怎样。教师鼓励幼儿在以后的生活中用爱心帮助更多的人。

活动建议：

小班幼儿年龄小，对于什么是有爱心的事并不能很深地理解。在活动开始前，教师可以通过集体教学的方式给幼儿讲述《爱心树》的故事，分享生活中体现爱心的场景，帮助幼儿感知、体会爱的情感。

活动延伸：

1. 教师可以将幼儿制作的爱心树张贴在班级展览墙，鼓励幼儿多做有爱心的事情，每做一件有爱心的事就可以在爱心树上贴一张爱心贴画。

2. 教师可以鼓励幼儿和老师一起照顾幼儿园的小树和班级植物角的植物，带领幼儿给它们浇水施肥，每天记录它们的生长情况，和它们一起快乐成长。

活动三：送你一朵小红花

活动目标：学习制作小红花，用小红花表达自己心中的感谢和爱。

活动准备：超轻黏土、垫板。

活动过程：

1. 情境导入，教师激发幼儿制作小红花的兴趣。

师：有一朵小红花长得可漂亮了。所有人都想拥有它。可小红花说："我喜欢最有爱心的人，小朋友们，你们能把我送给最有爱心的人吗？"小朋友们，这里有一些材料可以制作小红花，大家动手制作小红花吧。

2. 教师制作步骤图。

教师引导幼儿用红色超轻黏土揉成多个小圆球将小圆球放在垫板上，压平，做成美丽的花瓣，然后拼摆成花朵，再用绿色超轻黏土做出花茎和叶子。

3. 制作"美丽的小红花"：幼儿自由创作(图 5-3)，教师巡回指导。

4. 自由练习：教师鼓励幼儿用超轻黏土制作更多不同形状的花朵。

5. 作品分享：教师引导幼儿说一说想要把小红花送给谁，为什么。

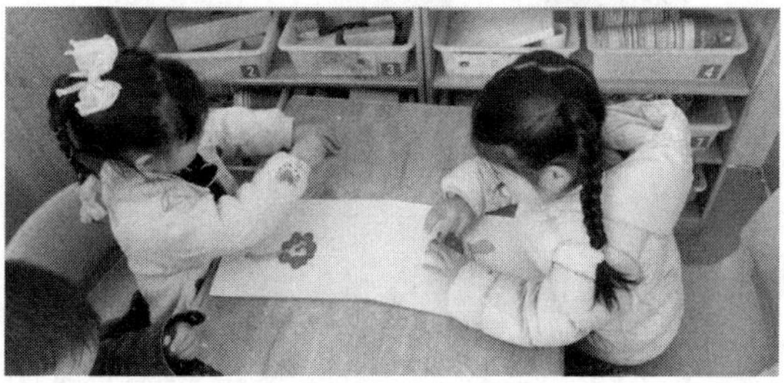

图 5-3　制作"美丽的小红花"

活动建议：

在制作小红花的过程中，教师要照顾个别制作有困难的幼儿，适当给予指导。

活动延伸：

1. 教师可以带领幼儿将小红花送给他想送的人，并用手机记录美好瞬间。

2. 教师带领幼儿认识医生、警察、消防员的职业，让幼儿了解这些职业的作用，萌发对这些职业的敬意和感恩之情。教师还可以开展"送你一朵小红花"的实践活动，让幼儿动手做小红花送给令我们敬佩的工作人员，向他们说声谢谢。

角色区

活动一：爱的小屋

活动目标： 乐意扮演角色，在游戏中懂得爸爸妈妈以及家人对自己的爱，愿意关心身边的人。

活动准备： 娃娃家场景。

活动过程：

1. 谈话导入。

师：小朋友们，在家谁照顾你最多？怎么照顾的？

教师引导幼儿分享交流：你去娃娃家里最想扮演谁？都可以做哪些事情？

2. 幼儿自主游戏。

幼儿自主选择角色，自由游戏(图 5-4)。教师鼓励幼儿之间相互介绍角色，明确游戏伙伴的身份。

3. 区角游戏结束，教师请幼儿各自说说自己扮演什么角色，自己怎么做的。

图 5-4　一起照顾小宝宝

活动建议：

1. 教师引导幼儿了解家庭的主要角色及照顾生病娃娃应该做的事情。

2. 教师引导幼儿感受一家人互相照顾、互相关心、相亲相爱的情感。

活动延伸：

教师可根据此次的角色体验引导幼儿回家表达心中对爸爸妈妈的爱，可以是一句话、一个拥抱或者一份礼物，并把精彩的爱的瞬间贴在班级的爱心墙上供大家观看和学习。

活动二：生日会

活动目标：

1. 感受来自爸爸妈妈和小伙伴的爱，并大胆地表达对他人的爱与感谢。

2. 做客时会用基本的礼貌用语。

活动准备：

1. 生日小礼物，背景音乐《生日歌》《让爱住我家》。

2. 布置生日会现场的材料：角色牌、生日蛋糕等道具。

活动过程：

1. 教师鼓励幼儿分享自己的生日会感受，如收到过什么样的礼物，做了哪些事情(送礼物和祝福，一起游戏，一起聚餐，一起唱歌……)，唱的什么歌，过生日心情怎么样。

2. 教师引导幼儿说一说到别人家过生日时所用到的礼貌用语，进一步讨论怎样做才能成为有礼貌、受欢迎的孩子。

3. 教师引导幼儿说一说自己会用什么方式感谢那些爱自己、关心自己的人，除了送礼物还可以用哪些方式表达关心和爱。

4. 幼儿按照自主意愿进入生日会现场选择角色牌进行“生日会”游戏。

5. 区角游戏结束，教师请幼儿各自说说自己扮演的角色及做的事情。

活动建议：

教师可以让幼儿大胆说出自己想要的礼物，并引导幼儿说出想要这个礼物的理由。教师引导幼儿明白生日时除了可以送礼物，还可以用一个拥抱、一首歌、一束花、一句话等表达爱。

活动延伸：

1. 小朋友们过生日，爸爸妈妈不曾忘记，但很多小朋友都不记得爸爸妈妈的生日，因此教师可以借此活动鼓励幼儿给爸爸妈妈准备一份爱的礼物，如一句话、一首歌、一个拥抱……教师可以记录下幼儿准备的过程，分享给幼儿家长，实现教育内容上的家园共育。

2. 生日是幼儿成长的重要纪念，为了给幼儿增添生日的美好意义，教师可以与家长共同策划，为幼儿举行一次集体生日会，让爱和温馨永远留在幼儿心里。

活动三：爱心餐

活动目标：能进行简单的交流和互动，学习做饭、收拾餐具，体会爸爸妈妈做家务的辛苦。

活动准备：

1. 诱人的饭菜图片以及幼儿和爸爸妈妈在家做饭的照片。

2. 娃娃家厨房厨具用品、爱心“食材”(图 5-5)。

图 5-5　爱心“食材”

活动过程：

1. 教师引导幼儿观察饭菜图片，激发幼儿想要参与游戏的兴趣。

2. 教师引导幼儿观察幼儿和爸爸妈妈在家做饭的照片，说一说爸爸妈妈做饭时都用了什么，怎么操作的。(服装、餐具)

3. 幼儿自主游戏。

幼儿按照自己的意愿选择角色(爸爸、妈妈、宝宝)和需要的厨具，制作美食，并展示自己的爱心餐。

4. 区角游戏结束后，教师鼓励幼儿分享自己的游戏感受和想对爸爸妈妈说的话。

活动建议：

教师观察并指导幼儿正确使用厨房用具。由于小班幼儿年龄小，教师可随时扮演角色，以便随时帮助幼儿交流和沟通。

活动延伸：

幼儿在游戏中体会了爸爸妈妈的不易，教师可以让幼儿回家后主动帮爸爸妈妈一起做饭，帮爸爸妈妈做一些力所能及的事，表达对爸爸妈妈的爱。

语言区

活动一：爱心与友情

活动目标：知道同伴之间要相互关心，愿意主动关心别人。

活动准备：绘本《爱心与友情》，自制《爱心与友情》故事盒(图 5-6)。

图 5-6　自制《爱心与友情》故事盒

活动过程：

1. 问题导入，引起兴趣。

师：小朋友们，你们有好朋友吗？你们的朋友多吗？你们为什么喜欢你的好朋友啊？(幼儿自由回答)

师：有只小乌龟，它和你们一样也拥有很多好朋友，而且大都很喜欢它。为什么呢？大家先听听老师带来的故事《爱心与友情》吧。

2. 幼儿安静倾听并尝试简单讲述故事主要内容。

3. 教师引导幼儿回答问题。

(1)小乌龟用蘑菇伞做了哪些好事情？

(2)为什么小动物们都送鲜花给小乌龟？

(3)你喜欢故事中的小乌龟吗？为什么？

4. 教师鼓励幼儿运用自制故事盒合作讲故事。

活动建议：

小班幼儿年龄小，理解能力有限，教师在给幼儿讲述故事环节和让幼儿讨论故事环节一定要给幼儿充足的时间去感受绘本内容。

活动延伸：

教师可以在晨间谈话、排队等待、饭后散步、午睡前等环节为幼儿播放故事音频，也可以鼓励幼儿回家后把故事分享给家人或亲子共读，并在班级群中分享共读场景与心得。

活动二：我的爱心小故事

活动目标：

1. 愿意在语言区和同伴进行交流，倾听彼此的爱心故事。

2. 初步意识到爱要用语言和行动大胆地表达出来。

活动准备：教师将幼儿分享的爱心故事照片贴到主题墙，自制爱心故事书。

活动过程：

1. 区角活动时间，教师鼓励幼儿与同伴讲述自己带来的爱心小故事，如在什么时间，发生了一件什么事情，当时的心情怎么样等。

2. 教师鼓励幼儿之间相互推荐分享，如自行选取自己喜欢的某一张爱心照片，请照片的主人讲述他的爱心故事。

活动建议：

教师引导幼儿回忆哪些属于爱心小故事，引导幼儿之间相互讨论和交流。

活动延伸：

1. 教师可以用拍摄照片、视频的形式记录幼儿讲述爱心故事的精彩瞬间，也可以把这些精彩瞬间分享给幼儿家长，促进家园共育。

2. 教师可以每月整理幼儿爱心故事进行汇编成册放到语言区。

活动三：小小讲解员

活动目标：了解生活中的常见职业，初步萌发对各行业工作人员的尊重、爱戴之情。

活动准备：各个职业的图片墙，自制“职业骰子”(图 5-7)。

活动过程：

1. 了解各行各业。

教师引导幼儿观察图片，了解各职业的名称、工作特点。

2. 扔骰子游戏。

图 5-7 自制的“职业骰子”

(1)幼儿自由扔骰子并根据对应“骰子面”上的图片，介绍职业名称、工作特点等。

(2)教师引导幼儿说一说自己在生活中见过或接触过哪些工作人员，和这些工作人员之间发生过哪些有趣的事情。

活动建议：

活动过程中，教师要鼓励幼儿根据骰子的图片，简单介绍职业名称及工作特点，对幼儿语言表达的完整性不做过多要求。另外，教师要鼓励幼儿分享他们在生活中与这些职业的工作人员发生的有趣故事，在幼儿讲述的过程中要认真听并适时进行补充和提问。

活动延伸：

1. 教师可以鼓励幼儿大胆讲述“我的梦想”。

(1)教师引导幼儿谈谈自己喜欢的职业，为什么。

(2)教师鼓励幼儿分享自己长大了想做什么，为什么。

2. 幼儿园可以组织“引进来”和“走出去”的系列活动，创造条件让幼儿近距离接触各种职业，了解各个职业的特点，例如，开展“爸爸妈妈帮帮团”(家长助教)活动，让家长进到班级里，向幼儿介绍自己的职业，特别是一些从事特殊行业的家长，如教师、医生、警察(消防员、解放军、武警战士)、律师、快递员等。此外，有条件的幼儿园还可以组织幼儿外出参观，如参观超市、部队、消防站等。

(开封市通许县第一幼儿园　刘艳娜　娄娟娟)

六、一日生活指导

(一)一日生活中幼儿品格与社会技能培养

爱心品格的培养需要贯穿小班幼儿一日生活的方方面面，社会技能“表达爱”和“说‘谢谢’”贯穿同伴交往、师幼互动的全过程，但在一日生活各环节的体现略有不同，如有些环节需要重点指导，有些环节则可随机引导。因此，本期主题品格与社会技能在一日生活中的重点培养环节见表 5-7。

表 5-7　品格与社会技能的日常重点培养环节

生活环节	品格：爱心	社会技能：表达爱	社会技能：说“谢谢”
入园	√	√	
盥洗	√	√	√
进餐	√	√	√
饮水	√	√	
如厕	√	√	
午睡	√		√
离园	√	√	√
集体活动	√	√	√
户外活动	√	√	√
区角活动	√	√	√
过渡环节	√		√

（二）一日生活中幼儿品格与社会技能指导要点

本期主题品格与社会技能在一日生活中的指导要点见表 5-8、表 5-9、表 5-10。

表 5-8　一日生活中爱心品格指导要点对照表

环节	指导要点
入园	1. 教师引导幼儿衣着整洁，心情愉悦地入园。 2. 教师引导幼儿有礼貌地与教师、同伴问好，主动跟家长告别。
盥洗	教师张贴盥洗流程图，引导幼儿用七步洗手法正确洗手，保持手的干净。
进餐	1. 教师引导幼儿理解和遵守午餐过程中的生活卫生习惯。 2. 教师引导幼儿与同伴共同进餐增强食欲，了解食物对成长的作用。
饮水	教师引导幼儿懂得饮水对身体健康的好处，逐步养成有序饮水、主动饮水、适量饮水、科学饮水的意识。
如厕	1. 教师利用如厕流程图、教师示范等方式，引导幼儿学会正确如厕的方法。 2. 教师让幼儿知道需要时及时如厕，能独立大小便，会使用卫生纸。
午睡	1. 教师引导幼儿养成良好的午睡习惯，如按时睡眠起床，独自安静入睡，尽量保持正确的睡眠姿势等，关注有依恋需要的幼儿。 2. 教师引导幼儿形成良好的生活自理能力，如自己穿脱衣物，整理被子等。
离园	教师引导幼儿整理好自己的物品，主动和教师、同伴告别，愉快离园。
集体活动	教师采用游戏化的活动形式，以丰富有趣的互动指令为主，引导幼儿熟悉集体活动的规则。

续表

环节	指导要点
户外活动	1. 教师通过游戏化的指令游戏，引导幼儿学会排队，不随意离开队伍。 2. 教师引导幼儿喜欢参与各类户外活动，积极参与游戏材料的收集与准备，喜欢和同伴一起玩。
区角活动	1. 教师利用环境创设，引导幼儿快速了解各区角活动规则，更好地熟悉区角活动内容。 2. 教师引导幼儿自主选择区角、活动材料、玩法等，合理使用游戏玩具和材料。
过渡环节	1. 教师利用过渡环节，开展“我是小主播”等活动，鼓励幼儿大胆表现自己。 2. 教师通过谈话交流，引导幼儿了解一日活动规则。

表 5-9　一日生活中“表达爱”技能指导要点对照表

环节	指导要点
入园	教师引导幼儿主动与爸爸妈妈说再见。
盥洗	教师引导幼儿观察洗手步骤图，学会正确的洗手方法，帮助有需要的同伴挽袖子。
进餐	1. 餐前准备环节，教师引导幼儿了解农民伯伯种粮食和伙房阿姨做饭的辛苦，表达感激。 2. 教师引导幼儿主动鼓励吃饭慢、挑食的同伴，给予信心。
饮水	1. 教师耐心地跟幼儿一起观察饮水步骤图并讨论。 2. 教师引导幼儿根据饮水步骤图喝足量的水，能提醒同伴多喝水。
如厕	教师引导幼儿根据老师的亲身示范，自主整理衣物，帮助同伴塞衣服。
离园	1. 教师通过游戏的口吻与幼儿约定明天再见，引导幼儿保持良好的情绪回家。 2. 教师鼓励幼儿主动与老师、同伴说再见。
集体活动	教师组织专门的集体活动，通过绘本阅读、谈话交流等引导幼儿学会表达自己的爱。
户外活动	教师引导幼儿在户外活动时，通过拥抱表达自己的喜欢。
区角活动	1. 教师利用区角游戏的计划、分享时间，引导幼儿简单说一说自己的计划、活动的过程。 2. 教师利用区角游戏中的幼幼互动，引导幼儿帮助遇到困难的同伴。

表 5-10　一日生活中“说‘谢谢’”技能指导要点对照表

环节	指导要点
盥洗	教师指导幼儿对帮助自己挽袖子的老师或同伴说“谢谢”。
进餐	教师通过师幼互动，引导幼儿学习礼貌用语“请”“谢谢”，如“老师，请帮我盛饭”等。
午睡	教师引导幼儿对帮助自己盖被子的老师表达感谢。

续表

环节	指导要点
离园	1. 教师离园前与幼儿进行亲切互动，帮助幼儿回想一天中快乐的事情，稳定情绪，为自己的进步感到高兴。 2. 教师引导幼儿尝试解决自由交往中的问题与冲突，与同伴友好相处，能对帮助过自己的同伴说“谢谢”。
集体活动	教师组织专门的集体活动，利用绘本阅读、谈话交流引导幼儿了解“说‘谢谢’”的重要性，懂得表达。
户外活动	1. 教师引导幼儿遵守户外活动规则，逐步养成良好的活动习惯，能帮助同伴收拾整理器械。 2. 教师引导幼儿对活动中帮助自己的同伴及时说“谢谢”。
区角活动	1. 教师提示幼儿认真听清楚进区规则。 2. 教师引导幼儿耐心倾听同伴的区角活动经验分享。
过渡环节	1. 教师引导幼儿认真倾听，做文明小听众。 2. 教师引导幼儿对同伴的鼓励及时给予回应，说“谢谢”。

(三)日常指导策略

1. 爱心品格——日常活动

有爱心的幼儿更容易在幼儿园生活和社会生活中收获友谊，更能够融入集体生活，建立归属感；而缺乏爱心的幼儿往往缺少朋友，长此以往容易形成孤僻、不合群的性格。在日常活动中应借助以下方式培养幼儿的爱心行为。

第一，教师引导幼儿照顾教室的小花，注意给小花浇水、晒太阳。教师收集班级幼儿照顾植物的照片，做成照片集在班级展示，鼓励更多的幼儿参与进来。

第二，教师从绘本入手，引导幼儿阅读主题绘本与拓展绘本，理解绘本中的爱心行为。

第三，利用餐前准备环节，教师请幼儿分享在家庭中和幼儿园中发生的爱的故事，让爱心行为在班级中温暖传递。

第四，在日常活动中，教师收集幼儿其他有爱心的行为和爱的语言，营造有爱的班级氛围。

第五，教师创设与爱心品格主题相关的区角活动，如美工区“爱心卡片”，建构区“小动物的家”，角色区“我当爸爸妈妈”等，通过丰富多样的活动让幼儿体会到有爱的世界是美好的、温暖的，有爱心的人是受到大家欢迎和喜爱的人。

2.“表达爱”技能——师幼互动

案例：睿睿是个小男生，他一直很喜欢和班级的小女生彤彤一起玩。在户外活动时，睿睿亲了彤彤一口。彤彤生气地对睿睿说：“男孩子不可以亲女孩子，我以后再也不和你玩了!”睿睿感到很伤心，觉得自己只是用亲亲的方式来表达自己的喜欢，自己并没有做错。

分析：3 岁幼儿刚进入幼儿园这个集体中学习与生活，很多的行为习惯都是在家庭中、在与亲人的相处中获得的，他们习惯的表达爱的方式就是亲亲、抱抱。到了幼儿园，在和同龄幼儿相处过程中，这种方式的问题就显现了出来。

教师指导：教师应该告诉睿睿这种方式是不正确的，要获得别人同意才可以去亲别人，没有经过他人的同意就去亲他人是不礼貌的行为。睿睿在认识到自己的错误后，要向彤彤道歉。教师告诉幼儿表达喜欢他人的方式有很多，可以拥抱、送礼物，或者将自己喜欢的玩具、书本等事物分享给他人等。

3.“说‘谢谢’”技能——师幼互动

案例：离园环节，每个小朋友都认真地叠自己的小背心。很快，雯雯的背心叠好了，可是坐在雯雯对面的成成还在很着急地叠着背心。看着周围的小朋友都已经叠好了，成成着急得要哭了。“老师，你帮帮我吧，我叠不好。”“成成，你别着急，我来帮你!”不一会儿，雯雯就帮成成叠好了背心。两个小朋友开心地坐在了小椅子上等着老师帮忙穿外套，成成并没有向雯雯表示感谢。

分析：小班幼儿刚进入幼儿园，在与同伴的交往过程中，还没有学会一些简单的同伴交往的方法。在别人帮助了自己后，认为理所应当，并不能及时地用“说‘谢谢’”的方式表达感谢。

教师指导：首先，教师及时介入，引导成成理解刚刚雯雯帮助自己解决了一个小难题，对帮助我们的人要表达我们的感谢，学会有礼貌地说“谢谢”。其次，教师组织谈话活动，表扬雯雯乐于助人的优秀品质，并引导全体幼儿学做懂礼貌、知感激的好孩子。

(四)生活体验活动

活动案例一：萌宠小故事

1. 设计思路

动物，一直是幼儿津津乐道的话题。奇妙的动物世界总能引起幼儿的好奇心和探索兴趣。为了解不同动物的本领、特征，探索动物之间的关系，满足幼儿亲近动物与动物交朋友的美好愿望，幼儿园开展了“萌宠小故事”活动。

2. 活动过程

(1)动物小记者

主题开始前，为了让幼儿能更深入地进入活动中，教师让小记者们进行了调查：小朋友们最喜欢的动物是什么？

(2)动物模仿赛——猜猜我是谁

幼儿选择自己喜欢的小动物，并将其特征表演出来，请其他幼儿猜一猜他模仿的是哪个小动物。

(3)巧手制作小动物

教师结合节日开展以“可爱的小动物”为主题的系列活动，引导幼儿用多种形式进行有关动物的制作，有绘画、手工、彩泥等，通过灵巧的双手表达自己对小动物的喜爱。

(4)动物分享见面会

为了帮助幼儿更好地了解小动物的习性，教师安排了小动物见面会，由幼儿自己照顾小动物们。

3. 活动总结

本次活动中，幼儿通过不同的途径、形式感知和积累了有关动物的知识经验，懂得了能够爱护、关心小动物，树立了保护环境的意识。

活动案例二：天冷我不怕

1. 设计思路

随着天气越来越冷，有的幼儿不愿再早起，喜欢缩在被窝里，待在温暖的室内。针对这一情况，教师从冬季的生活感受和体验切入，开展“天冷我不怕”系列活动，和幼儿一起体验冬天，让幼儿了解让自己保暖的方法，在活动过程中帮助他人、感受对他人的爱心。

2. 活动过程

(1)冬天初体验——冬天的小发现

教师请幼儿与家长一起开展关于“冬天的小发现”调查，请幼儿说一说冬天的感受。教师引导幼儿通过自身的感受、观察、儿歌及各种游戏活动，让幼儿知道冬天的明显特征并知道如何去照顾自己和其他幼儿。

(2)手工制作——漂亮的帽子

教师鼓励幼儿用不同的艺术形式大胆表现自己的想法。首先，教师让幼儿欣赏不同的帽子，知道棉帽能保暖。其次，教师鼓励幼儿尝试用涂色、添加花纹、粘贴等方法装饰帽子，让幼儿在活动中发挥自己的想象。

(3)安全我知道——危险的事情我不做

教师让幼儿知道在幼儿园可以用运动和保暖服饰进行取暖，在家可以通过空调、暖气、电暖器等设备取暖。教师提醒幼儿了解在使用电器时，一定要注意安全。

(4)体育活动——我们不怕冷

活动准备：皮球、沙包、用废旧报纸做的大雪球若干(或轮胎)、即时贴、小椅子一把

活动过程：

①教师组织幼儿到户外开展活动进行热身。

②教师组织游戏“滚雪球”，用即时贴在地上贴成两条直线，引导幼儿双手或单手练习沿直线滚雪球。

③游戏“小小车队”：在两条直线的中间放一把小椅子，幼儿从一端直线的端点开始，一个跟着一个，沿直线慢慢送雪球前进，到达小椅子后，转过小椅子，再沿着直线将雪球滚回来。

运动是冬天取暖的一种方法，教师应鼓励幼儿在较冷的户外参加体育锻炼。学习沿着直线滚雪球，幼儿能够锻炼手臂的肌肉力量。根据幼儿兴趣，游戏可以反复进行。

3. 活动总结

通过活动，幼儿感受到了冬天的寒冷与欢乐，了解了冬天的保暖措施，同时也增强了对冬季寒冷气候的适应能力。活动过程中，教师要多关注鼓励幼儿用自己的方式表达对同伴的关心，如利用自己的本领帮助同伴穿衣、穿鞋、手工制作等。教师要根据天气情况，坚持每天带幼儿做户外运动，结合小班幼儿年龄特点，选用贴近生活的方式，让幼儿感受充满温暖、充满爱心的冬天。

（青岛市崂山区沙子口街道小河东幼儿园　王鑫鑫　王蕾）

七、家园共育指导

(一)品格指导要点

对于爱心品格的家庭教育指导，重点在于帮助家长明晰“爱心”品格在幼儿成长中的重要意义，并引导家长明确如何利用随机教育的契机，培养幼儿爱心品格，从而提高家长发现和把握教育契机的能力，并用恰当的教育方式培养幼儿的爱心品格。

1. 指导家长让幼儿理智地爱自己

(1)爱护自己的身体，不做危险的事

教师指导家长对幼儿进行安全自护教育，不去危险的地方，不做危险的事情，让幼儿初步具备保护自己的能力，如不攀爬家中的窗台，不用湿手触摸开关，知道剪刀等物品的使用规则，不在教室或人多的地方奔跑等。家长可以利用儿歌、故事、现场教学等方式，让幼儿学会保护自己，提升安全意识。

(2)具有良好的生活卫生习惯

对幼儿进行良好生活习惯的培养也是培养爱心品格的基础。例如，家长要引导幼儿养成饭前便后洗手、穿着干净得体等良好的生活卫生习惯。这在保证幼儿身体安全、健康的同时，也能促进幼儿成为一个更加自主、自信、大胆、愉快、乐于交往的孩子。

(3)对幼儿实施必要的安全教育

家长要有意识培养幼儿的安全意识，如不和陌生人说话，不吃陌生人给的食物，背心裤衩盖住的地方不让别人摸等生活经验；要有意识培养幼儿明辨是非的能力，要能够识别骗取他人同情心和居心叵测的人，不滥用善良及同理心，在自己分辨不清楚时知道及时寻求家长帮助，不被坏人的伎俩所蒙蔽。

2. 鼓励家长创造照顾动植物的机会以培养幼儿责任心

(1)照顾小动物

教师可以建议家长在条件允许的情况下在家中饲养一些小动物。在照顾小动物的同时，幼儿需要考虑帮助小动物清理粪便、照顾起居、买一些小动物喜爱的玩具和方便它生活的小房子、长时间离开还要找亲戚朋友帮忙照顾等经验，这些经验可以帮助幼儿站在他人角度考虑问题，理解什么是责任，从而培养幼儿的责任心。

(2)照顾植物

照顾植物要求幼儿提供规律性地照料，如按时浇水、松土、施肥等。如果哪天忘记，植物就会枯萎、打蔫儿。为了能够长期保持幼儿的兴趣，家长要选择具有明显生长变化、需要经常给予照顾的植物作为照料的对象，如豆芽、草娃娃、萝卜等，让植物在幼儿的照料下开花结果。这个过程不仅锻炼了幼儿的观察能力，更培养了幼儿的责任心。

请注意，动物主要是饲养、照料，强调家庭成员的分工负责；植物主要是规律性地照料，并且进行观察等。

3. 鼓励家长以身作则

幼儿的爱心不是天生的，更不是一夜之间培养出来的，它是通过自然模仿、潜移默化地渗透而逐渐形成的。在这个发展过程中，家长是幼儿的第一任老师，是幼儿的榜样，家长的行为会时刻感染着幼儿。

所以，在日常生活中，家长要做爱的发现者、实施者和讲解员，大到慈善、尽孝；小到为老人或孕妇让座，都在诠释着爱。家长要给幼儿讲解什么是爱心、为什么要有爱心，使抽象的爱具体化，让幼儿从身边人的生活和言行中汲取爱心的真谛。

4. 引导家长不失时机地进行情感教育

这是提高家长发现教育契机的好机会，幼儿园的做法可以和家庭中的做法相互迁移，让爱心的培养贯穿家庭和幼儿园生活的始终。

(1)鼓励幼儿向他人提供力所能及的帮助并体验付出爱心之后的美好感受

此阶段培养幼儿的爱心品格，需要成人在适当的时候为幼儿创造或引导幼儿捕捉到表达爱心的机会。例如，幼儿能够做到专心听别人说话，注意识别他人的面部表情和肢体语言，会理解这些行为所传递的信息，想象对方的感受。随后，成人再和幼儿共同讨论如何用恰当的方式给予回应。最重要的是，在幼儿给予他人恰当的帮助并得到回应时，引导幼儿说一说自己的感受并及时肯定其行为，让幼儿感受到付出爱心后的快乐与满足。

(2)利用节日教育，为幼儿创造表达爱的平台

节日可以给我们提供表达爱的机会，如母亲节、父亲节、重阳节、教师节、国庆节等。幼儿园在节日中会设计很多相关活动，这些活动要延续到家庭中，幼儿园的活动仅是铺垫，回到家庭中切实送达的爱意才是重点。例如，真正地为家人们做一些表达爱意的事情，而不是仅仅一句节日快乐；真诚地说一说家人对自己关爱的事情，哪怕是微不足道的小事。这些经历可以让幼儿从互动中收获表达爱心之后的温暖感受。

同时，教师可以鼓励家长把幼儿的行为拍成照片上传到家长群中进行分享。当家长上传照片以后，教师也应该在家长群中及时给予回复及肯定，并在第二天进行集体分享和评价，鼓励幼儿说一说感受。这样做一方面能让幼儿重温表达爱意所带来的美好情感，另一方面能鼓励更多的幼儿参与其中。

(3)利用随机教育，引导幼儿关注身边需要帮助的人

首先，教师可以通过记录小故事并配以简单的照片的形式，把幼儿之间的温馨互动和交往小事分享给家长。教师可以用简短的话语描述情境发生的背景，加上行为背后的解

读、处理策略和随机引导后的思考，让家长肯定教师教育理念的同时，也给家长一些话术和处理相关事件的经验。

其次，家长可以用“三言两句”记录与幼儿之间发生的令人感动的事，利用睡前、散步等零散时间与幼儿进行分享，巩固好的做法，并提出进一步的期待，鼓励幼儿做出更多的积极正向行为。

5. 鼓励家长用文学作品来培养孩子的爱心

艺术源于生活，又高于生活，文学作品可以带领我们来到生活无法到达的地方。家长可以通过欣赏爱心主题下不同题材的文学作品、表达互相帮助、描述亲子情感等，和幼儿共同讨论，通过分析作品中的矛盾冲突，解读作品中主人翁的内心情感，引导幼儿换位思考，联系生活实际，为幼儿树立正确的是非观和价值观，帮助幼儿促进爱心品格的形成。

(二) 社会技能指导要点

1. 表达爱

喜欢谁，要表达。家长告诉幼儿如果喜欢谁，就可以勇敢、大方地告诉他/她，表达出自己的喜爱。当父母或其他人听到幼儿的表达后，可以说说自己的感受，甚至可以用夸张的语气及姿态表达，如“你这么爱妈妈，我真的是太开心了，妈妈也爱你”。这能让幼儿直观感受到“被表达”是让人既开心又温暖的事情，同时体验到表达后的幸福。这个环节中母亲可能会更加愿意表达自己的情感，而父亲或是不擅长表达的家人可以努力大胆表达出自己的爱意，这会让幼儿直观真切感受到身边很多人都是爱自己的，建立足够的自信心，从而促使其更加愿意去爱别人。

亲亲、抱抱、送礼物。对不同的人表达爱的方式可以不同，例如，对父母、长辈、亲戚，幼儿可以通过适当的拉手、拥抱、亲吻等方式表达爱，还可以通过为老人挑选过节礼物、为家人过生日布置环境等方式表达爱，在细节中感受家人之间浓浓的爱，也愿意付出自己的一份爱；对好朋友，幼儿可以通过拥抱、为其鼓掌、制作小礼物等力所能及的方式表达爱。

做件好事温暖他。幼儿年龄虽小，但在成人的引导下，能做一些温暖他人的小事，如为辛苦一天的家长准备好拖鞋，倒一杯温水，和家人一起收晾干的衣服等。家长需要和幼儿说说自己的感受，从而让幼儿更有动力为别人送去温暖。家长也要以身作则，亲切对待、关心身边的人，让幼儿在充满爱的家庭氛围中耳濡目染。

2. 说“谢谢”

别人帮了你。家长引导幼儿思考辨析别人是不是帮助了自己，当别人做的事情对自己有帮助，或别人有意愿来帮助，我们要心存感激；因为别人的帮助并不是理所当然的。同时家长也要引导幼儿在生活中去力所能及地帮助他人，成为热心、有爱的人。

点头微微笑。家长要告诉幼儿当别人帮助你时，要在第一时间表示谢意，可以用轻轻点头微笑的方式表达感谢，这能够让对方感觉到很温暖。家长可以和幼儿面对面笑一笑，并谈一谈看到微笑的感受。

礼貌说声“谢谢你”。家长可以引导幼儿用礼貌的方式，眼睛注视对方，音量适中，既不能过大又不能过小，保证对方要听得清还能听得到，语气要和气并让人听得舒服。家长可以示范礼貌说话的方式，和幼儿一起练习哪样是礼貌的，哪些是不合适的，便于幼儿更好地表达感谢。

(三)你问我答

1. 教师如何在每天繁忙工作的同时关注幼儿的爱心培养

幼儿的爱心培养不是额外工作，而是教师工作的一部分，教师通过日常活动培养幼儿爱心的意识和能力。例如，一日生活中教师要及时捕捉幼儿的爱心行为，并与全班幼儿进行分享和评价，营造充满爱的班级氛围，调动幼儿之间更多的温馨互动。

家长也可以通过日常中的小事培养爱心。例如，家长可以鼓励幼儿为家中宠物准备食物；当家人身体不舒服时，让幼儿参与照顾。

2. 幼儿园可以通过什么方式获得家长对爱心品格相关活动的认可和支持

开展家长课堂，让家长更加清晰地了解爱心品格培养对幼儿成长的重要意义。爱心，促进幼儿健康的身心发展。爱心，让幼儿有良好的社会适应性。我们可以开展小型的主题沙龙活动，促进家长之间关于爱心品格的经验交流，及时反馈幼儿在幼儿园爱心品格方面的表现，让家长了解教师培养的方法和着力点，以便在家持续巩固。教师经常与家长进行沟通，了解具体困惑并给予针对性的帮助，使幼儿善良、充满爱心、亲近社会、拥有满满的幸福感。

3. 当幼儿对家人的照顾或帮助感到理所应当时，应当怎么办

家长要为幼儿营造一个互相关爱、温馨平等的家庭环境。幼儿不单是被照顾对象，也要让他(她)体会到自己虽然年纪小，也是家庭中重要的一分子，需要承担应有的责任。例如，当幼儿参与家务劳动时，家长给予的表扬重点要落在为家庭，而不是作为一个局外人提供额外的帮助。同时家庭成员中要形成良好的沟通与表达方式，如互相帮忙时要互相表达感谢，为幼儿做好榜样。家长要创造表达情感的情境，如感恩节、重阳节、父亲节、母亲节、儿童节等，有仪式感地表达对每个家人的具体感激，增进彼此之间的情感。

4. 当幼儿出现伤害别人时或看到别人受伤时感到很好玩等情况怎么办

我们要引导幼儿合理宣泄自己的情绪，不伤害自己，也不伤害别人。家长和教师要引导幼儿学会换位思考，引发幼儿产生共情，让幼儿正向面对问题。家长和教师也要做好幼儿的榜样：当幼儿出现问题时，不嘲笑并且给予更多的关怀和体谅；教会幼儿正确表达情绪的方法，如关心、安慰等；同时从小事培养共情，如坐车时主动给需要的人让座，参加爱心公益活动，从小事学会理解和宽容等。

5. 幼儿不愿意奉献爱心怎么办

“人之初，性本善”。我们要相信幼儿一定是有爱心的，但成人有时会拿捏不好引导幼儿奉献爱心的方式和方法，如为了客气而不顾幼儿感受，强行让幼儿把自己最心爱的东西与人分享。这样会引发幼儿很大的负面情绪，也会让成人误以为幼儿没有爱心。当我们培养幼儿爱心时，应该把具体情况和幼儿说清楚，如被帮助对象的特点、困难、需求等，并征求幼儿的意见，看看他能想出什么方法，在此过程中也要注意对幼儿的尊重与鼓励。

6. 如何让幼儿感受到家人的爱并有所回应

要给予幼儿表达爱的机会。家人一方面要引导幼儿表达爱，另一方面要对幼儿的爱给予积极地回应，使其感到他们的爱是生活中的一种力量。例如，家长可以带领幼儿一起准备一顿丰盛的美餐，让幼儿体会爸爸妈妈日常做饭的辛苦。而此时爸爸妈妈因为感动于幼儿的爱心而自然流露出的激动与喜悦，也会使幼儿得到鼓励和信心。总之，家人要让幼儿感觉到他们每一次爱的流露所创造的喜悦，在家庭生活的点滴中培养幼儿的爱心。因为只有幼儿对家人心存感念，才会把这种美好的情感扩大到他人与社会。

（北京市东城区新中街幼儿园　穆春雨　张裕爽）

第六章　耐心品格：慢慢做事不着急

一、主题说明

◎情境链接

午睡时间，当别的小朋友们都脱完衣服钻进被窝时，彤彤还在和毛衣做“斗争”，毛衣卡在脖子处出不来。尝试几次后都没成功，彤彤生气地撕扯自己的毛衣，气得脸都红了。眼看彤彤越来越生气，老师赶紧上前把彤彤的衣服从头上放下来，一步一步教她重新脱。午睡起床的时候，彤彤又在床上跟自己的裤子较劲，她把两条腿都伸进了一个裤脚里，另一只脚怎么都出不来，生气地拉扯裤子。最后，老师实在看不过去，便提醒彤彤看一看其他小朋友穿裤子的方法，彤彤才找到问题所在。

从上述情境中可看出彤彤是一个做事情比较急躁，并且情绪控制能力较弱的幼儿。不管是脱毛衣还是穿裤子，彤彤如果能够根据老师的提示，一步一步操作，就能顺利穿脱衣物。或者，当彤彤遇到问题时，能够先停下来，仔细想一想问题出在哪里，或者看一看其他小朋友的做法就能找到解决之法。俗话说“慢工出细活”“磨刀不误砍柴工”说的就是做事情的时候要有耐心，想清楚再实施，反而能事半功倍。

对幼儿而言，耐心是指做事情的时候能够认真细致，不潦草；是指排队时不争不抢；是指遇到困难时反复尝试……由于幼儿园里一个教师经常要面对许多幼儿，并不是所有幼儿的所有需求都能够及时得到回应；同时，幼儿园的许多集体活动往往也需要轮流进行。因此，日常生活中培养幼儿的耐心品格就显得尤为重要。

幼儿的耐心品格主要涉及耐心做事和耐心等待两方面，这也是本期品格教育活动的重点。社会技能“按要求做”旨在强化幼儿的规则意识，让幼儿能够按照要求及提示参与各类活动，在这个过程中如果遇到问题可以主动“请大人帮忙”，而不是自己一个人生闷气。

二、主题目标

第一，知道做事情的时候要耐心，一步一步按要求做，不能着急。

第二，遇到困难或不会做的事情，愿意耐心寻求帮助，不大哭大闹或轻易放弃。

第三，能够在成人的鼓励下控制自己的欲望，做到延迟满足。

第四，选择了一件事情后，愿意耐心地完成，不轻易更换。

第五，在活动中能够主动做出耐心的行为，如排队不插队、认真收拾玩具等。

第六，群体活动中(游戏或交谈)，能够耐心等待，轮流玩(轮流表达)，不争抢。

三、环境创设

(一)主题墙

耐心品格的主题墙主要以慢慢做事不急躁、耐心排队讲规则两部分为主，同时设计我的耐心银行，帮助幼儿以积分的方式逐步建立耐心。

1. 慢慢做事不急躁

耐心品格的培养会对幼儿的生活和学习产生全面性的影响。目前大多数幼儿在家都是家长包办代替，幼儿由于不会穿衣、系鞋带而产生焦急的状态时，就体现出缺乏耐心。因此，教师可以围绕“我遇到的问题”“解决小妙招”两个方向让小班幼儿遇到困难不急躁，愿意在大人的帮助下想办法。

2. 耐心排队讲规则

排队等待对于幼儿来说是特别重要的一种礼仪。小班幼儿在放学排队时容易急躁，排队较混乱，不能耐心等待放学。因此，在“耐心排队讲规则”主题中，环境创设的内容可以包含两个板块：幼儿排队出现的一些问题；通过绘本教学和讨论的方式引导幼儿自觉排队，并能耐心等待。因此，这部分可以用活动图片的形式进行梳理和展示。

3. 我的耐心银行

根据皮亚杰的认知发展阶段理论，小班的幼儿处在以自我为中心的阶段，遇到自己想要的东西，会不顾及其他而迫不及待地想要拥有，缺乏等待的耐心。因此，基于小班幼儿直观形象思维的特点，教师可以创设耐心积分银行，鼓励幼儿在面对需要等待才能满足的事情时，愿意等待。

(二)家园共育栏

家园共育栏是教师与家长共建一个互相支持的育儿空间，将在主题活动前开展的访谈家长的心理需求、知识需求进行梳理呈现；告知主题进程中家长课堂、亲子活动、家长沙龙、开放日等的内容信息，起到教师指导、空间共享的作用，展现耐心主题中亲子活动的有趣场景。

1. 主题内容告知

首先，教师可以给家长提供培养幼儿耐心的教育建议。例如，教幼儿学会对事情有耐心，给幼儿更多的时间，不包办代替；给幼儿有耐心的环境，尤其是观念一致；妈妈做榜样，乐观对待，情绪稳定；爸爸多陪伴支持，让幼儿更有耐心完成一件事情。其次，教师可以推荐耐心主题的相关绘本，带动家长共同思考，提前做好情感及知识的储备，配合主题的开展。

2. 日常亲子陪伴

教师可以组织亲子共读，让家长在家里与幼儿一起阅读有关耐心品格的绘本，在阅读的过程中强化幼儿对耐心的理解，知道耐心的重要性。教师还可以开展“耐心加油站”“耐心积分榜”等家庭活动，鼓励亲子之间谈一谈当天发生的关于耐心的事情，如与他人发生或看到的相互帮助、照顾、安慰的情境。教师引导家长有意识地记录幼儿有耐心的行为，并以亲子海报的形式讲述发生在家庭中的“有耐心”的故事，把这份幸福和美好分享给大家。

(三)幼儿成长(学习)记录墙

1. 耐心“好朋友”

古希腊哲学家柏拉图曾说，耐心是一切聪明才智的基础。这部分主要带领幼儿了解什么是耐心、我们怎么才能拥有耐心品格，和耐心做“好朋友”。所谓耐心，主要是指情绪上不急躁，遇到困难的时候不哭不闹、能够等待，集体活动中能够按顺序依次完成。例如，进餐前后引导幼儿坚持使用七步洗手法洗手，不急躁，耐心将小手洗干净、坚持有序排队、耐心等候，和耐心做“好朋友”，成为有耐心的好孩子。

2. 耐心做事情

教师要培养幼儿的耐心品格就要有意识地关注幼儿做事时的状态，当发现幼儿耐住性子，愿意按步骤、按要求有条理地完成任务时要及时肯定和鼓励；当发现幼儿做事急躁、“三分钟热度”时要及时提醒和引导。因此，这部分环境创设就要结合幼儿的一日生活记录他们耐心做事的情景，如耐心排队取餐、喝水、如厕，游戏结束后能够有条不紊地收拾玩具、整理区角等。

3. 耐心积分榜

幼儿时期是耐心品格培养的初始期。自控能力和自我调节能力的发展能为耐心品格的培养打下坚实的基础。为此，设立耐心积分榜可以从两个方面对幼儿的耐心品格进行培养。一是“耐心小宝贝”，旨在鼓励有耐心的幼儿，并为其他幼儿树立榜样；二是“耐心加油站”，为幼儿清晰指出我们在哪些方面做得不足，还需要改进、加油，协助幼儿自己找出错误的原因，让幼儿学会思考。这样既培养了幼儿的思考及分析能力，又让幼儿在细致分析思考中，潜移默化地培养了耐心。

（四川天府新区白麓幼儿园　曾聘婷　付小蓉）

四、教学活动案例及反思

(一)品格绘本阅读活动

1. 耐心品格绘本推介

“自我中心主义”是小班幼儿人际交往中的典型特点，与同伴一起玩游戏时常常出现“等不及”“不能轮流玩”的情况。因此，教师要有意识地培养幼儿耐心做事的习惯，本期主题从延迟满足、耐心等待、专注不分心、坚持不放弃等方面选择了 4 本适合幼儿阅读的绘本作为教师开展绘本阅读活动的素材，具体见表 6-1。

表 6-1　耐心品格绘本推荐及解读

绘本名称	主要内容	绘本中的"勇敢"
《喂，先别着急!》	小青蛙出去买红茶，让鲤鱼太郎和乌龟爷爷等着他一起回来吃蛋糕。鲤鱼太郎和乌龟爷爷忍不住地想吃诱人的草莓蛋糕，不过他们还是等到小青蛙回来一起吃了蛋糕。	忍住诱惑、能够延迟满足。
《妈妈，买绿豆!》	故事讲述了阿宝和妈妈上街买绿豆、煮绿豆汤、吃绿豆和种绿豆的故事，每一项"任务"都需精心准备，耐心等待。	做事情不着急，要耐心等待。
《西西》	不论其他小朋友在做什么，西西一直坐在那个地方没有动过，她在做什么呢？原来西西在进行一项伟大的工程——给一位画家当模特。	做事情要专注、有耐心、坚持到底。
《公鸡的新邻居》	公鸡家的旁边搬来了一个新邻居猫头鹰，公鸡很想见一见自己的新邻居但总是遇不到。公鸡不断想办法，终于见到了新邻居。	耐得住性子，遇到问题能够坚持不懈地想办法，不轻易放弃。

2. 教学活动案例

接下来我们以语言活动"喂，先别着急"为例阐述耐心品格语言领域教学活动的组织要点，见表 6-2。

表 6-2　耐心品格语言领域教学活动

<table>
<tr><th colspan="3">喂，先别着急</th></tr>
<tr><th>活动环节</th><th colspan="2">活动设计</th></tr>
<tr><td rowspan="3">活动目标</td><td colspan="2">认知目标：感知鲤鱼太郎和乌龟爷爷想吃蛋糕但不能吃的心情。</td></tr>
<tr><td colspan="2">能力目标：能在老师的引导下简单地说出画面大致信息。</td></tr>
<tr><td colspan="2">情感目标：当自己的需求不能及时被满足时愿意耐心等待。</td></tr>
<tr><td rowspan="2">活动准备</td><td>经验准备</td><td>幼儿有吃蛋糕的经验。</td></tr>
<tr><td>物质准备</td><td>1. 绘本课件《喂，先别着急!》。
2. 蛋糕图片、幼儿一日生活场景的图片(一名小朋友正在玩一个玩具，另一名小朋友也想玩；两名小朋友在一个洗手盆前面挤来挤去)。</td></tr>
<tr><td>活动过程</td><td colspan="2">一、出示蛋糕图片与绘本封面，唤起幼儿的生活经验
师：小朋友们，图片中是什么？看到这么美味的蛋糕，你们想不想立刻尝一口呢？
师：小朋友们都想立刻吃到嘴里，尝一尝。今天鲤鱼太郎与乌龟爷爷的面前也摆放了一个美味的蛋糕，你们看看鲤鱼太郎和乌龟爷爷正在做什么。
小结：香甜的草莓蛋糕就摆在面前，但他们需要等小青蛙回家后才能一起吃，鲤鱼太郎和乌龟爷爷会怎么做呢？我们一起来故事里找答案吧！
(品格元素：教师通过谈话让幼儿再现自己迫不及待吃蛋糕的情景，为幼儿理解故事中的耐心等待做好铺垫)</td></tr>
</table>

续表

<table>
<tr><th colspan="2">喂，先别着急</th></tr>
<tr><th>活动环节</th><th>活动设计</th></tr>
<tr><td>活动过程</td><td>二、阅读绘本开始至鲤鱼哭闹的部分，引导幼儿体会鲤鱼想吃蛋糕的心情
(一)阅读第 1 至 4 页，了解故事背景
师：鲤鱼太郎和乌龟爷爷为什么不能马上吃掉蛋糕呢？
师：鲤鱼太郎的心情怎么样？请小朋友们模仿一下鲤鱼太郎跟乌龟爷爷说话时的样子。
(二)阅读第 5 至 12 页，体会鲤鱼太郎想吃蛋糕但乌龟爷爷不同意时的心情
师：鲤鱼太郎是怎么跟乌龟爷爷说的？
师：乌龟爷爷一直都没有同意，鲤鱼太郎最后是怎么做的？
师：当你们很想要一个东西，比如玩具或者零食，但爸爸妈妈不答应的时候，你们会怎么做？
小结：当需求很难得到即刻满足时，哭闹是不管用的。小朋友们要学会先别着急，耐心等待，不吵闹。接下来我们看看鲤鱼太郎还会想出什么办法。
(品格元素：教师通过让幼儿观察鲤鱼太郎和乌龟爷爷面对草莓蛋糕时表现的变化，引导幼儿逐步了解耐心是什么、应当怎样耐心地做事情)
三、阅读鲤鱼太郎引诱乌龟爷爷吃蛋糕至在厨房看到信的部分，带领幼儿猜测鲤鱼太郎与乌龟爷爷接下来的做法，强化幼儿对延迟满足的感悟
(一)阅读第 13 至 18 页，感知乌龟爷爷的变化
师：鲤鱼太郎是怎么跟乌龟爷爷说的？请小朋友们用鲤鱼太郎的语气来说一下。
师：这一次，乌龟爷爷会答应吗？(教师根据故事情节，依次出示绘本中乌龟爷爷的三张图，感知其变化)
(二)阅读第 19 至 20 页，观察乌龟爷爷的状态
师：乌龟爷爷怎么了？鲤鱼太郎现在在想什么呢？
(三)阅读第 21 至 26 页，猜测乌龟与鲤鱼的做法
师：小青蛙给鲤鱼太郎和乌龟爷爷的留言里说了什么？
师：接下来他们会怎么做呢？
小结：小青蛙真是一个爱分享的好朋友，鲤鱼太郎和乌龟爷爷却着急地想把蛋糕吃掉，小青蛙知道后会很伤心吧。如果你是鲤鱼太郎或者乌龟爷爷，会着急地吃掉蛋糕还是等一等，先不着急呢？
四、阅读绘本第 27 页至结束，使幼儿体会耐心等待后与好朋友共享美食的快乐
第 27 至 28 页：
师：鲤鱼太郎和乌龟爷爷怎么了？他们是怎么说的？
第 29 至 30 页：
师：小青蛙回来了，他们会怎么跟小青蛙说呢？现在请小朋友们扮演鲤鱼太郎和乌龟爷爷，老师来扮演小青蛙，你们会跟我说什么呢？
第 31 至 32 页：
师：小青蛙、鲤鱼太郎和乌龟爷爷开心地坐在一起享用美味的蛋糕，果然蛋糕还是一起吃最美味。
小结：为了能够和小青蛙一起吃美味的蛋糕，鲤鱼太郎和乌龟爷爷一直等待，等了很久，可真有耐心。原来美味的不仅是蛋糕，还有它们之间的友谊，多亏了鲤鱼太郎和乌龟爷爷的耐心呀。</td></tr>
</table>

续表

喂，先别着急	
活动环节	活动设计
活动过程	**五、师幼讨论，交流生活中需要延迟满足的情境** 图片 1：一名小朋友正在玩一个玩具，另一名小朋友也想玩。 教师出示幼儿一日生活场景的图片，请幼儿讨论这时应该怎么做。 图片 2：两名小朋友在一个洗手盆前面挤来挤去。 教师出示幼儿一日生活场景的图片，请幼儿讨论这时应该怎么做。 总结：小朋友们，当我们想玩玩具但别的小朋友正在玩时，可以礼貌地问对方，可不可以一起玩，如果对方拒绝，我们就要耐心等待；当大家一起做一件事情时，也要遵守规则，不推不挤。让我们努力做一个耐心的小朋友吧！
活动延伸	**一、领域延伸** 教师在语言领域可进行绘本故事表演活动，巩固幼儿对故事的理解与掌握，提升幼儿对耐心品格的理解，发展幼儿语言表达能力；在科学领域可以开展分蛋糕活动，为幼儿提供不同种类的蛋糕卡片和纸盘若干，引导幼儿进行分类和一一对应的游戏，通过实际操作感知数量之间的关系；在艺术领域可以运用绘画、捏泥、手工制作等多种方式进行创作，还可以把创作的物品放到表演区当道具，供幼儿进行绘本表演。 **二、区角延伸** 教师可以将绘本故事投放在图书区，通过好书推介鼓励幼儿和小朋友一起阅读绘本；可以在益智区投放分豆子、穿珠子、钓鱼等材料，培养幼儿做事情的专注力与耐心；可以在娃娃家投放蛋糕材料，通过平行介入的方式以游戏者的身份参与幼儿过生日游戏，创造性地再现绘本中的故事情节，使耐心这一品格内化成幼儿日常的行为表现。 **三、家园共育** 首先，教师可以制定“耐心品格调查表”，从耐心做事、耐心排队、延迟满足等方面引导家长关注幼儿的耐心品格发展情况。其次，教师可以给家长分享“棉花糖”实验相关的资料，让家长了解延迟满足对幼儿发展的意义与价值。最后，教师可以给家长分享在家庭中培养幼儿延迟满足的方法。例如，家长要做好榜样，言传身教；培养幼儿兴趣爱好，坚持每天做一件事情，如拼图、画画、读书等，从每天坚持几分开始，慢慢加长时间；给孩子独立解决问题的机会等。 **四、生活渗透** 教师可以在日常生活的各环节与幼儿讨论，制定一些常规的规则，如区角活动的规则，游戏的规定等，并让幼儿自行遵守，互相监督，学会安静耐心等待。此外，教师还可以在班级里开展“小榜样”活动，让幼儿学会观察到别人的进步，同时激励自己。 **五、环境渗透** 教师可以创设耐心品格主题墙，把幼儿在日常活动的精彩照片和绘本内容在主题墙进行展示；还可以设置“我是好榜样”幼儿自我成长记录板，让幼儿根据自己在幼儿园的表现进行自我评价等。

3. 活动反思

(1)活动特点

活动目标清晰，难度适宜，故事趣味性强，贴近幼儿实际生活经验，旨在帮助幼儿学会耐心等待，提高自控力。活动过程注重挖掘故事情节，结合故事的开展脉络，联系实际生活，运用适宜的提问方式引发幼儿积极思考。关注幼儿情感体验，让幼儿展开想象并身临其境地感受故事内容，理解耐心的重要性。

(2)活动实施建议

由于幼儿处于小班的年龄阶段，幼儿在回答教师的提问时大多数只能回答出几个关键性的词语，语言表达不够完整，所以教师要采用适宜的方法引导幼儿尽可能完整地表达。在一日生活中教师也要注重幼儿语言表达能力的培养。

[济南市槐荫区青少年宫第一幼儿园(至诚园)　李亚楠　胡腾]

(二)品格社会领域教学活动

1. 耐心品格的社会领域教学活动设计说明

耐心品格主题下的社会领域集体教学活动主要以做事情有耐心和等待时有耐心为切入点。对于刚入园的小班幼儿，在耐心做事方面，主要是创造条件让幼儿能够耐着性子把事情按要求完成；遇到困难时也能够不急不躁地想办法，愿意跟着成人的引导，一步一步有条理地做事情。在耐心等待方面，教师可在一日生活的各个环节中运用小游戏、生活情境指导等形式，集中性地为幼儿介绍幼儿园生活需要遵守的基本社会规则，让幼儿愿意耐心等待不插队，不争抢同伴正在玩的玩具，愿意等待。

2. 教学活动案例

接下来我们以社会活动“我会耐心等待”为例阐述耐心品格社会领域教学活动的组织要点，见表 6-3。

表 6-3　耐心品格社会领域教学活动

我会耐心等待		
活动环节	**活动设计**	
活动目标	认知目标：理解耐心等待在生活中的重要性。	
	能力目标：能够在情境表演中耐心等待，遵守各项规则。	
	情感目标：丰富幼儿的生活经验，提高耐心等待的意识。	
活动准备	经验准备	幼儿初步了解幼儿园一日活动环节。
	物质准备	1. 与幼儿人数相同的糖果。 2. 在生活中需要耐心等待的情境课件(超市买东西、乘坐公交车等)。
活动过程	**一、游戏导入，激发幼儿兴趣** 师：小朋友们，今天老师有糖果要跟大家分享。小朋友们仔细听音乐，当音乐声停止就可以拿糖果啦！ 师：小朋友们都拿到糖果了吗？(有人拿到，有人没拿到)你们同意这样分糖果吗？(不同意)老师观察到有小朋友没拿到糖果，老师不愿意这样分给大家，现在收回糖果。 师：你们觉得我们刚刚拿糖果的方法好吗？有什么办法能不拥挤，让每一位小朋友都拿到糖果呢？ 小结：拿取的时候要排队，前面的小朋友拿的时候，后面的小朋友要耐心等待，这样就不拥挤了。	

续表

我会耐心等待	
活动环节	活动设计
活动过程	**二、情境模拟，提升幼儿能力** 情境一：分糖果 师：下面我们重新来分糖果，大家听到音乐停止时，可要使用我们的好办法呀，有序排队、耐心等待。(每次只拿一颗) 教师播放音乐，幼儿自主排队拿取糖果，教师巡视、引导。 师：小朋友们都拿到糖果了吗？(全部幼儿拿到)你们有序排队、耐心等待的方法可真棒！(幼儿收起糖果，继续活动) (**品格元素：**教师通过情境模拟的形式引导幼儿排队耐心等待分享糖果，与活动初幼儿无耐心拥挤的抢糖果形成对比，引导幼儿明确耐心等待的重要性) 情境二：幼儿园各项活动情境模拟 师：小朋友们想一想，我们在幼儿园中，还有什么时候需要排队呢？(做早操、入园晨检、盥洗排队、离园排队) 师：接下来我们分小组一起来练习一下早晨入园、洗手以及下午离园时排队的样子吧。(教师请幼儿分组进行幼儿园各项活动情境模拟，引导幼儿有序排队) (**品格元素：**教师对耐心完成情境模拟任务的幼儿进行表扬鼓励，让幼儿耐心等待，不着急) 师：大家做得都非常好，都知道人多的时候要慢慢排队，不拥挤。现在我们大家一起来练习一下早上做早操的时候排队的样子。(教师播放早操音乐，请全体幼儿进行做早操情境模拟，鼓励幼儿耐心等待) (**品格元素：**教师强调耐心做事的意义，鼓励幼儿做事有耐心) **三、联系实际，明确重点** 师：除了在幼儿园里需要排队，我们在生活中做什么事情的时候也需要排队呢？(教师请幼儿回想生活情境) 教师出示在生活中需要耐心等待的情境(超市买东西、乘坐公交车等)，丰富幼儿生活经验。 师：原来生活中很多地方都需要我们排队并且耐心等待，如果大家都不排队，都往前挤，会怎么样？(教师引导幼儿了解不耐心等待带来的危害) 小结：无论是小朋友还是大人，在公共场所都要遵守秩序，人多的时候要排队耐心等待，不然就会很危险。小朋友们在生活中也要学会耐心等待哟！ (**品格元素：**教师展示生活中耐心排队的场景，迁移幼儿的生活经验，加深幼儿对耐心品格的感知与理解)
活动延伸	**一、区角延伸** 教师可以在操作区投放人物、动物与公交站、银行等角色和情境卡片，让幼儿通过熟悉的公共场所情境，并通过实际操作，将排队耐心等待的秩序内化于心、外化于行。 教师可以在美工区引导幼儿依次拿取美工材料，不抢、不拥挤，为幼儿提供适合其年龄段的剪纸、折纸、粘贴、涂色等多种操作材料，引导幼儿耐心地完成作品。 教师可以在建构区提供积木等搭建类材料，通过拼摆与搭建培养幼儿的耐心，根据幼儿的操作情况可适当增加难度，让幼儿在操作中完成建构，提高耐心。 教师可以在角色区通过生活模仿游戏或职业体验游戏的形式，创设超市购物或美食城取餐的场景，让幼儿体验生活中耐心等待的重要意义。

续表

我会耐心等待	
活动环节	活动设计
活动延伸	教师可以在科学区通过“鸡蛋的沉与浮”“神奇的水中花”等科学小实验，让幼儿在实验中耐心操作、耐心观察、耐心等待实验结果。 **二、家园共育** 教师可以邀请家长与幼儿回家后进行“耐心”主题讨论，说一说“做事有耐心有什么好处”“怎样做才是有耐心的表现”。家长与幼儿共同模拟排队耐心等待的情境，不断增强幼儿的耐心。 **三、生活渗透** 教师可以在一日生活中，如集体排队、盥洗如厕、喝水、游戏等环节，鼓励幼儿坚持排队等待，耐心完成。

3. 活动反思

(1)活动特点

活动目标清晰明了，以耐心排队为切入点，以小见大地从认知、能力、情感三方面引导幼儿体会耐心做事的重要性。活动过程层层递进，以幼儿感兴趣的分糖果游戏引出“耐心排队”的主题，充分调动了幼儿参与活动的积极性；通过启发性提问、情境模拟，逐步加深幼儿对耐心的理解。活动最后，教师联系生活实际，进一步强化幼儿对耐心排队重要性的体会和感受，从而逐步实现本次教学活动的目标。

(2)活动实施建议

小班幼儿注意力和自控力较差，在活动开始时糖果对幼儿的吸引力较大，教师要注意糖果的分享与收回的过程，避免让幼儿注意力全部集中在糖果上，无心后续的活动。在情境模拟环节，注意对幼儿耐心等待的肯定与鼓励，让幼儿有成就感。

（威海市环翠教育幼儿园　崔智慧　邵婷）

(三)品格综合领域教学活动

1. 耐心品格的综合领域教学活动设计说明

心理学家认为，幼儿在 2 岁以后，已初步具备一定的行为自控能力，是耐心品格塑造的关键期。一日生活皆课程，耐心品格的培养也渗透在幼儿园的各个方面，健康领域活动会涉及幼儿一日生活的排队接水、排队领饭、集体活动的耐心等待等环节；科学领域活动则围绕幼儿园区角环境中的材料进行探索，如探索植物不同周期的生长变化，不同形状工具吹出来的泡泡是否都是圆的，观察种子的区别等；艺术领域活动要从引导幼儿认真耐心涂色、喜欢说和唱一些关于耐心的儿童歌曲的角度开展美术、音乐方面的活动。

2. 教学活动案例

接下来我们以科学领域活动“我们一起种大蒜”为例阐述耐心品格综合领域教学活动的组织要点，见表 6-4。

表 6-4　耐心品格综合领域教学活动

<table>
<tr><td colspan="3">我们一起种大蒜</td></tr>
<tr><td>活动环节</td><td colspan="2">活动设计</td></tr>
<tr><td rowspan="3">活动目标</td><td colspan="2">认知目标：了解大蒜的生长周期，知道要耐心等待其发芽，不能着急。</td></tr>
<tr><td colspan="2">能力目标：能够按步骤用正确的方式种植大蒜。</td></tr>
<tr><td colspan="2">情感目标：愿意照料大蒜并持续关注大蒜的生长。</td></tr>
<tr><td rowspan="2">活动准备</td><td>经验准备</td><td>1. 幼儿已有种植植物的经验。
2. 幼儿认识大蒜，了解大蒜的生长环境。</td></tr>
<tr><td>物质准备</td><td>1. 儿歌《种大蒜》。
2. 适合种植的大蒜若干、装好松软泥土的废旧杯子(罐子或鸡蛋托)若干、小洒水壶、铲子。</td></tr>
<tr><td>活动过程</td><td colspan="2">一、出示大蒜实物，引导幼儿认识大蒜的外形特征
师：小朋友们，你们看看这是什么，谁认识它？你们在哪儿见过呢？
师：请你们看看大蒜是什么样子的，像什么。(教师引导幼儿从颜色、形状上认识大蒜的外形特征)
师：请你们把大蒜掰开，看看是什么样的，和刚才的大蒜有什么不一样的地方。
师：摸上去感觉怎么样？闻起来是什么味道？(教师请幼儿上前摸一摸，闻一闻，并说说自己的感受)
二、带领幼儿学习种植大蒜的方法
师：你们会种大蒜吗？种大蒜需要什么？
小结：小朋友们说得很好，种大蒜需要一个可以装土的工具，还需要泥土、洒水壶和铲子等。
师：我们要一起种大蒜了，接下来该怎么做呢？(教师引导幼儿自由讲述种大蒜的方法和步骤)
教师小结并示范种大蒜的方法：首先，我们要准备好大蒜和刚刚小朋友们说到的工具；接下来，我们要找到大蒜的根部，把大蒜的根须朝下，用手按到泥土里，轻轻地把泥土盖在大蒜身上；然后，给大蒜浇水，再将种好的大蒜放到户外有阳光的地方，让它们晒晒太阳；最后，我们就每天给自己的大蒜浇水、晒太阳，耐心等待大蒜发芽。
(品格元素：教师引导幼儿耐心学习种大蒜的方法，按步骤操作)
三、幼儿尝试种植大蒜，师幼总结，鼓励幼儿耐心等待
(一)唱诵儿歌《种大蒜》，熟悉种大蒜的方法
师：小朋友们，接下来我们一起来种大蒜吧！
师：在种大蒜的时候要把大蒜的尖头朝上，把大蒜按在泥土里，要保持地面干净。还有一首好听的儿歌可以帮助我们更好地种植大蒜。(教师一边读儿歌一边反复做示范)
(二)幼儿分组自由种植大蒜，教师巡回指导
(三)幼儿展示种植的成果，师幼总结
1. 教师展示幼儿的种植结果，引导幼儿观察。
2. 师幼一起检验种植情况，并进行改进。
3. 教师引导幼儿给大蒜浇水，再将种好的大蒜摆在户外平台上。
《种大蒜》：
大圆蒜，手里拿，轻轻剥，剥成一些小蒜瓣；</td></tr>
</table>

续表

我们一起种大蒜	
活动环节	活动设计
活动过程	根朝下，芽朝上，轻轻插，蒜瓣土壤上面坐； 盖点儿土，浇点儿水，耐心点儿，等着蒜苗长大啦！ （**品格元素：**教师引导幼儿根据儿歌中讲述的方法，耐心地按步骤种大蒜，并鼓励幼儿在接下来的日子里，耐心照顾、观察大蒜的变化）
活动延伸	**一、区角延伸** 教师可以将大蒜生长顺序图片投放在美工区，供幼儿欣赏、临摹；还可以投放在益智区引导幼儿按顺序排列，巩固幼儿对植物生长顺序的掌握。 **二、生活渗透** 教师可以利用早晨入园、即将离园的时间，让幼儿日常观察、管理自己种植的大蒜，与同伴互相讨论，并把大蒜生长情况拍成照片，按顺序贴在墙上，帮助幼儿了解其生长过程。

3. 活动反思

(1)活动特点

活动目标清晰，始终围绕“耐心”主题，选材适宜，符合小班幼儿认知水平，通过创设真实的种植情境，激发幼儿耐心种植的热情。

活动环节层层深入，通过感官的触摸，从颜色、形状、气味等初步探索到引导幼儿耐心学习种植，按步骤操作，再到鼓励幼儿根据儿歌中的讲述方法，亲自尝试种植，最后期待大蒜长大。整个环节始终以幼儿为主体，在活动中，幼儿非常乐于模仿“按、压”的动作，在自己种植时，更是小心谨慎，严格按照步骤种植，对幼儿耐心观察、亲自实践的科学素养有重要的积极影响。

《3—6 岁儿童学习与发展指南》中提出“幼儿科学学习的核心是激发探究兴趣，体验探究过程，发展初步的探究能力”。儿歌的引入以及活动的延伸，将幼儿种植的热情推向了高潮，激发了幼儿积极探索大蒜生长奥妙的兴趣。

(2)活动实施建议

首先，种植大蒜的儿歌对于能力较弱的幼儿来说，短时间记忆会有一定困难，建议教师在唱儿歌时增加次数，同时可以边唱儿歌边做动作，声音要有趣，动作要夸张，提高孩子的无意记忆。其次，大蒜的生长还需要一定时间，在本节活动后还应持续鼓励幼儿耐心观察、仔细记录大蒜的成长。

（山西省直机关新建路幼儿园　王媛　班新福）

(四)幼儿社会技能教学活动

1. 活动设计说明

进入幼儿园之后，幼儿就要学着如何跟老师、同伴交流，并且要掌握人际交往中的基本规则和要求。这时，让幼儿学会基本的社会技能以及能够按照老师的要求做是非常重要的。社会技能“按要求做”“请大人帮忙”能够助力幼儿耐心做事情以及解决做事时遇到的困难。

2. 社会技能“按要求做”教学活动案例

社会技能“按要求做”的技能口诀是：仔细听，想明白；没听懂，及时问；听懂认真做起来。接下来我们以活动“按要求做”为例阐述社会技能“按要求做”教学活动的组织要点，见表 6-5。

表 6-5 社会技能“按要求做”教学活动

按要求做		
活动环节	**活动设计**	
活动目标	认知目标：知道按要求做是集体生活需要遵守的规则。	
	能力目标：能够理解并运用按要求做的技能。	
	情感目标：体验按要求做事带来的愉悦感、秩序感。	
活动准备	经验准备	幼儿玩过“大风吹”的游戏，也有过用渔网网鱼的经验。
	物质准备	渔网一个、小椅子每人一把、社会技能“按要求做”口诀图片。
活动过程	**一、玩游戏“大风吹”，感受按要求做事的快乐** 教师带领幼儿玩语言游戏“大风吹”，请幼儿按口令要求做相应的动作。 玩法：教师说儿歌“大风吹，大风吹，大风来了请坐好(站好、蹲下、弯腰、拉手……)。”幼儿跟随教师边说儿歌边做动作，两手放嘴边做大风吹的动作，两手上举并摇动做大风来了的动作，听到“请坐好”时，要快速按教师的口令要求坐好。教师可扫视观察，也可转圈观察。教师声音先适中，玩两次之后可逐渐变小，增强趣味性，引导幼儿仔细听并做动作。 师：大风来了，怎么办呢？小朋友们，我们一起来玩“大风吹”的游戏吧。请你们一定要仔细听，大风来了我们应该做什么。大风吹，大风吹，大风来了请坐好。大风吹，大风吹，大风来了请站好。大风吹，大风吹，大风来了请藏好…… 小结：刚才玩游戏的时候，我发现小朋友们都能按要求做动作，当老师声音越来越小的时候，每一个小朋友都能仔细听，想明白自己要做的动作。如果不按要求，还能顺利玩游戏吗？让我们一起来听一听、试一试吧。 **二、集体玩新游戏“网小鱼”，理解“按要求做”的技能口诀** 1. 教师介绍玩法，引导幼儿倾听儿歌；出示口诀图片并引导幼儿学习口诀“仔细听，想明白”。 师：今天我们要玩一个新游戏“网小鱼”，瞧，老师手里拿的是什么？今天我要当渔夫，我要撒网抓鱼啦。在玩游戏的时候，我们要一边玩一边说儿歌，请“小鱼们”仔细听，听一听儿歌里都说到了什么。“小鱼小鱼水中游，摇摇尾巴点点头，向前游，向后游，向上游，向下游。网鱼啦”! 师：今天我们要玩的新游戏是什么？谁能告诉大家儿歌里都说到了什么？(教师请幼儿回答)“小鱼们”听得真仔细，我们一起来说说儿歌吧，说儿歌的时候可以做什么动作呢？哪条“小鱼”来试一试？好，请这个小朋友来边说边做。想一想，“小鱼”听到什么就要躲起来？ 小结：看来，你们不仅听得很仔细，记清楚了儿歌，而且想明白了，听到“网鱼啦”就要快速躲起来，不然的话就会被抓到了。我们只有仔细听，想明白，才能知道如何玩这个游戏。 2. 教师布置场景，引导幼儿熟知游戏玩法；出示口诀图片并引导幼儿学习口诀“没听懂，及时问”。 师：在玩游戏之前，我们要做一个大池塘，请小朋友们帮忙，把小椅子请到池塘中间来，给大家数 5 个数的时间，1，2，3，4，5。(教师带领幼儿用椅子围成一个方形的池塘，椅子之间有空隙)	

续表

按要求做	
活动环节	活动设计
活动过程	师："小鱼们"，你们都准备好了吗？当我说"网鱼啦"，"小鱼们"就要快速地躲起来，如果不小心被我的渔网抓到了，就不能玩游戏了，听明白了吗？想一想，"小鱼"可以躲在哪里呢？如果被渔网抓到了，还能继续玩游戏吗？ 小结：你们真是一群能干的"小鱼"，没听懂，及时问，这样才能更好地保护自己，更好地玩游戏。 3. 教师参与游戏，引导幼儿积极玩起来；出示口诀图片并引导幼儿学习口诀"听懂认真做起来"。 师：接下来，我们的游戏就要开始了。"小鱼小鱼水中游，摇摇尾巴点点头，向前游，向后游，向上游，向下游。网鱼啦"！游戏反复玩四五遍之后，可以停下来。 师：你们游得太快了，我想问一问，你们都是怎么做到的？为什么一条"小鱼"我都没抓到？请你来说一说，你是怎么做到的。嗯，很不错的一个方法，听懂了游戏的玩法，并认真做起来，游得就特别快。谁还来说一说，还有不一样的方法吗？ 小结：哦，原来大家都明白了"网小鱼"的方法，都能听懂并认真做起来，都能认真遵守游戏规则，你们真的很能干哟。 4. 教师增加难度，调整新玩法，引导幼儿回顾社会技能"按要求做"的三句口诀。 师：看来，我们的游戏要升级了，这次我还能顺利地抓到"小鱼"吗？请你们仔细听，想明白，不然的话可就被我抓到了。现在小椅子减少了，两条"小鱼"可以躲在一把椅子下面。没听懂，及时问，你们有问题要问吗？听懂的话，请你认真做起来，一定要保护好自己哟。"小鱼小鱼水中游，摇摇尾巴点点头，向前游，向后游，向上游，向下游。网鱼啦"！ 小结：今天，"小鱼们"可真聪明，你们都能仔细听，想明白；没听懂，及时问；听懂认真做起来。所以你们都成功地保护好了自己。 **三、师幼讨论"按要求做"在日常生活中的场景，自然结束** 1. 教师出示口诀图片，引导幼儿复述社会技能"按要求做"的三句口诀。 师：刚才玩游戏的时候，大家都能按要求做，都能遵守游戏规则玩游戏，想一想，按要求做的小秘诀是什么？让我们一起加上动作来说一说吧。 2. 教师引导幼儿讨论日常生活中需要按要求做的场景。 师：在日常生活中，还有什么事情也要按要求做呢？ 小结：小朋友们说到了进餐、喝水、午睡、排队、收拾玩具的时候，我们都要按要求做，这样不仅能自己照顾好自己，还可以给别人带来方便。让我们把这个小秘诀回家后也分享给自己的爸爸妈妈吧，让我们都成为遵守规则的小朋友。
活动延伸	**一、家园共育** 教师在班级群中及时分享当天学习的社会技能，包括技能目标、培养重点、培养方法等；同时鼓励家长及时询问幼儿，引导幼儿说一说按要求做的小秘诀是什么。教师可以建议家长与幼儿玩一个新的亲子游戏，在游戏过程中讲清楚游戏规则，引导幼儿复述游戏规则，不明白就提出问题，理解玩法并掌握规则，亲子一起按要求玩游戏。 **二、生活渗透** 在生活中，教师要有意识地培养幼儿按要求做事的习惯。如在进餐、如厕、玩具整理等环节中，教师要明确具体要求，树立榜样示范，从而更好地帮助幼儿内化社会技能"按要求做"，逐步养成良好的行为习惯。 **三、环境渗透** 在幼儿视野的范围内，教师可以以图文结合的方式，呈现活动的流程、步骤图、注意的要求等，如一日活动的流程图，七步洗手法的步骤图等，创设"按要求做"的氛围，加深对技能的运用。

3. 活动反思

(1)活动特点

在小班下学期初开展本次活动，借助游戏活动的形式进行，易于小班幼儿理解，增加了幼儿对社会技能学习的兴趣；又让幼儿通过亲身体验，积极参与并感受到了按要求做事的重要性。本次活动安排适宜，开始部分玩“大风吹”直接引出主题“按要求做”，基本部分通过开展游戏“网小鱼”，加深了幼儿对“按要求做”的深入理解，有助于幼儿形成规则意识，养成遵守规则的习惯，更好地适应幼儿园集体生活。

(2)活动实施建议

社会技能“按要求做”的教育要旨是培养幼儿遵守规则的意识与耐心做事的品质，技能口诀“仔细听，想明白；没听懂，及时问；听懂认真做起来”不仅考验幼儿的倾听意识、反思能力、表达能力，更考验幼儿的执行力。因此，本次活动中教师首先要有意识地引导幼儿回顾社会技能“倾听”，熟悉听的要求；其次口诀“没听懂，及时问”对小班幼儿来说比较难，教师要在日常生活中加强引导；最后“听懂认真做起来”考验的是执行力，教师要给予幼儿更多的鼓励和肯定。

(郑州市二七区建新幼儿园　张园玲　李知君)

4. 社会技能“请大人帮忙”教学活动案例

社会技能“请大人帮忙”的技能口诀是：同伴冲突有大小，要看危险不危险；没危险时自处理；有危险时找大人。接下来我们以活动“请大人帮忙”为例阐述社会技能“请大人帮忙”教学活动的组织要点，见表 6-6。

表 6-6　社会技能“请大人帮忙”教学活动

请大人帮忙		
活动环节	**活动设计**	
活动目标	认知目标：知道与同伴发生矛盾的时候，如果自己解决不了，就可以向大人寻求帮忙。	
	能力目标：能够判断与同伴发生矛盾时，哪些情况可以自己处理，哪些情况需要寻求大人帮忙。	
	情感目标：和同伴发生矛盾时，愿意用礼貌、平和的方式去解决矛盾。	
活动准备	经验准备	幼儿有遇到困难的经验。
	物质准备	1. 教学视频(巧虎《换着玩真开心》视频节选)。 2. 需要请大人帮忙和不需要请大人帮忙的图片各五张(需要请大人帮忙：触碰电源、物品放置太高够不着、过马路等；不需要大人帮忙：自主进餐、穿衣服等)。 3. 技能口诀提示图。
活动过程	**一、创设情境，激发幼儿参与活动的兴趣** 师：今天我们小班来了一名小客人，它是小老虎。小朋友们，一起和小客人打个招呼吧！ 小老虎(教师扮演)：嗨，大家好！我是一只可爱的小老虎。我有很多玩具。我最喜欢扮演国王和我的玩具们做游戏。今天我又在扮演国王玩游戏了。我录了一个好看的视频带给你们，	

续表

请大人帮忙	
活动环节	**活动设计**
活动过程	你们想知道我玩的是什么游戏吗？那我们一起来看看吧。咦，电视机怎么打不开了？昨天还好好的！打不开电视机就看不成了，这可怎么办呀？ 师：打不开电视机，今天没办法看视频了，我们一起来想想办法吧，帮助小老虎打开视频。(教师引导幼儿观察是电视电源没插) 师：噢，原来是电视机的电源插座没插上。那小朋友们，你们觉得小老虎这时候应该怎么办？他能不能自己去插上电源呢？(教师引导幼儿知道插电源是危险行为，需要大人帮忙) 小结：插电源是危险的行为，需要找大人帮忙。 **二、师幼讨论，引出社会技能“请大人帮忙”** 师：太好了，又能播放视频了，我们一起来看看小老虎今天在玩什么吧。(小老虎觉得小狐狸正在玩的电子琴更有意思，于是就上前抢小狐狸手中的电子琴) 师：发生了什么？小老虎做得对吗？小狐狸抢不过小老虎，她可以怎么做呢？(教师引导幼儿想办法帮助小狐狸解决困难，知道与同伴发生矛盾的时候，如果自己解决不了，就可以向大人寻求帮助) 小结：有的小朋友说可以自己想办法把玩具抢回来，有的小朋友说可以告诉老师或者爸爸妈妈，请大人帮忙。大家想的办法都非常好，老师把大家的好办法总结成了一句话。大家一起来说一说，“同伴冲突有大小，要看危险不危险；没危险时自处理；有危险时告老师”。(教师引导幼儿复述技能口诀) **三、游戏互动，巩固幼儿口诀的感知与理解** 师：和小朋友一起玩的时候，除了经常会因为抢玩具而发生矛盾，大家还会遇到哪些问题呢？ 师：遇到这些问题的时候，你们会选择自己解决？还是请大人帮忙呢？ 师：小朋友们还记得老师刚刚教给大家的口诀吗？我们一起用口诀来说一下哪些情况可以自己处理，哪些情况需要请大人帮忙。(教师引导幼儿复述技能口诀) 师：小朋友们说得非常好，如果小朋友玩的时候，遇到危险的事情就一定要请大人来帮忙啦。接下来老师要考考小朋友们会不会用我们刚刚学习的口诀来判断哪些情况是危险的、需要大人帮忙的，哪些情况是可以自己想办法解决的。你们敢不敢来挑战一下？ 师：我的手上有两张不一样的图片。你们仔细观察图片上的内容，判断一下哪个情况是需要请大人帮忙的，然后站在图片的前面。 玩法：教师双手分别举着需要请大人帮忙和不需要请大人帮忙的图片，让幼儿自主判断哪张图片的情况是需要大人帮忙的就站在哪张图片的一边，并请幼儿说一说理由。一组图片进行完，教师换一组图片继续该游戏。 **四、师幼总结，引导幼儿将社会技能运用到生活中** 小结：小朋友们，生活当中我们会有很多需要找大人帮忙的时候。我们可以先判断什么事情可以自己努力一下就能够做到，什么事情是需要找大人来帮忙的。老师一直告诉大家，不能做伤害自己、伤害他人、伤害环境的事，但是如果遇到他人伤害自己的时候，如果遇到困难自己解决不了或者有危险的时候，一定要记住我们的口诀，第一时间找大人来帮忙。
活动延伸	**一、家园共育** 教师可以在班级群中分享当天学习的社会技能，包括技能目标、培养重点、培养方法等；鼓励幼儿回家和家长说一说当天学习到的技能口诀。 **二、环境渗透** 教师可以根据“请大人帮忙”口诀的含义，用图文并茂的方式展示口诀内容；同时还可以张贴需要大人帮忙的图片，在一日活动中加深幼儿对该社会技能的理解。

5. 活动反思

(1)活动特点

活动以情境表演的形式引入，充分调动了幼儿参与活动的积极性，同时自然地引出“请大人帮忙”的主题。活动创设了宽松自由的活动氛围，让幼儿在宽松自由的氛围中获得技能的提高与锻炼；利用视频和操作判断图片让幼儿判断与同伴发生矛盾时，哪些情况可以自己处理，哪些情况需要寻求大人帮忙。

(2)活动实施建议

小班幼儿以具体形象思维为主，在巩固幼儿口诀的感知与理解环节中，教师可适当增加情境扮演环节，充分发挥幼儿好模仿的天性，提高幼儿在活动中的参与性与积极性，从而使技能口诀在幼儿心中得到进一步巩固，加深记忆与理解。

(清远市阳山县阳城镇水口幼儿园　陈家欣　李静怡)

五、区角活动案例

俗话说，“心急吃不了热豆腐”，说明耐心是成功的关键因素之一。在日常生活中经常会听到一些家长抱怨自己的孩子：“我这孩子并不比别的孩子笨，就是没耐性，做事总是虎头蛇尾，半途而废。”由于幼儿注意力的稳定性、持续性比较差，容易受到周围环境的影响，因而长时间从事单调的活动，幼儿就容易失去耐心。因此，教师要根据这一特点，提供丰富、多样的活动，强化幼儿对耐心做事的重要性的认识，并且要设计有趣的操作性活动或探究活动，让幼儿在操作、体验中逐步养成耐心做事的态度。

美工区

活动一：豆子粘贴画

活动目标： 能够根据轮廓图耐心地用豆子粘贴自己喜欢的造型。

活动准备： 若干套轮廓图(或白色卡纸)；各种不同种类的豆子，如红豆、绿豆、黑豆等若干；棉签；白乳胶；粘贴画成品(图 6-1)。

图 6-1　“豆子粘贴画”部分活动材料

活动过程：

1. 教师引导幼儿观察粘贴画的特点，了解粘贴的方式和注意要点，如了解豆子的分布特点、摆放规律，学习用胶水粘贴时的注意事项。

2. 幼儿选择自己喜欢的轮廓，和同伴相互讨论自己想要粘贴的造型。

3. 教师引导幼儿根据自己的意愿选择喜欢的豆子进行粘贴(图 6-2)。

4. 教师鼓励幼儿之间相互交流、分享自己的作品、粘贴的方法，引导幼儿回家后和家人介绍自己的作品。

图 6-2　豆子拼贴画

活动建议：

在活动开始前，教师要清楚地向幼儿讲明注意事项，如不可以把豆子吃到嘴里、耳朵里以及鼻子里；在活动过程中，当幼儿遇到困难时，教师要及时给予关注和帮助，如豆子总是掉，豆子大小或颜色不适宜，制作步骤不对，幼儿没有目的地随意粘贴，没有出现作品的形象或者清晰的布局等。活动后，教师要鼓励幼儿相互欣赏作品，并且表扬幼儿在活动中表现出来的耐心品格。

活动延伸：

教师可以抓拍幼儿在操作过程中耐心粘贴的精彩瞬间，区角活动结束后在过渡环节，如餐前整理或离园回顾环节，与幼儿一起欣赏他们在区角活动中完成的作品以及活动中的状态，帮助幼儿理解耐心做事的样子。此外，教师可以鼓励幼儿回家后和爸爸妈妈用其他的物品做创意粘贴，并告知家长在亲子活动中要引导幼儿按步骤慢慢粘贴、不着急，家长也不要催促幼儿，要鼓励幼儿耐心做事的态度。

活动二：好玩的石头涂鸦

活动目标： 能够耐心地给不同的石头涂上好看的颜色。

活动准备： 已经画好轮廓的不同形状、大小的鹅卵石及石头画成品(图 6-3)，丙烯颜料，画笔。

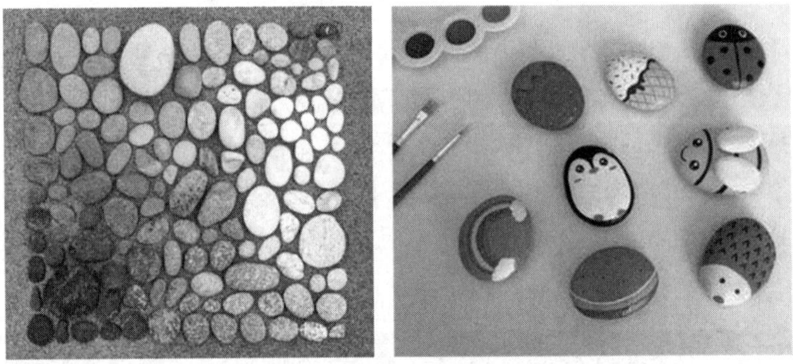

图 6-3　鹅卵石及石头画成品

活动过程：

1. 区角活动时间，教师为幼儿介绍美工区新提供的材料——石头，并鼓励幼儿思考这些石头的多种玩法。当幼儿充分表达之后，教师再引出“石头画”的主题。

2. 教师请幼儿欣赏教师提前准备好的石头画(画风要可爱、简单，符合小班幼儿的认知与能力水平)，让幼儿看一看、摸一摸、玩一玩，感受石头画的丰富和有趣。

3. 教师出示已经画好简单轮廓的石头，鼓励幼儿选择自己喜欢的造型进行涂色。

4. 当幼儿完成自己的作品后，教师可以将幼儿的作品拍照并进行投屏，组织大家进行交流与分享(图 6-4)。

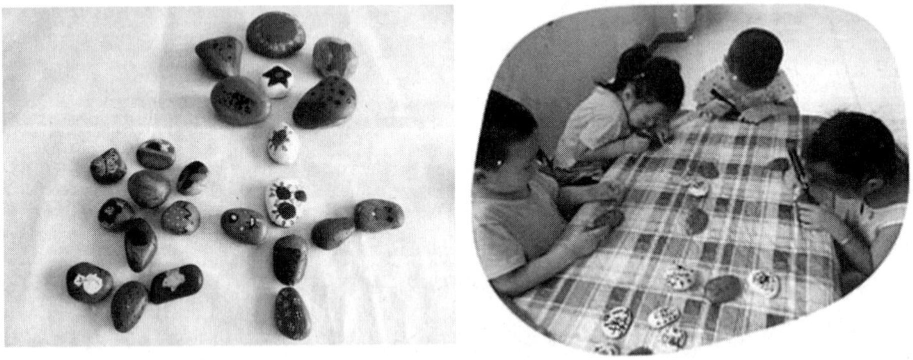

图 6-4　幼儿的石头画作品

活动建议：

在幼儿自主涂色的过程中，教师要引导幼儿耐心涂色，慢慢涂，不着急。小班幼儿手部精细动作发展不充分，涂色容易出现超出线框或不均匀的情况，教师要理解幼儿的能力水平并耐心引导，切不可操之过急。

活动延伸：

当这个活动开展一段时间，美工区已经积累较丰富的幼儿作品后，教师可引导幼儿将这些作品进行组合，形成新的创意造型。

活动三：有趣的编织

活动目标：锻炼小肌肉动作，培养专注力以及耐心、细心的做事态度。

活动准备：不同造型的可供编织的不织布材料；已编织好的不织布成品。

活动过程：

1. 教师向幼儿介绍美工区新增加的不织布材料，鼓励幼儿探索材料的玩法，并说一说自己的发现。

2. 教师介绍不织布成品及玩法。

3. 幼儿自由操作并分享自己的作品。

活动建议：

教师在介绍游戏材料前，要留出足够的时间让幼儿自由探索材料的玩法，而不要直接给出答案，把学习的机会留给幼儿。在幼儿编织的过程中，教师要鼓励幼儿选择自己喜欢的造型、自己喜欢的颜色进行操作。当幼儿遇到困难时，教师要引导幼儿自己思考或寻求同伴帮助，实在不会，教师再指导。最后要注意的是，小班幼儿手部精细动作发展不成熟，因此教师提供的编织材料缝隙要大一些，穿梭的布条要粗一些，便于幼儿操作。

活动延伸：

教师可以根据幼儿的兴趣提供不同的造型，如小动物、小花、小树、小房子等。当大家编织好了之后，教师鼓励幼儿把各自的作品进行展示，还可以基于作品编故事，锻炼幼儿的想象力。

益智区

活动一：挑小木棒

活动目标：锻炼手眼协调能力、小肌肉的灵敏性以及耐心、专注的品质。

活动准备：长短、粗细相同的小木棒若干(图 6-5)。

图 6-5　小木棒

活动过程：

1. 教师鼓励幼儿观察、讨论小木棒的玩法，并和其他幼儿一起尝试。

2. 教师一边操作一边讲解玩法。

(1)这个游戏可以有 2 名或多名幼儿一起玩，通过猜拳或其他方法决定谁来撒小木棒，以及挑小木棒的先后顺序。

(2)游戏开始，撒小木棒的幼儿把一束小木棒握在手中，将小木棒的一端立在桌面，松开手，让小木棒自己散落在桌上。

(3)游戏中，幼儿要轮流着把桌上的小木棒挑起来，每次只能挑一根，挑小木棒时不能碰到其他小木棒，如果碰到其他小木棒了，就要让给下一个人来挑(图 6-6)。

(4)大家轮流游戏，直至桌上的小木棒挑完后，最后数数谁的小木棒多，数量最多者获胜。

3. 幼儿结伴操作，自由游戏。

图 6-6　挑小木棒

活动建议：

活动中，教师要启发幼儿发现撒小木棒时离桌面的高度与散落的疏密程度的关系，离桌面远则小木棒撒得散，离桌面近小木棒就撒得密。教师先不要告知幼儿这个规律，要鼓励幼儿自己去发现，教师最后再总结。此外，教师还可以基于这个游戏培养幼儿对数的感知能力，如挑完小木棒后让幼儿数数谁的小木棒多，多多少根。每一轮游戏教师都让幼儿自己去数、去比较，并做好记录，让幼儿在游戏中感知数量关系。

活动延伸：

当幼儿掌握游戏规则并且动手能力有一定提高之后，教师可根据班上幼儿的能力，适当提高难度，如按颜色挑小木棒。幼儿自由分组(2 人一组)，每一组拿 10 根含 2 种颜色、每种颜色数量相等的彩色小木棒(如 10 根小木棒：红、蓝各 5 支)，用石头剪刀布的方式来决定由谁来撒小木棒、选定颜色，谁先挑完选定的颜色为胜。待幼儿熟练后，教师可增加小木棒的数量和颜色(增加一种颜色就相对增加一个游戏伙伴)来提升难度。

活动二：好玩的穿珠

活动目标：能耐心地完成穿珠任务。

活动准备：颜色、形状、大小不同的珠子若干，穿珠绳，已经穿好的珠子成品(图 6-7)。

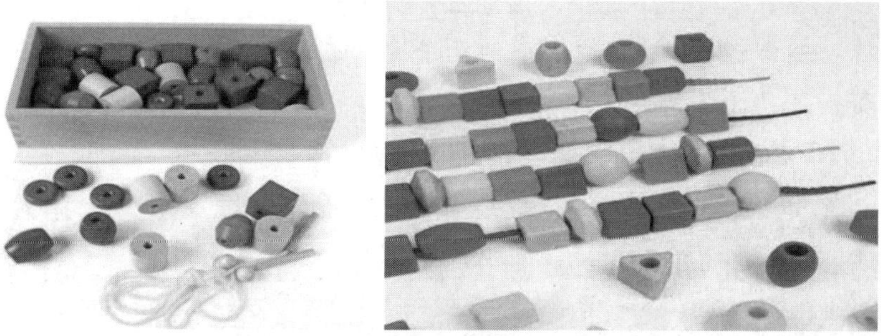

图 6-7　“好玩的穿珠”活动材料

活动过程：

1. 教师引导幼儿观察穿珠材料，探索材料的玩法。

2. 教师引导幼儿观察已经穿好的珠子，鼓励幼儿仿照进行操作(图 6-8)。

活动建议：

单纯地穿珠游戏对幼儿来说缺乏吸引力，因此教师在开展这个活动前需要根据幼儿的兴趣创设游戏情境，如大家要为参加舞会的公主准备一个好看的项链；要为旁边的小超市提供珠子做的手工艺品(项链、手链)等。此外，教师还可以在活动区提供沙漏，鼓励幼儿比一比谁在规定的时间内能够穿出更多或更长的珠子，通过有趣的情境让幼儿在活动中玩起来。

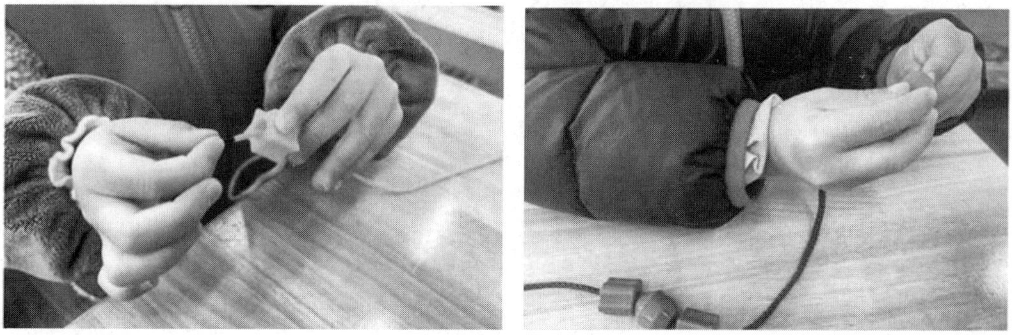

图 6-8　幼儿穿珠

活动延伸：

当幼儿已经熟悉穿珠子的方法后，教师可以再提供有规律的穿珠模式，引导幼儿按照一定的规律穿珠(图 6-9)，如 ABCABCABC、AAABBBCCC、ABCAABBCCAABBCC 等。此外，教师还可以鼓励幼儿创编自己的模式，在培养幼儿耐心品格的同时锻炼幼儿的思维能力。

图 6-9　不同规律的穿珠

活动三：分豆子

活动目标： 能够耐心地将混在一起的豆子挑出来，分装在不同的器皿中。

活动准备： 装豆子的小筐或小盆，至少 2 类豆子(如红豆、绿豆、黄豆、黑豆等若干)，一次性纸杯若干，筷子，沙漏(图 6-10)。

图 6-10 “分豆子”主要活动材料

活动过程：

1. 幼儿可以分组游戏，每组人数根据豆子的颜色进行确定。每名幼儿要从混合的豆子中选择一种豆子，然后把它们挑出来放在自己的纸杯里。

2. 教师引导幼儿用石头剪刀布、手心手背或协商的方式确定各自要挑选的豆子。每一次游戏中，每种豆子的数量要相同，确保游戏的公平性。

3. 教师调整沙漏，幼儿自主游戏，看看谁能在规定的时间内把豆子挑选完，或谁挑的豆子最多谁获胜。

4. 教师鼓励幼儿分享自己挑豆子的经验。教师要从耐心、专心的角度对幼儿的分享进行总结。

活动建议：

教师要根据班上幼儿的手部精细动作发展情况，选择不同大小的豆子。最开始的时候，教师可以选择芸豆、花生、玉米等颗粒大一些的豆子，方便幼儿拿取；之后慢慢选择小一点儿的豆子，如黑豆、黄豆、红豆、绿豆等。另外，豆子的数量也要体现渐进性，教师可以随着幼儿能力的提升慢慢增加豆子的数量，以锻炼幼儿的耐心。值得注意的是，游戏过程中，教师要提示幼儿不可将豆子放进嘴巴、鼻子或耳朵里，培养幼儿的安全意识。

活动延伸：

为了锻炼幼儿手部的精细动作，教师可以让幼儿用勺子舀豆子，或用筷子夹豆子的方式进行分类。

自然角

活动一：种大蒜

活动目标： 能够耐心地照顾、观察、记录大蒜的生长过程。

活动准备： 大蒜粒、泥土、种大蒜的器皿、大蒜生长记录本、放大镜、彩笔等

（图 6-11）。

图 6-11　“种大蒜”主要活动材料

活动过程：

1. 教师引导幼儿认识大蒜：让幼儿通过看、摸、闻、尝的方式全面了解大蒜的特点。

2. 教师和幼儿一起讨论种植大蒜的方法，如大蒜长在土里还是水里？种大蒜的时候，应该怎样摆放大蒜的位置？（种大蒜的儿歌：大蒜头，手里拿；根朝下，芽朝上；盖好土，浇点水；等着蒜苗快长大！）

3. 师幼一起剥蒜、种蒜。种好蒜后，教师引导幼儿每天观察并记录自己的大蒜生长情况（图 6-12）。

活动建议：

活动前，教师要提前准备好种大蒜的泥土和工具，提示家长为幼儿准备好大蒜和种大蒜的器皿（如瓶子、杯子等）。种植的过程中，教师要鼓励幼儿动手操作，自主发现大蒜的颜色、形状、味道。在此基础上，教师再介绍大蒜的作用。教师要与幼儿一起讨论记录表的使用方法，鼓励幼儿每天观察、记录大蒜的生长情况，并与同伴分享自己的发现。

活动延伸：

当大蒜开始生长的时候，教师可以进一步为幼儿提供非标准测量的工具，如筷子、小木棒、小绳子等，同时可适当提供标准测量工具，如直尺，引导幼儿用不同的方式来测量大蒜苗的长度。当蒜苗长大可以收割的时候，教师可以让幼儿将自己种植的蒜苗带回家，和爸爸妈妈一起制作美味的“蒜香”大餐，让幼儿和家人一起分享耐心等待的成果。之后，教师可以继续与幼儿一起种植生长周期较短的蔬菜，如小白菜、豆芽等，培养幼儿的耐心品格。

图 6-12　观察大蒜的变化

活动二：小乌龟成长记

活动目标：通过观察、记录了解小乌龟的成长变化。

活动准备：小乌龟、观察记录表、放大镜。

活动过程：

1. 教师向幼儿介绍班上新来的朋友——小乌龟，引导幼儿观察小乌龟的特点，如大小、外形、颜色等，激发幼儿的好奇心。

2. 教师鼓励幼儿相互交流、讨论，分享自己对于小乌龟的了解。在这个过程中，教师要提前做好相关知识准备，以便更科学地向幼儿介绍小乌龟。

3. 教师与幼儿一起商量，在接下来的日子里分组观察小乌龟的变化，并将自己的发现用绘画的方式记录下来，也可以请老师帮忙记录。

活动建议：

首先，教师要为幼儿准备好观察记录表与放大镜等工具，让幼儿能够观察到小乌龟的身体结构、成长变化等。其次，幼儿可能会提出很多的疑问，如乌龟为什么有硬硬的壳，乌龟喜欢吃什么等，教师可以和幼儿一起讨论，通过多种方式引导幼儿思考和探索问题的答案。

活动延伸：

幼儿对小乌龟硬硬的壳很感兴趣，因此教师可以为幼儿制作硬壳道具，在户外活动中让幼儿穿上道具开展“乌龟爬”的游戏。

活动三：我来照顾蜗牛

活动目标：了解蜗牛的习性，愿意耐心照顾蜗牛。

活动准备：

1. 幼儿有在户外发现蜗牛的经验，并进行过积极的讨论。

2. 蜗牛(图 6-13)、放大镜、记录表。

图 6-13　幼儿收集的蜗牛

活动过程：

1. 幼儿自主发表自己对蜗牛的认识，如蜗牛的体形、行走方式、食物等。

2. 教师引导幼儿一起收集与蜗牛有关的资料，并鼓励幼儿大胆分享自己的发现。

3. 教师引导幼儿一起拟订照顾蜗牛的计划，大家轮流进行(图 6-14)，每天都要把自

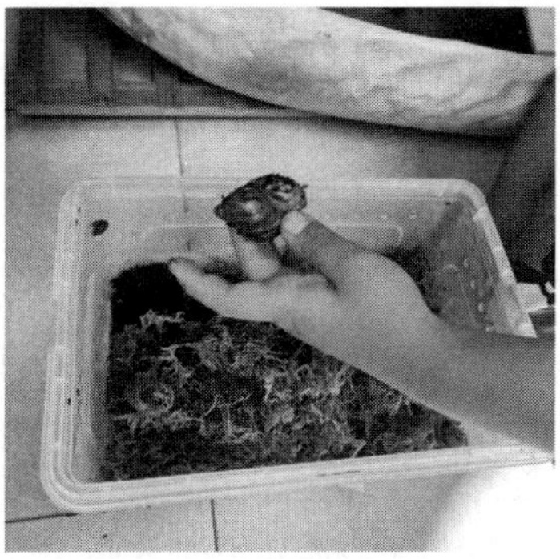

图 6-14　照顾小蜗牛

己的发现用绘画的方式记录下来。

活动建议：

在开展这个活动之前，教师要带领幼儿一起去草地里、菜地里寻找蜗牛，特别是下雨天，更要抓住机会，让幼儿在自然状态下观察蜗牛。在区角活动中的日常观察中，幼儿可能会提出很多的疑问，如蜗牛喜欢吃什么味道的菜叶子，蜗牛的便便是什么样子的，多久需要清理一次蜗牛的家，蜗牛是怎样喝水的……当幼儿对这些问题进行激烈讨论时，教师要鼓励幼儿大胆表达自己的想法，并引导幼儿一起解决共性的困惑。

活动延伸：

幼儿对蜗牛爬行的方式非常感兴趣，因此教师可以在户外活动中开展"蜗牛爬"的游戏，如用小筐、纸盒、塑料盆、玩具篓等材料做成蜗牛的壳，让幼儿在户外草地上快乐地爬行。教师还可以开展绘画活动，让幼儿用绘画的方式把自己发现的蜗牛记录下来并跟大家分享。

（济南市槐荫区锦绣城幼儿园　李亚军　刘畅）

六、一日生活指导

（一）一日生活中幼儿品格与社会技能培养

耐心贯穿小班幼儿一日生活的方方面面，在日常活动的各个环节中都会涉及耐心品格的培养，如晨检等待，如厕等待，盥洗等待，饮水等待，进餐等待，区角游戏等待，耐心倾听老师或同伴讲话，离园等待等。社会技能"按要求做"体现了幼儿的自我控制能力，"请大人帮忙"体现了幼儿在遇到困难时能主动寻求帮助，这两个社会技能渗透在一日生活的各个环节，但在各环节的体现略有不同，如有些环节需要重点指导，有些环节则可随机引导。因此，本期主题品格与社会技能在一日生活中的重点培养环节见表 6-7。

表 6-7　品格与社会技能的日常重点培养环节

生活环节	品格：耐心	社会技能：按要求做	社会技能：请大人帮忙
入园	√	√	
盥洗	√	√	

续表

生活环节	品格：耐心	社会技能：按要求做	社会技能：请大人帮忙
进餐	√	√	√
饮水	√	√	
如厕	√	√	√
午睡	√	√	√
离园	√	√	√
集体活动	√	√	√
户外活动	√	√	√
区角活动	√	√	√
过渡环节	√	√	

(二)一日生活中幼儿品格与社会技能指导要点

本期主题品格与社会技能在一日生活中的指导要点见表 6-8、表 6-9、表 6-10。

表 6-8　一日生活中耐心品格指导要点对照表

环节	指导要点
入园	1. 教师接待幼儿入园，引导先入园的幼儿进行桌面游戏，耐心等待其他幼儿入园后进行下一项活动。 2. 教师通过晨检测温活动，引导幼儿知道要排队，愿意耐心等待、不插队进行测温。
盥洗	教师利用盥洗小儿歌、手指操等引导幼儿耐心等候盥洗。
进餐	1. 教师引导幼儿做好餐前准备，分组有序排队取餐。 2. 教师引导幼儿学会等待，待所有幼儿取餐后，在老师的指令下文明进餐。
饮水	教师利用图片、儿歌等引导幼儿有序排队取放水杯，接水，安静地喝足够量的水。
如厕	1. 教师引导幼儿正确区分男、女厕所，有序如厕；用图示引导幼儿学会正确如厕的方法。 2. 教师利用儿歌、音乐控制如厕人数，让其余幼儿耐心等待。
午睡	1. 教师引导幼儿睡前有序如厕，耐心将外套脱掉并整理好。 2. 教师引导幼儿有序换鞋上床，耐心聆听睡前故事，准备入睡。 3. 教师引导幼儿伴随音乐声起床，有序穿鞋，耐心穿戴衣物、整理自己的床铺。
离园	1. 教师引导幼儿做好离园准备，耐心等待家长来接。 2. 教师借助离园游戏、谈话活动、整理衣物的过程，安抚幼儿情绪，让幼儿开心离园。
集体活动	1. 教师引导幼儿回答问题要举手，待老师点到名字后再发言。 2. 教师引导幼儿耐心聆听同伴发言，等同伴发言完再表达自己的看法，不插话。

续表

环节	指导要点
户外活动	1. 教师通过队列指令游戏、互动指令游戏等，引导幼儿学会排队。 2. 教师利用图示和环境创设引导幼儿在玩大型玩具时学会等待，轮流玩耍。
区角活动	1. 教师引导幼儿在进入区角活动前，有序选择自己喜欢的区角，并将进区卡插入相应的区角袋中。 3. 教师引导幼儿不争抢同伴的玩具；愿意等待别人玩完后，轮到自己时再玩；自己玩完后，耐心将玩具归位。
过渡环节	教师利用餐前时间、睡前时间做一些有利于培养幼儿耐心的小游戏，如餐后让幼儿拣豆子，玩拼拼乐游戏等。

表 6-9 一日生活中“按要求做”技能指导要点对照表

环节	指导要点
入园	教师在来园、晨检、点名活动中引导幼儿学会有序排队和耐心等待。
盥洗	教师要耐心引导，语气温和，并结合图片、儿歌、手指操等告知幼儿盥洗的要求。
进餐	餐前师幼互动，教师引导幼儿耐心等待盛饭，并按指令分组取餐，安静就餐。
饮水	1. 教师耐心引导幼儿按图示要求有序喝水。 2. 遇到幼儿洒水的情况，教师要耐心引导幼儿，鼓励幼儿自己想办法解决。
如厕	教师提出如厕要求，引导幼儿独立如厕、按正确方法提裤子、擦屁股，特别提示男幼儿正确如厕。
午睡	1. 教师做好午检工作，要求幼儿小手、口袋空空。 2. 教师引导幼儿睡姿正确、保持安静、不干扰同伴。
离园	教师引导幼儿有序排队，耐心等待家长，能愉快地和教师、同伴友好告别。
集体活动	1. 教师制定集体游戏活动规则，引导幼儿遵守规则。 2. 教师引导幼儿仔细听要求，没听懂时要及时问，听懂时要按要求一步步认真做。
户外活动	教师引导幼儿约束自己的行为，控制自我，听从指导，按规则进行户外活动。
区角活动	1. 教师引导幼儿明确区角规则，按区角人数要求进入区角活动。 2. 教师引导幼儿在区角活动中，遵守游戏规则，保持区角整洁并能爱护玩具。 3. 教师引导幼儿区角活动结束后，分类整理玩具并将玩具摆放整齐。
过渡环节	1. 教师在饮水、如厕、盥洗等生活过渡环节引导幼儿安静、有序进行活动。 2. 教师在过渡小游戏中引导幼儿集中注意力听老师指令进行游戏。

表 6-10 一日生活中“请大人帮忙”技能指导要点对照表

环节	指导要点
进餐	教师做好餐前准备工作，引导幼儿按要求有序排队取餐、安静等待、文明进餐，遇到洒饭问题自己想办法解决，解决不了时能寻求老师的帮助。

续表

环节	指导要点
如厕	教师告知幼儿在提裤子、擦拭时遇到困难能尝试自己解决，如果实在解决不了能报告老师，请求帮忙。
午睡	教师引导幼儿自己整理衣物，在教师的引导下想办法解决穿脱鞋时遇到的困难。
离园	教师告知幼儿在整理生活用品中遇到困难时能寻求教师或同伴帮助。
集体活动	教师引导幼儿遇到问题时不急躁，愿意在老师的鼓励下想办法解决问题。
户外活动	1. 在户外玩耍时，教师告知幼儿有危险要主动告知老师。 2. 与同伴发生冲突时，教师让幼儿尝试正确判断是否需要老师帮忙。
区角活动	教师引导幼儿在区角活动中由于材料不足、不会协商、不会操作等与同伴发生冲突时，能主动求助老师。

(三)日常指导策略

1. 耐心品格——过渡环节

过渡环节作为幼儿园日常生活中各种活动之间的中转与衔接，在幼儿教育中起着非常重要的作用，不仅可以满足幼儿学习活动和自由活动不同节奏的需求，还可以在轻松、快乐、自然的氛围中培养幼儿的“耐心”品格。

(1)将游戏融入过渡环节

一些过渡环节形式比较单一，幼儿不愿枯燥等待，就会把注意力投入打闹当中。此时教师可以组织简短的小游戏，如手指谣、手指操、齐读儿歌、歌谣等，将注意力拉回，更好地培养幼儿的耐心。

(2)将音乐融入过渡环节

教师选择好适合幼儿的轻音乐，用音乐代替老师的指令，当舒缓的音乐响起的时候，幼儿能够心情平静、自然有序地进行过渡环节，有助于提升幼儿的耐心。

(3)将阅读融入过渡环节

教师为幼儿挑选优质绘本，并增加有趣的环节，如“我是小老师”，让幼儿自主讲绘本，更进一步促使幼儿耐心的阅读和倾听。

(4)将自我管理融入过渡环节

在幼儿充分了解一日环节及班级规则的情况下，教师给予幼儿充分的信任和空间，引导幼儿学会自我管理，并及时为幼儿提供引导与帮助；通过自主、自制的方式，发挥教育的隐性作用，促进幼儿耐心的发展。

(5)有心让孩子“等一等”

教师需要有意识地对孩子进行耐心训练，例如，在美术活动中，有的幼儿画5分就不愿意再画了，一开始可以要求幼儿多画1分，之后慢慢增加时间，慢慢培养幼儿的耐心。

2.“按要求做”技能——耐心游戏

幼儿年龄小，神经系统内抑制功能发展不完善，忍耐力较低，加之有些家长无条件满足幼儿的无理要求，导致幼儿出现没有耐心的情况。培养幼儿的耐心品质，可以帮助幼儿增强情绪调节能力，是情商的重要组成部分，是情感和人格发展的重要环节。游戏是幼儿最主要的学习途径，教师在日常生活中要抓住游戏的机会，培养幼儿的耐心。

(1)静止木头人

游戏名称：1，2，3，木头人

游戏玩法：教师说口令“1，2，3，木头人，不许说话不许动”，在口令结束后，让幼儿做一个固定动作，保持一个长时间的静止状态，培养幼儿的自控能力。

(2)用豆子摆数字

游戏名称：黑豆画数字

游戏玩法：教师在空白纸上用黑笔写出数字，让幼儿用黑豆来描绘出数字的轮廓。这个游戏可以锻炼幼儿的手部精细动作，增强幼儿的耐心。(如果没有黑豆可以用红豆、绿豆、大米等)。

(3)豆子分类

游戏名称：挑豆子

游戏玩法：教师准备好碗和各种不同的豆子，如黄豆、绿豆、红豆，将几种豆子放在一个碗里，混合在一起，让幼儿将不同种类的豆子分别挑选出来，放进相应的碗里。小班幼儿可以用手，中大班幼儿可以选择用镊子或勺子。当幼儿能耐心且快速地挑完豆子时，教师可通过调整豆子的种类和数量，阶梯式提升幼儿的耐心。注意教师要给予幼儿正面鼓励，帮助他们调整情绪。

3.“请大人帮忙”技能——师幼互动

幼儿在发生同伴冲突时、遇到自己解决不了的问题时，教师要培养幼儿解决同伴冲突的能力，提高社会交往技能。

案例：老师带着小朋友们去院子里玩积木，整个活动过程小朋友们都非常开心，在最后的收放积木环节，却发生了一点儿小插曲。果果和其他几位小朋友在用小车把远处的积木运送回柜子时，小车底部压住了晨晨的脚后跟，挤破了好大一块儿皮。晨晨眼泪汪汪的，果果吓呆了，其他小朋友站在旁边：有的责怪果果不小心，有的安慰流泪的晨晨，有的不知所措，瞬间活动场面由兴致勃勃转变为阴云密布……机智的甜甜看到一团糟的情况跑来向老师求助。老师走过去蹲下来安慰晨晨，一边了解情况一边帮他做了伤口的处理。回到活动室，老师立即针对刚才发生的事情和小朋友们进行了交谈，告诉小朋友们活动时要注意安全，如果发生意外，在自己解决不了的情况下，要及时找老师或其他大人帮忙处理。

分析：果果和其他小朋友第一次遇到这种情况，果果觉得自己错了，却不知该如何是好，其他幼儿着急去了解晨晨的伤势，想去关心他，却不知道伤口需要及时处理。

教师指导：当幼儿遇到难以解决的事情，能保持冷静，先试着自己解决，教师可以及时引导；如果幼儿自己解决不了，可以求助于老师和小朋友，用友好的语言冷静地与他人沟通；没危险时自己处理，有危险时立刻报告老师和家长。

(四)生活体验活动

活动案例一：耐心大挑战

1. 设计思路

耐心是一种良好的品质，有耐心的人做起事来有始有终，事情的完成程度比较高。与之相比，没耐心的人做起事来常常会半途而废。但对于幼儿来说，想让他们耐心地去做一件事情，却是非常困难的，因此耐心是需要后天进行培养的。本次活动旨在通过一系列游戏培养幼儿的耐心品格，引导幼儿做事情不要着急慢慢来。

2. 活动过程

(1)情境导入，激发幼儿的兴趣

教师创设“耐心大挑战”情境，营造耐心大比拼的竞争氛围，激发幼儿参与活动的积极性。幼儿在教师的引导下，对活动充满了兴趣。

(2)转移乒乓球

教师提前为幼儿准备两个容器和一个勺子，其中一个容器里面放置一些乒乓球。幼儿嘴巴含着勺子的把儿，用勺子把乒乓球转移到另一个容器里面，在规定的时间内谁转移的乒乓球数量最多谁获胜。

(3)寻寻觅觅找宝藏

教师提前把幼儿喜欢的玩具藏在教室的某个位置，并设定一些关卡。教师给幼儿一张纸条作为提示，让幼儿根据纸条上的提示陆续找到其他的纸条，直至找到自己心爱的玩具。

(4)巧手拼一拼

教师提前为幼儿准备好若干张废旧的彩色图片和一把剪刀，在游戏过程中先引导幼儿运用剪刀把卡片剪碎成若干份，再要求幼儿把刚剪碎的图片还原，重新拼合起来。

(5)积木搭一搭

教师为幼儿提供形状各异的积木，规定积木数量和搭建时间，看看谁在规定的时间内搭建的最高。在幼儿即将成功时，教师悄悄破坏搭建的积木造型，观察他们在重建过程中的耐心表现。

(6)评选最有耐心的幼儿

教师通过观察幼儿在游戏过程中的表现，评选出最具耐心的幼儿，为其颁发奖状和奖品，并请获奖幼儿发表感言，引导其他幼儿祝贺学习获奖者，更好地培养幼儿的耐心品格。

3. 活动总结

“耐心大挑战”活动不仅激发了幼儿参与活动的积极性，还培养了幼儿的耐心品格。在此过程中，幼儿感受到了竞争成功后的快乐，同时也懂得了耐心的重要性。通过一系列的游戏挑战，锻炼幼儿的身体协调能力、思维能力和注意力，培养他们的耐心和细心，同时也提升了他们的人际交往能力。

活动案例二：我会耐心等待

1. 设计思路

耐心品格将会对幼儿的生活和学习产生全面性的影响，耐心品格的培养需要幼儿园和家庭携手并进，从不同方面对幼儿的耐心品格进行有意识的培养。本次活动旨在通过幼儿和家长的一些亲子互动，引导幼儿学会耐心等待。

2. 活动过程

(1)亲子游戏互动

幼儿和家长进行随线而动的游戏，家长在一张白纸上用笔画出一条弯曲的线条，引导幼儿把豆子一颗一颗沿着线条的方向摆上去。家长引导幼儿慢慢放，以此锻炼幼儿的耐心。

(2)亲子体验等候

家长事先给幼儿准备好零食和玩具，带他们出门。选择一个适合幼儿并需要排队的地方，家长和幼儿一起排队等候，依次进入。等候中，家长可以给幼儿玩玩具或者吃点儿零食。如果孩子表现得很有耐心，家长应当及时给予鼓励和肯定。

(3)亲子手工制作

为了训练幼儿的手眼协调能力和耐心，家长和幼儿共同完成手工“毛毛虫吃豆子”。家长先在白纸上画出毛毛虫，引导幼儿进行涂色，再将画好的毛毛虫用双面胶粘在一个鞋盒下面，用刻刀将毛毛虫的嘴巴开个口，准备一个塑料瓶用剪刀剪出上半部分用热溶胶粘在纸盒开口的底部，倒入纸盒里面一些黄豆，引导幼儿将盒子里的黄豆通过开口的地方摇至纸盒下面的塑料瓶里。

(4)亲子阅读绘本

家长与幼儿共同阅读有关耐心的绘本。家长可以逐页给幼儿讲解绘本故事，也可以播放有声绘本让他们聆听。幼儿熟悉故事后，家长可引导他们尝试自己看图讲绘本。

3. 活动总结

本次活动通过亲子游戏、生活体验、手工制作和绘本阅读等多种互动形式，培养了幼儿的耐心品格，同时也促进了良好亲子关系的形成。耐心品格，家园共育，从你我做起！

（长治市壶关县体育幼儿园　李玲玉　郝丹丹）

七、家园共育指导

(一)品格指导要点

对于耐心品格的家庭教育指导，重点在于帮助家长让幼儿学会基本的社会技能以及进入幼儿园能够认真按照教师的要求做事，并在一定程度上解决家长的一些常见问题及困惑。

1. 与家长配合帮助幼儿学会按要求耐心做事

幼儿园可以与家长配合，组织开展一系列家庭亲子活动，帮助幼儿感受理解耐心做事情的意义，逐步体验耐心做好一件事带来的快乐。例如，家长可以在家中与幼儿一起玩挑豆子的比赛游戏，同时根据幼儿的抑制控制能力设置游戏的难易程度，一步一步培养幼儿的耐心。

2. 鼓励家长给幼儿讲述与耐心相关的绘本故事

家长可以给幼儿讲述一些与做事情有耐心、等待时有耐心相关的绘本故事，让幼儿产生情感共鸣从而更好地理解耐心做事的重要性。例如，《妈妈，买绿豆!》是一个关于绿豆发芽的故事，能够帮助孩子了解植物发芽生长的过程，感受耐心等待植物发芽长大带来的快乐；《西西》讲述了一个叫西西的孩子抵抗住了很多“诱惑”，专注、安静地坚持完成一件即便是很小的事情，让孩子感受西西专注的良好品质；《铁杵磨成针》的故事告诉我们凡事贵在坚持，一分努力一分收获，有付出就有回报，事情终究会成功；《水滴石穿》的故事告诉我们只要有恒心，不断努力，持之以恒，事情就能够成功。

(二)社会技能指导要点

1. 按要求做

仔细听，想明白。家长要告诉幼儿，跟人说话的时候要眼睛看着说话的人，专心听他说的是什么，并想一想他说话的内容。家长可以在家中给幼儿安排一些小任务，锻炼幼儿的任务意识，增强倾听的注意力。

没听懂，及时问。家长要告诉幼儿，当听明白他人说话的内容时，点头示意已明白；没听懂时，马上再次询问一遍，直到听懂他人所说的内容。

听懂认真做起来。家长教育幼儿当听懂别人说的内容时，要按要求认真完成。

2. 请大人帮忙

同伴冲突有大小，要看危险不危险。家长告诉幼儿在与同伴相处的过程中经常会出现意见不统一的情况；当事情发生时，要先判断是否会造成自己、对方身体上的伤害或对他人、环境造成影响，是否有危险发生。

没危险时自处理。家长要告诉幼儿无危险发生时，要用友好的方式去沟通解决同伴间出现的问题。家长可以和幼儿在家中阅读有关同伴交往的绘本，引导幼儿学会正确地与同伴相处。

有危险时找大人。当有危险发生时，教师和家长要教育幼儿及时告诉大人。教师在游戏前应重点强调安全问题。家长要引导幼儿当发生危险时首先要寻求大人帮忙，不要贸然行事。

(三)你问我答

1. 早上入园时，有的幼儿情绪不佳，怎么办

教师应蹲下身来，握住幼儿的小手询问一下幼儿不开心的原因。如果与家庭有关，教师先耐心地给予幼儿情感上的安慰和疏导，并及时与家长沟通，引起家长的重视与注意；当幼儿情绪恢复后，及时给予表扬和鼓励。

2. 生活活动时，有的幼儿经常插队，怎么办

首先，教师应考虑班级人数，分组进行。同时考虑生活活动的次数及时间，减少消极等待现象。其次，教师在活动初期设定好清晰、明确的活动规则，确保每一名幼儿都能掌握，对遵守规则的幼儿给予正面、积极的表扬。

3. 幼儿不会自己穿衣服，经常哭闹怎么办

家长可以利用儿歌、小游戏的形式帮助幼儿逐步学会动作要领，培养幼儿的自理能力。教师可以利用自理能力比赛的形式，观察、总结生活中的“小妙招”，及时普及给班里的幼儿，帮助幼儿丰富生活经验。

4. 亲子阅读中，幼儿不能安静地将一本书看完，总是东张西望，怎么办

家长可以从让幼儿选择一本自己喜欢的图书开始，慢慢培养幼儿的阅读兴趣。家长应在家中营造良好的读书氛围，并与幼儿共同养成良好的阅读习惯。

5. 当家长不给购买自己喜欢的玩具，会当场哭闹不止时，怎么办

出门前家长可以先跟幼儿做好约定，如今天要买什么东西，哪些东西不可以买，当违反约定时会受到什么样的约束或惩罚……在逛街的时候，幼儿看见新奇的物品哭闹不止时，家长要坚持原则，按约办事。

家长可以与幼儿设定每月零花钱的金额，在保障安全、合理的情况下，让幼儿自由支配零花钱。零花钱主要由“固定金”和“奖励金”两部分构成，例如，每月固定有50元，当幼儿掌握了一项新的技能或与自身相比有了很明显的进步时，家长可以给予一定数额的“奖励金”。当本月的零花钱用完后，家长可以与幼儿商量将本次消费放到下月进行，这样可以很好地培养幼儿的理财意识。

6. 当家长与幼儿开车外出时，遇到较长时间的红绿灯或路途较长时，幼儿会在车上哭闹，怎么办

日常生活中，家长可以与幼儿阅读一些有关安全方面的图书，如交通安全、用电安全、用火安全……丰富幼儿生活经验，帮助幼儿建立起自身安全意识。家长在外出时如遇较长时间的红绿灯时，可以通过转移注意力的方式，让幼儿看一下马路上有没有什么新奇、好玩的事物，与大家一起分享，减轻等待时带来的焦虑。当家长提前知道外出时间较长时应提前做好出行攻略，与幼儿商讨好可以做的事情，让幼儿忙起来有事可做，减少消极等待。

（东营市广饶县西苑幼儿园　扈培培　孙芹芹）

第七章　秩序品格：遵守规则好孩子

一、主题说明

◎**情境链接**

有一天老师在引导幼儿做晨间分享的时候，给班上的幼儿讲了他们最喜欢的故事——《地下 100 层的房子》。老师讲完故事后将绘本随手放在身后的椅子上，然后提醒并组织幼儿吃早餐。这时，班上的洋洋走过来，把老师放在椅子上的绘本拿到图书角放到原来的位置，然后心满意足地去吃早餐了。

洋洋这样的行为并不是为了要得到教师的表扬，或想整理环境，而是内心对秩序感的渴望。幼儿对事物的顺序、物品摆设的位置、人物的呈现，一般都很执着。他们会“固执地”把东西放在固定的位置，认为每样物品都有一个家。不只是物品，幼儿本身的行为也体现着秩序感，如他们喜欢在固定的座位上吃饭；洗澡有一定的顺序、有固定的洗澡玩具；甚至外出散步喜欢固定的路线，期待在相同的转弯处看见相同的标志物，如此的生活习性都呼应幼儿内在对秩序感的需要。

《3－6 岁儿童学习与发展指南》在社会领域的社会适应板块提出了“遵守基本的行为规范”的发展要求。其中，3～4 岁幼儿的表现主要是“在提醒下，能遵守游戏和公共场所的规则”。随着幼儿社会化的不断发展，他们需要习得更多社会规范以顺利地融入社会生活，因此，实施以秩序品格为核心的主题活动就显得尤为重要。此外，除了遵守社会规则，还要在秩序品格培养中有意识地培养幼儿做事情的顺序性、逻辑性和规范性，因此本期主题还加入了专门化的社会技能活动“按顺序来”，逐步建立幼儿做事情的条理性。基于此，本期主题将重点围绕有序排队、物品摆放、有序做事三方面培养幼儿的秩序品格。

二、主题目标

第一，在生活、游戏中愿意遵守规则，体会秩序给生活带来的便利。

第二，知道每件物品都应该有相对固定的位置，意识到用完东西后要物归原位。

第三，知道不随地扔垃圾，废旧或废弃物品应有序整理或回收。

第四，知道做事情的时候要有一定的顺序，明确先做什么再做什么，要有条理性。

第五，知道大家一起玩游戏时要遵守规则，轮流玩，其他小朋友玩完了自己再玩。

第六，在沟通交流中能够遵守基本的互换原则，如对方说完自己再说，不抢话。

第七，全体活动时能够有序排队，学习一个跟着一个排队向前走。

第八，能够在生活中保持有规律的作息，在对应的时间做对应的事情。

三、环境创设

（一）主题墙

本期品格教育主题是秩序，以《3－6 岁儿童学习与发展指南》为依据，借助绘本，针对小班幼儿年龄特点创设“哇！真整齐”主题环境，由一起排队喽和玩具收整齐两部分构成，以照片、图片的方式呈现，同时突出绘本人物生动形象的特点，引导幼儿在观察与互动过程中逐渐养成良好的秩序品格。

1. 一起排队喽

排队是秩序品格中的一个重要内容，也是小班幼儿入园后集体生活和行为习惯的重要组成部分，在这部分中又分为绘本故事、我学排队和我会排队三个板块(图 7-1)。其中绘本故事是将绘本中的主要内容做成影集张贴在上面；我学排队主要通过绘本《排队喽》和幼儿共同讨论幼儿园哪里需要排队，并形象地向幼儿呈现排队的好方法，帮助幼儿学会排队；而我会排队则呈现一日生活中幼儿在教师的引导下认真排队做事的画面。

图 7-1　一起排队喽

2. 玩具收整齐

这部分主要体现秩序品格中的收放内容，呈现的是以绘本《送玩具回家》为切入点拓展延伸到幼儿的一日生活中，采用有趣的卡通绘本形象与幼儿生活中收放玩具的真实照片相结合的方式，帮助幼儿在体验中学会怎样收放玩具，并把玩具收整齐的学习过程。

（二）家园共育栏

在入园初期秩序培养的内容成为小班幼儿在幼儿园一日生活中的培养重点。小班家园共育栏创设中凸显秩序培养的内容，可以为家长提供更多的教育支持，也更全面地呈现幼儿在幼儿园一日生活中针对秩序培养的协同共育。

1. 主题内容告知

小班幼儿的秩序习惯培养往往离不开家庭和幼儿园的携手共育，在家园共育栏中教师会利用照片、所学儿歌及文字内容反映幼儿在幼儿园所学内容，特别是小班幼儿一日生活的秩序培养尤为重要，如排队如厕，耐心洗手，用餐后送碗盘等，都是幼儿初入小班阶段每日的培养重点。家长可在来园和离园时，时时关注家园共育栏的更新内容，以便更好地配合教师引导幼儿阶段性秩序培养的有效开展。

2. 日常亲子陪伴

小班幼儿的秩序习惯培养不仅在幼儿园一日生活中被视为重点培养内容，在家中的日常培养也尤为重要，因此在家园共育栏中可以将内容迁移到家园共育培养幼儿的秩序习惯(图 7-2)，为幼儿提供家园环境相似的教育机会，以便幼儿更好地形成良好的秩序习惯。例如，幼儿在家中进餐后，家长可以提供幼儿自主收放餐具的秩序培养环境；幼儿在家中玩完玩具后，家长可以引导幼儿自主收纳整理玩具。这种家园并进式培育的环境，可以有效地形成或提高幼儿的秩序意识，从而形成良好的秩序习惯。

图 7-2　家庭亲子互动

(三)幼儿成长(学习)记录墙

幼儿成长(学习)记录墙主要体现教师将教育环境化整为零，渗透教育元素和幼儿在一日生活中是如何排队和收放玩具的学习过程两方面。例如，教师在教室门口、窗台、图书区、建筑区等地方巧妙呈现排队和收放玩具的标记；幼儿在大型玩具、饮水区、小衣柜、盥洗室等地方尝试排队与收放玩具的过程性照片(图 7-3)。通过自然而零散的秩序品格环境及随处可见的幼儿排队和收放玩具良好行为的照片，为幼儿营造润物细无声的教育环境，同时也真实地反映了幼儿在秩序品格养成中的可喜变化与点滴进步。

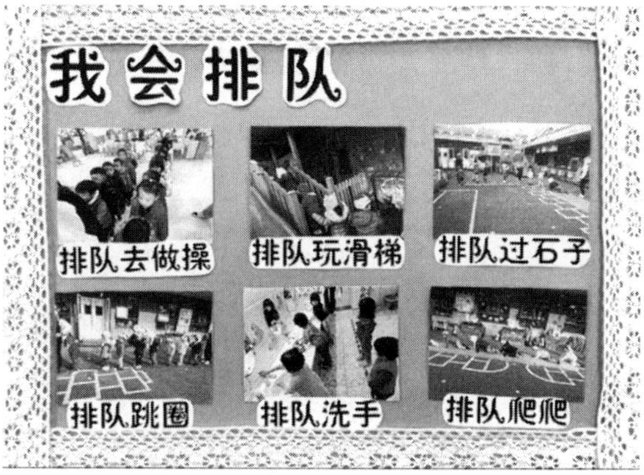

图 7-3　幼儿成长精彩瞬间

（北京市第二幼儿园　周为　徐晓蕾）

四、教学活动案例及反思

(一)品格绘本阅读活动

1. 秩序品格绘本推介

小班幼儿正处于秩序敏感期，他们对物品的摆放、做事情的先后顺序等都有着自己内在的既定规则。个体的内在秩序与社会生活中的外在规范是相辅相成的，成人在生活中要有意识地引导幼儿了解生活中的规则，帮助幼儿更好地适应社会生活。基于此，教师可通过绘本阅读的方式引导幼儿了解生活的秩序，因此本期主题从有序排队、遵守规则、物归原处等方面选择了 4 本适合教学活动的秩序主题绘本，具体见表 7-1。

表 7-1　秩序品格绘本推荐及解析

绘本名称	主要内容	绘本中的“秩序”
《被挤烂的丸子店》	马特人你争我抢，就为吃到神奇的啦啦丸，丸子店被一次次挤垮。怎么解决这个问题呢？跟随这些马特人解决这个问题，理解规则产生的原因、过程及意义。	有序排队。
《红绿灯眨眼睛》	一天，红绿灯的信号变得乱糟糟的，车辆已经排成一条长龙了，发生了什么呢？等你去发现红绿灯的重要作用。	遵守交通规则。
《亨利的地图》	小猪亨利为农场画了一张清晰有序的地图，让农场的动物能够各归其位。	物品的有序摆放。
《这是什么队列？》	好多动物都在排队，大家等得都非常着急，前面到底是什么呢？动物们越等越着急，却依然要继续排队。不过排队到最后就会发现“超级惊喜”。	数字排序、高矮排序。

2. 教学活动案例

接下来我们以语言活动“被挤烂的丸子店”为例阐述秩序品格语言领域教学活动的组织要点，见表7-2。

表7-2　秩序品格语言领域教学活动

<table>
<tr><th colspan="3">被挤烂的丸子店</th></tr>
<tr><th>活动环节</th><th colspan="2">活动设计</th></tr>
<tr><td rowspan="3">活动目标</td><td colspan="2">认知目标：了解故事内容，理解遵守秩序的重要性。</td></tr>
<tr><td colspan="2">能力目标：能用自己的语言简单解释丸子店被挤烂的原因及排队时应遵守的规则。</td></tr>
<tr><td colspan="2">情感目标：愿意在生活中自觉遵守秩序，不排队、不拥挤。</td></tr>
<tr><td rowspan="2">活动准备</td><td>经验准备</td><td>幼儿对日常生活中排队、顺序有一定的经验。</td></tr>
<tr><td>物质准备</td><td>1. 绘本课件《被挤烂的丸子店》。
2. 教学课件《被挤烂的丸子店故事线索图》。
3. 彩色巧克力糖果若干(代替啦啦丸)。</td></tr>
<tr><td>活动过程</td><td colspan="2">一、出示“啦啦丸”，引起幼儿兴趣
师：小朋友们，今天老师带来了一些神奇的“啦啦丸”，吃了能唱歌的，你们想尝一下吗？我们一起去看看在哪里买这个“啦啦丸”吧！
二、阅读绘本开始至丸子店第一次被挤垮了，了解故事背景
(一)出示绘本封面，猜测故事内容
师：画面中发生了什么？这会是一个什么样的故事呢？
(二)阅读第2至3页(此书无页码，作者从扉页开始算第1页)，了解正义岛上的马特人
师：小朋友们，我们一起去看看正义岛上都住着谁。
师：马特人与我们有什么不一样呢？
(三)阅读第4至11页，了解丸子店被挤垮的原因
师：画面中华尔马特正在做什么？他开了一间什么店？有人来购买丸子吗？
师：画面中聪明的丹莉马特和机智的华尔马特又在做什么？
师：从画面中丹莉马特和华尔马特的动作、表情中，你们觉得他们在做什么呢？为什么华尔马特会唱歌？
师：其他马特人吃了“啦啦丸”会怎么样？
师：丸子店发生了什么事呢？
(品格元素：教师引导幼儿通过观察和分享、聆听知道丸子店第一次被挤烂是因为不排队)
三、继续阅读绘本至“哗啦——”，了解丸子店第二次被挤烂的原因、带来的危害及解决策略
(一)阅读第12至17页，感知排队的心情，猜测故事发展
师：请观察画面，“啦啦丸”的销售情况好吗？咦，为什么有一个马特人在哭？
师：画面中又发生了什么事？丸子店为什么又垮了？
(二)阅读18至20页，了解拥挤带来的危害
师：观察画面马特人们的状态是怎么的？不守秩序会有怎么样的后果？
(品格元素：教师引导幼儿知道丸子店第二次被挤烂是因为推挤、没秩序的原因，并导致很多人员受伤的惨痛结果)
师：观察画面，经过惨痛的代价后，马特人他们在干什么？
(三)阅读第21至24页，讨论调整策略
师：观察画面，许多的马特人正在做什么呢？最后制作什么东西出来了？
师：“丸子车店”会有什么便利作用呢？</td></tr>
</table>

续表

被挤烂的丸子店	
活动环节	活动设计
活动过程	师：观察画面，在马特人有序地排队购买“啦啦丸”的时候又出现了什么情况？他们为什么会打架？有什么办法解决他们插队的问题呢？ (**品格元素：**教师引导幼儿知道“插队”也是不守秩序的行为) **四、阅读绘本第 25 页至结束，了解排队时出现的插队问题及解决策略** (一)阅读第 25 页，师幼讨论解决插队问题的办法 师：马特人聚在一起做什么？那他们会想出什么办法来制止插队的马特人呢？ (二)阅读第 26 至 29 页，了解故事里解决插队问题的办法 师：从画面你观察到什么了？红色马特人干什么了？其他马特人的表情是怎么样的？ 师：插队的马特人吃了“啦啦丸”后怎么样了？为什么他会这样呢？那下次他还会插队吗？ 师：从红色马特人的行为中，我们可以看到不遵守秩序随意插队的行为是不对的，我们不能学习。 (三)阅读第 30 至 31 页，感知文明排队的重要性 师：经过“啦啦丸”事件后，我们一起观察画面，现在的马特人是怎样购买“啦啦丸”的？你们喜欢现在马特人的购买方式吗？ **五、结合生活经验，讨论排队规则，情境体验，引导幼儿有序排队品尝“啦啦丸”** (一)简要回顾故事中排队时发生的问题，交流排队规则 师：小朋友们，我们根据《被挤烂的丸子店的故事线索图》一起回顾一下这个故事吧。 师：通过故事我们知道日常要遵守哪些规则呢？我们应该怎样做呢？ (**品格元素：**教师引导幼儿在巩固故事的同时强化秩序品格) (二)情境体验，强化排队秩序 师：为了庆祝正义岛上的马特人都学会了讲秩序、会排队、不插队的好习惯，店长华尔马特送来“啦啦丸”请小朋友们品尝。请小朋友们有秩序地到老师处品尝好吃的“啦啦丸”吧。 (**品格元素：**教师通过让幼儿品尝糖果提升幼儿参与秩序性的游戏体验)
活动延伸	**一、区角延伸** 教师可以把《被挤烂的丸子店》《红绿灯眨眼睛》《亨利的地图》《这是什么队列？》的绘本故事书投放在阅读区，供幼儿翻阅回顾学习；还可以在美工区投放一些各种颜色的超轻黏土，供幼儿制作具有自己特色的“啦啦丸”，并设置展示台，供幼儿展示分享。 **二、生活渗透** 教师可以在幼儿日常的一日生活中不定时地引导幼儿有秩序地排好队、物品使用后物归原位、利用碎片时间开展顺序性游戏等，发现幼儿表现较好时做到及时给予肯定与表扬，做到强化秩序品质。 **三、环境渗透** 在班级主题墙一角或比较明显的墙角中，教师可以张贴一些日常抓拍到的幼儿守秩序的照片；或者张贴一些绘本故事中秩序性较突出的情境画面以及幼儿自己对生活中秩序场景进行的表征等，来以环境渗透教育。

3. 活动反思

(1)活动特点

教师能创设轻松的环境，给予幼儿充分想象及表达的空间，问题设计简明易懂、层层递进、循循诱导，使幼儿能较好地掌握故事内容。在物质准备方面，体现了生活化，贴近幼儿生活的同时，巧克力彩色糖果也起到了承上作用，增强了幼儿对故事的兴趣，并助力幼儿回顾事故。回顾故事线索环节，教师利用教学课件《被挤烂的丸子店故事线索图》有效帮助幼儿快速地回顾故事发展，从而加深、巩固幼儿对故事的认识，同时也培养了幼儿对故事理解的简易方法。

在幼儿品尝"啦啦丸"环节，起到故事代入作用，并能使幼儿体验并参与有秩序的活动，从而增进幼儿秩序品格的培养。

(2)活动实施建议

活动中通过以生动的马特人形象吸引幼儿对活动的兴趣后，教师可以重点讲述华尔马特和丹莉马特，把华尔马特和丹莉马特的特长放大，凸显特长，为后续故事做铺垫，起到承上启下作用。活动延伸部分中，教师可以把"秩序"品格融入生活之中，在潜移默化中影响、强化幼儿一日生活中的秩序性。

(清远市连南瑶族自治县三江镇中心幼儿园　梁家文　林丹)

(二)品格社会领域教学活动

1. 秩序品格的社会领域教学活动设计说明

秩序是指事物存在和发展的规则，对于幼儿来说，秩序不单单指稳定的生活环境、物品的有序摆放，还包括个人生活的有序安排、社会规则中的排队以及人际交往中的尊老爱幼。小班是幼儿秩序感发展的关键期，因此，教师除了在日常生活中进行秩序感的培养与渗透，也需要开展专门性的集体教学活动，让幼儿在情境讨论、故事讲述、游戏体验中感知秩序的重要性。

2. 教学活动案例

接下来我们结合小班幼儿的认知发展特点以社会活动"会排队，乖宝宝"为例来阐述秩序品格社会领域教学活动组织要点，见表 7-3。

表 7-3　秩序品格社会领域教学活动

<table>
<tr><th colspan="3">会排队，乖宝宝</th></tr>
<tr><th>活动环节</th><th colspan="2">活动设计</th></tr>
<tr><td rowspan="3">活动目标</td><td colspan="2">认知目标：了解排队的重要性及生活中常见的排队情境。</td></tr>
<tr><td colspan="2">能力目标：能在老师的引导下简要说出排队的注意事项。</td></tr>
<tr><td colspan="2">情感目标：喜欢自觉排队的人并愿意自觉排队。</td></tr>
<tr><td rowspan="2">活动准备</td><td>经验准备</td><td>1. 幼儿有跟家长排队或(被)插队的经历。
2. 幼儿有独自排队或(被)插队的经历。</td></tr>
<tr><td>物质准备</td><td>1. 幼儿因不排队而出现的混乱场面视频、日常生活中常见的排队场景图片 4 张。
2. 喝水环节的图示卡片 6 张(分别为表示安静、礼让、有序地前后站、插队、吵闹、推挤的图示卡片)。
3. 贴有对错标识的黑板。
4. 歌曲《排队歌》。</td></tr>
</table>

续表

会排队，乖宝宝	
活动环节	**活动设计**
活动过程	**一、问题导入，激发幼儿参与活动的兴趣** 师：小朋友们，今天老师给大家带来了一段视频，请你认真观看并思考视频中发生了什么。 师：为什么会发生这种事情呢？ 小结：大家说的很对，喝水的环节，很多小朋友都挤在一起，场面非常混乱，有的人碰倒了别人的水杯，造成了拥挤混乱的场面。 （**品格元素：**教师通过视频直观呈现排队的问题，唤起幼儿有关秩序的生活经验，激发幼儿活动兴趣） **二、师幼讨论解决混乱及矛盾的办法** 师：小朋友们，如果是你，你有哪些好方法能够避免这种混乱现象的发生呢？（教师鼓励幼儿大胆表达） （**品格元素：**教师引导幼儿讨论解决混乱现象的办法，引出有序排队） 师：小朋友们说得很好，人多的时候要排队，一个接一个地喝水才不会混乱。老师这里有几张图片，请几位小朋友选一选，哪些是正确的排队行为，哪些是错误的排队行为。（教师提供 6 张图示卡片，请幼儿分别贴在正确的一边和错误的一边） 师：谁能根据图片讲一讲，排队的时候我们应该怎样做呢？ 师：谢谢××小朋友，说得很完整。排队的时候，我们要有序地前后站好，不推不挤，安静等待。 （**品格元素：**教师通过图片提示引导幼儿完整讲述排队的注意事项） **三、教师分享日常生活中常见的排队场景** 师：小朋友们，有序排队是人们文明礼貌的表现。在生活中有很多地方，我们都能看到人们在有序地排队，我们一起看一下吧！（教师通过课件出示生活中常见的排队场景，如餐厅、影院、车站、学校等） （**品格元素：**教师从幼儿园的日常生活拓展到社会生活，让幼儿掌握排队的方法，了解都有哪些场所需要排队） **四、音乐律动《排队歌》** 师：生活文明靠大家，有序排队你我他。让我们一起排好队唱一唱歌曲《排队歌》，当有序排队的小小宣传员吧！ （**品格元素：**教师通过音乐律动深化幼儿对排队重要性的认识，增强幼儿有序排队的意识）
活动延伸	**一、区角延伸** 教师可以在科学区投放标有数字的小火车，进行有序排列的游戏；还可以在表演区投放歌曲《排队歌》，生幼儿边模仿排队的场景边演唱。 **二、生活渗透** 教师可以请家长拍下幼儿在生活各个场景中有序排队的照片，并在班级中积极鼓励表扬。在户外活动中，教师可以进行排队游戏“小火车”。 **三、环境渗透** 教师可以将需要排队的场所和幼儿在生活中有序排队的照片张贴在班级主题墙中，鼓励幼儿自己一边看照片一边说一说这是什么地方，自己是怎样做到的。

3. 活动反思

(1)活动特点

活动目标紧紧围绕“有序排队”从认知、能力、情感三方面进行阐述，为活动的开展指明方向。活动内容与小班幼儿真实的生活经验相关，有助于目标的达成。活动环节动静结合，既能引导幼儿感知有序排队的重要性，也能在操作中进一步强化幼儿排队的意识，从而实现教学目标。

(2)活动实施建议

在整个活动过程中，教师有意识地营造轻松、自然、愉悦的环境，鼓励幼儿结合自己的生活实际经验大胆表达。但自主表达对小班幼儿有一定的难度，因此师幼互动过程中，教师的指导语要清晰、具体，让幼儿听得懂、说得出。

(威海市环翠区环发幼儿园　李盼盼　孙红燕)

(三)品格综合领域教学活动

1. 秩序品格的综合领域教学活动设计说明

秩序对于幼儿人格的健康发展具有重要意义，培养幼儿的秩序品质，是满足幼儿智力与情感发展的需要，本身也是尊重幼儿成长的需要。秩序主题中的健康领域活动主要体现在游戏行为、心理接纳方面，如排队时学会等待等。科学领域活动则围绕数学认知进行，如给数字排队等。

2. 教学活动案例

接下来我们以健康领域活动“小蚂蚁运果子”为例阐述秩序品格综合领域教学活动的组织要点，见表 7-4。

表 7-4　秩序品格综合领域教学活动

<table>
<tr><th colspan="3">小蚂蚁运果子</th></tr>
<tr><th>活动环节</th><th colspan="2">活动设计</th></tr>
<tr><td rowspan="3">活动目标</td><td colspan="2">认知目标：知道和小朋友一起户外游戏的时候要遵守秩序。</td></tr>
<tr><td colspan="2">能力目标：能够双臂打开保持平衡，掌握手膝着地自然协调的向前爬，能遵守接力游戏秩序。</td></tr>
<tr><td colspan="2">情感目标：愿意参加体育游戏并感受到快乐。</td></tr>
<tr><td rowspan="2">活动准备</td><td>经验准备</td><td>1. 幼儿会跳《蚂蚁蚂蚁》的律动操。
2. 幼儿知道粘球衣的使用方法。</td></tr>
<tr><td>物质准备</td><td>1. 宽阔的活动场地；粘球衣每人一套、棉球(至少和幼儿数量一样多)、球筐、平衡木、红色和绿色两条线、彩虹隧道；游戏音乐；汗巾每人一条。
2. 儿歌《蚂蚁蚂蚁》。</td></tr>
<tr><td>活动过程</td><td colspan="2">一、律动游戏，做好准备活动
师幼先一起做热身运动，再一起跳《蚂蚁蚂蚁》的律动操，活动身体。
(品格元素：教师引导幼儿建立体育活动先热身的意识)
二、游戏引入，激发幼儿兴趣
师：小朋友们好，我是蚂蚁王后。我今天来邀请小朋友们变成小蚂蚁去我的王国采果子，你们想去吗？</td></tr>
</table>

续表

小蚂蚁运果子	
活动环节	**活动设计**
活动过程	师：小女生有一条红线，小男生有一条绿线，在我数“1，2，3”后，能站到自己线上的就会得到一件“蚂蚁粘粘衣”(粘球衣)，变成小蚂蚁。开始喽，1，2，3！ 教师辅助幼儿整理好纵队，帮幼儿带上粘球衣。 (**品格元素：**游戏开展前，教师请幼儿自己分队，让幼儿初步感知游戏规则) **三、讲解游戏规则，组织游戏活动** (一)教师讲述游戏规则并演示 师：“小蚂蚁们”，河对面的“筐子”(球筐)里有好多“果子”(棉球)，我们需要双臂打开走过平衡木小桥，走到“筐子”跟前拿一个“果子”粘到“蚂蚁粘粘衣”上，再从小桥上走回来放到“筐子”里，和下一位“小蚂蚁”击掌，被击掌的“小蚂蚁”出发，取回“果子”的“小蚂蚁”站到队伍最后边去。 教师邀请一名幼儿为大家演示游戏规则。 (二)播放音乐，开始游戏 两队幼儿同时进行“取果子”的游戏。 教师随时协助幼儿遵守游戏规则、注意游戏安全。 (**品格元素：**活动设计以“小蚂蚁取果子”贯穿始终，从排队到等待击掌再到回到队尾，帮助幼儿学会玩游戏要遵守秩序) (三)增加游戏情境，丰富幼儿的游戏体验 师：“小蚂蚁们”，大雨要来啦，我们要加快取“果子”的速度啦，接下来每队的“小蚂蚁们”可以一起出发，排队按顺序双臂打开走过平衡木小桥，拿到“果子”，回来爬过彩虹隧道，把“果子”放进“筐子”里，再从头出发。哪一队最先把所有“果子”都取回来，就获胜啦！ 教师邀请一队幼儿为大家演示游戏规则。 (**品格元素：**游戏提升，按小队进行游戏比赛，增强团队合作的同时，帮助幼儿了解秩序在团队合作中的重要性) **四、观察幼儿活动量，自然结束游戏** 师：今天小朋友们玩得高兴吗？蚂蚁王国随时欢迎你们再来玩哟！ 教师引导幼儿跟随音乐，放松活动。游戏结束，教师邀请幼儿协助帮忙整理活动材料，培养幼儿学会整理的好习惯。
活动延伸	**一、区角延伸** 教师可以在美工区投放蚂蚁模型等，结合美工区的水粉画材、纸黏土、不织布等材料，鼓励幼儿进行关于蚂蚁展览会的相关活动；还可以在表演区投放蚂蚁头饰等，举办“蚂蚁运动会”，引导幼儿回顾运动要遵守的规则和秩序，并鼓励幼儿自己制定规则。 **二、领域渗透** 游戏后，教师可以带领幼儿了解关于蚂蚁的小知识，如蚂蚁的分工，蚂蚁如何运食物等。科学领域可以开展“户外蚂蚁观察”“蚂蚁的声音”等项目活动，通过查找资料、实地观察等方式帮助幼儿初步了解蚂蚁。艺术领域可以围绕“小蚂蚁的家”这一主题，开展纸黏土和水粉画创作活动，共同布置蚁巢，加深幼儿对蚂蚁世界的理解。语言领域可以为幼儿提供有关蚂蚁的绘本，供幼儿自主发现、讨论。社会领域可以开展“小蚂蚁的一天”活动，让幼儿通过角色扮演，感受蚂蚁生活的同时，提高幼儿间的交往能力。

3. 活动反思

(1)活动特点

活动目标设置合理。结合小班幼儿年龄特点，教师设计了平衡、手膝着地爬等目标。每个环节清晰的游戏规则，为本次活动的开展提供了有序、安全的支持，同时引导幼儿体会遵守秩序的重要性。

活动准备充分。活动前教师充分研磨本节健康活动的设计，为本次活动的开展提供了完善的内容；检查游戏材料的安全性，确保本次活动中幼儿的安全；了解小班幼儿的能力水平，设置合理的游戏难度，这也是最为重要的一个前提。

活动环节自然顺畅，以律动游戏活动身体，随后以游戏故事开始活动，激发幼儿的兴趣。过程中逐步增加活动难度，根据幼儿的活动量适时结束游戏，做好放松运动，整个活动以“蚂蚁取果子”的游戏贯穿始终，充分调动幼儿的兴趣。

(2)活动实施建议

小班幼儿年龄较小，讲述规则的时候最好边讲边演示。此外，为确保每名幼儿都能看见教师的演示，演示的时候幼儿队伍最好站成半圆形，或者分两队，教师在两队中间演示。小班幼儿一般班额在 20 人左右，因此进行游戏时教师可将幼儿分成 4 队，减少幼儿等待时间。教师请每队幼儿自己讨论队名，增强幼儿的集体感和荣誉感。

(山东省工业和信息化厅第二幼儿园　陈嫣)

(四)幼儿社会技能教学活动

1. 活动设计说明

“按顺序来”是幼儿人际交往中的重要技能，有利于幼儿更好地融入社会。这一技能的培养重点包括：让幼儿知道什么情况下要轮流；教幼儿安静地等待，不要着急。

2. 社会技能“按顺序来”教学活动案例

社会技能“按顺序来”的技能口诀是：人多要排队；不要太着急；耐心等一等，马上轮到你。接下来我们以活动“我会排排队”为例阐述社会技能“按顺序来”教学活动的组织要点，见表 7-5。

表 7-5　社会技能“按顺序来”教学活动

<table>
<tr><th colspan="3">我会排排队</th></tr>
<tr><th>活动环节</th><th colspan="2">活动设计</th></tr>
<tr><td rowspan="3">活动目标</td><td colspan="2">认知目标：懂得排队与等待是遵守规则的好行为。</td></tr>
<tr><td colspan="2">能力目标：能够运用口诀，在生活中主动排队，耐心等待。</td></tr>
<tr><td colspan="2">情感目标：体会排队在生活中的重要性。</td></tr>
<tr><td rowspan="2">活动准备</td><td>经验准备</td><td>幼儿对一日生活中的排队现象有一定的观察和了解。</td></tr>
<tr><td>物质准备</td><td>1. 大象老师带领小动物们排队去游乐场的图片，小动物们排队玩滑梯的图片，小动物们排队荡秋千的图片，小动物们排队回幼儿园的图片。
2. 幼儿玩滑梯的视频。
3. 三张教学图片：一张是幼儿喝水的照片，一张是幼儿自主取餐具的照片，一张是幼儿游戏的照片。
4. 玩偶一个。</td></tr>
</table>

续表

我会排排队	
活动环节	活动设计
活动过程	**一、图片导入，引出主题** 教师依次出示大象老师带领小动物们排队去游乐场的图片，小动物们排队玩滑梯的图片，小动物们排队荡秋千的图片，小动物们排队回幼儿园的图片。 师：今天大象老师要带领小动物们去游乐场，你们想不想一起去看一看？ 师：小朋友们仔细观察下，小动物们是怎样去游乐场的？他们都玩了什么游戏？玩游戏时，他们又是怎么做的？ 小结：小动物们排着整齐的队伍走进游乐场，在玩滑梯时一个跟着一个排队，不争不抢，互相谦让；荡秋千时，1，2，3，…10，数着数，一个人玩10下，有序排队荡秋千；玩完游戏，排好队快快乐乐地回到幼儿园，真是开心的一天。 **二、师幼互动，理解口诀** 师：今天老师还带来了小朋友们玩滑梯的视频，我们一起来看一下吧！（教师带领幼儿观看视频） 师：在刚才的视频中，小朋友们的行为和小动物们相比，你发现了什么？那小动物们是怎么做到有序排队的呢？我悄悄地问了一下小动物们，原来小动物们有它们的秘密，一起来听一下：人多要排队；不要太着急；耐心等一等，马上轮到你。 师：小朋友们生活中都会遇到很多需要排队或者等待的时候，今天我们一起来学习一下这个口诀吧。 师：第一句口诀是“人多要排队”，小朋友们在幼儿园里什么时候需要排队？我们为什么要排队？ 师：小朋友们排队等待的时候会有什么样的心情？当自己着急时，那就用到第二句口诀告诉自己“不要太着急”。 师：那我们排队的时候要怎么做呢？是使劲儿往前挤还是在后面安静地等待？一直轮不到你的时候怎么办？那老师告诉大家第三句口诀，那就是“耐心等一等，马上轮到你”。 师：哪位小朋友愿意来尝试说一说口诀？ 小结：在我们的生活中很多地方都需要排队，当我们发现人很多，我们很着急的时候，就用我们的口诀“人多要排队，不要太着急；耐心等一等，马上轮到你”。 **三、游戏体验，强化口诀** 教师依次出示教学图片：一张是幼儿喝水的照片，一张是幼儿自主取餐具的照片，一张是幼儿游戏的照片。 师：老师还带来一个小游戏，游戏的咒语就是今天我们学到的“按顺序来”的口诀，小朋友说对咒语的时候，图片就会转过来，我们就可以一起看到图片上有什么。 师：哪位小朋友愿意试一试？ 师：小朋友的口诀真是说得又准又好听。那我们来看看第一张图片上有什么。小朋友们在干什么？当我们喝水时，应该怎么做呢？如果你排在了后面，你要怎么办？ 师：第二张图片原来是小朋友们自主取勺子的图片。自主取餐具时，你们是怎么做的？为什么要这么做？ 师：第三张图片原来是小朋友们在做游戏的图片，你在做游戏时是怎么做的？以后打算怎么做？当着急时，我们应该怎么提醒自己？ 师：在我们的生活中，还有哪些地方需要排队呢？ 小结：不仅在幼儿园，在家中、商场、银行等很多地方都需要我们排队，着急时，就用我

续表

我会排排队	
活动环节	活动设计
活动过程	们的口诀吧！ **四、情境体验，呼应生活** 师：今天老师给大家带来了一个神秘的礼物，小朋友们想不想看一看？(教师出示玩偶)小朋友们想不想近距离地看一看它？ 师：请小朋友们来看一看它吧。(教师将玩偶放在前面的桌子上，让幼儿自主来观看。教师注意关注幼儿的安全) 师：请小朋友们回到座位上。刚刚小朋友们来看玩偶的时候是怎么做的？没排队的小朋友以后应该怎么做？ 小结：刚刚在观看我们的玩偶时，小朋友们都很着急。有的小朋友用到了我们的口诀，能按顺序排队；有的小朋友需要继续加油，比一比在生活中谁能有序排队。
活动延伸	**一、家园共育** 教师请幼儿回家后告诉爸爸妈妈什么情况下需要排队，并告诉爸爸妈妈排队的口诀；还可以请家长带领幼儿去公园、餐厅、游乐场等公共场所时，引导幼儿自觉排队。 **二、生活渗透** 在日常生活中，教师要有意识地关注幼儿的排队习惯，如盥洗、上下楼梯、离园等要排队，要能够随时关注幼儿的状态，及时表扬和鼓励，逐步培养幼儿遵守规则、有序排队的习惯。 **三、环境渗透** 教师可以根据“按顺序来”口诀的含义，用图文并茂的方式展示口诀内容；同时创设“我会排队”的荣誉榜，将幼儿在生活中排队的照片贴在荣誉榜上，帮助幼儿养成排队的好习惯。

3. 活动反思

(1)活动特点

活动以幼儿熟悉且喜欢的场景图片进行导入，充分调动了幼儿参与活动的兴趣，同时自然地引出“我会排排队”的主题。活动环节环环相扣、层层递进，通过感受、对比、理解、体验，懂得排队与等待是遵守规则的好行为，并尝试运用口诀，培养幼儿在生活中主动排队、耐心等待的好习惯。

(2)活动实施建议

小班幼儿正处于“秩序敏感期”，建议活动以原有生活经验为基础，而排队和等待在幼儿的一日生活中随时发生，为了让幼儿更好地体验和理解，可创设真实的游戏情境，如钻山洞游戏，让幼儿通过参与游戏，学会运用“按顺序来”的口诀，在生活中主动排队。

(滨州经济技术开发区里则街道中心幼儿园　张颖颖　郭凯丽)

五、区角活动案例

《3—6岁儿童学习与发展指南》指出要“结合社会生活实际，帮助幼儿了解基本的行为规则或其它游戏规则，体会规则的重要性，学习自觉遵守规则”。因此，基于秩序品格的内涵及小班幼儿常见的活动区角，教师在区角设计与指导中要重点培养幼儿“遵守游戏规则”以及“按顺序做事情”的意识。

娃娃家

活动一：扣纽扣

活动目标：锻炼小肌肉动作，能够按从上往下的顺序把扣子扣整齐。

活动准备：娃娃的衣服(对襟)上缝有纽扣及扣眼。

活动过程：

1. 教师讲解示范扣纽扣，给幼儿讲解扣扣子的方法。

2. 教师引导幼儿按照从上往下的顺序依次给娃娃的衣服扣扣子。

3. 教师鼓励幼儿之间相互检查娃娃衣服上的纽扣是否都扣整齐了。

活动建议：

小班幼儿手部精细动作发展不成熟，因此教师要提供大一点的扣子，扣眼也要大一些，便于幼儿操作。活动过程中，教师重点观察幼儿是否有扣错、漏扣的情况，提醒幼儿要将衣服摆放整齐，按照一一对应的方式进行操作。

活动延伸：

当幼儿能够熟练地扣扣子后，教师可以继续开展叠衣服的游戏，引导幼儿按步骤折叠衣服。同时，教师可以为幼儿提供小娃娃玩偶，引导幼儿练习给娃娃穿衣服的方法。

活动二：整理小厨房

活动目标：养成按规则有序整理物品的习惯。

活动准备：幼儿玩得乱糟糟的小厨房。

活动过程：

1. 教师带领幼儿回忆之前听过的故事《汤米的房间乱糟糟》，引导幼儿讨论乱糟糟的家会给我们的生活带来什么坏处。

2. 教师引导幼儿观察班里的小厨房的状态(乱糟糟的)，并讨论把厨房变整洁的办法。

3. 幼儿按照大家讨论的办法，按玩具种类、大小等整理厨房(图 7-4)。

图 7-4　幼儿整理小厨房

活动建议：

教师可以记录厨房整理前后的对比照，激发幼儿主动整理的愿望。教师可以在图书区投放与整理相关的绘本，引导幼儿学习整理的方法，如《扫除大作战》《我把玩具整理好啦》《莫莫和米诺：做整理》《整理房间，我可以！》等。

活动延伸：

教师可以引导幼儿为班级区角设置物品摆放标志，组织全班幼儿分小组，一起整理班级的区角，强化幼儿按顺序或规则整理物品的习惯，养成物归原位的习惯。

活动三：家庭礼貌称呼

活动目标：能够根据辈分说出家人的称呼。

活动准备：家人的卡通图片(爷爷、奶奶、外公、外婆、爸爸、妈妈、阿姨、舅舅、姐姐、哥哥、弟弟、妹妹)。

活动过程：

1. 教师引导幼儿了解家里的主要成员及成员的称呼。

2. 教师引导幼儿尝试按照年龄(从长辈到晚辈或从晚辈到长辈的顺序)给家庭成员排序，强化幼儿对家庭成员关系的认识。

3. 两名幼儿合作玩，一人说儿歌，一人迅速找到对应的图片并按照家庭成员关系放在正确的位置上。

活动建议：

首先，教师要根据提供的家人卡通图片，对《家庭礼貌称呼歌》进行适当改编或删减，儿歌内容要与提供的角色一一对应。其次，为了强化幼儿对家庭成员关系的认识，教师可以根据成员层次准备相应的数字序号，让幼儿在操作的过程中，除了摆放照片，还可以在照片下摆放对应的序号。

活动延伸：

教师可以让每名幼儿带一张全家福来幼儿园，鼓励幼儿向大家介绍自己的家庭成员。师幼互动过程中，教师指一指照片上的人，请幼儿说出是谁；还可以鼓励幼儿画一画家庭成员，说一说自己和家庭成员中发生的有趣故事。此外，教师还可以和幼儿完整地学习《家庭礼貌称呼歌》，向幼儿介绍家庭成员之间的关系。

美工区

活动一：谁的衣服最漂亮

活动目标：能够按照一定的顺序给空白的动物、植物涂色。

活动准备：未上色的常见动植物卡通图(带圆孔)卡片、绳子、彩色颜料、彩笔、油画棒。

活动过程：

1. 教师向幼儿介绍美工区的新材料，并启发幼儿思考材料的玩法。

2. 幼儿用各种颜料给不同的动、植物涂色。

3. 幼儿涂好颜色后，用绳子穿过卡片上的圆孔(图 7-5)，在教师的指导下分享自己的作品，并用自己的作品来装饰班级，作为幼儿成长记录的一部分。

图 7-5　幼儿涂色作品

活动建议：

活动过程中，教师要引导幼儿按照一定的方向顺序进行涂色，如从上往下、从左往右等。由于小班幼儿小肌肉动作发展不成熟，涂色时容易出现涂色不均匀的情况，这是很正常的。为了方便幼儿用绳子来穿涂好的卡片，涂色的卡片最好用硬一点儿的卡纸。

活动延伸：

当幼儿已经能够有条理地涂色之后，教师可以引导幼儿按照一定的规律或模式进行涂色，如按照"黄—黑—黄—黑—黄—黑""橙—蓝—橙—蓝—橙—蓝"等，锻炼幼儿的模式思维。需要注意的是，开展这类活动，教师需要先完成部分涂色，然后留出空白部分，让幼儿补充，引导幼儿熟悉规律。

活动二：花儿朵朵开

活动目标：能够有规则地练习搓、团、捏的动作，体验美术创作的快乐。

活动准备：彩泥、小花瓶(彩色毛线缠绕的玻璃瓶)、长短不一的小树枝、泥工板、一份已经做好的泥塑插花成品。

活动过程：

1. 教师邀请幼儿欣赏成品，了解树枝装饰花的制作方式。

2. 教师引导幼儿自由选择喜欢的泥塑，取一小团彩泥，在泥工板上揉，捏成花状并粘在树枝上。

3. 教师鼓励幼儿依照以上方法，捏出更多的小花和绿叶，并装饰树枝。

4. 教师引导幼儿清理剩余材料，同伴之间相互欣赏自己的作品。

活动建议：

幼儿操作过程中，教师可以引导幼儿按照搓—团—捏的手法顺序制作小花瓣，启发幼儿制作不同大小、形状、颜色的花瓣，让整个作品更丰富。

活动延伸：

除了将制作的花枝插入准备好的“花瓶”，教师还可以为幼儿提供彩色背景板，引导幼儿将开满“鲜花”的树枝粘贴在背景板上，并进一步丰富背景中的画面元素，如增加蓝天、白云、小动物等，不断激发幼儿创作的热情。

活动三：滚珠画

活动目标：

1. 尝试让珠子从不同的方向滚动，初步感知珠子滚动的速度、方向与颜色线条的弧度、粗细之间的关系。

2. 感受滚珠作画的乐趣。

活动准备： 滚珠作画的材料(一个纸盒，与纸盒底部大小相同的白纸若干，一个装有红、黄、蓝、绿颜料及玻璃珠的容器，四把小勺)，一幅滚珠画作品。

活动过程：

1. 教师出示滚珠画作品，师幼共同欣赏、分析这幅画的制作方式，重点要启发幼儿思考，让幼儿主动发现其中的制作奥秘。

2. 教师基于幼儿的猜想，出示滚珠作画的材料，一边展示一边引导幼儿熟悉材料的玩法。

3. 教师演示玩法：(1)取一张白纸放入纸盒底部；(2)用小勺舀起一个玻璃珠放入纸盒内，再将小勺放回原处；(3)轻轻晃动纸盒，使玻璃珠滚动，同时观察纸上留下的彩色图案；(4)依照同样的方法，尝试更换不同颜色用玻璃珠作画。

4. 幼儿相互分享自己的作品和滚珠的方法。

活动建议：

操作的过程中，首先，教师要提示不同颜色的小勺和玻璃珠要对应归位，不可混用，避免颜色混合。其次，教师要启发幼儿探索玻璃珠的不同滚法，如滚动的方向、速度等，探索不同方式下滚出线条的特点。

活动延伸：

教师为幼儿提供生活中常见物品或动植物的不同造型，如衣服、裤子、鞋子、小猫、小狗等，引导幼儿用滚珠画装饰画。

益智区

活动一：纸杯叠叠乐

活动目标：

1. 能够根据形状、颜色依次取走相同的纸杯。

2. 能遵守游戏规则，体验与同伴一起游戏的快乐。

活动准备： 三十六个一次性纸杯(底部分别画上正方形、三角形和圆形，并将图形分别涂上红、黄、蓝三种颜色)，一根胶棒，一个六面体骰子(一面画三种图形，即三角形、正方形和圆形，一面涂上三种颜色，另外四面是空白）。

活动过程：

1. 教师介绍益智区新添加的玩具材料，并启发幼儿探索材料的玩法。

2. 三名教师合作演示材料玩法：(1)通过猜拳的方式确定由谁来掷骰子；(2)根据投掷的骰子确定叠杯子的规则，如按颜色或形状叠杯子；(3)再次猜拳，确定各自选择的颜色或形状；(4)开始游戏，看看谁能在最短的时间内，收集完自己的杯子。

3. 幼儿尝试操作，教师随机指导。

活动建议：

教师可根据班上幼儿的兴趣及能力水平，适当增加或减少杯子的数量。为了增强幼儿游戏的趣味性和紧张感，教师可以为幼儿提供一个秒表，看一看谁能够用最短的时间收集完自己的杯子。

活动延伸：

教师可以在该游戏的基础上将杯底的元素改为其他图案，如1～5的数字或圆点、小动物、小植物等，锻炼幼儿从一个维度对杯子进行分类的能力。

活动二：套圈游戏

活动目标：

1. 能够较准确地说出自己套住的物品在队列的位置顺序。

2. 遵守游戏规则，体会和同伴一起玩游戏的快乐。

活动准备：

每名幼儿从家里带一件自己的旧玩具，如小汽车、小恐龙、奥特曼等，一个小圈(用来套玩具)，游戏记录表(投到哪个位置就在表中的对应位置画一个小标记，如投到第二列的一个玩具，就在表中的第二列的位置画一个标记，帮助幼儿直观看到自己的“成绩”)。

活动过程：

1. 教师组织幼儿向大家介绍自己的玩具。

2. 教师向幼儿介绍游戏玩法及游戏记录表的使用方法，并现场演示。

3. 师幼一起讨论游戏规则，如按顺序玩，不插队；不争抢玩具等。

4. 幼儿自主游戏。活动后，教师邀请该区幼儿分享游戏心得。

活动建议：

首先，幼儿带的玩具不可过大，玩具过大则占地方，影响幼儿的游戏空间；其次，教师提供的套圈大小、重量要适宜，要考虑小班幼儿的实际情况；最后，玩具摆放的位置距离要适宜，确保幼儿能够操作。

活动延伸：

当幼儿熟悉套圈的规则和玩法之后，教师可以提高游戏难度，如在户外开展球类投掷游戏，用套圈替代篮筐，用废纸团成纸球，在一定距离处将纸球投中篮筐，进一步锻炼幼儿手眼协调、定向投掷的能力。

活动三：动物一起排排队

活动目标：能够认识绘本中的动物并按照故事中动物的顺序从前往后给他们排队。

活动准备：绘本故事《这是什么队列?》，绘本中队列动物的卡片(除天上的小鸟之外)，1～50 的圆圈序号牌。

活动过程：

1. 在开展本次区角活动之前，教师要带领幼儿熟悉绘本故事《这是什么队列?》，引导幼儿认识绘本中的动物以及动物在队列中的顺序。

2. 幼儿用动物卡片与圆圈序号牌排列出故事中动物的排队顺序。

3. 教师鼓励幼儿同伴之间相互检查队列的准确性。

活动建议：

首先，教师可以引导幼儿仔细观察绘本中的动物以及动物的前后顺序。其次，教师可以引导幼儿认识并了解每一个动物下方的数字含义，以及数字与数字之间的规律。最后，教师可以将故事中动物排队的场景单独拼接、打印出来投放在益智区，不需要再投放完整的绘本故事。

活动延伸：

3～4 名幼儿可以共同游戏，一名幼儿随机拿出一个圆圈序号牌，另外几名幼儿则要迅速找到对应的动物卡片，看看谁能够在最短的时间内又快又准确地找到最多的动物。需要注意的是，在这个游戏中，教师要根据班上幼儿对故事的熟悉程度适当提供圆圈序号牌与动物卡片，绘本故事中一共有 50 个小动物，这个体量对小班幼儿来说难度太大。

(成都市东部新区草池幼儿园　毛远凤　付凤英)

六、一日生活指导

(一)一日生活中幼儿品格与社会技能培养

幼儿能处理好什么时候做什么事、怎么做、谁先做等问题，对于他们未来更好地规划自己的生活、遵守社会秩序有着重要作用。社会技能“按顺序来”更是贯穿幼儿的一日生活，对幼儿秩序品格的培养起着强化引导作用。因此，本期主题品格与社会技能在一日生活中的重点培养环节见表 7-6。

表 7-6　品格与社会技能的日常重点培养环节

生活环节	品格：秩序	社会技能：按顺序来
入园	√	√
盥洗	√	√
进餐	√	√
饮水	√	√

续表

生活环节	品格：秩序	社会技能：按顺序来
如厕	√	√
午睡	√	
离园	√	√
集体活动	√	√
户外活动	√	√
区角活动	√	√
过渡环节	√	

(二)一日生活中幼儿品格与社会技能指导要点

本期主题品格与社会技能在一日生活中的指导要点见表7-7、表7-8。

表7-7　一日生活中秩序品格指导要点对照表

环节	指导要点
入园	1. 教师通过地面指示线、小脚丫等标识引导幼儿自觉排队回教室。 2. 教师通过图片展示、现场演示、同伴学习的方式教给幼儿穿脱衣物、整理衣物的方法。
盥洗	教师张贴盥洗流程图，引导幼儿学会正确的七步洗手法。
进餐	1. 教师引导幼儿学习正确的进餐方式及餐巾纸使用方法。 2. 教师通过地面箭头指示、环境创设引导幼儿掌握取餐的路线。
饮水	教师利用环境创设图片提示，引导幼儿喝足量的水，懂得人多时排队接水。
如厕	1. 教师利用环境创设、老师示范等方式，引导幼儿学会正确如厕的方法。 2. 教师利用地面图标引导幼儿排队如厕。
午睡	教师通过儿歌、地面标识、游戏活动等方式鼓励幼儿学习穿脱、叠放衣物、整齐摆放鞋子等。
离园	1. 教师引导幼儿整理自己的物品，不落东西。 2. 师幼通过谈话回忆当天在幼儿园的快乐时光，帮助幼儿梳理一日活动流程及规则。 3. 教师通过墙面环境创设、儿歌、家长示范等方式，引导幼儿按顺序依次离园。
集体活动	教师采用鼓励、树立榜样的方式，以丰富有趣的互动指令为主，引导幼儿学习举手回答问题，不随意离开板凳等活动规则。
户外活动	1. 教师通过队列指令游戏、互动指令游戏等，引导幼儿学会排队，不随意离开队伍。 2. 教师鼓励幼儿和同伴轮流玩游戏。
区角活动	1. 教师设计有趣简单的区角标识，引导幼儿快速熟悉区角规则。 2. 教师通过儿歌和“送玩具回家”的集体教学活动，鼓励幼儿自己收拾整理玩具。
过渡环节	教师将游戏、律动、轻音乐穿插进一日活动各环节，减少过渡环节时间的隐性浪费，合并零散活动时间，增加过渡环节整体性。

表 7-8　一日生活中"按顺序来"技能指导要点对照表

环节	指导要点
入园	晨检活动中，教师引导幼儿排队，按顺序晨检。
盥洗	教师引导幼儿排队洗手、耐心等待。
进餐	教师利用儿歌、地面标识等内容，鼓励幼儿排队取餐，耐心取餐不着急。
饮水	教师利用儿歌、地面标识等内容，鼓励幼儿排队接水，耐心等待不着急。
如厕	教师引导幼儿人多要排队如厕，哪队人少去哪队。
离园	教师利用表扬、树立榜样的方式引导幼儿整齐排队，耐心等待家长接走离园。
集体活动	教师开展社会技能教学活动，反复多次重复技能，引导幼儿了解按顺序来的方法。
户外活动	教师活动前要求幼儿遵守规则：人多要排队，耐心等待轮流玩。
区角活动	教师利用故事情境、师幼谈话等方式，让幼儿懂得人多要排队取放材料，通过询问、商量的方式分享游戏材料。

(三)日常指导策略

1. 秩序品格——自主入园

入园是幼儿一日生活各环节之首，也是幼儿园常规活动中的重要组成部分。自主入园可以提高幼儿的独立性，培养幼儿的自信心。秩序是幼儿创造力的基础，只有形成一定的秩序感，才能对事物进行改造整合从而达到创新。所以教师要有意识地培养幼儿的秩序感，使其成为一种主动、自觉的行为，从早上入园入手，利用标识及儿歌引导的方式，培养秩序品格，帮助幼儿建立规则意识。

(1)开开心心来晨检

教师粘贴小脚丫标识，鼓励幼儿独立排队晨检。在排队等待的过程中说"按顺序来"技能口诀："人多要排队；不要太着急；耐心等一等，马上轮到你。"

(2)三五成列进班去

教师在走廊地面上粘贴标识，提醒幼儿三五成组，排成队列沿着地面标识进班。教师可以把幼儿需要掌握的规则编成儿歌。例如，在上下楼梯时，一边走一边唱儿歌："上楼梯，靠右边；一个跟着一个走；慢慢上，不拥挤；大家开心笑嘻嘻。"

(3)整整齐齐放衣物

教师利用图示及儿歌引导的方式，培养幼儿"东西要摆放整齐"的规则意识。教师可以粘贴衣服和书包在橱柜中摆放整齐的照片及叠衣服的步骤图，将叠衣服的步骤编成儿歌："两扇大门关一关；两只小手抱一抱；点点头，弯弯腰；捏住两边抱回家。"幼儿可以根据图示边说儿歌边叠自己的衣物，在说说做做中提高规则意识。

(4)干干净净洗小手

教师利用儿歌强化规则。儿歌是幼儿比较喜欢和容易接受的，教师通过图片引导和儿歌唱念的方式，帮助幼儿掌握正确的洗手方法。幼儿边洗手边念七步洗手法儿歌："小狗汪汪搓手心(掌心搓掌心)，乌龟爬爬搓手背(掌心搓掌背)，孔雀开屏搓指缝(手指交错，两手互换)，螃蟹洗洗小钳子(两手互握，互搓指关节)，白鸽展翅转拇指(握住拇指转动，两手互换)，小鸡吃米啄手心(指尖摩擦掌心，两手互换)，大象鼻子卷手腕(手握手腕，两手互换)。"

(5)水杯、毛巾送回家

教师利用标识帮助幼儿物归原位。教师可以在幼儿放水杯和毛巾的地方贴上不同的标识，提醒幼儿将物品归位。

(6)自主取点真温馨

教师创设一个温馨的餐点角，引导幼儿根据餐点标识牌的提示，自主拿取相应数量的餐点，在轻音乐中感受吃点心的乐趣与温馨。

秩序感的培养实则是规则的形成过程，一切自主的活动都离不开规则和秩序。小班幼儿更乐于接受通过图示、儿歌、游戏、音乐等方式进行秩序感的培养。

2."按顺序来"技能——师幼互动

大多数小班幼儿会以自我为中心，自我意识较强，不懂得谦让，幼儿之间容易出现争抢、拥挤的现象。幼儿园是个大集体，一日活动中很多环节都是需要等待、需要秩序的。良好的秩序是幼儿在幼儿园的安全保障，也有利于培养幼儿良好的生活、卫生、学习习惯。

案例：幼儿正在卫生间内洗手，不一会儿卫生间内便传来了哭声。老师闻声一看，只见乐乐摔在地上，正在哭泣。原来梓硕洗手时没有排队，把前面的乐乐推倒了。梓硕理直气壮地说："我应该排在前面，我个子高。"乐乐反对说："不对，洗手时应该大家一起洗。"老师问："这么多小朋友都来洗手，那我们应该怎么办呢?"幼儿一下子炸开了锅，三三两两地议论起来，有的说："一组一组去洗。"有的说："小朋友需要排队，前面的洗完了，后面的再洗。"这时，老师一边洗手一边哼着儿歌："人多要排队；不要太着急；耐心等一等，马上轮到你。"幼儿听了非常新奇，乱哄哄的教室一下子安静了。

分析：经过一学期的幼儿园生活，大部分幼儿已经形成了洗手排队等待的习惯。梓硕由于身体原因，上学期没怎么来幼儿园，不太熟悉班级常规，没有养成排队等待的好习惯。

教师指导：当幼儿发生争吵时，对于幼儿争吵的行为，老师并没有一味地阻止，或是对他们进行说教，而是用小班幼儿特别喜欢的儿歌来打动幼儿。儿歌朗朗上口，便于小班幼儿学习与模仿，一方面可以稳定幼儿的情绪，另一方面又可以用来提示幼儿，效果非常好。

(四)生活体验活动

活动案例一：区角物品摆放

1. 设计思路

发挥区角活动的有效性和真实价值对小班幼儿秩序感的培养非常关键。因此从小班开始，帮助幼儿建立物品摆放的秩序感，并在物品摆放过程中表现出有序摆放物品的行为，对其生活秩序感、学习秩序感的养成都有着重要的影响，也为其从容踏入社会奠定基础。

2. 活动过程

(1)帮助积木娃娃回家

教师以玩具娃娃的口吻哭着告诉幼儿："我是积木娃娃，刚才小朋友玩了以后没把我送回去。我找不到家了。"启发幼儿想象"自己找不到家会怎样，玩具娃娃找不到家会怎样，我们应该怎样来帮助它"。

(2)巧妙利用音乐指令

教师挑选一首好听的音乐作为"开始区角游戏"的指令音乐，并告诉幼儿，每当我们听到这首音乐时，说明小朋友可以开始自选喜欢的区角了。教师再挑选另一首音乐作为"结束区角游戏"的指令音乐，告诉幼儿，当我们听到这首音乐时，说明小朋友要结束区角游戏了，要准备整理、收纳、摆放好该区角的物品。

(3)制作"我喜欢"的标识

结合主题活动"我喜欢"开展有关标识的探讨，教师和幼儿一起认识不同种类的糖果和动物喜欢的食物，为幼儿认识标识积累了经验，并根据幼儿的兴趣进行延伸。教师结合五大领域，设置图形、数量等标识，增加幼儿物品摆放的趣味性和益智性，提高幼儿游戏中的收纳摆放能力。班级中设置的标识涵盖了一一对应、实物对应、图形分类等对应方式。

(4)小孩小孩真爱玩

教师说："小孩小孩真爱玩，摸摸这儿，摸摸那儿，取来××区角的××教具，再放回原处就回来。"如此帮助幼儿进行区角、材料、位置的记忆练习。

3. 活动总结

在区角物品摆放中，幼儿可以看到自己的摆放情况，在贴标记的同时锻炼了小手指肌肉。幼儿摆放物品的积极性有了明显提高，能够自主归纳材料，积极参与玩具整理。

活动案例二：有秩序的好孩子

1. 设计思路

3～4 岁的幼儿处于秩序敏感期，需要一个有秩序的环境来帮助幼儿认识事物，并学习管理自己的生活。秩序感是一种自我管理和控制的能力。教师在小班下学期应让幼儿养成良好的秩序感，形成内在的秩序意识，养成良好的行为习惯，做有秩有序、有规有矩的好孩子。

2. 活动过程

(1)参观我的幼儿园

教师带领小班幼儿参观幼儿园，观察幼儿园自然环境中的秩序带来的美感，如树木的排列，菜地里整齐的蔬菜等；观察户外游戏设施和玩具的秩序，如整齐摆放的户外玩具让人感觉特别舒服。遇到一些没有摆放好的玩具，教师请幼儿说一下感受："看起来很乱""不能走过去了""不想玩"，并和幼儿一起把玩具送回家，引导幼儿感受有秩序的环境带来的舒适感，同时培养幼儿的责任心。

(2)坐上公交去郊游

教师在户外创设一个"公交车"：将小板凳按照公交车的座位摆放，留出入口和出口的位置。教师先请幼儿分享乘坐公交车的经验，接着请幼儿"上车"。"上车"后，与幼儿讨论在"上车"过程中出现的问题，引导幼儿了解：①公交车上车和下车的位置；②有序上车不拥挤；③先上车的人尽量靠里坐；④下车也要排好队；⑤出车门时注意安全。教师分享后，请幼儿再次乘坐公交车并观察幼儿表现，对表现好的幼儿给予肯定和表扬，并带领幼儿学唱秩序歌谣。

小哨子，嘀嘀嘀。

大家排队站一起。

你排一，我排二，

遵守秩序不拥挤。

你排三，我排四，

不打不闹不淘气。

一二三四五六七，

齐步向前多神气。

(3)我们爱玩滑滑梯

教师带领幼儿在户外滑滑梯并注意幼儿表现，将典型的行为拍照留作讨论素材。与幼儿一起讨论滑滑梯时幼儿的行为：是怎么玩的？怎么进入活动室的？教师引导幼儿说出：排着队，有秩序地滑滑梯，进出活动室等。教师告诉幼儿有一首歌曲也叫《滑滑梯》，请幼儿欣赏并学唱歌曲。教师引导幼儿说出歌曲中是怎么滑滑梯的，为什么要不推也不挤，什么时候还应注意排好队，为什么；最后得到结论：大家集体出动、活动时都应该排好队，懂得谦让，有秩序地活动，否则，就很容易发生危险。

附：歌曲《滑滑梯》

小娃娃，滑滑梯，大家不要太着急。

一个一个排整齐，马上就会轮到你。

慢慢走，上阶梯，扶住两边腰坐直，

"嗖"的一下滑到底，"嗖"的一下滑到底。

(4)我的地盘我做主

为帮助幼儿建立在家庭生活中的秩序感，幼儿园开展"我的地盘我做主"活动，教师请家长协助幼儿整理他的活动空间，如玩具架、绘本架、宝宝床、宝宝屋等。由幼儿决定自己的物品如何放置，家长可以适当地起辅助作用，帮助幼儿整理自己的空间，并将过程留存视频或者照片，请幼儿之间互相分享他的整理依据以及整理过程中和整理完成后的感受。教师引导家长尊重幼儿内在的秩序感，及时给予引导，并保持足够的耐心，让幼儿感受自我管理带来的满足感和成就感，感受有秩序的生活带来的便利和自由。

3. 活动总结

“有秩序的好孩子”活动使幼儿意识到秩序的存在，感受到秩序给自己和他人的生活带来的便利和自由，激发了幼儿参与活动的兴趣，培养了幼儿的内在秩序感、认同感和责任感，强化了幼儿的规则意识和责任意识，使幼儿养成有条理、爱思考的良好习惯。通过家园共育，使家长了解帮助幼儿建立秩序感的重要性，感受秩序感的建立对幼儿产生的积极影响，树立对幼儿的信心，共同引导幼儿走向美好的未来。

（东营市春蕾幼儿园　丁开花　王丽丽）

七、家园共育指导

(一)品格指导要点

遵守秩序有助于培养幼儿的良好道德，例如，幼儿能做到在公共场所不大声喧哗、不追逐打闹就是对公共场所秩序的维护。守秩序的行为也对幼儿认知的发展及健康成长起到了积极的促进作用，有利于让幼儿更好地融入社会中。

对于培养幼儿秩序品格的家园共育指导，重点在于帮助家长认识到秩序培养对于幼儿的意义，了解幼儿的秩序敏感期，根据幼儿年龄发展特点，科学合理地在生活中培养幼儿的秩序感。幼儿的秩序感分内在秩序和外在秩序，通过不同的维度了解幼儿秩序感目标，可以更好地帮助幼儿建立良好秩序感。

内在秩序：①不希望别人破坏自己认为的秩序，如妈妈不能穿爸爸的衣服；②玩玩具、画画时，比较喜欢对称的设计；③鞋柜里鞋子的摆放必须严格遵守秩序，如宝宝的在第一层，爸爸的在第二层，妈妈的在第三层；④从哪儿拿的东西，必须放回哪里去。

外在秩序：①在公共场所能保持安静，不大声喧哗，不追逐打闹；②能将自己的物品整理整齐，使用后的物品及时放回原位；③能够保持有规律的起居饮食；④知道过马路时要遵守红绿灯的指示。

秩序给幼儿带来的是安全的感觉，只有内在的秩序建立好了，幼儿才会实现内外的和谐统一。

1. 引导家长形成稳定的照料者关系

现在社会的生活节奏较快，家长往往会无暇照顾幼儿，从而选择老人、亲朋好友或者托管机构帮忙照顾。但是幼儿还小，来回将幼儿送到不同的地方，不仅不利于其安全感的建立，而且还会使幼儿接触到不同的价值观与教育理念，不利于幼儿内在秩序的建立。因此，家长应该注意在方方面面打造并逐渐形成稳定的照料者关系的环境。

2. 帮助家长为幼儿提供井然有序的家庭生活环境

3～4 岁的幼儿处于秩序敏感期，需要一个有秩序的环境来帮助其认识事物、熟悉环境。一旦幼儿所熟悉的环境消失，就会令其无所适从。蒙台梭利在观察中，发现幼儿会因为无法适应环境而害怕、哭泣，甚至大发脾气。

在家庭生活中，家长不妨这样做，在家中时刻保持环境的整洁，物品摆放有序，做好榜样，给幼儿整齐、有序的心理暗示。在这样井然有序的家庭生活环境的影响下，幼儿能够获得更好的发展。

3. 告诉家长要以身作则

身教重于言教，在教育幼儿的同时，家长更应该严格地要求自己，以身作则，无论是在家里还是外面，都要言行一致。言行中一个随意的不良习惯，都会让幼儿看在眼里，进而模仿、重复。甚至幼儿会反问家长的言行不一行为。因此，家长以身作则在幼儿的日常教育中是非常重要的。

4. 帮助家长利用生活点滴，培养幼儿的秩序感

幼儿在每个阶段有其年龄特点和发展规律，着眼于幼儿在秩序敏感期的表现，如必须走同样的路，要求每次都穿同样的衣服等，不是“叛逆”或是“挑战家长的权威”。家长要多给予幼儿积极、正向的鼓励与肯定。

在日常生活中培养幼儿的秩序感，可以很好地抓住教育时机，家长可以鼓励幼儿整理玩过的玩具；把看过的图书放回原处；在交通秩序当中，遵守靠右行驶、按照红绿灯指示行走的交通规则等。这样培养出来的幼儿，通常长大后做事情井井有条。

5. 引导家长鼓励幼儿在自主活动中形成秩序感

家长应鼓励幼儿自主地探索，和幼儿一起讨论，使其发现秩序的合理性、必要性，从而自发地形成并遵守秩序。幼儿自主地探索秩序后，他们会发现这种秩序的合理性、必要性，从而自觉遵守。这就需要家长在日常的生活中，创造自由平等的家庭氛围，针对家庭生活的不同场景，引导幼儿进一步讨论并完善这些规则。其中许多规则是成人无法预先设想到的，所以家长应帮助幼儿树立一种共同参与的意识。例如，在与其他幼儿一起做游戏时，如何分配玩具，制定并遵守游戏规则，幼儿在游戏过程中会不断修复先前的理论和行为。家长应在把握好整体方向的情况下，允许幼儿有自己发挥的自由空间，这样制定出的规则，幼儿会更容易自觉遵守。

(二)社会技能指导要点

按顺序来

人多要排队。家长要告诉幼儿，在人多的公共场合，如公园购票处、餐厅、公交站、地铁等处，要讲秩序，排好队。排队是一种文明行为，也体现出了礼让谦和、宽容有序。家长可以和幼儿一起讨论不排队会有哪些不好的情况出现，也可以和幼儿一起做亲子排队游戏，让幼儿在游戏中学习如何排队。在日常生活中出现排队情况的时候，如去公园玩秋千的时候人比较多，家长可以现场教育，以身作则，让幼儿树立文明有序排队的意识。

不要太着急。家长要告诉幼儿，排队的时候要有序进行，不推挤，不加塞，不要因为太着急而出现各种急躁情绪，如哭闹、抱怨等。家长可以引导幼儿在等待的过程中，在不影响其他人的情况下，做一些好玩有益的事情来度过排队的时光，如看绘本故事、做亲子词语接龙游戏等。

耐心等一等，马上轮到你。家长可以引导幼儿在排队的时候要有耐心，不急不躁。首先家长要放好心态，否则会把不良情绪传染给幼儿。同时，家长可以跟幼儿一起分析一下现在的排队状况，还有多少人，大概还需要多少时间。幼儿在了解目前的状况之后，就会有积极排队等待的意愿和动力。

(三)你问我答

1. 户外活动时间到了，幼儿还沉浸在建构区的搭建活动，如何处理

幼儿的搭建作品还没有完成，如果强行打断幼儿的活动，会破坏幼儿的秩序感建立。教师可以合理安排好幼儿各个活动之间的衔接，控制好时间的分配，让幼儿有充足的时间按照自己的想法玩耍。

2. 幼儿总是丢三落四，教师应该怎么办

教师可以在一日生活各个环节培养幼儿的内在秩序，如区角活动结束后，让幼儿自己“送教具回家”，巩固幼儿对物品摆放位置的认识；也可以分配幼儿做小小值日生，不仅送回物品，还要帮忙清点物品。这种责任感会督促幼儿思考，有助于促进幼儿秩序感的发展。

3. 幼儿总是不知道在什么时候该做什么事，教师如何解决

每名幼儿都有自己的生长、发展规律，每名幼儿也都有自己内在的秩序感，过多的要求和干涉都会影响幼儿自身秩序感的发展。培养幼儿秩序感时，教师不能只是教幼儿如何做，而是通过和幼儿的讨论，循循善诱，引导幼儿建立自己认可的秩序。幼儿经过思考后，知道了按一定的秩序做事情，可以节约更多的时间，在行动上会更加积极。由于这个“秩序”是幼儿亲自参与认可的，在执行的时候就会事半功倍。

4. 自己的玩具被其他小朋友玩过之后，幼儿开始大闹怎么办

幼儿不在家的时候，有小朋友玩过他的玩具，回来之后也能发现自己的玩具被其他人玩过。这是幼儿秩序敏感期的表现。家长应该尊重幼儿对于自己物品的所有权，在不经过幼儿允许的时候，不要随意乱动幼儿的物品。

5. 幼儿将玩具放在地面上到处都是，帮忙收拾起来后，便开始哭闹怎么办

家长在日常生活中，尤其是在幼儿处于秩序敏感期时，应该根据幼儿的个体差异，为他们创设和谐、有序的环境，并和幼儿共同养成物归原处的良好习惯，将家里大部分物品，如图书、玩具、衣物等放在固定的地方。对于幼儿自己的东西，我们应该给予他们自由表达的机会，并让他们独立思考“这个东西应该放在什么地方”。这个看似简单的过程其实蕴含了丰富的教育价值，家长可引导幼儿学会将常用的东西放在容易拿到的地方，学会区别不同种类物品的不同功能，学会将众多的玩具进行分类并整理。

6. 幼儿坚持穿同一双鞋子出门，而鞋子已经很脏了，不让穿就哭闹，如何与幼儿沟通

家长不可以用成人的思维和角度审视幼儿的行为，认为幼儿的哭是“无理取闹”。大多数时候是家长不理解、不满足幼儿的需求，而幼儿不能用语言和理性赢得家长的理解和认同。如果站在幼儿的角度去考虑，许多行为并非那么“不可理喻”。在需要更换物品或环境时，家长要以幼儿能接受和听懂的方式给幼儿讲述，也可以通过相关的图书和画册给幼儿讲浅显易懂的道理。

7. 看到幼儿做事较慢时，总忍不住打断幼儿，上手帮忙，如何解决

成人与幼儿做事的节奏是截然不同的，这就导致一些成人在看到幼儿做事较慢时，出现一些包办代替的行为。成人应该保护幼儿自身的生活节奏，让他们在一种舒适、自由的环境中获得他们发展所需要的全部力量。当幼儿被大自然的神奇所吸引而驻足停留；当他们为迷人的工作而反复练习；当他们运用所有的激情，试图完成一项对他们来说具有极高的挑战性，但对成人来说可能是举手之劳的小事时，请“热情”的成人不要打断属于幼儿的这种特有的成长节奏，让他们在秩序感的发展中体验到成长带来的快乐。

［太原煤炭气化（集团）有限责任公司第一幼儿园　乔荔红　骆京京］

第八章　好奇品格：我是好奇小宝宝

一、主题说明

◎**情境链接**

雨后的早晨，老师带领幼儿一起去户外做早操。刚走出大楼，晨晨就激动地喊起来："老师，你看！好多的小蜗牛。"其他幼儿一听也赶紧围拢过来盯着地上的蜗牛七嘴八舌地讨论起来。虽然想让幼儿再观察一下，但早操马上就要开始了，老师只能组织大家继续排队往前走，答应大家做完早操后再一起来观察。之后，老师组织幼儿把蜗牛朋友请到班上。大家就蜗牛展开了激烈的讨论，如蜗牛的壳是用来做什么的？蜗牛喜欢吃什么？蜗牛为什么喜欢下雨天？蜗牛的宝宝长什么样？蜗牛的便便是什么样子的？班上的老师也根据幼儿的兴趣持续地开展了"小蜗牛大探究"活动。

好奇、好问、好探究是幼儿的天性，他们喜欢新奇的、颜色鲜艳的、活的、会动的事物。幼儿正是在好奇心的驱使下去学习、探究、成长的。

2021年，教育部发布的《教育部关于大力推进幼儿园与小学科学衔接的指导意见》在"幼儿园入学准备指导要点"中将"好奇好问"放在"学习准备"的第一条，指出成人不仅要"保护幼儿的好奇心和主动性"，还要创造条件"支持幼儿持续的探究行为"。同时，《3－6岁儿童学习与发展指南》也强调3～4岁的幼儿能够"对周围的很多事物和现象感兴趣。经常问各种问题，或好奇地摆弄物品"，并且还提到成人要通过一些形式激发幼儿的好奇心与探究欲望。由此可见，好奇品格对幼儿的发展有着重要意义。

幼儿好奇品格的发展主要体现在探究的主动性、探究的持续性、对环境的敏感性三方面，这也是本期品格主题活动实施的重点。此外，为了支持幼儿好奇心的发展，本期主题融入社会技能"问问题"，引导幼儿学会用正确的方式向合适的人探寻自己感兴趣的问题；同时通过"邀请别人玩"的社会技能，鼓励幼儿与同伴一起谈论、分享、探究自己感兴趣的事物或现象，帮助幼儿建立"学习共同体"意识，让幼儿体会与大家一起探究的快乐。

二、主题目标

第一，喜欢接触大自然，对身边很多事物和现象感兴趣。

第二，有初步的探究欲望，愿意提问，愿意表达自己的想法和观点。

第三，愿意主动和身边人(老师、同伴、家人)分享自己的发现和探究结果。

第四，面对新奇的事物，能够大胆地去尝试和摆弄新鲜事物。

第五，能够较敏锐地发现或感知周围环境的变化。

第六，能够在成人的引导下，探索同一事物的多种玩法，保持好奇心。

第七，能够在他人的鼓励下在喜欢的事物或问题上保持持续的探究兴趣。

三、环境创设

(一)主题墙

《3－6岁儿童学习与发展指南》指出“幼儿的学习是以直接经验为基础，在游戏和日常生活中进行的”。玩中学、做中学、生活中学是幼儿最好的学习方式。小班幼儿经常会问“这是什么”“那是什么”，能够较敏锐地感知生活中事物的变化，因此本期主题以探究豆豆的生长为抓手，以问题引领的方式启发幼儿探究与思考，满足其好奇的需求。基于此，好奇品格的主题墙主要由探究的主动性、探究的持久性、好奇体验三部分组成。

1. 探究的主动性

这部分以调查表的形式呈现幼儿与家长收集到的豆子的照片，鼓励幼儿用绘画的方式将自己收集的豆子画下来，如黄豆、豌豆、黑豆、绿豆等，并在墙面呈现常见豆子的实物，让幼儿能够直观地观察豆子的颜色、外形、大小的特点。例如，豌豆是很多朋友排排队住在豆荚里面的。

2. 探究的持久性

从幼儿想知道“豆子”秘密的问题中，教师筛选了问题“豆子是怎样生长的?”作为集体探究的主题。在活动开始之初，教师通过一系列有关豆子生长的问题唤起幼儿的好奇心，激发幼儿的探究欲望，如“豆子生长在什么地方”“豆子生长需要什么”“应该怎样照顾豆子”“豆子生长的过程有什么变化”。在幼儿充分讨论，共同查阅相关资料后，教师带领幼儿在植物区开展了“种豆子”的实践探索活动，让幼儿在动手操作的过程中去观察、发现、记录。

3. 好奇体验

基于幼儿对豆子的了解，教师进一步启发幼儿思考“豆子可以做什么”，在好奇心的驱动下，运用“豆子”开展更多好玩又有趣的活动，鼓励幼儿继续探索。例如，有的幼儿利用豆子做了有声音的乐器，有的幼儿在美工区做了有趣的豆贴画，还有的幼儿和家长一起制作了豆子美食。

(二)家园共育栏

1. 主题内容告知

这部分可以分为主题展示、好书推荐、育儿妙招三个板块。

主题展示：教师以图文并茂的形式绘制好奇主题树，向家长详细展示好奇品格主题下的活动名称、内容、目标和形式等。

好书推荐：教师向家长推荐与好奇品格相关的幼儿绘本和成人书籍，丰富家长对幼儿好奇品格的知识，同时为家长提供家庭亲子阅读的素材，如《我们的身体》《100层的房子》(系列绘本)《儿童好奇心大百科》等。

育儿妙招：教师每周分享一篇由家长提供的家庭好奇品格育儿小妙招和“好奇”亲子游戏案例，让好奇品格的家庭教育形式更丰富。

2. 日常亲子陪伴

这部分分为两个板块：亲子共读、家长助教。

亲子共读：教师可以结合好奇主题，利用读书月、好书推荐等系列活动，开展亲子共读活动，鼓励家长记录幼儿对周围环境、现象的好奇，并一起从书里寻找答案。

家长助教：由于幼儿对大人们从事的各种职业很好奇，教师可以邀请家长到班级为幼儿介绍他们所从事的职业，如医生、警察、外卖员、美妆产品柜员、私营企业主等，鼓励幼儿大胆提问，表达自己的想法。

(三)幼儿成长(学习)记录墙

本期品格活动以“豆子大揭秘”为主线，从“豆子的秘密”“我的问题”“亲子探秘”三方面详细呈现幼儿在活动中的收获与成长。因此，幼儿成长(学习)记录墙将具体展示幼儿关于豆子的调查记录表、幼儿关于豆子的各类问题以及幼儿与家人一起制作豆子美食，一起种植豆子，观察豆子生长过程的图片、文字等。

1. 豆子的秘密

教师鼓励幼儿探究不同豆子的形状、颜色、表面触感、味道、“变身”以及内部结构来激发幼儿的“好奇心”。教师鼓励幼儿与同伴、老师、家长一起用图片、文字、图画的方式记录自己的发现。

2. 我的问题

这部分记录幼儿对豆子的好奇。例如，豆子为什么会发芽？为了让豆子们顺利地发芽、长大，我们可以提前做哪些事情？豆子喜欢生活在水里还是土里？豆子是怎么生长出来的呢？豆芽为什么会腐烂？豆子的外壳怎么都不一样？

3. 亲子探秘

教师根据问题“豆子可以做成哪些食物?”鼓励幼儿回家后问一问爸爸妈妈、爷爷奶奶，然后和家人一起制作豆子美食。如利用工具将花生碾碎制作花生饼，将黄豆泡发制作豆浆，用绿豆做绿豆沙，还可以用各种颜色的豆子一起煮八宝饭。

(成都市温江区政通幼儿园　易晓凤　陈盼)

四、教学活动案例及反思

(一)品格绘本阅读活动

1. 好奇品格绘本推介

好奇、好问、好探究是幼儿的天性。《教育部关于大力推进幼儿园与小学科学衔接的指导意见》在“学习准备”中建议“把幼儿有浓厚兴趣的问题作为集体讨论的话题，鼓励幼儿分享自己的发现和观点，支持他们进一步的探究想法和行动”。因此，根据小班幼儿的生活经验与认知发展水平，基于好奇品格的内涵，我们主要从有趣的自然现象、动植物的生长、身体的秘密等方面筛选了适合开展教学活动的绘本故事，希望教师能够在绘本阅读中充分激发幼儿的好奇心和探究欲望，具体见表 8-1。

表 8-1　好奇品格绘本推荐及解析

绘本名称	主要内容	绘本中的“好奇”
《谁咬了我的大饼》	一只小猪躺在一块看起来就很美味的大饼上，此时的大饼是完整的，但小猪醒来后却发现自己的大饼被咬了一口。接着，小猪以“咬痕”为线索寻找咬掉大饼的人。不同的动物咬痕是不一样的，小猪能找到咬大饼的人吗？	小猪每一次都会问：“是你咬了我的大饼吗？”然后让对应的小动物在大饼上咬上一口，再对比咬痕。这个过程能够有效激发幼儿的好奇心，总想去探究到底是谁咬了小猪的大饼。
《问个不停的小鳄鱼》	小鳄鱼恩斯特总爱问“要是……会怎么样呢？”他的小脑袋里整天都有各种各样美妙的幻想，最重要的是妈妈愿意回答他的一切问题。	幼儿总喜欢问为什么，对身边的事物充满好奇，成人要尊重幼儿的天性，耐心应对。
《为什么，为什么？》	好奇的小貘想知道所有的事，如“为什么天是蓝的？为什么地不是方的？我们什么时候去吃饭？鳄鱼晚餐吃什么？”	幼儿的好奇体现在天马行空的想象和探索中。
《是谁嗯嗯在我的头上》	故事通过倒霉的小鼹鼠寻找“嗯嗯”在自己头上的线索，轻松愉快地让读者了解动物大便的形状、颜色，满足幼儿对大便的好奇心。	故事满足了幼儿对“屎尿屁”主题的探究兴趣。

2. 教学活动案例

接下来我们以语言活动“是谁嗯嗯在我头上”为例阐述语言领域教学活动的组织要点，见表 8-2。

表 8-2　好奇品格语言领域教学活动

是谁嗯嗯在我头上		
活动环节	活动设计	
活动目标	认知目标：初步理解绘本内容，知道不同动物的大便是不一样的。	
	能力目标：能够在老师的引导下，大致说出不同动物的大便的特点。	
	情感目标：体会故事风趣、幽默的特点，愿意自觉去厕所大便。	
活动准备	经验准备	1. 幼儿初步了解鼹鼠的生活特点，如生活在地下。 2. 幼儿认识故事里的小动物，知道苍蝇的特点。
	物质准备	1. 绘本课件《是谁嗯嗯在我的头上》。 2. 小动物及它们的嗯嗯图片：鸽子、马、野兔、山羊、奶牛、猪。

续表

<table>
<tr><th colspan="2">是谁嗯嗯在我头上</th></tr>
<tr><th>活动环节</th><th>活动设计</th></tr>
<tr><td>活动过程</td><td>一、出示绘本封面，激发幼儿的探究兴趣
师：这是谁？发生了什么？它的心情怎么样？它要去哪？(教师鼓励幼儿说出自己的看法)
师：这个故事的名字叫《是谁嗯嗯在我的头上》，你们猜一猜到底是谁嗯嗯在小鼹鼠的头上。(教师引导幼儿观察小鼹鼠头顶嗯嗯的颜色、形状并进行猜测)
(品格元素：教师通过启发式提问，引导幼儿观察并进行猜测，激发幼儿的好奇心)
二、阅读绘本开始至猪先生部分，使幼儿了解不同动物大便的特点
(一)阅读第 1 至 2 页，了解故事背景
师：小鼹鼠开心地从地里钻出来，却有嗯嗯掉在了他的头上，他非常生气，他要去找一找到底是谁这么没礼貌嗯嗯在它的头顶。
(二)阅读第 3 至 8 页，观察鸽子、马先生和野兔的嗯嗯
师：小鼹鼠是怎么跟小动物们说的？(教师引导幼儿观察小鼹鼠的神情、动作、语气)
师：小鼹鼠找到是谁嗯嗯在他头上了吗？鸽子、马先生和野兔的嗯嗯有什么特点？(教师引导幼儿观察嗯嗯的颜色、形状)
(三)阅读第 9 至 14 页，观察山羊、奶牛、猪先生的嗯嗯
师：这一次小鼹鼠找到是谁嗯嗯在他头上了吗？
师：山羊、奶牛和猪先生的嗯嗯又有什么特点呢？
师：找了这么久都没找到嗯嗯在他头上的动物，小鼹鼠的心情怎么样？他还会继续找吗？
师：小朋友们有什么办法可以帮助小鼹鼠快点儿找到这个嗯嗯在他头顶的坏家伙呢？
(品格元素：教师引导幼儿观察不同动物大便的颜色、形状，满足幼儿探究大便的好奇心)
(四)出示动物及对应嗯嗯的图片，引导幼儿进行配对
师：我们先帮小鼹鼠回顾一下他已经问过的小动物和他们的嗯嗯，再来想一想他还可以去找谁。(教师将动物图片依次粘贴在黑板上，引导幼儿将正确的嗯嗯图片贴在小动物下方)
小结：每个动物嗯嗯的颜色、形状，还有嗯嗯时的声音都不一样，看来小鼹鼠需要找到一个非常熟悉嗯嗯的“专家”才能快点“破案”。
(品格元素：教师引导幼儿分享他们在生活中看到的这些动物或其他动物的大便，一起帮助小鼹鼠破案)
三、阅读小鼹鼠向苍蝇寻求帮助至结束，满足幼儿一探究竟的好奇心
(一)阅读苍蝇帮忙部分，揭开谜底
师：这时候小鼹鼠又看见了谁？为什么他会说苍蝇可以帮助他？
师：苍蝇是怎么帮助小鼹鼠的？为什么苍蝇会知道？
小结：原来苍蝇见过很多动物的嗯嗯，所以他们只需要戳一下，就知道是狗的嗯嗯了。
(二)阅读至结束，猜测鼹鼠的做法
师：小鼹鼠终于知道是谁嗯嗯在他头上了，他现在要去哪里？
师：你们猜小鼹鼠会做什么。
师：发生了什么事情？小鼹鼠的嗯嗯是什么样子的？
小结：原来小鼹鼠在知道是谁后，也在他的头上留下了自己的嗯嗯。
(品格元素：这个环节，一方面教师要引导幼儿意识到如果遇到自己实在解决不了的问题，可以主动向专业的人请教；另一方面教师要启发幼儿猜测、思考小鼹鼠接下来的做法，而不要直接给答案)</td></tr>
</table>

续表

是谁嗯嗯在我头上	
活动环节	活动设计
活动过程	**四、师幼交流讨论，猜测故事的发展，激发幼儿继续探究的兴趣** 师：你们猜大狗知不知道谁嗯嗯在他的头上，大狗会怎么做呢。 师：我们在生活中能像故事里的大狗一样随地大小便吗？想便便的时候，我们该怎么做呢？ 结束：小鼹鼠想要知道头上的嗯嗯到底是谁的，他去问了很多动物，可都不是他们的，原来不同的动物有不同的嗯嗯。动物和人是不一样的，随地大小便是不对的。 （**品格元素：**教师通过开放性的结局，引导幼儿猜测大狗会怎样处理自己头上的大便，可鼓励幼儿大胆猜想、表达）
活动延伸	**一、区角延伸** 教师可以在阅读区提供更多大便相关的故事，如《大家来大便》《呀！便便》《动物的大便》《出发，便便救援队》《便便超人》等，帮助幼儿丰富这一主题的认知经验。此外，结合本次教学活动，教师还可以鼓励幼儿在美工区画一画自己看过的动物便便，并说一说当时的情境；在益智区可以开展图片配对游戏，让幼儿将动物与其“嗯嗯”进行匹配。 **二、家园共育** 这个故事与幼儿日常生活的经验很相关，也能够满足幼儿对“屎尿屁”主题的好奇。活动后，教师可以鼓励幼儿回家后把这个有趣的故事讲给爸爸妈妈听，进一步和爸爸妈妈观察、分析不同小动物的大便特点。教师还可以提示家长围绕这个话题，在生活中引导幼儿观察更多小动物的大便，如小猫、小鸡、小鸭等，丰富幼儿的生活经验。同时，家长也可以跟幼儿讨论“随地大小便好不好”的话题，帮助幼儿建立健康、科学的生活习惯及社会规则。 **三、生活渗透** 生活活动中，教师可引导幼儿观察自己的嗯嗯，了解自己嗯嗯的规律，如嗯嗯的时间、形状、气味等，并可进一步与幼儿讨论嗯嗯与身体健康的问题。此外，教师还要引导幼儿意识到随地大小便是不对的，告诉幼儿当自己想便便时要主动去厕所解决。

3. 活动反思

(1)活动特点

本次活动选择的内容新颖有趣，原本让人敬而远之的便便在故事里却变得十分可爱，还被命名为“嗯嗯”。因此，幼儿听到这个故事就十分好奇讲的是什么。活动目标较符合小班幼儿年龄特点，幼儿在听一听、看一看、说一说的过程中愉快地了解到每一种动物的排泄物形状都有所不同，什么样的动物就拉什么样的便便。活动中师幼互动轻松积极活跃，顺利达到预期目标。

(2)活动实施建议

由于故事情节、对话具有重复的特点，即整个故事是由小鼹鼠顶着“嗯嗯”依次询问农场里不同的小动物是不是他们嗯嗯在自己头上，因此，为确保活动的趣味性、新颖性，教师要灵活处理故事讲述的节奏及情境出示的方式，才能调动幼儿的兴趣，如故事开头部分可以重点讲述1～2个对话场景，让幼儿熟悉对话的语言、态度等，之后可以让幼儿先自主阅读，然后分组表演故事场景等，让幼儿在操作、体验中感知故事的有趣，一定要改变教师一言堂的活动组织方式。

（成都市青白江区润扬同华幼儿园　孙昭霞　周芸吉）

(二)品格社会领域教学活动

1. 好奇品格的社会领域教学活动设计说明

好奇，指对自己所不了解的事物觉得新奇而感兴趣，充满新鲜感。小班幼儿对周围世界充满浓厚的兴趣，对新鲜事物具有强烈的好奇心，喜欢向成人提出各种各样的问题，如“这是什么?”“那是什么?”……看见新奇的事物就想去摸一摸、看一看，有时还会因为好奇、喜欢而把别人的物品据为己有。虽然幼儿此时的行为不存在道德判断，但成人也需有意识地对幼儿进行正确引导，让幼儿认识到别人的东西自己再喜欢，未经允许都不能随意拿走。

2. 教学活动案例

接下来我们以社会活动“不是我的东西我不拿”为例阐述好奇品格社会领域教学活动的组织要点，见表8-3。

表8-3 好奇品格社会领域教学活动

<table>
<tr><td colspan="3">不是我的东西我不拿</td></tr>
<tr><td>活动环节</td><td colspan="2">活动设计</td></tr>
<tr><td rowspan="3">活动目标</td><td colspan="2">认知目标：初步认识到未经他人允许，不能因为喜欢就把别人的东西拿走。</td></tr>
<tr><td colspan="2">能力目标：能够在老师的引导下礼貌地向他人询问自己感兴趣的物品。</td></tr>
<tr><td colspan="2">情感目标：在游戏中为自己的正确行为感到高兴。</td></tr>
<tr><td rowspan="2">活动准备</td><td>经验准备</td><td>幼儿能够较清楚地描述自己玩具的特点。</td></tr>
<tr><td>物质准备</td><td>1. 每名幼儿带一个自己喜欢的玩具。
2. 小熊玩偶。</td></tr>
<tr><td>活动过程</td><td colspan="2">一、创设玩具找不到的情境，引出活动主题
师：老师这里有小朋友们之前带来的最喜欢的玩具，现在请大家找到自己的玩具，我们一起玩。(其他幼儿都能顺利地找到自己的玩具，但有一名幼儿找不到自己的玩具)
师：×××小朋友的玩具去哪里了？我们一起找一找。
(品格元素：教师创设“玩玩具”的情境，激发幼儿的好奇心)
二、师幼情境讨论，知道不是我的东西不能拿
情境：幼儿一起在教室里帮助小朋友寻找丢失的玩具，最后在配班教师所扮演的小熊那里找到玩具。
师：我们一起问问×××小朋友的玩具为什么会在“小熊”这里。
师幼：“小熊”，“小熊”，你为什么要拿×××小朋友的玩具呀？
小熊：因为这个玩具很好玩，我太喜欢啦！
师：小朋友们，“小熊”这样做对吗？为什么呢？应该怎么做？
小结：未经他人允许，不能因为喜欢就把别人的东西拿走，应该经过别人的同意。
(品格元素：在真实的情境中，教师通过“小熊没有经过别人同意拿走别人的玩具”引导幼儿讨论这种行为是否正确，引出正确的行为规则与方法，知道不管多好奇都不能不经允许拿别人的东西)
三、引导幼儿玩玩具，学习礼貌地向他人询问自己感兴趣物品的方法
(一)讨论想玩他人玩具时，礼貌询问的办法
师：××× 小朋友的玩具找到了，现在到了玩具分享的时刻，想一想，如果你想玩别人的玩具应该怎么办呢？</td></tr>
</table>

续表

不是我的东西我不拿	
活动环节	**活动设计**
活动过程	小结：教师引导幼儿说："×××，我想玩一玩你的玩具，可以吗？""×××，咱们交换着玩(一起玩)玩具，可以吗？" (**品格元素：**教师引导幼儿学习正确的行为规则与方法，知道不经允许不能拿别人的东西) (二)幼儿与同伴一起玩玩具，感受游戏的快乐 **四、师幼总结，强化幼儿在游戏中学会的正确行为** 师：小朋友们，你们刚才玩的是什么？(如果玩的是别人的玩具时)你们是怎么询问别人的？ 总结：如果你很喜欢其他小朋友的玩具，一定要用礼貌的方式征得别人的同意才能玩，刚才小朋友们都做得非常好，老师给你们的正确行为点赞！在生活中，如果我们看到别人的东西，自己很喜欢，应该怎么做呢？请小朋友们把自己的想法告诉爸爸妈妈和好朋友吧！
活动延伸	**一、区角延伸** 教师可在语言区提前用平板电脑或手机录制若干个生活情境视频，引导幼儿根据视频内容判断对错，并提出正确做法。情境可以涵盖做客、去超市及游戏场景中幼儿正确或错误的语言与行为。例如，去别人家做客时，未经许可翻主人家的物品。教师可以引导幼儿说说这种行为是否正确、应该怎么办，学习礼貌做客的方法。如果没有平板电脑及手机，教师可以用纸质图片的形式呈现。教师还可以在"娃娃家"创设做客的情境，投放做客材料，巩固幼儿的做客礼仪，引导幼儿遵守基本的社会行为规则。 **二、家园共育** 家长在日常生活中发现幼儿因为好奇，在未经他人许可的情况下拿走他人物品时，要及时关注并引导幼儿通过询问、商量的方式与同伴一起游戏。例如，这个玩具我很喜欢，能不能借我玩一下？我想加入你们的游戏一起玩，可以吗？家园合作，巩固幼儿的良好行为，促进良好社会规则的形成。 **三、生活渗透** 在日常自由活动和户外活动时，教师可以鼓励想与他人共同游戏的幼儿运用正确的交往方式，通过询问征得他人同意之后，再一起游戏。例如，我可以和你一起玩吗？在一日生活中，教师通过捕捉幼儿因好奇心所引发的不遵守社会规则的行为进行随机教育，引导幼儿形成良好的社会行为。

3. 活动反思

(1)活动特点

好奇心是幼儿会随便拿别人东西的一个重要原因。对于未知的东西、未知的世界，幼儿的好奇心总是变得很强。例如，小班的幼儿在区角活动时，经常会发生不经过别人的同意就拿别人的操作材料，或者没有经过别人的同意就参与到别人的游戏当中，这些现象只是出于幼儿对事物的好奇心，而并不是真正想占为己有。针对这一现象，教师制定了本节活动的教学目标，初步认识到未经他人允许，不能因为喜欢就把别人的东西拿走。幼儿在亲身参与、体验、讨论中学会了与同伴一起玩的正确方法，解决了生活中的实际问题，学习自觉遵守社会规则。

(2)活动实施建议

首先，为了创设"玩具找不到"的情境，在本次活动前，教师可以开展玩具分享的活动，让每名幼儿带一个喜欢的玩具来幼儿园与幼儿分享。其次，为突出情境的真实性，活动前，教师需与扮演“小熊”的配班教师进行有效沟通，力求表演逼真、到位，能够引发幼儿共鸣。此外，每个环节中教师小结的语言要精练、准确，因为每一个小结都是对幼儿认知的提升，并且为下一个环节的开展做铺垫。最后，值得注意的是，在本次教学活动的启发和引导下，教师在日常生活中要学会解读幼儿的行为，进行科学引导。

[太原煤炭气化(集团)有限责任公司第二幼儿园　郭丽　杨静]

(三)品格综合领域教学活动

1. 好奇品格的综合领域教学活动设计说明

基于幼儿好奇、好问、好探究的天性，《3－6岁儿童学习与发展指南》在科学领域中提出了“亲近自然，喜欢探究”的培养目标；在艺术领域要求要“尊重幼儿的兴趣和独特感受，尊重幼儿自发的表现和创造”。因此，根据小班幼儿认知发展特点，教师可以开展认识自己的身体、安全教育等方面的活动。在科学领域，教师可以引导幼儿观察身边常见的事物和现象，如发芽的小树，刚长出的小草，雨后的蜗牛，彩虹现象等。艺术领域中，教师可以引导幼儿找一找身边最美的花、最特别的树(草)，听一听大自然中好听的声音，或鼓励幼儿用涂、画、贴等方式展现自己的发现，或开展有趣的音乐律动活动等。

2. 教学活动案例

接下来我们以科学领域活动“新被套”为例阐述好奇品格综合领域教学活动的组织要点，见表8-4。

表 8-4　好奇品格综合领域教学活动

新被套		
活动环节	活动设计	
活动目标	认知目标：初步了解不同颜色混合会形成新的颜色。	
	能力目标：能在老师的引导下积极地探索、验证猜想。	
	情感目标：感受好奇、猜测、探索、验证的乐趣。	
活动准备	经验准备	幼儿已认识红、黄、蓝、绿、橙、紫等几种颜色。
	物质准备	1. 绘本课件《新被套》。 2. 画有色啦轮廓的水粉纸每人一张，画有被子轮廓的水粉纸每人一张。 3. 水粉纸每人一张，水粉笔每人两支，不同颜色的颜料每人两份。
活动过程	**一、谈话导入，引入绘本，激发幼儿探索兴趣** 师：小朋友们，在我们身边有一个神奇的颜色王国，里面住着很多小色啦们。在这里，总会有神奇的事情发生！ 师：就在今天早上，红色啦、黄色啦、蓝色啦在睡醒之后都变成了大花脸！小朋友们猜猜这是怎么回事。 (**品格元素：**教师提出问题，启发幼儿思考，唤起幼儿想要一探究竟的好奇心) **二、阅读绘本，引导幼儿初步感知颜色的混合** (一)介绍标题，引导幼儿观察封面，激发幼儿阅读兴趣 师：这个绘本的名字叫“新被套”。这是谁？你们猜猜这位来自颜色国的小朋友叫什么名字，他手里拿着的是什么。(教师引导幼儿根据画面回答)	

续表

<table>
<tr><th colspan="2">新被套</th></tr>
<tr><th>活动环节</th><th>活动设计</th></tr>
<tr><td>活动过程</td><td>师：我们一起来看看颜色国又发生了什么神奇的事情吧！
(二)分段讲述，帮助幼儿理解故事情节
1. 师幼共同观察画面，讲述第 2 至 9 页，然后提问讨论。
第 2 至 3 页：
师：看！黑色啦在做什么？你们猜猜他调配这么多带颜色的水要做什么。
第 4 至 5 页：
师：他要给布上颜色！那他调配的一定就是布的染料了，我们来看看上了颜色的布好不好看。
第 6 至 7 页：
师：看看谁来啦，你们猜猜他们会用这些布做什么。
第 8 至 9 页：
师：他们把布做成了三床新被套！看看他们分别盖的都是什么颜色的被套呢。(教师将红色啦、黄色啦、蓝色啦及他们盖的被子对应展示在小黑板上)
2. 师幼共同观察画面，讲述第 10 至 17 页，然后提问讨论。
师：第二天早上，起床时间到了，咦？发生了什么？红色啦变成了大花脸！再看看黄色啦和蓝色啦！都变成了大花脸！
师：快来看看色啦们的脸上和身上都变成了什么颜色。
师：这到底是怎么回事呢？小朋友们快来帮色啦们想一想！
(品格元素：教师通过问题引导幼儿观察绘本画面内容，发现问题—进行猜测—获取线索—敢于挑战，通过对颜色变化的好奇心，激发幼儿的探索欲望)
3. 师幼共同观察画面，讲述第 18 至 23 页，然后提问讨论。
师：色啦们拿着被套，表情很生气地出门了，他们说“布掉颜色了”！
师：色啦们找到黑色啦，让他看看他们的大花脸，黑色啦看看布，说：“我得好好想想，到底是怎么回事？”
师：明明红色啦盖的是蓝色的被套，黄色啦盖的是红色的被套，蓝色啦盖的是黄色的被套，既然是布掉了颜色，为什么他们身上的颜色和被套的颜色不一样呢？小朋友们，请你们帮助色啦们找找原因吧！
三、操作探索，使幼儿感知红黄蓝三原色的混合
教师将课件播放至绘本第 8 至 9 页，分发材料，讲解操作步骤。
教师引导幼儿完成涂色：每名幼儿两支水粉笔、两份不同颜色的颜料、画有色啦和被子轮廓的画纸各一张，并先轻轻固定在一起。
师：请小朋友们先选择一个颜色涂在小色啦的头上。(教师引导幼儿选择一个颜色给色啦露出来的头部涂上颜色)
师：请小朋友们再为你的色啦选择一个颜色的被套。(教师引导幼儿选择另一种颜色涂在被子上)
师：最后，请小朋友们打开色啦的被子，为他们的大花脸涂上颜色，可是我们没有其他的颜色了，怎么办呢？
师：把你有的两种颜色混在一起，看看会有什么神奇的事情发生吧！(教师引导幼儿把两种颜色的颜料混在一起，涂在色啦的身体上)
(品格元素：教师引导幼儿通过亲自动手操作，将绘本故事中神奇的现象展现在自己的画纸上，并在过程中观察发现颜色变化的现象，获得探索的成就感)</td></tr>
</table>

续表

<table>
<tr><th colspan="2">新被套</th></tr>
<tr><th>活动环节</th><th>活动设计</th></tr>
<tr><td>活动过程</td><td>四、师幼互动
师：请小朋友们说一说，你画的是什么颜色的小色啦，盖了一床什么颜色的被子，然后发生了什么？
师：那小朋友们现在能回答黑色啦的问题了吗？为什么红色啦身上会出现紫色？黄色啦身上会出现橙色？蓝色啦身上会出现绿色？（教师引导幼儿说出红色和蓝色混合到一起就会变成紫色等颜色变化）
五、总结提炼，巩固幼儿对颜色混合的感知与理解
师：今天我们来到了神奇的颜色国，遇到了一件奇怪的事情，小色啦们盖上彩色的新被套之后，第二天早上都变成了大花脸。小朋友们非常愿意帮助他们探索这个神奇的秘密，帮他们找到了变成大花脸的原因，原来是因为小色啦身上的颜色和新被套的颜色混在一起就变出了新的颜色。小朋友们都有着善于观察发现的大眼睛、机灵爱思考的小脑袋，希望小朋友们以后继续发现，敢于探索！
（品格元素：教师对幼儿的对于未知现象的好奇心和敢于实践探索的表现表示肯定，鼓励幼儿继续保持自己的好奇心和探索欲望）</td></tr>
<tr><td>活动延伸</td><td>一、领域延伸
为进一步巩固深化幼儿对颜色的探究，教师在健康领域可以开展体育游戏“颜色对对碰”，即将幼儿分成红、黄、蓝三组，不仅可根据相同颜色配对，也可结合本次教学活动新学习的“变色”进行颜色配对。教师在科学领域可以以颜色为载体，开展颜色点数、分类等游戏，或根据天气情况，与幼儿一起探究彩虹的形成以及彩虹颜色排列规律。而在艺术领域，教师可以给幼儿提供更多的水粉颜料，让幼儿自由涂画，感受多种颜色混合的变化，同时要养成“将笔清洗干净后再蘸取其他颜色”的习惯。教师可以结合歌曲律动《颜色歌》帮助幼儿结合自然中的事物去认识更多的颜色，从而激发幼儿观察生活中事物的兴趣。
二、区角延伸
教师可以在科学区提供不同颜色的透明色片，让幼儿通过色片和颜色的重合，巩固理解原色和间色的色彩关系。教师提供透明的塑料水杯，各色颜料，让幼儿自主选择颜色进行调配，进行观察。教师可以在阅读区投放《颜色国的秘密》系列绘本，引导幼儿根据故事内容继续探索更多关于颜色的特性。
三、生活渗透
教师可以为幼儿创设色调明亮，色彩丰富的环境，并引导幼儿多观察，发现大自然中或自己身边的丰富色彩。</td></tr>
</table>

3. 活动反思

(1)活动特点

选材适宜，抓住小班幼儿对颜色充满兴趣和探究欲望这一特征设计活动，同时结合绘本《新被套》情境引入，增强幼儿探究颜色变化的趣味性。教师引导幼儿独立动手操作，在涂好两种颜色后，自己动手把两种颜色混在一起，并在搅拌过程中，直观地观察颜色的变化。活动的环节层层递进，通过绘本情境引导、真实体验、直观观察等教学策略，帮助幼儿感受好奇、猜测、探索、验证的乐趣。

（2）活动实施建议

在本次活动中，绘本仅作为情境导入，通过提问题以唤起幼儿的探索兴趣，因此需要教师控制好该部分节奏，不要拖拉，从而确保幼儿有充足的时间进行操作探索以及作品展示。实施该活动的操作环节时，教师需根据本班幼儿能力水平提供材料，区别于本教案。教师也可以提前准备好色啦脸部的颜色和被子的颜色，仅让幼儿操作混合颜色以及涂剩余的部分。

（盘锦市兴隆台区立新幼儿园　刘红昱　刘晶晶）

（四）幼儿社会技能教学活动

1. 活动设计说明

幼儿的好奇心是与生俱来的，学习和发现未知的事物能给幼儿带来满足和幸福。对于小班幼儿而言，家长更要用心保护他们的好奇心与求知欲，让幼儿成为学习的主体。小班幼儿最重要的社会技能就是“问问题”及“邀请别人玩”。家长应培养幼儿在生活中敢问问题、会问问题，在人际交往中能够邀请朋友一起玩、善交际，从而帮助幼儿获得满足感。

2. 社会技能“问问题”教学活动案例

社会技能“问问题”的技能口诀是：想想问什么；选个要问的人；人家有空再提问。接下来我们以活动“问问题”为例阐述社会技能“问问题”教学活动的组织要点，见表 8-5。

表 8-5　社会技能“问问题”教学活动

<table>
<tr><th colspan="3">问问题</th></tr>
<tr><th>活动环节</th><th colspan="2">活动设计</th></tr>
<tr><td rowspan="3">活动目标</td><td colspan="2">认知目标：初步感知问问题的基本要求。</td></tr>
<tr><td colspan="2">能力目标：能够在老师的引导下大胆分享自己问问题的经历。</td></tr>
<tr><td colspan="2">情感目标：愿意在生活中用礼貌的方式向别人提问。</td></tr>
<tr><td rowspan="2">活动准备</td><td>经验准备</td><td>幼儿有提问的欲望和举手提问的经验。</td></tr>
<tr><td>物质准备</td><td>1. 小兔子手偶。
2. 教师自备三张口诀配图（第一张：一个小人思考的样子，旁边有一个小问号；第二张：幼儿头顶思考出同伴、家人和老师等角色；第三张：成人在忙，幼儿思考是否要提问）。</td></tr>
<tr><td>活动过程</td><td colspan="2">一、情境导入，激发幼儿学习的兴趣
师：（出示小兔子手偶）小朋友们好，今天活动开始之前，小兔子想先向大家提一些问题，看看你们谁能用行动回应他。
师：小兔子问“这里是小几班呀？谁能用手比一比”？
小兔子问“今天谁的鞋子上有白色的颜色呀？请他举举手”。
小兔子又问“今天谁早上是在幼儿园吃的早饭呀？请他跺跺脚”。
小兔子还想问“那你们今天早上吃的什么呀？谁能和我说一说”？
师：哎呀！小兔子怎么这么多问题！小朋友们，你们有没有什么问题想问下小兔子呢？请你们说一说。小朋友们一起说，老师听不清楚，请大家举手说。（教师鼓励幼儿大胆地向小兔子提问）</td></tr>
</table>

续表

问问题	
活动环节	**活动设计**
活动过程	**二、口诀学习，引导幼儿了解问问题的方法** 师：刚刚小兔子问了大家很多问题，大家也问了小兔子很多问题。今天老师给大家带来了一个提问的口诀，我们一起来学习一下。 师：想想问什么；选个要问的人；人家有空再提问。 教师出示口诀配图，针对每一张图片对口诀进行讲解。 师：第一句口诀是“想想问什么”。我们每天都有很多好奇的事情想要知道，那我们向别人提问题之前，可以先想清楚我们想要问的是什么。 师：第二句口诀是“选个要问的人”。我们在生活中如果有好奇的事情可以问谁呢？请小朋友们说一说。(可以有家长、老师、同伴等)除了这些人，我们还可以问谁？(幼儿园里的所有人都可以问，在外面遇到问题可以问警察叔叔) 师：第三句口诀是“人家有空再提问”。提问的时候，我们需要注意什么呢？如果爸爸妈妈正在忙，我们该怎么办？(教师引导幼儿多说一说) 师：刚刚我们看着图片把口诀讲了一遍，有没有哪位小朋友能够看着这几张图片把我们的口诀说一遍？(教师请几名幼儿到前面看图复述口诀) **三、击鼓传花游戏，鼓励幼儿勇敢提问** 师：接下来我们一起玩一个击鼓传花的游戏，这朵花传到哪位小朋友手上，他就可以向大家提一个问题！ 师：(教师引导拿到花朵的幼儿提问)你想向谁提问？你想问什么？有谁可以回答他？ 教师把控游戏节奏，引导拿到花朵的幼儿勇敢提问，可以根据幼儿的兴趣决定游戏的时间和次数。 **四、活动总结** 师：小朋友们都有好多问题，生活中我们也会有很多好奇的事情，小朋友们可以勇敢地向身边的人提问，提问的时候别忘记用上我们的技能口诀，学会有礼貌地提问。
活动延伸	**一、家园共育** 教师引导幼儿将该技能口诀教给爸爸妈妈。教师在日常也需要注意与幼儿进一步明确常规，可以结合“插话”技能的口诀(如果心里有问题，耐心等待好时机，别人把话说完后，微笑问话才可以)引导幼儿知道在特定情况下不要随意打断他人，提问也是如此。教师也可以请家长多和教师沟通，了解幼儿当下的兴趣点，为幼儿提供探究的机会，满足幼儿的好奇心。 **二、生活渗透** 在日常生活中，教师要观察幼儿的兴趣以及需求，鼓励幼儿对感兴趣的问题大胆提问。在鼓励幼儿提问的同时，教师也可以向幼儿提问，激发幼儿探索的兴趣和欲望；尊重幼儿的兴趣爱好，给予幼儿充分观察和探索的时间；鼓励幼儿提一些自己感兴趣的问题。教师不要着急回答幼儿的问题，可以将幼儿的问题记录下来，让幼儿之间互相给予答案。针对大部分幼儿都感兴趣的问题，教师可以开展班级主题探究活动，激发幼儿进一步探索的欲望。 **三、环境渗透** 教师可以根据“问问题”口诀的含义，用图文并茂的方式展现口诀内容，同时还可以呈现一些幼儿比较感兴趣的情境图，如蚂蚁搬家，燕子低飞，月亮变换过程等，激发幼儿的好奇心，提升幼儿对社会技能“问问题”的理解。

3. 活动反思

(1)活动特点

活动目标凸显社会技能"问问题"的内涵要求，活动过程通过创设情境、游戏互动的方式鼓励幼儿大胆提问，同时在这个过程中引导幼儿理解礼貌提问的基本要求，使幼儿能够在轻松愉悦的氛围中领会社会技能"问问题"在生活中的运用。

(2)活动实施建议

由于小班幼儿以具体形象思维为主，并且非常喜欢模仿，在活动中，教师可以加入实物的展示或是真实情境的再现，有利于幼儿的观察和思考。在学习技能口诀后，教师可带领幼儿进行表演，将自己所理解的技能口诀演出来，更有利于加深幼儿的理解与记忆。

（沈阳市浑南区教育局第一幼儿园　王雪奇　赛庆媛）

4. 社会技能"邀请别人玩"教学活动案例

社会技能"邀请别人玩"的技能口诀是：一人做事太孤单；邀请朋友一起干；要看别人愿不愿。接下来我们以活动"我们一起玩吧"为例阐述社会技能"邀请别人玩"教学活动的组织要点，见表 8-6。

表 8-6　社会技能"邀请别人玩"教学活动

<table>
<tr><th colspan="3">我们一起玩吧</th></tr>
<tr><th>活动环节</th><th colspan="2">活动设计</th></tr>
<tr><td rowspan="3">活动目标</td><td colspan="2">认知目标：知道邀请别人一起玩时要尊重别人的意愿，不能强迫别人。</td></tr>
<tr><td colspan="2">能力目标：掌握基本的邀请别人一起玩的方法和礼貌用语。</td></tr>
<tr><td colspan="2">情感目标：体会和同伴一起游戏的快乐，愿意和其他小朋友一起玩。</td></tr>
<tr><td rowspan="2">活动准备</td><td>经验准备</td><td>幼儿有与同伴一起游戏的经验，或者当幼儿不知道怎样加入同伴的游戏时，尝试过拿出一些玩具邀请大家一起玩。</td></tr>
<tr><td>物质准备</td><td>小白兔头饰、折耳兔瑞奇快乐成长绘本系列中的故事《一起玩吧》。</td></tr>
<tr><td>活动过程</td><td colspan="2">一、活动导入，激发幼儿学习的兴趣
师：小朋友们，大家好！今天活动开始之前，老师给小朋友们带来一个故事，名字叫《一起玩吧》。我们一起来听一听，故事中小兔子瑞奇是如何和其他小朋友一起玩的。(教师向幼儿讲述绘本)
二、学习"邀请别人玩"技能的口诀，引导幼儿理解"邀请别人玩"技能的内涵
1. 教师引导幼儿讨论什么时候会邀请别人一起玩。
师：小朋友们，故事中的瑞奇都看到别的小兔子做什么游戏了？他是怎么和他们一起玩的？你们什么时候会想邀请别人和自己一起玩？
2. 教师引导幼儿讨论如何邀请别人一起玩。
师：小兔子瑞奇最后去邀请谁一起玩了？他叫什么？(点点)，瑞奇是如何邀请他的？瑞奇怎么说的？(教师引导幼儿回忆礼貌的邀请语言：你好，我叫……你叫什么名字？过来和我们一起玩吧)当小兔子点点说不会的时候，小兔子瑞奇是如何说的？(没关系，我教你，一会儿就学会啦)
师：你想邀请别人和你一起玩儿的时候，你会怎么说？</td></tr>
</table>

续表

我们一起玩吧	
活动环节	活动设计
活动过程	3. 教师引导幼儿知道当别人不愿意和自己一起玩的时候怎么办。 师：小朋友们有没有遇到过，想邀请别人和自己一起玩，别人不愿意的时候？你是怎么做的？ 师：有没有想让爸爸妈妈和自己一起玩，被拒绝的时候？你是怎么做的？ **三、创设情境，幼儿体验"邀请别人玩"技能** 师：(教师出示小白兔头饰)小白兔亮亮今天遇到了一些问题，想请小朋友们运用今天学习到的口诀帮助她解决困难。 情境一：小白兔白天自己在森林里面玩皮球，觉得有一点儿孤单、无聊。这时候，小猫从旁边路过，它想邀请小猫一起玩，但是它不知道怎么说，你们能不能教教它可以怎么说？ 情境二：小猫玩了一会儿说要赶回家吃饭了，小白兔还想让小猫继续陪它玩。你要和小白兔说些什么？ 情境三：小白兔回家和爸爸妈妈吃完饭之后，想让爸爸妈妈和自己一起看一本好看的图画书。如果你是小白兔，你会怎么和爸爸妈妈说？ **四、活动总结** 师：小朋友们真棒，我们都能运用好我们今天学习到的口诀。大家都知道当我们想和其他人一起做游戏的时候，可以通过礼貌的方法邀请别人玩。大家还知道邀请的时候，要注意自己的礼貌，想办法邀请别人和自己一起玩，但是也要理解别人，如果别人拒绝自己的时候也要礼貌的接受，希望大家都能够在生活中用上口诀里面的方法！
活动延伸	**一、区角延伸** 教师可以在活动后将绘本故事《一起玩吧》投放在阅读区，鼓励幼儿和小伙伴再次翻阅。此外，教师可以在角色表演区提供故事角色的头饰，让幼儿模仿故事情节，进行故事表演。 教师可以在班级的谈话角或心情角与幼儿一起聊天，引导幼儿说一说他们是如何邀请其他小朋友和自己玩的，并且可以鼓励幼儿分享他们与小朋友最喜欢玩的游戏或玩具。 **二、家园共育** 教师可以提示家长在日常生活中要多带幼儿去户外玩，可以去小区或公园，让幼儿有更多的机会接触其他小朋友。外出的时候，家长除了给幼儿准备好食物、水之外，还要准备可以和其他小朋友一起玩的玩具，如沙包、泡泡机等，帮助幼儿邀请其他小朋友一起玩。

5. 活动反思

(1)活动特点

小班幼儿处于平行游戏向联合游戏过渡的阶段，因此会出现想加入别人游戏的意愿。锻炼幼儿"邀请别人玩"的技能，能够培养幼儿的善交际性、主动性、合群性、领导力、组织能力、亲社会等人格品质，这也是本次教学活动的出发点和落脚点。此外，基于幼儿喜欢听故事的特点，本次教学活动将社会技能融入绘本故事，帮助幼儿理解社会技能的含义和思想，从而更好地实现活动目标。

(2)活动实施建议

为唤起幼儿的生活经验，增强参与活动的兴趣，教师在导入环节可以提供幼儿日常生活中想要和其他幼儿一起玩但又不敢邀请的情境，引导幼儿进行讨论和分享，进而自然地引出本次教学活动的主题。由于小班幼儿注意不稳定，而且记忆时间较短，为更好地组织环节三的情境体验，教师最好提供对应情境的图片，帮助幼儿直观理解各情境的内容。

（北京儿童品格教育研究院）

五、区角活动案例

在创设区角活动时，教师可以根据小班幼儿的年龄特点和操作水平，在活动区内投放简洁好玩、容易操作的活动材料，引导幼儿在直接感知、实际操作和亲身体验中发现身边的有趣现象，获取粗浅的科学经验，在动手动脑中激发幼儿的好奇心和探究欲望。

益智区

活动一：好玩的拼图

活动目标：

1. 通过玩拼图保持对周围事物及游戏活动的好奇心。

2. 通过完成拼图提升解决问题的能力，培养初步的思维推理能力。

活动准备：每组 3 张完整拼图(可根据幼儿的实际水平添加拼图的数量)、小盘两个(图 8-1)。

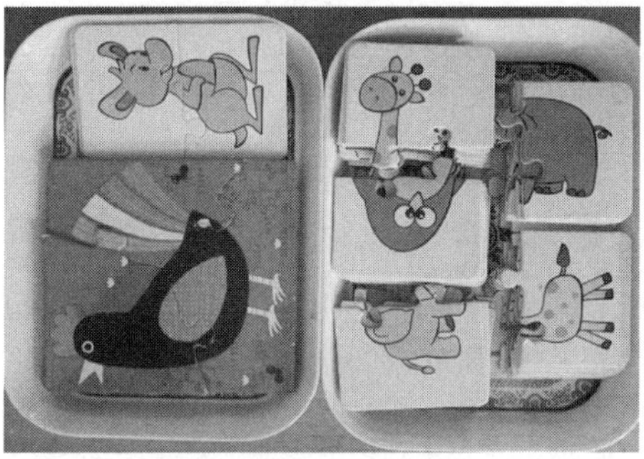

图 8-1　拼图和小盘

活动过程：

1. 教师投放印有动物图像的拼图，谈话导入活动。

师：这是谁的尾巴？找找看。(教师激发幼儿参与活动的兴趣)

2. 幼儿自由摆弄拼图图片，把不完整的图片拼完整，再将拼好的图片放到另一个小盘里。

3. 交流分享：教师鼓励幼儿展示自己的拼图，说说自己是怎么完成的。

4. 小结：教师梳理分享大家拼图的方法，鼓励幼儿在拼图活动中的积极表现。

活动建议：

1. 有的幼儿可能需要多次尝试才能成功，教师要耐心指导，允许幼儿反复尝试。

2. 幼儿已学会一种动物的拼图时，教师可引导其挑战难度更大的拼图，如增加每张拼图的数量或者多投放不同类型的拼图。

活动延伸：

教师观察幼儿在游戏中的表现，通过调整拼图种类、增加拼图片数的方式改变游戏的难度，以满足幼儿持续探索的需求，进一步激发幼儿对拼图游戏的好奇心。

活动二：找朋友

活动目标：

1. 从众多相似的动物卡片中找出完全相同的两张图片，培养探索发现的兴趣。
2. 通过给小猫找朋友，锻炼观察能力。

活动准备：各种小猫的图卡(完全相同的图片各有两张)(图 8-2)、方盘 3 个。

图 8-2　小猫的图卡

活动过程：

1. 教师投放各种小猫图卡，讲解游戏玩法，激发幼儿参与活动的兴趣。
2. 幼儿自由探索，从盘中找出相同的小猫图卡放在另一个盘子里。若两名幼儿合作玩，则其中一人取出一张图卡，另一人从盘中找到相同的图卡进行配对。
3. 教师鼓励幼儿分享找相同的有效方法。

活动建议：

1. 教师提醒幼儿把找对的图卡放到第三个盘中，让幼儿获得成就感。
2. 幼儿自由探索时，教师提醒幼儿认真观察，注意细节。

活动延伸：

幼儿熟悉玩法后，教师可以增加难度，更换更复杂的图案或是变换游戏方式。例如，教师可以让幼儿随机取出两张图卡找不同，观察两张图卡哪里不一样，找到几处不一样的地方。教师还可以通过变换玩法和难度(不同图案找不同)，让幼儿始终对游戏保持好奇心。

活动三：好玩的瓶子

活动目标：

1. 对不同食物落入瓶中发出的声音感到好奇，愿意探究其中的奥秘。
2. 掌握使用小勺和漏斗的方法。

活动准备：矿泉水瓶子、小枣、小米、盘子、小勺、漏斗(图 8-3)。

图 8-3　“好玩的瓶子”主要材料

活动过程：

1. 教师引导幼儿和瓶宝宝交朋友，让幼儿对瓶宝宝产生兴趣。

教师出示瓶宝宝。

师：今天瓶宝宝来做客，喜欢他吗？咕噜咕噜，他的肚子好饿呀，谁想做他的朋友，帮忙喂喂他？

2. 幼儿探索喂瓶宝宝吃东西的方法。

师：喂瓶宝宝吃东西的时候，注意不要洒在外面。

教师提醒幼儿在喂细小的食物时可以用漏斗和勺子。

3. 幼儿晃动瓶宝宝，发现其中的不同。

师：喂几勺后，请你晃动一下，听听瓶宝宝吃得开心吗？

4. 幼儿说一说自己的发现，教师小结。

(1)瓶宝宝在吃红枣和小米时，发出的声音一样吗？有什么不一样？

(2)小结：喂得食物少，声音大，食物在瓶内转动的速度快。喂得食物多，声音小，转动的速度也相对慢一些。

活动建议：

1. 瓶子装满是发不出声音的，为防止幼儿装得过满，影响活动效果，教师可在瓶子上做好最大量的标志线。

2. 教师应帮助幼儿正确使用漏斗，提醒幼儿爱惜粮食，洒到外面的粮食要及时捡起来。

活动延伸：

1. 教师可以开展配对活动，引导幼儿按照瓶子颜色与食物颜色来喂食物，如穿红色衣服的瓶宝宝喜欢吃红色的小枣，穿黄色衣服的瓶宝宝喜欢吃黄色的小米；还可以按照瓶子的大小与食物的大小来喂食，如大瓶子吃体积大的食物，小瓶子吃体积小的食物等。

2. 教师可以带领幼儿丰富声音探索。红色的瓶宝宝和黄色的瓶宝宝吃了不同的“食物”，他们的歌声就不一样。如果幼儿对声音感兴趣，教师可以投放更多不同材质的“食材”，如弹珠、小树枝、小铁球等。

美工区

活动一：手掌印画

活动目标：尝试手掌蘸颜料并印画，了解各种不同的印画方式，感受印画的神奇。

活动准备：手掌印画范例、颜料(红黄蓝三种)、小罩衣、刷子、抹布、白纸(图 8-4)。

图 8-4 “手掌印画”活动材料

活动过程：

1. 教师带领幼儿欣赏手掌印画，激发幼儿的兴趣，让幼儿知道印画和平时的图画不同之处。

2. 幼儿自由印画，感受印画的乐趣。

3. 教师请幼儿展示自己的画作。教师小结鼓励。

活动建议：

1. 教师提醒幼儿在印画时一定注意均匀蘸取颜料，避免拓印时手掌印的不完整。印画时不要随意移动手掌，要稍微等一下再把手掌拿起。

2. 幼儿可以选择刷子把颜料均匀刷到手上，然后印画。

活动延伸：

1. 教师引导幼儿想想手掌可以变成什么；等颜料干了，引导幼儿进行简单的添画。

2. 教师引导幼儿摆出不同的手型进行印画，说一说像什么。

3. 教师引导幼儿讨论除了手掌，我们还可以用哪里印画；引导幼儿尝试用手指、手背进行印画。

活动二：印花布

活动目标：喜欢使用印章印制小花布，对印章画感兴趣。

活动准备：小花布、颜料(红黄蓝三种)、各种印章(瓶盖、插塑、蔬菜等)、画纸、小罩衣、抹布、展示架。

活动过程：

1. 教师请幼儿欣赏制作好的小花布，激发兴趣。

2. 幼儿自由探索印章画的制作方法。教师鼓励幼儿选择自己喜欢的印章、喜欢的颜色，在画纸上进行印制。

3. 幼儿展示作品，师幼一起欣赏。

幼儿将作品放在展示架上，大家一起欣赏。

师：你觉得哪块“花布”最漂亮？你能猜出是用什么印出来的吗？请“花布”的小主人做介绍。

活动建议：

1. 教师可以在幼儿印画前提出要求：一个印章只能蘸一种颜料，不可再去蘸其他颜料。

2. 教师可以提醒幼儿保持画面干净、整洁，用完后的材料放回篮子里，养成物归原处的好习惯。

活动延伸：

1. 教师可以引导幼儿想一想还可以印制什么物品，如围巾、手帕、衣服等。

2. 教师可以投放各种印章画作品，让幼儿猜猜是用什么印出来的。生活中还有哪些物品也可以用来做印章？教师引导幼儿找一找，试一试。(各种蔬菜、各种瓶子、瓶盖、各种树叶等)

活动三：手帕印染

活动目标：尝试用扎染的方式印染手帕，对扎染活动感兴趣。

活动准备：印染范例、餐巾纸若干、颜料、小罩衣、抹布、防水桌布(图 8-5)。

图 8-5　印染材料

活动过程：

1. 教师引导幼儿欣赏作品，激发幼儿对扎染的兴趣。

教师出示扎染作品，让幼儿知道扎染是一种传统工艺，和平时的绘画技能不同。

2. 幼儿猜测怎样扎染，教师示范扎染具体方法。

师：猜一猜这些漂亮的作品是怎么制作出来的呢。

扎染步骤：把餐巾纸中心点收起；用皮筋把餐巾纸扎成三段；用颜料把凸起的地方染

色；把皮筋拆掉，慢慢地打开，扎染作品就完成了。

3. 幼儿探索印染方法，教师巡回指导。

教师提醒幼儿扎染前先穿好罩衣，戴好套袖；铺好防水桌布，避免弄脏桌面。

4. 作品展示，师幼一起欣赏。

活动建议：

小班幼儿刚开始接触扎染的方法，可能会存在各种问题，教师不要着急，要耐心地引导，特别是刚开始染色时，由于不够熟练，会弄得到处是颜料，需要提醒幼儿染的时候不要弄很多，打开时一定要轻轻地、慢慢地。

活动延伸：

教师可以把幼儿印染的手帕，做成各种图案，如小花、小鱼等物品，或者提供更多的印染材料，让幼儿尝试在各种材料上印染，如白色 T 恤、白色画布等，运用扎染的方法进行制作或者扎好后直接放到盛有颜料的容器里染色，注意拿出时放到盘子或其他容器中，等颜料干了再拆。

科学区

活动一：吹泡泡

活动目标：对不同的工具吹出的泡泡进行探索。

活动准备：水、洗洁精、白糖，圆形的吹泡泡工具，各种有孔的塑料积木、插塑、大珠子、漏勺等有孔的生活物品，抹布(图 8-6)。

图 8-6 “吹泡泡”活动部分材料

活动过程：

1. 教师带领幼儿自制泡泡水：往杯子里加入 100 毫升水，滴上 3～5 滴洗洁精，倒入 1 勺白糖，充分搅拌均匀。

2. 教师带领幼儿用自制的圆形吹泡泡工具吹泡泡，探索成功吹出泡泡的方法，观察泡泡的形状。

3. 教师引导幼儿尝试用各种有孔的塑料积木、插塑、大珠子等吹泡泡，看是否能吹出泡泡。

4. 教师引导幼儿尝试用各种有孔的生活物品吹泡泡，如漏勺、吸管等。

活动建议：

1. 该活动建议在室外场地进行，可由一位教师带领选择该活动的幼儿进行活动。

2. 教师应提醒幼儿不把大珠子放到嘴巴里，注意安全。

3. 教师应告诉幼儿蘸取泡泡水时，不要蘸太多，注意衣物整洁。

4. 活动结束后，教师应提醒幼儿及时洗手。教师需对串珠、积木、插塑、漏勺等游戏材料彻底清洗消毒。

活动延伸：

教师和幼儿一起用扭扭棒自制三角形、正方形或其他形状的吹泡泡工具，然后尝试用这些不同形状的工具吹泡泡，观察能否吹出泡泡、吹出的泡泡是什么形状。教师也可以和幼儿在户外进行吹泡泡比赛，比比谁能吹出最大的泡泡。

活动二：纸巾彩虹桥

活动目标：对制作纸巾彩虹桥充满好奇，并乐于参与制作的过程。

活动准备：纸巾、水彩笔、两个纸杯、适量的水、抹布(图 8-7)。

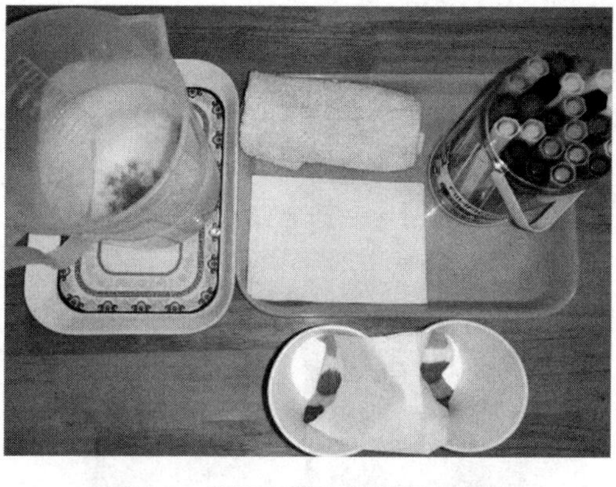

图 8-7　“纸巾彩虹桥”活动材料

活动过程：

1. 教师示范步骤或做好简单明了的实验步骤图。

第一步：纸巾长边对折。

第二步：用水彩笔在纸巾的两条短边处涂上各种不同的颜色。

第三步：将有颜色的两端分别放到两个杯子里，再往杯子里倒入少量的水，让两端涂色的纸巾浸入水中。

第四步：原本只在纸巾两端的颜色就会爬满一整张纸，变成一座纸巾彩虹桥。

2. 幼儿自主探索制作纸巾彩虹桥，教师巡回指导。

3. 分享交流：教师请幼儿说说自己的实验感受，并猜一猜为什么纸巾下方的颜色会爬到上面来。

教师小结：因为纸巾里有好多非常细的小管子，水被这些细管吸收后，带着颜色一起顺着管子爬满了整张纸。

活动建议：

1. 教师可以引导幼儿根据自己的喜好给纸巾涂色，不必局限于彩虹的七种颜色，观察不同色彩带来的不同视觉效果。

2. 教师可以引导幼儿根据自己水平或需要选择不同的操作方法。最简单的方法：幼儿只在纸巾一端涂色，然后把涂色的一端放到有少许水的杯子里，纸的另一端用手拿着，也会发现颜色在不断往上爬。

3. 教师提醒幼儿往水杯里面倒水时不要太多，刚刚超过所涂颜色部分即可。

活动延伸：

1. 教师可以引导幼儿尝试把两张纸巾搭在三个纸杯之间，同时做两个纸巾彩虹桥。

2. 教师可以引导幼儿尝试选取不同材料的纸，如报纸、打印纸、卡纸等进行实验，观察能否做出“彩虹桥”。

活动三：磁铁找朋友

活动目标：

1. 初步感知磁铁能吸住铁制品的特性。

2. 乐意寻找生活中磁铁的朋友。

活动准备：各种形状的磁铁、带有回形针的乌龟和兔子卡片、垫板、插塑、回形针、硬币、夹子、钥匙等物品(图 8-8)。

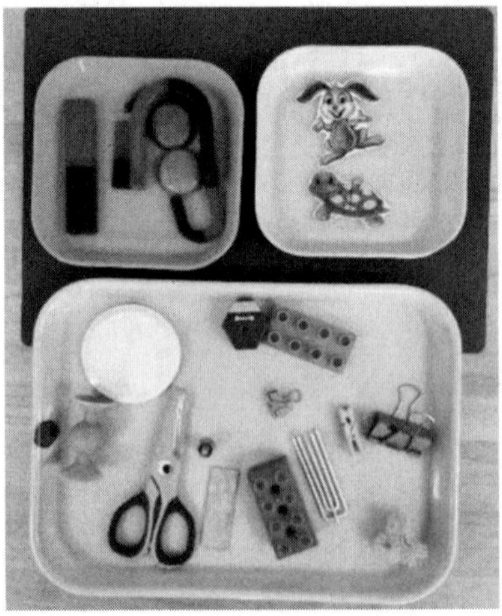

图 8-8 “磁铁找朋友”活动材料

活动过程：

1. 教师创设情境，激发幼儿探索兴趣。

教师把磁铁放在垫板下，把带有回形针的乌龟和兔子卡片放在垫板上面，为幼儿演示龟兔赛跑的故事。

2. 自主探索——磁铁找朋友。

(1)教师提供不同形状的磁铁、回形针、钥匙、积木、硬币等物品，让幼儿自由探索、发现磁铁喜欢和谁在一起，观察比较磁铁的朋友有什么特点。

(2)教师请幼儿在身上用磁铁找铁制品，如衣服纽扣、拉链等。教师鼓励幼儿找找活动室里的哪些东西是磁铁的好朋友。

3. 教师引导幼儿分享交流自己找到的磁铁好朋友。

活动建议：

1. 活动前，教师要提醒幼儿不要把硬币等小物品放到嘴巴里、小心使用剪刀等，注意安全。

2. 教师要提醒幼儿在活动室找磁铁的好朋友时，注意不要去触碰电器或插座等物品。

活动延伸：

1. 教师可让幼儿到幼儿园的院子里或家中，找找哪些东西是磁铁的好朋友，并贴上标志，提醒幼儿不碰触电器或插座等物品。

2. 教师可将带有回形针的动物卡片、磁铁等材料投放到图书区中，供幼儿边操作边讲述自己创编的“龟兔赛跑”的故事，感受磁铁的有趣。

（滨州市邹平市实验幼儿园　石莹莹　孙静晓）

六、一日生活指导

(一)一日生活中幼儿品格与社会技能培养

幼儿入园后进入一个新的社会环境，周围的新鲜事物深深吸引着幼儿，使其产生强烈的好奇心。好奇体现在幼儿一日生活的方方面面，每个环节都在引导幼儿观察、探索新事物，进而获取新经验。

社会技能“问问题”和“邀请别人玩”贯穿师幼互动、同伴交往的全过程，但在一日生活各环节的体现略有不同，如有些环节需要重点指导，有些环节则可随机引导。因此，本期主题品格与社会技能在一日生活中的重点培养环节见表 8-7。

表 8-7　品格与社会技能的日常重点培养环节

生活环节	品格：好奇	社会技能：问问题	社会技能：邀请别人玩
入园	√	√	√
盥洗	√		
进餐	√		
饮水	√		

续表

生活环节	品格：好奇	社会技能：问问题	社会技能：邀请别人玩
如厕	√		
午睡	√		
离园	√		
集体活动	√	√	√
户外活动	√	√	√
区角活动	√	√	√
过渡环节	√		√

(二)一日生活中幼儿品格与社会技能指导要点

本期主题品格与社会技能在一日生活中的指导要点见表 8-8、表 8-9、表 8-10。

表 8-8　一日生活中好奇品格指导要点对照表

环节	指导要点
入园	1. 教师通过带幼儿逛幼儿园、用图片或视频介绍等方式，帮助幼儿熟悉幼儿园新环境，认识自己班级。 2. 教师请中大班幼儿向新生幼儿介绍幼儿园好玩的玩具，引发幼儿的好奇心。
盥洗	1. 教师引导幼儿饭前便后要洗手，养成良好的卫生习惯。 2. 教师利用教学活动引导幼儿盥洗要排队，不可插队造成拥挤。
进餐	1. 教师通过课件展示，引导幼儿了解各种食物的营养知识，知道均衡膳食对身体有益。 2. 教师引导幼儿明确每个小朋友都有独立餐具，不可随意把食物放到其他小朋友的餐盘中。
饮水	教师引导幼儿认识自己的学号，一一对应找自己的水杯进行饮水。
如厕	1. 教师通过幼儿自我介绍，引导幼儿对男孩、女孩进行观察比较，发现其相同与不同之处。 2. 教师张贴男女卫生间标志，强化幼儿性别意识，引导幼儿明确自己的如厕方式。 3. 教师通过教学活动，让幼儿了解排便是件自然的事，引导幼儿养成每日定时排便的好习惯。
午睡	1. 教师营造温馨的午睡环境，引导幼儿安静、独立午休，睡醒后不打扰同伴。 2. 教师引导幼儿认识自己的被褥标志。
离园	教师通过谈话活动，回忆幼儿园一日活动，使幼儿留恋期待幼儿园生活。
集体活动	1. 教师运用贴近幼儿生活经验的活动内容，激发幼儿兴趣，引导幼儿积极主动参与集体活动。 2. 教师运用情感艺术，给予尊重信任，引导幼儿大胆探索。
户外活动	1. 教师合理布置户外活动场地，引导幼儿在相应区角进行活动。 2. 教师创设丰富、有趣的户外环境，引导幼儿动手动脑探索物体与材料。

续表

环节	指导要点
区角活动	1. 教师通过区角标识，引导幼儿熟悉各个区角环境。 2. 教师创设良好的区角环境，并提供丰富的区角材料，激发幼儿探索兴趣。 3. 教师巡回观察，对个别幼儿出现的问题适时给予回应。
过渡环节	教师鼓励幼儿对感兴趣的事物进行发问，引导幼儿与同伴友好交往。

表 8-9 一日生活中"问问题"技能指导要点对照表

环节	指导要点
入园	教师营造宽松、自由的师幼关系，引导幼儿善于观察幼儿园的变化并能主动发现问题。
集体活动	1. 教师组织专门的社会技能教学活动，引导幼儿了解有效问问题的方式方法。 2. 教师创设良好氛围，让幼儿在轻松的环境中自由表现。
户外活动	1. 教师善待幼儿在户外游戏中的提问，不轻易打断幼儿，从而激发幼儿的探知欲。 2. 幼儿遇到困难时，教师引导幼儿大胆、有礼貌地向身边老师或同伴进行提问。
区角活动	1. 教师创设新颖的环境，引导幼儿喜欢接触新事物，问一些与新事物有关的问题。 2. 教师丰富区角材料，引导幼儿在操作材料实践过程中发现问题，主动探索。

表 8-10 一日生活中"邀请别人玩"技能指导要点对照表

环节	指导要点
入园	1. 教师鼓励幼儿进行自我介绍，加深同伴对自己的了解。 2. 教师引导幼儿主动与同伴分享自己的玩具、趣事等。
集体活动	教师通过绘本分享，帮助幼儿了解有效邀请别人玩的方法。
户外活动	1. 教师引导幼儿说清楚游戏玩法，明确邀请的伙伴，但不可强求同伴加入。 2. 教师引导幼儿积极回应他人的邀请。
区角活动	教师引导幼儿在区角活动中有礼貌地邀请同伴加入自己的游戏，体验合作的乐趣。
过渡环节	教师鼓励幼儿积极分享在其他环节中和同伴一起玩的快乐感受，激发幼儿与他人一起玩的欲望。

(三)日常指导策略

1. 好奇品格——如厕环节

如厕是幼儿园一日生活中的重要环节，它反映一个人最基本的生活自理能力和卫生习惯。由于小班幼儿的年龄特点，对幼儿园男女分厕方式以及"嗯嗯"充满好奇。教师通过一系列方式对如厕环节进行重点指导，满足了幼儿对如厕方式、"嗯嗯"的好奇心和探究欲望，同时对提高幼儿生活自理能力、幼儿情感以及独立性等能力的发展具有重要意义，具体方式如下。

(1)进行自我介绍

教师可以鼓励幼儿从性别、穿着、发型、喜好等方面进行介绍，引导幼儿对男孩、女孩进行观察比较，发现他们的异同点。

(2)儿歌学习

教师可以教授儿歌“我们排队上厕所，裤子脱到小膝盖，女孩小便蹲一蹲，男孩小便站直了。宝宝蹲蹲拉臭臭，扑通扑通掉进坑”。教师通过趣味儿歌的学习，让幼儿知道在如厕方式上男孩和女孩的不同。

(3)绘本阅读

教师可以以绘本故事《是谁嗯嗯在我的头上》为切入点，让幼儿了解不同动物的“嗯嗯”，激发幼儿的兴趣和探究欲望。

(4)区角游戏

教师可以在益智区投放“嗯嗯的秘密”素材，让幼儿知道“嗯嗯”是每个动物正常的生理反应，而且不同动物的“嗯嗯”是不一样的。

(5)健康活动

教师可以与幼儿一起讨论交流什么样的“嗯嗯”是健康的、怎样才能有健康的“嗯嗯”，从而引导幼儿养成每日定时排便的好习惯。

(6)你问我答小游戏

在如厕环节对于幼儿的提问，如“为什么男孩站着尿尿？我们小女生可以站着尿尿吗?”“便便去哪里了?”等问题，教师要给予适当的回答，满足幼儿的好奇心。同时，教师也可向幼儿提问“怎样让自己顺利拉出便便呢?”从而激发幼儿的探究欲望。

教师结合小班幼儿年龄特点，引导幼儿正确认识男孩、女孩如厕方式的不同并进行男女分厕以及认识不同动物的“嗯嗯”，呵护、满足幼儿的好奇心，从而真正激发幼儿的求知欲望和对身边事物与现象的兴趣。

2.“问问题”技能——师幼互动

好问是幼儿的一大特点，它是幼儿认识世界、发展自我的途径，也是幼儿寻求帮助、人际交流的手段。培养幼儿问问题的能力，不仅可以使幼儿获得新知识，还可以激发幼儿的好奇心和求知欲。

案例：俊俊是个好问的孩子，一日生活中总会有很多问题，“老师，我们吃完饭要做什么?”“老师，这个玩具怎么玩?”“老师，我们要去玩什么游戏?”当老师没空回答他的问题时，俊俊就会跟在老师身后不断重复问。和小朋友一起户外游戏遇到困难时，随口一问得不到同伴回应时，他就会难过，以为小朋友都不喜欢他。

分析：俊俊是班里年龄较小的一个小男生。没有自信，做事不确定是小年龄段幼儿的一种表现形式。俊俊其实了解了幼儿园一日生活的每一个环节，但往往因为对事情的不确定，对教师产生了一种情感寄托，他希望通过老师的鼓励、同伴的回应来满足自己一系列的疑问。若老师或者同伴没有及时满足他的提问，就会表现出消极的情绪。

教师指导：在一日生活中，教师要引导俊俊想好自己要问的问题，而不要明知故问；当和同伴一起游戏遇到问题时，要明确选择一个小朋友去寻问，减少没有小朋友回应的现象；当教师或者小朋友暂时没有时间回答时，要学会耐心等待，先做别的事情，等别人有空再去提问。

3.“邀请别人玩”技能——合作游戏

合作交往的能力是幼儿社会性发展的一个主要方面，小班幼儿初次进入集体生活，合作意识和合作能力较弱。邀请别人一起玩，可以培养幼儿的善交际性、主动性、合群性、领导力以及组织能力等。游戏是幼儿最基本的活动，也是幼儿最基本的学习方法。在游戏中，幼儿可以学会邀请别人一起玩，明确交往规则，提高合作能力，体验一起玩的乐趣。

(1)一人做事太孤单

游戏名称：我们一起玩皮球

游戏玩法：邀请同伴进行拍球比赛，比比谁拍的多或者与同伴面对面相隔一定距离，玩滚接球游戏。

(2)邀请朋友一起干

游戏名称：合作力量大

游戏玩法：邀请多个好朋友一起进行纸杯搭建游戏，合作搭出一个“大城堡”。(幼儿根据已有经验，分工合作)

(3)要看别人愿不愿

游戏名称：我想和你一起玩

游戏玩法：四名幼儿当“火车头”同时出发，对班级其他幼儿发出邀请：“我想和你一起玩，可以吗?”如果其他幼儿愿意，就跟在该幼儿身后，当“小车厢”。游戏结束，看哪列“火车”最长，最长的即是邀请同伴数量最多的，就请该“火车”的“火车头”分享邀请同伴的经验。

(四)生活体验活动

活动案例一：冻冰花活动

1. 设计思路

冬天，是故事里的童话世界，它独特的魅力深深吸引着幼儿。为激发幼儿的好奇心和探索欲望，给幼儿创造一个亲近大自然的机会，幼儿园开展了“冻冰花”活动，通过探寻冬天的足迹之旅，促进幼儿进行探索、尝试，尽情感受大自然给予的奇妙体验。

2. 活动过程

(1)冻冰花知多少

教师通过视频、图片展示，让幼儿欣赏各种各样的冰花，激发幼儿兴趣，提高幼儿的积极性。

(2)探索制作冰花的过程

“冰花是用什么做的?”“怎么做的?”“冰花里漂亮的颜色和图案是怎么来的?”基于幼儿的问题，教师引导幼儿观看《冻冰花》视频，并让幼儿自由选择材料(器皿和装饰材料)，独立或合作探索制作冰花。

(3)欣赏冰花

经过寒冷的一夜，教师成功做好冰花并将其悬挂起来，待幼儿入园后让幼儿自由欣赏，并请制作漂亮冰花的幼儿来分享自己的经验。

(4)冰花融化

白天温度升高，幼儿发现冰花不断融化成水，从而知道了冰花遇热会融化。

3. 活动总结

“冻冰花”活动抓住了冬天这一很好的季节教育时机，给幼儿带来了莫大的快乐。通过观察和与老师、同伴的交流，幼儿知道了冰的特点，如透明、凉、会融化等。活动不仅激发了幼儿的兴趣、提高了幼儿的动手能力，而且促进了幼儿的探究欲望。在自主探索制作冰花的过程中，幼儿的提问能力和合作能力也得到了提升。

活动案例二：情浓腊八节，自制腊八蒜

1. 设计思路

“小孩小孩你别馋，过了腊八就是年。”腊八节的到来，意味着春节序幕已经拉开。为了更好地让幼儿了解我国传统节日习俗，激发幼儿探究腊八蒜由白到绿的过程，小班开展了“情浓腊八节，自制腊八蒜”的活动，让幼儿与同伴一起亲手制作腊八蒜，从而满足幼儿的好奇心。

2. 活动过程

(1)亲子完成腊八节调查表

幼儿与家长一起搜集腊八节习俗与腊八节食物，并将完成的调查表带回幼儿园。

(2)知识讲解

教师带幼儿了解腊八节的由来，并请幼儿介绍调查表内容，其中腊八蒜由“白玉蒜瓣”变成“翡翠蒜瓣”让幼儿眼里充满好奇，并激起幼儿的求知欲。同时教师还向幼儿讲解了腊八蒜变绿的简单原理，丰富了幼儿的知识储备。

(3)动手制作腊八蒜

幼儿先自主剥蒜，在过程中探索、交流怎样剥得最快。之后，教师请幼儿进行装蒜、倒醋、封口，并每天对腊八蒜的颜色进行观察、简单记录。

3. 活动总结

生活即教育。此次活动，既加深了幼儿对传统节日的认知及对传统文化的向往，也让幼儿感受到了节日的氛围。通过腌制腊八蒜，观察其颜色的变化，满足了幼儿的好奇心，激发了幼儿求知欲。

(济南市历下区第一实验幼儿园文东园　伊杰　燕慧玲)

七、家园共育指导

(一)品格指导要点

对于好奇品格的家园共育指导，重点在于帮助家长了解好奇心和求知欲对于幼儿发展的价值，以及如何保护和激发幼儿对学习的好奇心。在幼儿充满好奇心的探索中，家长应学习应对幼儿的困惑与问题的方法，及时给予正确的引导与帮助。

1. 指导家长捕捉幼儿对身边事物的兴趣，进一步激发幼儿好奇心

幼儿天生爱问“为什么”，这是幼儿对周围世界表现出的好奇与兴趣。好奇是激发幼儿自觉学习的动机，也是调动幼儿积极思考、探索知识的内在动力。教师要引导家长理解幼儿的行为，捕捉幼儿的好奇心，并运用身边的事物来进一步激发幼儿的好奇心。

例如，幼儿在雨后的幼儿园内发现了小蜗牛，教师捕捉到幼儿对蜗牛的兴趣，从而开展了“你好，小蜗牛”的主题活动，大家一起饲养小蜗牛。为了引导家长也关注并发现幼儿的兴趣，教师鼓励幼儿在周末时把小蜗牛带回家照顾，同时指导家长关注幼儿与蜗牛的互动情况。家长在关注过程中，发现了幼儿对“蜗牛吃什么”“蜗牛爬过的地方为什么黏黏的”十分感兴趣。这一活动使家长意识到，这些看似常见的事物蕴含着丰富的教育资源，可以利用周围生活环境引发幼儿兴趣。

为了使家长能够进一步将幼儿一时的兴趣延续为持续探究的好奇，教师鼓励幼儿将蜗牛蛋带回家中，与家长一起记录孵化的过程。教师可以借助班级举办的家长沙龙、家长进课堂等活动，与家长一起展示自己观察到的成果。这一活动既增进了亲子关系，也让家长参与到幼儿的教育中，体会发现、保护、激发幼儿好奇心的方法。

此外，在面对新事物时，家长首先要表现出对于事物的好奇心及探索欲望，例如，带幼儿一起外出时，多表现出对一草一木、太阳、星星及其他事物的兴趣，带领幼儿一起探究奥秘，在潜移默化中激发幼儿的兴趣，唤起幼儿的好奇心。

2. 鼓励家长积极理解幼儿的行为

好奇是幼儿的天性，幼儿天生就有好奇心。但在面对好奇心强的幼儿时，成人经常感到头疼。例如，有些幼儿总喜欢“搞破坏”，每次给他买的玩具，没玩一会儿就被拆解开，大小零件满地都是；有些幼儿总喜欢趴在鱼缸前面观察各种颜色、形态各异的小鱼，小手伸到鱼缸里去抓一抓，或者把鱼捞出来看一看。其实这都是幼儿的好奇心使然，他们想知道玩具里面藏着什么东西，想知道小鱼摸上去什么感觉。他们正在用自己的方式探索世界，这个过程是幼儿掌握知识的重要途径。作为家长，只有能够理解幼儿的行为，尊重他们的探索愿望，抓住兴趣，带着幼儿的疑问与他进行讨论，才能帮助幼儿建立主动学习的能力。

3. 引导家长正确回应幼儿的问题从而满足幼儿的好奇心

家长在与幼儿一起相处的时候，会发现幼儿经常会有很多问题，而且问的千奇百怪，弄得很多家长不知道如何回答。那幼儿这些天马行空、千奇百怪的想法从何而来？一是幼儿天性使然；二是幼儿自我认知提升的需要；三是需要家长多关注。

面对幼儿的各种提问，有的家长能做到耐心细致地解答，但有的家长在遇到不懂的问题时，却是以敷衍、不耐烦的态度应付过去，有时甚至会以大喊的方式制止幼儿。这一类家长没有意识到保护幼儿的好奇心对幼儿成长的重要意义。因此，当幼儿提出问题时，家长要态度诚恳、耐心地倾听幼儿讲述，认真地回答幼儿提出的问题。当家长无法解答幼儿的问题时，家长不要敷衍幼儿或捏造答案，应该带着幼儿一起查阅资料来寻找答案，从而让幼儿知道，有些问题不是一下就能回答上来的，而是需要探究、努力才能得到的。此外，家长要学会适时反问，引导幼儿带着问题自己查阅书籍资料。这些方法不仅能够培养幼儿的探索精神，还能够很大程度上激发幼儿的自信心，让幼儿体会到成功的快乐。

4. 与家长配合创设可探索的环境从而激发幼儿的好奇心

幼儿的好奇心虽然强，但并不是在任何时候、对任何事物都能表现出强烈的好奇。为此，家长可以从以下几方面为幼儿提供适宜并能激发其好奇心的环境。

家庭环境：家长可以提供绘画、装饰、乐器等材料，让幼儿愿意对其进行尝试与研究。除此之外，家长还可以在家中设置涂鸦墙，让幼儿自由涂鸦，从而激发幼儿的兴趣与主动性，满足幼儿的好奇体验。

自然环境：大自然绚丽多姿的景象和奇妙无比的变化都吸引着幼儿，教师要鼓励家长经常带幼儿投身到大自然中，让幼儿可以在四季的变化中探索大自然的奥秘，以此来激发幼儿的好奇心。

(二)社会技能指导要点

1. 问问题

想想问什么。家长要告诉幼儿，在遇到自己不懂的问题时，要先思考自己想问什么，清晰、准确地表达问题才能够得到自己想要的答案。家长可以在幼儿遇到问题时，帮助幼儿思考自己想要问的内容，并用简练的语言表述，也可以相互提问，增加趣味性。

选个要问的人。幼儿的问题千奇百怪，想好问什么后要找到适合的人再提问。在幼儿园中可以向老师提问，在家中可以向家长提问，在同伴游戏中可以向小伙伴提问。此外，也可以选择知识渊博、更有耐心、愿意为他人解答问题的人进行提问。在日常生活中，家长也要抓住幼儿想要提问的机会，带领幼儿一同选择适宜的人提问。

人家有空再提问。除了恰当选择提问的人之外，在提问之前，家长也提醒幼儿注意观察对方是否有空，以不打扰他人的工作、活动为前提。在提问时，家长要提醒幼儿面带微笑、有礼貌地提出自己的问题。

2. 邀请别人玩

一人做事太孤单。家长要引导幼儿发现一个人做事太孤独，大家一起做更快乐。家长可以通过游戏的方式，让幼儿亲身体验，感受多人游戏与单人游戏的不同，告诉幼儿大家一起做事的好处，从而激发幼儿想与他人一起做事的愿望，保护和鼓励幼儿的想法。

邀请朋友一起干。家长要告诉幼儿，想要朋友一起玩，就要学会邀请别人，不要害怕被拒绝，确定自己想和别人玩什么、做什么，主动向朋友发出邀请，面带笑容，眼神坚定地表明自己想与他人游戏的内容。家长也可以在家中与幼儿模拟类似的游戏，让幼儿知道什么样的语言、什么样的方式更能够成功邀请到朋友。

要看别人愿不愿。让幼儿知道自己提出邀请后，对方可以选择拒绝。家长要引导幼儿正确面对别人的拒绝，有礼貌地对待拒绝，也不要因为对方拒绝而失望。家长要借助机会引导幼儿理解他人想法，想一想“为什么别人不愿意一起游戏，还有没有其他好方法邀请别人一起游戏”等，以此来帮助幼儿找到邀请他人一起游戏的好方法。

(三)你问我答

1. 面对幼儿千奇百怪的问题，应该怎么办

家长要支持幼儿提问题，站在他们的角度把一切事物都想象成有趣的。当幼儿提出一个问题时，无论对错，家长都应该表示赞赏和鼓励，以耐心地陪伴解答代替敷衍地回答，这样幼儿可以从中得到满足，鼓励幼儿多思多问。

2. 幼儿求知欲强，对知识很渴望怎么办

家长要鼓励幼儿多阅读，从书中得到感兴趣的答案，通过阅读满足幼儿的求知欲，让幼儿从被迫吸收转变为主动学习知识。如果幼儿还不认识字，家长可以每天给幼儿讲一两个故事，慢慢地让其通过图画比较多的绘本自主阅读。

3. 幼儿看见什么，不管是否正确都愿意模仿怎么办

模仿是幼儿的天性，但他们分辨是非的能力欠缺，家长要正面教育幼儿认知事物，多鼓励，少说“不”。过分地限制只会使他们失去许多探索的机会，要让幼儿通过不断地探索和尝试获得新的知识，提升自己的认知能力。

4. 幼儿如果对很多不正确的事情感兴趣，应该怎么做

家长不要一味地批判，也不要对幼儿的行为进行过多干预与否定，这样会打击其好奇心。家长可以带领幼儿亲自去体会，从而培养幼儿有思考问题的习惯，有正确辨别事物的能力，使幼儿成为会“辩证思考”的人。

5. 在区角活动中，如何广泛支持幼儿的好奇心

家长应充分肯定幼儿的探索精神，允许幼儿成为“破坏者”，允许幼儿犯错误，只要幼儿不出什么“出格”的事，就不要太过约束他们，不要过度地保护幼儿，提倡他们的发明、创造，要以平和的心态正确看待幼儿因为好奇而犯的“错误”。

6. 家长总是担心幼儿在探索过程中受伤怎么办

家长要满足幼儿的好奇心和合理要求，创造一个适合探索以满足其好奇心的环境，最大限度地减少不安全的因素，将剪刀、热水瓶、药品等放到幼儿不容易触摸到的地方。家长与其担心他们受伤、“闯祸”，不如教给他们各种保护自己的方法。

7. 幼儿总爱提问题，但会不分时宜的进行提问，爱打断大人说话怎么办

虽然有时幼儿的插嘴、打扰大人对话的行为会有些惹人生气，但作为家长要控制好自己的情绪，不要在客人面前训斥幼儿，可以平静地告诉幼儿：“阿姨现在正和妈妈讨论一些大人的问题，希望不被人打扰，等妈妈说完话再来回答你的问题中，好吗?”作为家长，一定要记住，事后要践行诺言，及时地回答幼儿的问题，并对幼儿能不打扰大人说话的表现表示赞赏。

（北京市东城区东四五条幼儿园　刘姗姗　李妍）

第九章　节俭品格：勤俭节约我最棒

一、主题说明

◎**情境链接**

上完美术课后，老师让幼儿去卫生间把手洗干净，大家收拾完自己桌上的东西就立马去洗手了。过了一会儿，大部分幼儿都坐回自己的凳子上准备吃午餐，只有潇潇的凳子是空的。老师过去一看，发现潇潇还在悠闲地洗手，水池里已经接了半池水，水龙头也没有关。午睡后，幼儿自主起床、如厕，老师正在给班上的小女生梳头发时，琪琪和小宝过来大声跟老师说："老师，潇潇在那儿玩水，池子里有好多水。"老师走过去一看，情况确实如此，而且潇潇的袖子还有点儿湿了。

幼儿从小就喜欢玩土、玩沙、玩水，他们对大自然有天然的亲密感。在尊重幼儿天性的基础上，教师需要适当加强幼儿节约资源的意识。除了节约用水，在其他方面也需要加以引导，如幼儿会让家长给自己买很多玩具、零食；吃饭的时候剩饭，或吃不完直接倒入垃圾桶；不爱惜书本，出现撕书的行为等。因此，从小就要让幼儿懂得一粒米、一滴水、一度电都是人们通过辛勤劳动换来的，养成节约的好习惯。

勤俭节约是中华民族的传统美德，自古就有"由俭入奢易，由奢入俭难"的说法，而且"勤能补拙，俭以养德"，一个人只要勤劳，即使天赋差一些，也能把工作、学习做好，能在事业上做出一番成绩来。只要节俭，不贪图物质上的享受，不追求奢华的生活，保持廉洁的美德，在事业上就会不断追求上进，有所成就。因此，要从小培养幼儿养成勤俭节约的习惯，让这种美德伴随幼儿终身。

《3—6 岁儿童学习与发展指南》中指出，社会领域目标"遵守基本的行为规范"中包含了"在成人提醒下，爱护玩具和其他物品""在提醒下，能节约粮食、水电等""爱护身边的环境，注意节约资源"。可见，节俭品格是社会领域重要的教育目标。为了在幼儿之间强化良好的节俭行为，本期主题融入社会技能"学会称赞"，鼓励幼儿相互表扬同伴的好行为，发挥同伴的良好榜样作用。

二、主题目标

第一，知道节俭是好的行为，愿意做一个节俭的人。

第二，具备初步的节约意识，不浪费食物、水、电。

第三，逐步养成节俭的意识，爱护身边的物品。

第四，能够在成人的引导下，按需取物(按需购物)，不铺张浪费。

第五，能够在成人的引导下，逐步养成物尽其用的习惯。

三、环境创设

(一)主题墙

对于小班幼儿来说，节俭与生活密不可分，教师可以开展系列活动培养幼儿的节俭品格，围绕节约意识和废物利用的意识，让幼儿从身边开始节俭，从日常生活中节约每一粒米、每一滴水、每一度电做起，树立节约意识并内化于自己的行为中。节俭品格主题包括节俭意识和节俭行为，二者是一个有机整体，因此主题墙可以从以下几个方面设计。

1. 什么是节俭

教师可以以幼儿熟悉的绘本故事为载体，如《怕浪费婆婆》《奇佳和水怪米夏》《从小爱环保——阿朵和灯泡》《大米是怎么来的》等，帮助幼儿从节约粮食、节约用水、节约用电等方面感知节俭。

2. 节约用水，从我做起

教师可以从认识国家节水标志入手，让幼儿知道水的作用，了解节水的方法，倡导幼儿保护水资源并落实到行动中(图 9-1)。

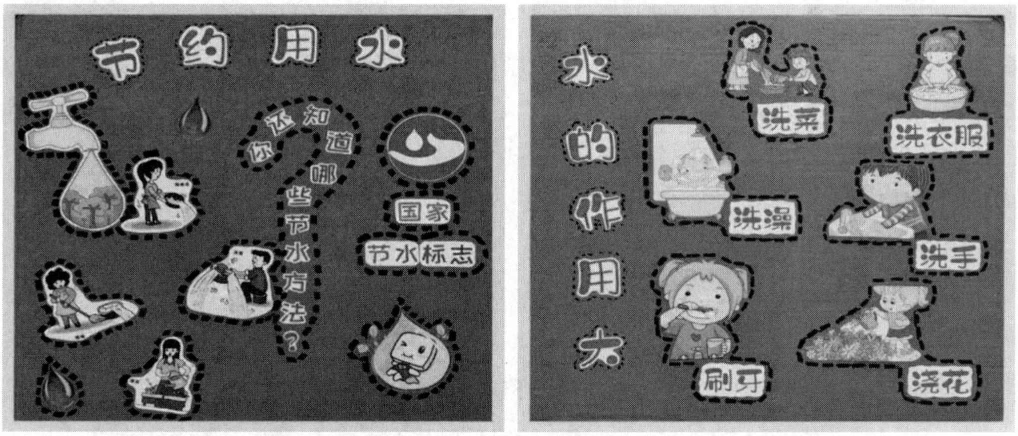

图 9-1　节约用水，从我做起

3. 光盘行动，从我做起

这部分号召幼儿以“光盘”的实际行动践行节俭精神(图 9-2)，培养幼儿爱惜粮食、勤俭节约的良好品格。

图 9-2　光盘行动，从我做起之节约粮食

4. 变废为宝

生活中节俭的例子有很多，但小班幼儿年龄小，相应的生活经验不是很丰富。为了帮助幼儿从小树立这样一种观念，教师把幼儿熟悉的文学作品中的废旧利用和生活中幼儿能够做到的简单的废旧利用以照片和图画、文字相结合的方式呈现，能够对幼儿有潜移默化的影响。

(二)家园共育栏

家园携手是幼儿良好品格培养得以实现的基础，家园共育栏就是幼儿园与家庭实现教育对话的最佳窗口。家园共育栏首先要有本期节俭品格主题下幼儿园的活动计划与安排，包括幼儿园教学活动、家园共育活动(亲子活动、家长课堂、家访等)；其次有本月主题的释义及主题绘本呈现和亲子阅读时需要家长抓住绘本的关键核心所在(也可以向家长发出倡议书，倡议家长在生活中做节俭表率，以身作则)；最后可以设立成长瞬间，请家长把幼儿在家庭中表现出的良好节俭品格瞬间记录下来，(教师呈现在家园栏中)给其他幼儿以榜样示范作用。

1. 主题内容及计划告知

这部分(图 9-3)向家长介绍节俭品格主题相关内容与活动计划，让家长知晓本期主题活动安排；还可以向家长推荐节俭相关的绘本；还可以向家长和幼儿发出倡议书，请家长在幼儿节俭品格培养方面，一定做到以身作则。

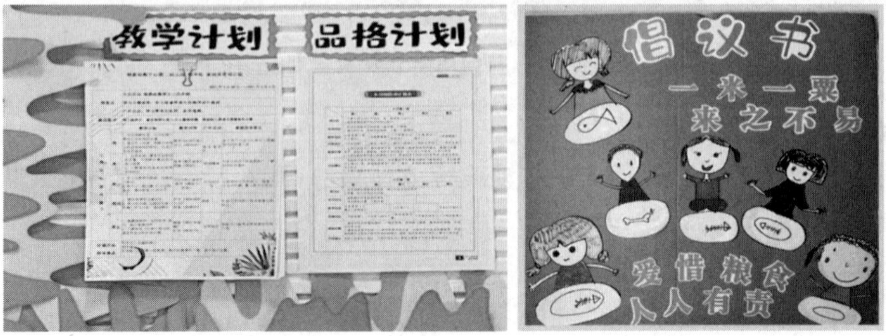

图 9-3　节俭家园共育栏主题内容及计划告知

2. 日常亲子陪伴

教师可以请家长记录下幼儿在生活中节俭行为表现的瞬间，或者整个家庭生活中节俭行为比较好的做法。教师收集照片，进行拼摆并进行简单文字说明，为其他幼儿或者家庭树立良好的榜样示范作用。

(三)幼儿成长(学习)记录墙

表扬与鼓励是幼儿教育中积极行为的重要强化手段，教师可以设计一些幼儿可以自行粘贴或者操作的墙面(图 9-4)。例如，幼儿进餐后做到不剩饭，全部吃光，可以自行点亮自己学号的按钮或者粘贴自己的学号来进行自我肯定与表扬，既发展了幼儿的自省能力，又巩固强化了幼儿的节约行为。

图 9-4　节俭之星(节约小达人)

生活中，教师在节俭品格培养过程中，用照片配文字说明呈现幼儿的节俭行为，让幼儿直观地看到自己的日常表现，发挥同伴的积极影响作用。

（山西钢新实业有限公司第三幼儿园　程晓岳　张红）

四、教学活动案例及反思

(一)品格绘本阅读活动

1. 节俭品格绘本推介

培养幼儿的节俭品格，既要注重节俭意识的培养，也要不断强化节俭的行为。幼儿的节俭品格要从日常生活中的点滴小事做起，如节约用水，节约用电，节约用纸，节约粮食等，再逐步扩展幼儿关于节约能源、自然资源等方面的知识。因此，根据小班幼儿的认知发展特点，本期品格绘本分别包含了爱惜粮食、节约用水、节约用电等元素，具体见表 9-1。

表 9-1 节俭品格绘本推荐及解析

绘本名称	主要内容	绘本中的“节俭”
《盘中餐》	故事以中国传统节气——二十四节气为记录线索，依次呈现了当地人们准备犁田、浸种、育苗、插秧、割稻、打谷、晾晒、碾米、庆丰收的场景，画面与文字一起，为我们描绘出了农民们的辛勤劳作精神与对大自然的敬畏之情。	让幼儿了解粮食的来之不易，能够在生活中自觉珍惜粮食，杜绝铺张浪费。
《奇佳和水怪米夏》	这是一个关于节约用水的生动故事。洒水车、抽水机、水缸、浴池……水是我们日常生活中最常见的东西，洗衣、做饭、清洁还有饮用……离开了水，生活将会变得一塌糊涂，人类甚至无法生存。	故事通过奇佳和好朋友水怪米夏的经历，让幼儿直观地认识水资源的重要性，萌发节约用水，保护水资源的意识。
《从小爱环保——阿朵和灯泡》	阿朵很怕黑，总是亮着灯睡觉，早晨出去上学时也忘记了关灯。这样，灯泡就从晚上到白天一直照了整整一天。不过，爱思考的阿朵听到妈妈说“当然，有时候总要休息休息”的时候，明白了晚上也要让灯泡休息休息。	故事通过拟人化的视角——灯泡也会很累，引发幼儿的共鸣和思考，发现电的用处和节约用电的意义。
《怕浪费婆婆》	怕浪费婆婆是位特别爱惜东西、注意节俭的老人。她决不允许有浪费这种行为的发生，而且她总有各种办法处理那些没有被好好利用的东西，不管是吃剩的饭菜，还是揉皱的纸团……	绘本在滑稽、有趣的情节中，通过一个智慧的婆婆，向幼儿传递了勤俭节约的精神和变废为宝的乐趣。

2. 教学活动案例

接下来我们以语言活动“盘中餐”为例阐述节俭品格语言领域教学活动的组织要点，见表 9-2。

表 9-2 节俭品格语言领域教学活动

盘中餐		
活动环节	活动设计	
活动目标	认知目标：了解水稻耕种、生长、成熟、收割的过程。	
	能力目标：能在老师的引导下说出画面的内容。	
	情感目标：体验劳动的艰辛与收获的喜悦。	
活动准备	经验准备	1. 幼儿大致了解种子在春、夏、秋季节里的生长过程。 2. 幼儿能够认识常见的农具。
	物质准备	1. 古诗《悯农》的音频。 2. 电子绘本《盘中餐》。 3. 云南梯田的视频。 4. 水稻生长过程的图片。

续表

盘中餐	
活动环节	活动设计
活动过程	**一、播放古诗《悯农》，引发幼儿兴趣** 师：小朋友们，你们还记得这首古诗吗？我们一起来唱一唱。这首古诗讲了一件什么事？ 师：《悯农》这首古诗讲的是农民顶着烈日，在田里锄草，汗水一滴一滴向下洒落的情景。我们吃的每一粒米都饱含了农民的辛苦。小朋友们，你们知道我们每天吃的米饭是怎么来的吗？我们一起去绘本里看看吧。 **二、观察《盘中餐》封面，激起幼儿兴趣** (一)出示封面，引导幼儿观察 师：小朋友们，请大家看看这本绘本的封面，你们看到了什么呢？你们还看到了什么图案呢？ 小结：《盘中餐》的这碗米勾勒出了太阳、山川、湖泊、云朵，拼出了祖国的大好河山。 (二)引导幼儿观察前环衬页，了解各种农具 师：请小朋友们观察前环衬页，说一说你们都看到了什么，这些农具可以用来做什么？ 小结：这些是农民伯伯工作的农具，每一种农具的功能都不一样。 **三、阅读绘本课件第2至27页，让幼儿了解水稻耕种、生长、成熟、收割的过程** (一)引导幼儿观察绘本第2至3页，观看云南梯田的视频 师：小朋友们，左下角的那个人在做什么？(教师引导幼儿观察画面) 小结：小朋友们，刚刚我们看到的是中国云南元阳的梯田，也是当地人们种植水稻的田地。农民开始修理农具，为新的一年耕种做准备。 (二)阅读绘本第4至27页，然后提问 第4至5页： 师：小朋友们，图画中农民们和牛在做什么？ 小结：在雨水时节，冬去春来，气温回升。快要播稻种了，在这之前要先准备秧田。经过一个冬天，田里的土结块变硬，农民往田里灌水，农民们和牛一起耕田，用各种农具松土，好让秧苗顺利扎根。 第6至27页： 师：水稻的生长过程是怎样的呢？ 小结：稻种—发芽—长苗—分蘖—抽穗—结实。(教师用种子生长过程的流程图呈现) 师：为什么农民伯伯在田边扎起稻草人？ 小结：因为稻穗都长得够大够重，黄澄澄的稻谷沉甸甸地压弯了腰。雨过天晴，麻雀们会飞来啄食稻谷。人们担心它们偷吃太多稻谷，就在田边扎起稻草人。 师：看完农民伯伯种植水稻和割稻的过程，你的感受怎么样？ 小结：我们每天能吃到香喷喷的米饭，都是农民伯伯辛苦耕种得来的。所以我们要爱惜粮食，光盘行动，尊重农民伯伯的劳动成果。 (**品格元素：**教师通过图画信息，引导幼儿了解农民们的耕作过程，水稻的生长变化，感受农民耕作的艰辛、粮食的来之不易) (三)阅读绘本第28至29页，感受收获的喜悦 师：小朋友们，你们看图片上的人们在做什么，他们的服装跟我们一样吗？ 小结：这是哈尼族的风俗，最具特色的就是“十月年”时的“长街宴”，取得一年的丰收后一定要感谢山和神的赐予，也是哈尼族一年中最大的节日，就像我们汉族的春节。 (**品格元素：**教师引导幼儿感受收获的喜悦) **四、出示水稻生长过程的图片，引导幼儿进行操作** 师：小朋友们，这个绘本讲完了，你们还记得水稻的生长过程吗？请小朋友来试试。 (**品格元素：**教师通过操作回顾，引导幼儿更好地了解水稻的生长过程，从而珍惜粮食)

续表

盘中餐	
活动环节	活动设计
活动延伸	**一、领域延伸** 绘本故事中讲述了水稻的生长过程和耕作过程，幼儿从绘本中感受到了劳动的艰辛。教师可以在每天餐前开展“小小播报员”来播报餐食、“光盘行动请亮灯”等活动，引导幼儿不挑食，爱惜粮食。有条件的幼儿园可以带幼儿去体验插秧，带幼儿亲自体验种植的过程，也可以带幼儿去观察水稻的生长过程并进行记录，感受收获的快乐。 **二、区角延伸** 教师可以将绘本故事投放在图书区，鼓励幼儿和小朋友一起再次阅读绘本；引导幼儿在美工区绘画麦穗等作品。 **三、家园共育** 教师在班级群中介绍《盘中餐》这本绘本，请家长回家与幼儿一起共读，并引导幼儿在家也要“光盘行动”。

3. 活动反思

(1)活动特点

活动目标清晰，难度适宜，旨在帮助幼儿了解水稻的生长过程，感知劳动人民的辛苦，激发幼儿珍惜劳动成果，节约粮食的意识。活动准备能够恰如其分地辅助目标的达成，不花哨、不重叠。活动环节层次分明，教师以启发性提问自然地推动活动进程；绘本内容能够很好地吸引幼儿的注意力，调动幼儿的阅读兴趣。

(2)活动实施建议

《盘中餐》属于科学类的绘本故事，涉及的科普内容较多，对小班幼儿来说有些难度，建议活动过程中教师尽量准备水稻生长过程的图片进行梳理，便于幼儿更好地了解水稻的生长过程。除了绘本的阅读理解，教师还可以在生活中带领幼儿进行农耕插秧、割稻或者种植蔬菜等活动，通过体验让幼儿更直观地了解粮食的来之不易，能够在生活中自觉珍惜粮食，杜绝铺张浪费。

(广州白云区沁德文化幼儿园有限公司　陈洁纯　易慧娟)

(二)品格社会领域教学活动

1. 节俭品格的社会领域教学活动设计说明

节俭是指俭省而有节制，是一种内在的品质，对幼儿而言培养节俭品格就要从物质资源的节约开始，从生活中节约用水、节约用电、节约用纸、节约粮食等具象化的行为中逐步形成节约意识，进而为节俭品格的培养奠定基础。因此，教师围绕节俭品格开展社会领域的活动，可以从以下方面着手：生活资源的节约，如节约用水，随手关灯，珍惜粮食等；个人物品的节省，如不攀比，不堆积玩具，仍能使用的旧物品不轻易丢弃等。本次教学活动以节约用水为主题，根据小班幼儿学习方式，创设“没水了怎么办”的情境，让幼儿在实际操作中，尝试一水多用，感受节约用水的重要性。

2. 教学活动案例

接下来我们以社会活动“没水了怎么办”为例阐述节俭品格社会领域教学活动的组织要点，见表 9-3。

表 9-3　节俭品格社会领域教学活动

<table>
<tr><td colspan="3">没水了怎么办</td></tr>
<tr><td>活动环节</td><td colspan="2">活动设计</td></tr>
<tr><td rowspan="3">活动目标</td><td colspan="2">认知目标：了解节约用水的重要性。</td></tr>
<tr><td colspan="2">能力目标：能够在生活中尝试一水多用。</td></tr>
<tr><td colspan="2">情感目标：愿意在生活中做一个节约用水的好孩子。</td></tr>
<tr><td rowspan="2">活动准备</td><td>经验准备</td><td>幼儿知道水可以用来解渴、洗手、冲厕所、浇花等。</td></tr>
<tr><td>物质准备</td><td>1. 教师提前关掉班上水阀，给盥洗室铺上吸水地垫。
2. 缺水的植物、土地、生活等情境的图片或视频。
3. 浪费水的视频。
4. 一桶水，水杯、塑料瓶、小盆子、抹布、洒水壶各五个。
5. 幼儿在生活中节约用水的视频或照片。
6. 节约用水的视频或儿歌。</td></tr>
<tr><td>活动过程</td><td colspan="2">**一、创设停水情境，引发幼儿的关注**
师：小朋友们，刚才保育老师说停水了，都不能洗杯子了，怎么办呢？
师：停水了会对我们的生活有哪些影响呢？（教师出示缺水的植物、土地、生活等情境的图片或视频），引起幼儿的共鸣。
师：你们看到了什么？（教师引导幼儿自由表达）
小结：原来没有水，植物会枯萎、土地会干裂，农民伯伯种的粮食无法生长、人们口渴很难受。
二、播放浪费水的视频，唤起幼儿生活经验
视频内容：开大水进行洗手、洗完手不关水、接的水没有喝完直接倒掉等场景。
师：你们觉得他们做得对吗，应该怎么做？
小结：小朋友们说得非常好，视频中的做法是错误的，他们在浪费水。我们应该节约用水，在洗手抹肥皂时关掉水龙头，开小水洗手，喝多少接多少水。
（**品格元素：**教师通过场景演绎、观察，鼓励幼儿表达对浪费水的认知和看法，初步形成不能浪费水的认知）
三、创设情境，体会缺水带来的不便
师：现在停水了，班上只有一桶水，现在我们要用这桶水完成洗手、浇花、擦桌子的任务，我们应该怎样合理使用这桶水呢？
场景准备：教师将幼儿分成五个小组，再将水桶里的水分成五盆，分别放在盥洗室、植物区等。教师为每组提供水杯、塑料瓶、抹布等材料，幼儿自由选择。
教师分工：配班教师进行协助、拍照、录像记录，执教教师进行观察指导。
在活动中，教师及时发现幼儿的闪光点，并及时给予鼓励与赞赏。
指导重点：活动过程中，教师要关注幼儿节约用水的办法；关注幼儿活动中的语言和行为。
四、师幼总结，知道节约用水的常用方法
师：停水的时候，我们用少量的水做了那么多事情(教师出示幼儿在生活中节约用水的视频或照片)，请小朋友来说一说，你用了哪种方法节约水呢。(教师引导幼儿对同伴总结出的好办法表示赞赏；将幼儿节约用水的方法进行图片展示，帮助幼儿梳理经验)
小结：我们的水可以重复使用，可以少量多次使用，这都是节约用水的好方法。
教师播放节约用水的视频或儿歌，带领幼儿一起模仿学习，帮助幼儿强化节约用水的意识。
（**品格元素：**教师采用图片和视频回顾、幼儿描述等方式，将幼儿零散的经历进行梳理总结，让幼儿知道节约用水的多种方法）</td></tr>
</table>

续表

没水了怎么办	
活动环节	活动设计
活动延伸	**一、家园共育** 教师可以指导家长鼓励、督促幼儿将节约用水的经验方法迁移到家庭生活中，知道洗菜水可以浇花、冲厕所，洗完手及时关水，喝多少水接多少水。教师还可以鼓励幼儿探索发现更多一水多用的方法，同时利用家园沟通平台，鼓励家长将幼儿在家节约用水的照片、视频进行宣传。 **二、生活渗透** 日常生活中，教师以节约用水的行为做榜样，营造温馨轻松的氛围，鼓励幼儿与同伴、老师、家长说一说自己节约用水的行为。教师还可以对节约用水或一水多用的幼儿给予鼓励称赞，引导幼儿之间相互赞扬节约用水的行为。 **三、环境渗透** 教师可以创设节约用水主题墙、粘贴节约用水标志和接水量示意图；采用值日生方式，互相帮助督促节约用水。教师也可以将幼儿节约用水的精彩瞬间拍照记录，展示在班级环境中，通过环境创设强化幼儿节约用水的行为和意识。

3. 活动反思

(1)活动特点

本次活动以场景导入形式，引发幼儿的共鸣，以亲自“做”来获得一水多用的方法，也是将节约用水意识具体化。幼儿只有在获得真实感受和体验的基础上，才能理解行为的意义并通过结果的反馈学会反思，从而不断强化良好行为或调整已有认识。

(2)活动实施建议

在整个活动过程中，会有水洒在地面的现象，需要教师提前预设场地，给盥洗室铺上防滑地垫，以小组的方式开展，材料提供要多样，便于幼儿选择材料去体验操作。

(成都市第三十三幼儿园　宋丹　杜晓兰)

(三)品格综合领域教学活动

1. 节俭品格的综合领域教学活动设计说明

现在的幼儿物质生活条件都非常优越，但挑食、剩饭的现象却很普遍。针对这种情况，我们以“爱惜粮食”为主题，开展系列综合性的主题活动，如科学领域探索种子的秘密、粮食的生长；语言领域开展童谣《种瓜》，故事《小米粒的旅行》，引导幼儿理解粮食来之不易，要爱惜粮食；社会领域开展亲子插秧、种植、收粮食等实践体验活动；艺术领域开展音乐游戏“我爱吃”，黏土手工“甜粑粑”等；健康领域以体能游戏为主，通过情境体能游戏让幼儿体验耕种的辛苦和劳累，培养幼儿爱惜粮食、勤俭节约的意识。

2. 教学活动案例

接下来我们以健康领域活动“耕种忙”为例阐述节俭品格综合领域教学活动的组织要点，见表 9-4。

表 9-4 节俭品格综合领域教学活动

<table>
<tr><th colspan="3">耕种忙</th></tr>
<tr><th>活动环节</th><th colspan="2">活动设计</th></tr>
<tr><td rowspan="3">活动目标</td><td colspan="2">认知目标：在体育游戏中感知农民种植粮食的辛苦。</td></tr>
<tr><td colspan="2">能力目标：能在老师的指导下初步学习踩推球的要领。</td></tr>
<tr><td colspan="2">情感目标：愿意参与游戏，在游戏情境中获得耕种的体验。</td></tr>
<tr><td rowspan="2">活动准备</td><td>经验准备</td><td>1. 幼儿初步了解耕种的流程：挖坑、播种、浇水。
2. 幼儿对足球运动有基本的了解。</td></tr>
<tr><td>物质准备</td><td>1. 种子(标志碟)每人 1 个、坑(小圈)每人 1 个、水车(足球)每人 1 个、小桥(4 根平衡木搭成)。
2. 游戏音乐、放松音乐。</td></tr>
<tr><td>活动过程</td><td colspan="2">一、创设帮助农民伯伯耕种的情境，师幼一起做热身运动
(一)幼儿自由讨论，并模仿耕种的动作
师：小朋友们，你们知道我们吃的粮食是从哪里来的吗？今天农民伯伯邀请小朋友们一起去帮忙耕种，你们知道农民伯伯是怎么耕种的吗?(幼儿自由讨论并模仿耕种的动作)
(二)带领幼儿绕场地模仿松土、播种、浇水、施肥等动作进行热身，将身体各关节活动开
师：小朋友们真棒，我们一起动起来，跟着农民伯伯种地吧。
(品格元素：教师通过情境游戏引导幼儿了解农民种植粮食的过程)
二、游戏互动，幼儿在体育运动中体验种植粮食的辛苦
任务一：挖坑(场地示意图一)
1. 教师提出任务。
师：农场到了，我们第一个任务就是要挖坑，你们准备好了吗?
玩法：幼儿分成人数相等的两路纵队，手持小圈站在起点处。听到口令后，第一名幼儿快速通过独木桥，到达播种区，将小圈在播种区放好表示挖的坑，返回拍击第二名幼儿的手，然后站到队尾。第二名幼儿以同样的方法进行游戏，直到全体幼儿都将“坑”挖好，任务完成。
2. 幼儿游戏，教师指导挖坑的位置。
任务二：播种(场地示意图一)
1. 教师提出任务。
师：“坑”挖好了，现在我们要播种了！请将你手里的“种子”(标志碟)播种到坑里，不要种到“坑”外面。
玩法：方法同“挖坑”。将“小圈”换成“种子”(标志碟)，当全体幼儿播种完毕，任务完成。
(注：“种子”必须种在“坑”里，种在外面的必须重新种到“坑”里面。)
2. 幼儿游戏，教师帮助能力较弱的幼儿。
任务三：浇水(场地示意图二)
1. 教师提出任务。
师：“种子”都种好了，它要喝到甜甜的水才能发芽、长大，那我们现在来给“种子”浇水吧。
玩法：幼儿以踩推球的方法开着水车(足球)，来到播种区里给每一颗种子进行浇水(用踩球、推球、揉球、搓球的方法表示浇水)，全部种子浇水完毕，任务完成。
(注：教师需要进行示范、讲解踩球、揉球、擦球、搓球的动作要领。即一只脚踩在足球上，用前脚掌将足球轻轻推向前方，脚落在球的后侧方，两只脚交替进行)</td></tr>
</table>

续表

耕种忙	
活动环节	活动设计
活动过程	2. 幼儿游戏，教师指导个别动作不规范的幼儿。 (**品格元素：**教师通过游戏体验，让幼儿知道在农作物生长期间农民伯伯需要长期付出很多辛苦，会流很多汗水，所以每一粒粮食都来之不易) **三、师幼分享交流，一起进行放松活动** 师："种子"播种好了，我们就等待它们发芽、开花、结果吧。今天我们通过游戏的方式体验了农民伯伯耕种粮食的过程，感觉怎么样啊？(幼儿自由表达) 师：你们都觉得累，那农民伯伯要种很多很多粮食，在粮食生长过程中，他们还要施肥、除草、捉虫等，他们也很辛苦。所以，我们要珍惜每一粒粮食，每天要把饭菜吃完，不能浪费。 师：我们一起跟着音乐放松一下吧。 (**品格元素：**教师通过小结交流分享，让幼儿进一步认识到粮食的来之不易，增强幼儿的节约意识) 场地示意图一： 起点  播种区 独木桥 场地示意图二： 起点 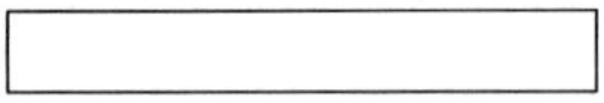 播种区
活动延伸	**一、区角延伸** 教师鼓励幼儿在美工区制作"光盘行动"倡导书，并向身边的人进行宣传。 **二、家园共育** 教师鼓励家长和幼儿一起到农场认识农作物，参加义务劳动，感受农民耕种的辛苦；同时也可以通过多种途径了解农作物的生长过程，丰富幼儿的生活经验。 **三、生活渗透** 教师在日常生活中鼓励幼儿"光盘行动"，不浪费粮食。

3. 活动反思

(1)活动特点

游戏是幼儿最喜欢的活动，通过游戏能让幼儿更直观体验"节俭"的内涵。本次活动以足球游戏为载体，以帮助农民伯伯耕种的情景，通过"挖坑""播种""浇水"的游戏情节，让幼儿体会到农民耕种的劳累，知道粮食的来之不易，从而激发幼儿要珍惜粮食，不能浪费的意识。此外，教师将足球"踩推球"的技能融入游戏中，增强了幼儿学习的兴趣。

(2)活动实施建议

小班幼儿的规则意识正在形成，在活动中教师要将游戏规则讲解清楚，并反复强调确保幼儿理解。如"播种"一定要要求幼儿将"种子""播种"在"坑"里。

器材的准备要充分，如种子(标志碟)、坑(呼啦圈)、水车(足球)的数量可以根据幼儿的运动量来确定。如果幼儿兴趣较高则可以多玩几次，这样个别体能好的幼儿也可以得到满足。为确保游戏安全，在“浇水”环节建议将“独木桥”撤走，留出足够的空间给幼儿。

（绵阳市三台县机关幼儿园　李菊　蔡锐）

(四)幼儿社会技能教学活动

1. 活动设计说明

称赞是一种表达欣赏和鼓励的方式，善于发现他人的优点和长处并及时给予正面的反馈，不仅有助于强化对方好的行为表现，更有利于拉近人与人之间的距离。真诚的称赞是一种非常重要的亲社会技能。节俭品格与幼儿日常生活情景紧密相关，如光盘行动，不浪费一粒米；随手关水龙头、关电；节约用纸；等等。因此，为了巩固幼儿节俭的意识，不仅需要教师、家长的引导和鼓励，同时也需要同伴之间的提醒和肯定。社会技能“学会称赞”为幼儿提供了鼓励同伴节俭行为的具体方法，还能增强幼儿乐群、友善的亲社会品质。因此，教师就有必要通过专门性的教学活动帮助幼儿了解“学会称赞”的技能口诀及使用场景，并鼓励幼儿在生活中大胆称赞他人做得好的行为。

2. 社会技能“学会称赞”教学活动案例

社会技能“学会称赞”的技能口诀是：看见同伴有优点；竖起拇指给他看；还要大声给点赞。接下来我们以活动“夸夸我的好朋友”为例阐述社会技能“学会称赞”教学活动的组织要点，见表 9-5。

表 9-5　社会技能“学会称赞”教学活动

<table>
<tr><th colspan="3">夸夸我的好朋友</th></tr>
<tr><th>活动环节</th><th colspan="2">活动设计</th></tr>
<tr><td rowspan="3">活动目标</td><td colspan="2">认知目标：知道每个人都有值得表扬和肯定的地方，看到同伴的优点要学会大方赞美。</td></tr>
<tr><td colspan="2">能力目标：能够用拍手、竖大拇指及语言肯定的方式赞扬别人。</td></tr>
<tr><td colspan="2">情感目标：体会被别人夸奖和夸奖别人时的幸福感。</td></tr>
<tr><td rowspan="2">活动准备</td><td>经验准备</td><td>幼儿有过被人夸奖或夸奖别人的经历，能够简要说出周围小朋友的优点。</td></tr>
<tr><td>物质准备</td><td>1. 儿歌《赞美歌》。
2. 绘本课件《我爸爸》。
3. 教师随拍的幼儿日常视频与图片(体现幼儿的优点)。</td></tr>
<tr><td>活动过程</td><td colspan="2">一、律动导入，激发幼儿参与活动的兴趣
律动儿歌《赞美歌》导入。
儿歌内容：点点头、叉叉腰，谁的表现最最好；点点头、叉叉腰，××表现最最好。
教师表扬一名幼儿后，继续带领幼儿唱跳并表扬另一名幼儿。(最多表扬三人，如班里大部分幼儿表现都很好，可将最后一句改为“全班表现都很好”)
二、讲述绘本故事《我爸爸》，引导幼儿从多方面发现别人的优点
师：宝宝是怎么夸赞自己爸爸的？
小结：故事里宝宝用了“我爸爸吃得像马一样多”，“游得像鱼一样快”，“他像大猩猩一样强壮”，“他像猫头鹰一样聪明”，“我爸爸真的很棒”！</td></tr>
</table>

续表

<table>
<tr><th colspan="2">夸夸我的好朋友</th></tr>
<tr><th>活动环节</th><th>活动设计</th></tr>
<tr><td>活动过程</td><td>师：我们夸一个人，除了可以夸他的本领，夸身体强壮，夸大脑聪明，还可以夸什么呢？
三、播放视频与图片，引导幼儿用拍手、竖大拇指等动作及语言夸奖对方
情境一：×× 帮助小朋友发酸奶
情境二：×× 帮助整理图书区
情境三：×× 在建构区合作拼插玩具
情境四：×× 吃饭光盘、挑食、不掉饭粒
师：今天老师带来一些小视频和图片，都是老师在活动区随拍的，请小朋友们仔细看，图片中的小朋友在做些什么？(教师引导幼儿仔细观察图片，说出他人的优点和长处)
师：小朋友们相互帮助，不剩饭，这样的好行为也应该被表扬。你们会用什么方式表扬他们呢？
小结：有的小朋友说可以给他们竖一个大拇指，有的小朋友说可以鼓掌，还有的小朋友说可以用好听的声音跟他们说“你真棒”“你做得真好”“你好厉害”。大家说得真好。每个小朋友身上都有很多优点，发现了小朋友身上的优点就要大声告诉他。
四、游戏“夸夸乐”，引导幼儿在游戏中运用并体会技能口诀
师：老师教给大家一个表扬别人的办法，我们一起来学一学“看见同伴有优点；竖起拇指给他看；还要大声给点赞”。(教师引导幼儿学说技能口诀)
师：接下来我们一起来玩一个“夸夸乐”的游戏，大家一起听音乐找朋友，找到朋友后，用你喜欢的方式夸一夸他吧！
1. 教师引导幼儿用肢体动作(手势)夸奖对方：竖大拇指、鼓掌(拍手)、比心等。
2. 教师引导幼儿用好听的语言夸奖对方，如你的眼睛很好看，你的声音很好听，你是一个勤劳的小朋友，你从来不挑食……
3. 教师引导同伴听到赞美后要微笑地说“谢谢”。
小结：小朋友们今天游戏表现得太棒了，老师给你们竖起大拇指。你们还记得老师教给大家的夸奖别人的口诀吗？(教师引导幼儿回顾技能口诀)
五、师幼总结，结束本次活动
师：除了幼儿园的小朋友，你们还想赞美谁呢？如果要你们夸一夸老师，你们会怎么夸呢？
师：今天回家后，小朋友们要把我们学到的技能口诀跟爸爸妈妈说一说，并且用今天学到的方法夸一夸爸爸妈妈和家人。明天来幼儿园的时候，大家一起说一说你们是怎么做的。</td></tr>
<tr><td>活动延伸</td><td>一、家园共育
教师在班级群中分享当天学习的社会技能，包括技能目标、培养重点、培养方法等；鼓励幼儿回家后用好听的语言“你真棒”等及竖起拇指夸赞自己的家人；同时引导家长也要用“你真棒”等语言来赞美自己的宝宝。第二天晨间活动时，教师要引导幼儿集体分享夸赞家人以及被家人夸赞的社会技能的心得。
二、生活渗透
在日常生活中，教师要有意识地引导幼儿养成观察周围美好的人和事物的习惯。例如，教师在日常生活中用照相机记录每一个精彩的瞬间，在晨间活动时和幼儿分享交流，逐步培养幼儿发现美、欣赏美的能力。教师可以设计赞美的积累卡、幼儿相互赞美回应时的图片，以图片的形式进行能量传递，加深幼儿对赞美技能的理解。</td></tr>
</table>

3. 活动反思

(1)活动特点

活动目标具体可实施。根据小班幼儿认知发展特点，将赞美同伴的方法具体阐述为拍手、鼓掌、比爱心等具体的肢体动作，使活动的方向性更明确。活动过程连贯有趣，以《称赞歌》导入，营造轻松的活动氛围；讲述故事《我爸爸》，引导幼儿学习称赞的话，进而引出赞扬的肢体动手；最后，游戏"夸夸乐"将活动推上高潮，在游戏中巩固幼儿对技能口诀的运用。

(2)活动实施建议

互动中，教师要有意识地扩展赞美的内容，让幼儿初步意识到，除了夸幼儿做事情做得好，也可以夸幼儿的声音、笑容以及物品等，让幼儿赞美的时候有话可说，丰富幼儿夸赞的内容。教师要鼓励幼儿用自己喜欢的方式赞美，不要限定幼儿赞美的方式。拥抱、鼓掌、比心、竖大拇指或微笑等都可以表达对别人的赞美，赞美的语言也各不相同。因此，教师要通过启发性提问，给予幼儿自由想象与表现的空间。

（沈阳农业大学幼儿园　李丹　张迎秋）

五、区角活动案例

《幼儿园教育指导纲要(试行)》中指出要促使幼儿"关心周围环境，亲近大自然，珍惜自然资源，有初步的环保意识"。对于小班幼儿来说，节俭就在他们身边，从小培养幼儿养成勤俭的好习惯，这种美德将会伴随幼儿一生。而活动区是小班游戏化一日生活的重要组成部分，因此根据小班幼儿的发展需要和年龄特点，通过美工区、益智区等多种区角游戏的发展目标、材料支持、玩法支持以及过程中的指导要点，促进幼儿在自主游戏中获得发展。

美工区

活动一：红包变废为宝

活动目标：有初步的节俭意识，能用废旧红包创新灯笼做法。

活动准备：废旧红包、灯笼图片、彩纸、剪刀、双面胶。

活动过程：

1. 教师与幼儿一起欣赏过年大街小巷挂的灯笼图片，激发幼儿制作灯笼的兴趣。

2. 教师出示活动前准备好的废旧红包，引导幼儿利用废旧红包制作灯笼。

3. 教师出示一张彩纸，将彩纸的底部贴上双面胶，并将贴胶处裁下；然后将红包沿正反面裁成两半，拿出红包将其正面上端和下端分别贴上带胶的彩纸条，然后将彩纸条之间的红包纸剪成镂空状；再将红包背面的上下两端处也贴上双面胶，将镂空部分保持拱形即可(图 9-5)。

4. 幼儿完成作品，教师组织幼儿进行展示。

活动建议：

为了使剪出来的红包镂空状均匀，教师可引导幼儿在彩纸上做好标记后再剪。

活动延伸：

1. 为使幼儿体验到与同伴分享的快乐，教师可以引导幼儿将作品进行跨区角展示。例如，可以将创作好的灯笼作品装饰到娃娃家，让创作幼儿给其他幼儿讲清楚创作的由来，使娃娃家的幼儿在游戏中能切身体会到废旧利用的乐趣和浓浓的过节气氛。

2. 教师可以引导幼儿用废旧的红包做成贺卡，在红包内部进行装饰，将装饰好的贺卡送给同伴。

3. 教师可以引导幼儿用废旧红包创新制作不一样的灯笼。

图 9-5　红包变变变

活动二：好吃的面条

活动目标：利用废旧报纸制作面条，懂得旧物利用的意义。

活动准备：废旧纸张、彩纸、彩笔、胶棒、粗细不同的面条图片。

活动过程：

1. 教师利用情境导入，激发幼儿创作欲望。

师：今天娃娃家的小朋友要过生日，她说想让小朋友们帮她做长寿面。今天我们用这些废旧报纸为小朋友做一碗“长寿面”吧。

2. 教师介绍材料，提出操作要求。

(1)教师呈现粗细不同的面条图片，有的粗、有的细。教师引导幼儿观察并说出面条的特征，幼儿自由发言。

(2)幼儿自主体验撕面条。(教师引导幼儿边做动作边念儿歌：长寿面，不一样；小厨师，来帮忙；细面条，长又长；粗面条，香又香；你一碗，我一碗，娃娃生日来一碗)

3. 教师巡回指导，引导幼儿掌握撕的方法和技巧，按照想象撕出不一样的效果(图 9-6)。

活动建议：

1. 教师可以引导幼儿理解废物利用的含义，在生活中要最大限度地发挥物品的使用价值。

2. 教师可以拓展幼儿对“长寿面”的理解，知道过生日吃长寿面的传统习俗。此外，教师还可以鼓励幼儿发现生活中不同种类的面条，如面条的粗细、长短、色泽、口感等，丰富幼儿的生活经验。

活动延伸：

教师可以鼓励幼儿回家后和家人分享自己“做”的长寿面，可以和家人一起煮一碗真正的长寿面，增进亲子互动情感。教师还可以为幼儿提供不同颜色、不同材质的废旧纸张，鼓励幼儿在区角活动中撕出更多不一样的“面条”，提高幼儿手部精细动作的灵活性。

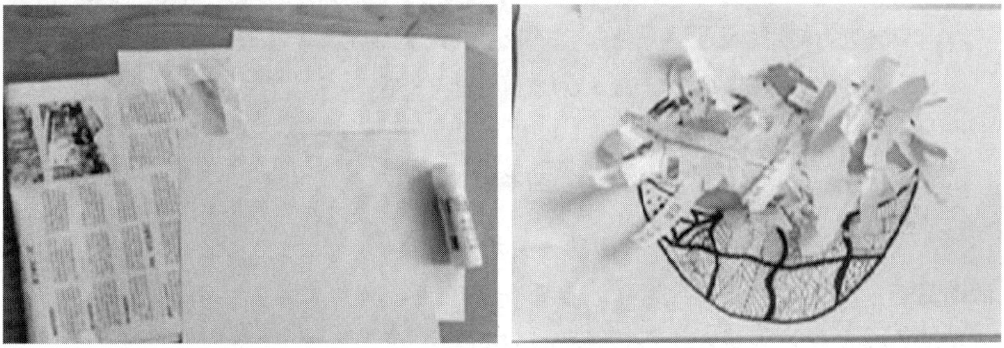

图 9-6　“好吃的面条”制作材料和做好的一碗“面条”

活动三：废旧纸盘大改造

活动目标：能将废旧纸质用品和材料动手造成新物品，初步建立物尽其用的意识。

活动准备：废旧纸质用品、扣子和纸张。

活动过程：

1. 幼儿将废旧纸质物品带到活动区并介绍其来源。
2. 教师对废旧纸质物品进行详细的描述，让幼儿清楚废旧纸质物品的使用价值。
3. 师幼一起以“谁的光盘最漂亮”为题对废旧纸盒、纸盘进行改造(图 9-7)。
4. 教师引导幼儿相互欣赏作品，鼓励幼儿表达自己的想法。

活动建议：

教师鼓励幼儿自主创作，不做过多干预，注意了解并倾听幼儿的想法或感受。

活动延伸：

教师可以拓展废物利用的主题，如海底世界、美丽花园、未来的汽车等，在废物利用的过程中激发幼儿参与活动的积极性，锻炼幼儿的创造性思维。

图 9-7　废旧纸盘大改造

益智区

活动一：垃圾分类

活动目标： 了解垃圾分类的意义，懂得保护环境，节约资源。

活动准备： 分类垃圾箱大挂图、各种垃圾图片。

活动过程：

1. 教师带领幼儿通过生活中的案例讨论垃圾分类的意义。

2. 教师出示可回收垃圾、厨余垃圾、有害垃圾和其他垃圾的图示，了解垃圾分类的基本标准。

3. 教师在益智区创设“垃圾分类墙”，将四种颜色的垃圾桶分别制作并展示出来，引导幼儿将不同的垃圾投放到正确的垃圾桶。

4. 交流分享，教师引导幼儿讲述自己垃圾投放的判断标准。

活动建议：

该活动与幼儿日常生活经验息息相关，因此，在活动过程中，教师可引导幼儿说一说家长在家庭生活中是如何对垃圾进行分类的。如果有的家庭尚未做到垃圾分类处理，教师则可鼓励幼儿回家后提醒家长做好垃圾分类。

活动延伸：

教师可以搭建家园社协同育人平台，与家庭、社区共同开展“环保小卫士”“小小志愿者”等活动，鼓励幼儿及家长积极参与幼儿园和社区组织的垃圾清理活动，在真实的生活实践中强化幼儿的环保意识、节约意识。

活动二：废旧纸杯大作战

活动目标： 学会 5 以内数字与相等数量图形的结合。

活动准备： 废旧纸杯 5 个(在纸杯正反面分别写上 1～5 的数字和 1～5 的点点)、黑色水彩笔、自制图案任务卡和数字任务卡。

活动过程：

1. 教师引导幼儿对纸杯上的圆点图形进行点数并认识其垒高的形状，激发幼儿探究的兴趣。

2. 幼儿通过观察图案任务卡上的数字，找到相应的图形纸杯，并能根据图案任务卡正确摆放纸杯(图 9-8)。

3. 幼儿交流分享，继续探究纸杯的新玩法。例如，两人一组进行比赛，两人同时抽取图案任务卡，看谁能最快按图案任务卡摆放好纸杯。

4. 游戏结束，教师引导幼儿说一说自己的纸杯摆放方式。

活动建议：

教师可引导幼儿同伴之间相互交流，用自己喜欢的方式设计任务卡，并将设计好的任务卡投放在益智区，同伴之间进行游戏。

活动延伸：

教师可以鼓励幼儿用纸杯开展更多好玩的数字游戏，如教师出示数字任务卡，幼儿快速拿出对应的纸杯数量。

图 9-8　废旧纸杯大作战

活动三：拼拼乐

活动目标：感知整体与部分的关系，并能用图形摆出新的形状。

活动准备：自制有关垃圾分类、光盘行动、劳动工具等宣传图片的拼图。

活动过程：

1. 教师将宣传图片粘贴在硬纸板上，将纸板按照不同的数量进行分割(图 9-9)。(教师根据幼儿年龄特点来进行分割，并要满足不同层次幼儿的需要)

2. 幼儿开始游戏，先观察完整图片后，再将图片拼接完整。

3. 教师引导幼儿说一说自己将图片拼接完整的方法。

图 9-9　拼拼乐

活动建议：

教师可以引导幼儿通过观察图片的形状、颜色等特征来进行拼图游戏。

活动延伸：

幼儿在熟悉游戏后，教师可以增加难度，如看看谁在规定的时间内完成的拼图最多。

图书区

活动一：珍爱粮食铭记于心

活动目标：了解袁隆平爷爷的故事，激发幼儿尊重劳动者、爱惜粮食的意识。

活动准备：绘本故事《一粒种子改变世界：袁隆平的故事》《最爱做的事》，成熟的麦子图片、种植麦田的劳动工作者图片。

活动过程：

1. 教师投放绘本，引导幼儿了解“中国杂交水稻之父”袁隆平的故事。

2. 幼儿基于绘本故事自主交流，从故事中体会袁隆平爷爷坚持不懈、艰苦朴素的品格。

3. 教师引导幼儿基于故事提出倡议，做到节约粮食、不浪费，珍惜每一粒粮食，以实际行动向袁隆平爷爷致敬。

活动建议：

“艰苦朴素”“攻坚克难”“家国情怀”等词语对小班幼儿来说比较抽象，不好理解，因此在绘本阅读的过程中，教师要用幼儿能够理解的语言给幼儿讲述袁隆平爷爷的故事。此外，教师还可以搜索与袁隆平爷爷相关的宣传视频，加深幼儿对故事主题的理解，激发幼儿珍惜粮食、尊重劳动者、热爱劳动的意识。

活动延伸：

教师可以开展“听爷爷奶奶讲那过去的故事”家长助教活动，邀请家里的老人，如爷爷奶奶(外公外婆)等为幼儿讲述他们小时候勤俭节约的故事，让幼儿感知老一辈人艰苦朴素、攻坚克难的劳动精神，激发幼儿对当前幸福生活的热爱与珍惜之情。

活动二：拒绝浪费

活动目标：通过阅读关于节约、不浪费的绘本故事，进一步明白勤俭节约的道理。

活动准备：绘本《怕浪费婆婆》《下雨了》《最最心爱的毛衣》《约瑟夫有件旧外套》。

活动过程：

1. 幼儿自主阅读节约粮食、拒绝浪费的绘本图书，进一步懂得勤俭节约的道理。

2. 幼儿自由交流，向同伴介绍自己在生活中节俭的故事，如节约水电、光盘行动、不浪费纸张等行为。

3. 教师鼓励每名幼儿分享一句有关节俭的倡议，录制成小视频在幼儿园大厅电子屏循环播放，强化幼儿的节约意识。

活动建议：

教师可以鼓励幼儿自主阅读、小组阅读并分享自己的阅读心得；同时创造条件让幼儿说一说自己最喜欢的节俭故事以及故事里的情节，加深幼儿对故事主题的理解与感悟。

活动延伸：

教师可以提示家长在日常家庭生活中要以身作则，为幼儿树立节约、节俭的榜样。教师还可以鼓励幼儿回家后和爸爸妈妈分享自己听过的节约故事，将自己和爸爸妈妈一起搜索到的与节约有关的故事或具体做法分享给老师和小伙伴。

活动三：图书漂流

活动目标：实现资源流动，培养幼儿节俭、共享的意识。

活动准备：

1. 制作漂流标签，给书编号。

2. 制定图书漂流目录及图书漂流轨迹图。

3. 漂流瓶。

活动过程：

1. 幼儿从家里选择两本自己最喜欢的图书带到幼儿园参加图书漂流活动，师幼共同制作图书漂流目录。

2. 教师引导幼儿熟悉漂流规则。(1)借阅时间：每天区角活动时间；(2)借阅数量：一次可以借两本；(3)借阅要求：每本书都要填写并张贴漂流标签，借阅图书时要在自己的相片下面挂上“漂流瓶”才算完成《图书漂流轨迹图》；(4)借阅时长：三天内归还(图 9-10)。

活动建议：

首先，教师在活动开始之前要通过实践体验或集体学习，帮助幼儿熟悉图书借阅的基本规则与流程。其次，教师可以与幼儿一起制定“图书漂流”的借阅规则，鼓励幼儿参与制作的过程。

活动延伸：

教师可以将“图书漂流”活动延伸到其他班级，开展全园性“图书漂流”活动，养成幼儿喜爱阅读的好习惯，同时形成幼儿园浓厚的知识共享氛围。

图 9-10 “图书漂流”环境布置和部分活动材料

(北京市大兴区黄村镇第一中心幼儿园　郭文佳　陈曦)

六、一日生活指导

(一)一日生活中幼儿品格与社会技能培养

节约是文明的象征，是我们中华民族的传统美德。养成勤俭节约的好习惯对幼儿形成良好自制力具有重要意义。社会技能“学会称赞”贯穿同伴交往、师幼互动的每个环节，有些环节需要重点指导。本期主题品格与社会技能在一日生活中的重点培养环节见表 9-6。

表 9-6 品格与社会技能的日常重点培养环节

生活环节	品格：节俭	社会技能：学会称赞
入园		√
盥洗	√	
进餐	√	√
饮水	√	√

续表

生活环节	品格：节俭	社会技能：学会称赞
如厕	√	
午睡		√
离园		√
集体活动	√	√
户外活动	√	√
区角活动	√	√
过渡环节		√

(二)一日生活中幼儿品格与社会技能指导要点

本期主题品格与社会技能在一日生活中的指导要点见表9-7、表9-8。

表9-7　一日生活中节俭品格指导要点对照表

环节	指导要点
盥洗	教师张贴盥洗流程图，引导幼儿学会正确的七步洗手法，养成节约用水的好习惯。
进餐	1. 教师引导幼儿不挑食，感恩食堂阿姨为我们准备餐点，进餐要光盘。 2. 教师引导幼儿按取餐路线取餐，根据需要不多取。
饮水	1. 教师利用环境创设图片、区角游戏材料，引导幼儿喝足量的水，学会记录自己的饮水量。 2. 教师引导幼儿接水时根据自己的需要接水，不多接水，不玩水，关紧水龙头。
如厕	1. 教师利用专门的教学活动，引导幼儿学会使用厕纸擦屁股，擦屁股的纸要正好用完。 2. 教师引导幼儿冲厕时节约用水。
集体活动	教师以游戏为主要形式进行集体活动，活动时爱护公物，用两手轻搬轻放椅子。
户外活动	1. 教师引导幼儿废物利用，制作多种玩教具，让幼儿进行户外活动。 2. 教师让幼儿交换玩具进行户外游戏，并说一说玩具是用什么做的。
区角活动	1. 教师提供丰富多样的废物制作区角游戏材料，吸引幼儿愿意参与活动。 2. 活动时，教师引导幼儿做到活动材料轻拿轻放，不破坏玩具，收纳整理时按类排放，不乱扔乱收。

表9-8　一日生活中“学会称赞”技能指导要点对照表

环节	指导要点
入园	1. 教师让幼儿在幼儿园门口见到其他小朋友，学会打招呼：“你今天来得真早”“你今天的衣服真干净”等。 2. 教师引导幼儿到活动室后一起整理活动室，给植物浇水，摆放玩具，整理后学会欣赏整齐的活动室并称赞活动室真干净。

续表

环节	指导要点
进餐	餐前师幼互动，教师讲述菜品，让幼儿学会夸赞食堂师傅制作的菜品花样和颜色。
饮水	1. 教师耐心地跟幼儿一起观察图片并讨论：人为什么要饮水，夸夸水对我们的身体有多重要。 2. 教师要语气温和地跟幼儿交流，夸赞幼儿多喝水少生病，不浪费水。
午睡	1. 教师总结昨天的午睡情况，称赞幼儿能安静地尽快入睡。 2. 教师引导并鼓励幼儿称赞其他能够自己穿脱衣物、有序入睡的小朋友。 3. 教师引导幼儿起床时能跟随音乐迅速起床，表扬动作快的幼儿。
离园	教师引导幼儿离园时跟老师、小朋友说再见，夸夸自己和同伴今天表现好的地方。
集体活动	教师组织社会技能教学活动“学会称赞”，引导幼儿学会称赞其他小朋友。
户外活动	教师表扬幼儿的具体细节表现，让幼儿学会夸赞其他小朋友勇敢。
区角活动	1. 教师利用区角游戏分享时间引导幼儿简单说一说喜欢哪个区角活动以及喜欢的原因。 2. 教师利用区角游戏中的幼幼互动，引导幼儿说一说喜欢和哪个小朋友玩游戏，并说说同伴哪里做得好。
过渡环节	教师利用午睡前和离园前的谈话，分别表扬上午和下午活动时间某一方面有进步的幼儿，具体到：××小朋友午餐的时候没有挑食，把饭菜都吃光了。可以由教师表扬，也可以让班级的幼儿表扬同伴。

(三)日常指导策略

1. 节俭品格——主题教育活动

节俭自古就是一种美德，它反对浪费或奢侈。节俭就是在生活中节约俭省，珍惜有限资源和劳动成果。现在的幼儿都是生活在比较富足的环境中，再加上家庭中的百般宠爱，节俭意识越来越模糊。因此，有必要在幼儿园里开展节俭教育。

根据幼儿年龄特点，教师可以开展文明进餐主题教育活动，引导幼儿勤俭节约，不剩饭菜；学习餐桌礼仪，做到碗里、桌面、地面三净，做个爱惜粮食的小公民。在一日活动中，教师还可以开展“文明小餐桌评比”“进餐礼仪教育”“我是节约小能手”等系列活动。对于小班的幼儿来说，最主要的是让他们认识身边的粮食，知道日常生活中的食物是从哪里来的，因此小班可以分别开展如下一系列主题教育活动。

(1)绘画活动“香喷喷的米饭”

教师通过绘画让幼儿了解粮食的来之不易，引导幼儿珍惜粮食。

(2)制作树叶粘贴画

教师引导幼儿知道粮食的来之不易，不浪费粮食。

(3)区角活动“制作小房子”

教师引导幼儿利用废旧材料来制作小房子，让幼儿懂得要节约。

（4）“小小检查员”活动

教师邀请班上的幼儿轮流当“小小检查员”，每餐之后检查餐具里是否还有剩饭剩菜，以此来督促幼儿爱惜粮食。

（5）语言活动“悯农”

“锄禾日当午，汗滴禾下土。谁知盘中餐，粒粒皆辛苦。”教师引导幼儿从诗中看到农民劳作的艰辛并且懂得每一粒粮食的来之不易。教师还可以并借助相关图片向幼儿介绍诗中所描写的情景从而达到教育幼儿爱惜粮食的目的。

（6）社会活动“粮食日”

教师通过图片观察对比和播放视频等方式，使幼儿直观了解珍惜粮食的重要性，知道收获粮食的艰辛。最后，教师引导幼儿付诸行动，在午餐时学会自己动手吃饭吃菜，不浪费粮食。

2.“学会称赞”技能——师幼互动

早晨来园时，教师可以鼓励幼儿和老师一起整理活动室、照料自然角。有的幼儿来园比较早，他们能主动和老师一起劳动：给自然角的植物浇水、擦拭桌椅、摆放玩具等，忙得不亦乐乎。对这种积极的行为，教师可以在全班幼儿面前加以表扬，引导幼儿学会欣赏、称赞他人，从而巩固他们爱劳动的情感，同时也能激励其他幼儿向他们学习。通过大家的讨论达成共识：知道哪些行为是不应该的，从而纠正个别幼儿浪费的不良行为。

案例：莹莹是一个性格比较内向的女孩，她不太爱和小朋友们玩。平时区角游戏时，她都独来独往；在户外活动时也总是不吭声；上课也从不主动举手回答问题，还经常开小差。久而久之，小朋友们都不愿意和她交朋友、不愿意坐在她旁边，还说她一点儿都不能干。于是，每次活动时老师都刻意坐在她身边，手把手地指导，还经常鼓励她：“莹莹，你又进步了，你最近的表现非常棒！”诸如此类的话说了以后，老师发现她有了自信心。有了自信与目标的莹莹在活动中有了明显的进步。于是老师在全班幼儿面前表扬了她，并且引导其他幼儿称赞她，对她进行鼓励。经过一段时间，老师发现她在平时的活动中有了规则意识，很有秩序。

分析：莹莹本身性格比较内向，不太爱说话，不愿与人交往。生活环境单一，使莹莹缺少语言交往的机会。现在的班级环境对莹莹来说是陌生的，老师也是陌生的，在陌生的环境里难免会产生心理压力。

教师指导：教师在活动中要作为一名善于观察的观察者，在观察幼儿的活动中，要及时发现幼儿的闪光点，对于幼儿的进步要及时给予鼓励。首先，教师要鼓励幼儿自己的事情自己做，和她的家长进行沟通，在家中多给幼儿提供锻炼的机会。其次，教师要请家长耐心引导和帮助。在鼓励幼儿自己做事情以后，遇到他们有困难的时候，家长要耐心引导。对于幼儿的细微进步，家长要表扬和鼓励，并且充分利用各种途径，使幼儿更多地获得成功，积累积极的情感体验，从中认识自己的长处，相信自己的能力，树立自信。最后，教师要发挥家长的榜样作用。家长对幼儿的榜样作用无时无刻不在影响着幼儿。家长应具有自信乐观、勇于面对现实、不怯懦的性格，让幼儿在潜移默化中得到熏陶，树立自信心。

（泰安市泰山区省庄镇中心幼儿园　毕玉美　孙素素）

(四)生活体验活动

活动案例一：爱惜玩具我最棒

1. 设计思路

在幼儿园中，教师发现幼儿在玩耍过程中，对玩具物品的损坏现象比较严重。为了培养幼儿爱惜、保护玩具的习惯，特设计本次活动。通过引导幼儿了解玩具的价值，学习正确的玩玩具的方法，培养幼儿的责任感、自觉性和节俭意识，让他们在快乐的活动中养成爱惜保护玩具的好习惯。

2. 活动过程

(1)认识玩具

教师带领幼儿认识班上的各种玩具，如积木、拼图、摇铃等，让幼儿了解每一种玩具的名称和特点；同时，通过与幼儿互动，让他们了解每一种玩具都有其独特的价值和作用。

(2)学习正确玩玩具的方法

在这个过程中，教师呈现幼儿在游戏活动中出现的不爱惜玩具的图片，然后和幼儿一起讨论这样的做法对不对，应该怎么做。大家一起建立了爱惜玩具的共识之后，教师再通过示范和讲解，向幼儿介绍正确玩玩具的方法，如轻轻拿放，不乱扔，不损坏，不私藏等。

(3)建立玩具管理制度

教师与幼儿共同讨论并制定玩具管理制度，如每样玩具都有它的家，不随意乱放；拿玩具要征得主人的同意；每个小朋友都要爱护自己的玩具，不损坏别人的玩具等。通过这些制度的制定和执行，让幼儿了解爱惜、保护玩具的重要性。

(4)故事分享

教师准备一些与主题相关的故事，如《玩具去哪了?》《玩具诊所》等，通过故事分享的方式，让幼儿了解到爱惜、保护玩具的重要性。教师还可以鼓励幼儿说一说他们在日常生活中爱护自己的玩具的方法。

(5)奖励机制

教师设立奖励机制，对在活动中表现好的幼儿进行奖励，如贴纸、小礼物等。这不仅可以激励幼儿积极参与活动，还能让他们感受到爱惜、保护玩具的正确行为是受到肯定的。

3. 活动总结

通过本次主题活动，幼儿对玩具的爱惜、保护意识有了明显的提高。他们不仅学会了正确玩玩具的方法，还了解了如何保护自己的玩具。同时，幼儿在活动中也锻炼了自我约束能力，养成了良好的行为习惯。在以后的教学活动中，教师将继续关注幼儿的行为习惯培养，开展更多有趣、丰富的活动，帮助他们健康成长。

活动案例二：小小管家——节约资源体验营

1. 设计意图

在幼儿充满好奇和探索欲望的早期成长阶段，为他们揭示生活的奥秘，了解如何珍惜和节约资源，将对他们的人生产生深远影响。通过一场生动有趣的“小小管家”游戏，教师将带领幼儿走进资源的世界，体验节约资源的魅力。

2. 活动过程

(1)开启奇妙的旅程

活动开始时，教师将为幼儿描绘一个充满神秘感的资源世界，引导他们了解什么是资源，以及资源对于人类生活的重要性。

(2)资源宝库探险

教师准备一些日常生活用品，如纸巾、肥皂、水杯等，称之为“资源宝库”。在教师的引导下，幼儿可以从中取用资源进行各种任务，但每次取用都要记录下来。这将帮助幼儿了解资源的有限性。

(3)小小管家在行动

幼儿需要扮演小小管家，管理自己的资源。在模拟的日常生活场景中，如洗澡、洗手、画画等，幼儿需要用最少的资源完成任务。这将培养幼儿的节俭意识和责任感。

(4)资源回收与再利用

在活动结束时，教师引导幼儿将使用过的物品进行分类回收，如废纸可以回收再利用，洗手用过的水可以用来浇花等。这样的方式能够让幼儿进一步了解废物利用的意义以及节约资源的重要性。

(5)分享与总结

最后，教师和幼儿一起分享大家在游戏中的体验和收获。在精彩的分享活动中，幼儿将更深入地理解节约资源的重要性，并且能够自主萌发在日常生活中实践节俭的决心。

3. 活动总结

通过这场“小小管家”游戏，幼儿不仅了解了珍惜和节约资源的重要性，更培养了环保意识、节俭习惯和责任感。这种寓教于乐的方式让幼儿在快乐的游戏中收获了宝贵的生活技能和正确的价值观。家长们也对这场活动给予了高度评价和赞赏，他们认为这样的活动对幼儿的成长和发展具有积极的影响和深远的意义。

七、家园共育指导

(一)品格指导要点

关于节俭品格的家庭教育指导，主要围绕帮助家长引导幼儿发展基本的节俭行为、形成初步的节俭意识两方面内容，进而形成珍惜、爱护等其他积极情感的发展。

1. 引导家长以身作则厉行节俭

习近平总书记在2016年会见第一届全国文明家庭代表时曾指出，“家庭是人生的第一个课堂，父母是孩子的第一任老师”“广大家庭都要……帮助孩子扣好人生的第一粒扣子”。家长的行为习惯、消费理念、价值观念等都会潜移默化地对幼儿产生影响。家长大手大脚、铺张浪费，幼儿则耳濡目染地不知节约。所以，在日常生活中，家长首先应做到以身作则，时时注意自己的言行举止，随时随地通过自身的节俭行为来影响幼儿，为幼儿树立良好的榜样。例如，吃饭时，把碗中饭吃干净；在餐厅吃饭，把剩余的饭菜打包，做到“光盘”；随手关灯，节约用电；洗手后，主动关紧水龙头，节约用水等。家长从生活中一点一滴的小事做起，幼儿通过模仿，也逐渐做出相应的节俭行为，慢慢地形成节俭的意识，最终形成节俭的品格。

2. 家长可以利用绘本故事培养幼儿的节俭意识

绘本作为最适宜幼儿阅读的读物，能够通过画面的形式，充分吸引幼儿的注意力，从思维层面、内容层面、情感层面等充分调动幼儿的认知，特别是对幼儿的行为塑造有一定的影响。绘本种类繁多，家长可以充分利用“节俭”主题的绘本引导幼儿形成节俭意识，培养节俭行为。例如，《怕浪费婆婆》讲述了老一辈人勤劳简朴和巧手变废为宝的故事，通过生活中的真实场景、怕浪费婆婆极具特色的形象以及她的口头禅“太浪费了”，能够不经意间把勤俭节约的观念植入幼儿的内心；《谢谢你，好吃的面包！》用简洁的语言、生动的图画完整展现了想要做出面包需要经过收割、脱粒、磨面等几个步骤，看起来稀松平常的食物其实是来之不易的，帮助幼儿了解谷物生长过程的同时，体会到人们的辛勤劳作，从而更加珍惜食物；《约瑟夫有件旧外套》中约瑟夫在他的外套破旧后用这件旧外套做成了一件夹克，当这件旧夹克缝缝补补多次时又把它改成了背心，背心不能再穿后又把它做成了一条围巾……这个故事能在潜移默化中引导幼儿学会节俭；《奇佳和水怪米夏》的故事中，奇佳的新朋友水怪米夏可以变成各种模样：洒水车、抽水机、水缸、浴池……还可以随时喷出干净、清凉的水，帮助了严重缺水的人们，可谁知，米夏后来险些断送了自己的性命，这个故事告诫幼儿应该节约用水。

3. 引导家长帮幼儿学会废物利用

幼儿园可以开展“废物利用”的活动，引导幼儿有意识地收集生活中的废旧物品，并将废旧物品再利用，与家长一起合作做成形象生动的游戏道具，让幼儿从中感受到节俭的重要性。通过利用废旧物品进行制作，既可以提高幼儿的动手操作能力，也可以有效提升亲子关系。如用饮料瓶做花篮，用饼干盒做收纳盒，用旧衣服做成娃娃等。在废物利用后，家长要及时给幼儿积极的反馈，鼓励幼儿在其他方面也做到节俭。

4. 指导家长让幼儿体会到劳动的艰辛

只有体验过劳动的艰辛才能帮幼儿认识到节俭的重要性。家长可以通过给幼儿讲劳动的故事，看劳动者的纪录片，或者亲身参与劳动等途径让幼儿体会劳动的艰辛。为了增加幼儿的经验，家长可以教幼儿一些简单的家务，带幼儿去农村看粮食是怎么种出来的，或者引导幼儿在阳台或院子等地方独立种一些蔬菜，让幼儿明白劳动的艰辛，并感受收获的喜悦。

5. 指导家长教会幼儿正确认识“节俭”

节俭是关心和珍惜物质财富和精神财富，而不是一味地节约和占有。首先，节俭不等于守财，不懂得花钱才是真正的浪费，懂得花钱是另一种“积极节俭”。家长要从小树立幼儿对金钱的正确态度和习惯，例如，可以带着幼儿到自己工作的地方看一看，让幼儿明白金钱不是“手机里刷出来的”，而是通过辛勤劳动创造的。家长要从小培养幼儿正确的消费观和理财观，教幼儿合理使用金钱的方法。其次，节俭不等于吝啬。节俭和大方是不相矛盾的，真正的节俭是“能省的一定得省，该花的一定得花”。家长要在日常生活的点滴中引导幼儿做到节俭，帮助幼儿区分节俭和吝啬，要珍惜拥有的财富并合理利用，而不是不消耗、不支出。例如，节俭是洗手后及时关闭水龙头，而不是饭前便后不洗手；节俭是出门随手关灯，而不是为省电天黑后也不开灯。对于需要帮助的人要懂得慷慨解囊，伸出援助之手。

(二)社会技能指导要点

学会称赞

看见同伴有优点。家长要引导幼儿善于发现别人的优点，知道在生活中多观察他人的长处。要知道优点和缺点是并存的，避免用单一惯性的思维方式，要从多个角度看待别人，多用欣赏的眼光去发现同伴的优点。家长在日常生活中要注重引导幼儿发现他人的优点和长处，引导幼儿通过视觉、听觉来感受生活中美好的人和事物，应不时地用语言向幼儿讲述这些美的东西，让美的感受在幼儿的大脑中保存下来。随着幼儿慢慢长大，幼儿的社交范围不断扩大、生活经验不断积累，家长可以开始让他对家人和接触的外人的优点进行赞扬。当幼儿有一些值得表扬的事情时，家长也要及时表扬。

竖起拇指给他看。当幼儿发现了别人的优点和长处时，家长要引导幼儿知道称赞他人的语言和动作。除了口头赞美，还可以通过眼神、面部表情、举止、手势等来赞美别人，而且这些方式也更容易被对方接受。在日常生活中，家长要为幼儿树立良好的榜样，在幼儿有进步或者有良好表现的时候，要对幼儿进行表扬和赞美。

还要大声给点赞。家长要指导幼儿在发现他人优点或者长处时要表达出来，敢于用语言肯定他人。首先，称赞别人时要明确。家长在教幼儿称赞别人时，要赞美事情本身，而不是空洞地赞美。毫无所指的赞美不仅没有意义，还会让人觉得莫名其妙。其次，赞美一定要真诚。如果有人把事情搞砸了，你却恰好在这种时候赞美他，那么这种赞美就变成了一种讽刺。所以家长要让幼儿明白，不真诚的赞美会起反作用，不但不会使别人舒畅，反倒会伤害别人，只有真诚赞美别人的人才能真正得到别人的爱。

(三)你问我答

1. 幼儿经常浪费，怎么办

首先，家长要经常教导幼儿树立“勤俭节约为荣，铺张浪费为耻”的思想，教导幼儿平时不要乱花钱，不要随意地胡乱买东西吃，在使用物品上要讲节约，不要因为画错了一点儿就撕掉一大张纸。其次，家长要要求幼儿在生活上要节约，如爱护衣物，一水多用，人走灯灭等。家长要经常给幼儿讲勤俭持家的道理，让幼儿明白爸爸妈妈供他的衣食住行所需费用，都是通过辛苦劳动换来的，让幼儿懂得“粒粒皆辛苦”的道理。最后，家长要多给幼儿讲一些名人、领袖勤俭节约的故事，让幼儿体会到艰苦朴素是我国的传统美德，需要更好地发扬和传承。

2. 家里已经有很多玩具，但还是要买，不买就哭闹怎么办

首先，家长要事先预防。家长要和幼儿提前进行沟通，说明此次外出的目的，让幼儿对于不能买玩具有所预期。其次，家长要和幼儿及时共情，避免幼儿的负面情绪扩大。面对家长的拒绝，幼儿的反应各不相同：有的会试图说服，有的会站着不动，有的会瘪嘴，有的会红了眼睛，有的会大声哭闹……家长要接纳幼儿要求被拒绝后的情绪发泄，可以抱起幼儿，告诉他，你们很爱他，他看中的东西很好，只是这次没有计划购买，可以等到他生日或者下次他表现特别好可以获得奖励的时候再购买。如果幼儿的情绪并没有得到缓和，家长可以提议带幼儿进入下一个活动，分散他的注意力，或者让幼儿继续释放自己的情绪。最后，回到家后家长要及时复盘，鼓励幼儿说出自己的情绪，肯定并强化幼儿的正面行为。

3. 哪种方法更能让幼儿理解节俭的行为

勤俭节约是一种行为习惯，是人的主观思想在行动上的体现。要养成勤俭节约的良好习惯只凭教师的说教是不够的。教师应该针对幼儿的年龄特点，借助他们感兴趣的事物，如儿歌、故事、游戏等，从正面引导幼儿养成勤俭节约的良好习惯。例如，教师可以教幼儿吟诵《悯农》这首诗，并借助相关图片向幼儿介绍诗中所描写的情景，从而达到教育幼儿爱惜粮食的目的。另外，通过幼儿最感兴趣的游戏也能养成其勤俭节约的好习惯，如体育游戏“蚂蚁搬豆”，生活游戏“给娃娃穿衣服”，手工游戏“纸盒制作”等。

4. 在家里，家长怎样让幼儿养成节约的好习惯

平时家长可结合劳动教育，指导幼儿进行力所能及的劳动，通过劳动实践和自我服务活动，使幼儿体验劳动的辛苦，懂得劳动成果的来之不易。农忙时节，家长可以让幼儿去拾稻穗等，使他们真正理解“谁知盘中餐，粒粒皆辛苦”的深刻道理，从而培养幼儿艰苦朴素、热爱劳动的好习惯。家长还可以让幼儿学会利用废旧物品，如利用易拉罐做个花篮，将旧凉鞋剪成拖鞋。这样既可培养幼儿节约的习惯，又是一种手工劳动练习。

5. 在幼儿园日常活动中，教师怎么做让幼儿养成节约的好习惯

从我做起，从身边的小事做起。教师可以与幼儿一起学习认识粮食，幼儿认识到种粮食的不易，学做光盘行为，吃光自己的饭菜。在幼儿手洗干净后，教师可以引导幼儿及时关紧水龙头。在体育游戏前，教师可以指导幼儿将没用的纸盒子收集回来并将其变成体育游戏的好材料。

6. 怎样时刻引起幼儿的注意，让幼儿有节约意识

在幼儿园中创设节约氛围，让幼儿感同身受。在幼儿园里张贴宣传节约的图片，教师可以在平时的活动中借助图片进行随机教育；还可以在教室里布置一些温馨提示语，如“不要让我流眼泪”“请爱护我”“干干净净”等，提醒幼儿要节约用水、爱护玩具、节约粮食。

（长治市上党区欣欣幼儿园　郭丽茅　赵欣媛）

附录　品格亲子活动样例(节俭)：我是“小当家”

一、活动背景

有研究表明，节俭可以培养幼儿的自制力和自控力，节俭的人心理能力更强大。因此，要从小培养幼儿养成勤俭节约的习惯，让这种美德伴随幼儿终身。然而现在很多家庭生活条件优越，充斥着各类智能电器，网络购物也越来越发达，很多时候家长会容易冲动消费，一时兴起买了很多东西却发现用不上，便会随手扔掉，无形中造成了很多不必要的浪费，同时潜移默化地对幼儿造成了不良影响。

节俭品格与幼儿的生活密不可分，但随着物质生活水平的提升，我们经常会发现幼儿表现出的一些浪费行为，如一次性买很多零食或者已经拥有相似的玩具还要再买；有些幼儿在吃饭的时候一次拿很多，导致食物吃不完被倒入垃圾桶；还有些幼儿不爱护桌椅、门窗等公共设施或是不爱惜自己的物品等。因此，从小就要让幼儿懂得一粒米、一滴水、一度电都是人们通过辛勤劳动换来的，让幼儿从小养成节约的好习惯。

二、活动目标

1. 能够在成人的引导下，按需购物，不铺张浪费。
2. 幼儿通过情境模拟活动，初步学习按计划去“买”东西。
3. 通过活动使幼儿懂得节约要从平时的一点一滴做起，愿意做一个节俭的人。

三、活动对象

幼儿园小班幼儿和家长(每个家庭一位家长)

四、活动时间

四月第三周(供参考)

五、活动地点

幼儿园自定

六、活动准备

1. 教师教学部带领小班年级组教师一起讨论此次活动的内容和流程安排并熟悉活动流程。

2. 教师制作亲子活动横幅，如“我是‘小当家’”节俭品格亲子活动。

3. 教师准备并熟悉亲子活动开场欢迎词(见附件 1)、活动结束总结词(见附件 2)。

4. 提前一周或视情况而定，各班教师向家长发送亲子活动通知(见附件 3)。

5. 教师准备《节俭最光荣》等亲子活动相关音乐。

6. 亲子情景剧表演文案。

情境一：熊妈妈带着小熊到百货商店买东西，各个柜台的商品琳琅满目，小熊边走边看。当走到玩具柜台前，小熊说：“妈妈，这把枪我没有，我要买。”熊妈妈毫不犹豫地给小熊买了把枪。走啊走，小熊又看到了另一个玩具柜台，对妈妈说：“这辆小火车我也想要!”熊妈妈说：“我们已经买了把枪，小火车等下次再买吧。”小熊听后，立刻坐在地上哭闹起来。

情境二：小兔和妈妈逛超市，买了红萝卜、白菜等很多好吃的。逛完超市累了，小兔和妈妈去旁边的餐厅吃自助餐。这时，小兔拿了三杯饮料、五碟儿红萝卜、八盘青菜开始吃啊吃。到最后小兔吃不下了，可还剩下一杯饮料、三碟儿红萝卜、六盘青菜没有吃。小兔看着剩下的东西，犯愁了!

7. 教师准备多媒体课件：关于生活中节约与浪费的行为表现。

8. 教师准备需要售卖的商品，做好标价，划分好区角(零食区、玩具区、学习用品区、游戏区)。(注：本环节售卖的商品均来自幼儿园内的区角材料及家委会提前准备的零食，家长自备购物袋)

9. 活动前，教师让家长和幼儿观看节约粮食和节约用水的视频，班级晨谈活动评选“光盘小标兵”，让幼儿通过以往感知经验大胆表达自己的想法。

七、活动流程

1. 教师致欢迎词，向家长和幼儿介绍本次活动的目的、流程和意义。

2. 亲子观看“节俭”宣传片。

(1)教师请幼儿或家长来说一说自己在宣传片中看到了什么。(光盘行动、节约水资源)

(2)教师开展“说说我们身边的浪费现象”活动。

小结：教师向家长和幼儿宣传节约的重要性，让幼儿知道不能铺张浪费，让幼儿深刻体会在生活中所出现的浪费现象需要坚决抵制。

3. 教师组织本班家长和幼儿开展有关节俭的亲子活动——我是“小当家”。

(1)教师向幼儿发布“购物”任务，并向幼儿说明购物的规则。(买东西要付钱，每组家庭只发 20 元)

(2)教师播放轻音乐，推出准备好的 8 个摊位，让幼儿与家长进行购物活动。(活动时长为 20 分)

(3)教师记录家庭购物统计表(表 1)。

表 1　家庭购物统计表

家庭编号	购物数量	消费额	结余	备注

(4)幼儿与家长观看亲子情景剧表演：小熊买东西、小兔吃自助餐。(节目表演提前让四组家长排练，道具及服装头饰由班级教师准备)

活动小结：视频里面的小熊和小兔对不对？为什么？刚才购物时，谁花的钱最多？跟长辈买东西时，可以跟长辈商量，不能哭闹，已有的类似物品不重复购买，小朋友们要从小学会不乱花钱，养成勤俭节约的好习惯。

4. 教师播放音乐《节俭最光荣》，请家长与幼儿一起表演唱。

5. 教师总结活动。

今天的亲子活动到这里就要结束了。在活动中，家长们都谈了自己的想法，希望家长们在日常生活中，可以多给幼儿讲关于节约的绘本故事，鼓励幼儿废旧物品再利用。

节俭品格是一种精神，也是一种美德。同时，节俭品格的培养也体现了幼儿良好的自制力。无论什么年代，节俭品格的培养都与物质无关。我们要培养幼儿认识到节俭品格的重要性，发自内心地做到节俭。

八、活动延伸

教师鼓励家长和幼儿在家开展“小鬼当家”活动。家长可以利用周末的时间与幼儿制定购物清单(表 2)，带幼儿去超市以幼儿为主导去购买物品，并让幼儿付款。

表 2　“小鬼当家”周末购物清单

物品名称	物品价格	购买数量	消费额	备注

九、活动建议

1. 幼儿园可以根据本园班级情况灵活调整，但设计思路务必以“节俭”为核心。

2. 由于本次亲子活动以班级为单位，物品道具准备适宜操作即可(幼儿园可根据本园实际情况灵活处理)。

3. 为保障本次活动顺利开展，幼儿园务必做好物质准备、人员准备、安全保障等方面的工作。

十、附件

附件 1　活动开场欢迎词

尊敬的各位大朋友，亲爱的 ×× 班小朋友，大家上午好！感谢各位大朋友百忙之中来参加本次的节俭品格亲子活动。亲爱的小朋友们，懂得节俭的小朋友是什么样的呢？请你们说一说。

小朋友们说得太好了，就是从身边的点滴事情做起。我们都可以做到不浪费，做个节俭的好孩子！通过本次节俭主题活动，小朋友们在大朋友们的指导下，将体会到按计划进行购物的好处，做到按需购物，不攀比，不浪费。小朋友们还会观看情景剧表演，认识到故事里小动物们的错误行为。希望本次活动结束后，大朋友们和小朋友们都能继续做出色的“购物”小能手！

附件 2　活动结束总结词

在本次亲子活动中，我们看到家长们和孩子们都非常认真并且积极地参与，全程都很投入，有计划，有秩序。亲子一起共同商量购物计划，表现得非常出色。(注：这里需要结合现场拍摄的照片，照片是在游戏过程中拍摄的，然后马上精选并拷到一体机里，表扬“买卖”角色扮演特别投入、家庭计划做得较好的小朋友和大朋友)。清朝朱柏庐说：“一粥一饭，当思来处不易；半丝半缕，恒念物力维艰。”大朋友们应从小给小朋友们树立正确的人生观和价值观。小朋友们要从小培养勤俭节约的习惯，让这种美德伴随自己的终身！

附件 3　亲子活动通知(邀请函)

××× 幼儿园小班“节俭”品格亲子活动——我是“小当家”

活动通知

尊敬的(幼儿姓名)家长：

您好！四月天，古人云：“乡村四月闲人少，才了蚕桑又插田”。此时正是与幼儿认识春耕秋收的好时机，感受“谁知盘中餐，粒粒皆辛苦”诗句里粮食的来之不易。4 月，我们小班的品格主题是节俭，培养幼儿的节俭品格是一种精神，也是一种美德。同时，节俭品格的培养也体现了幼儿良好的自制力。无论什么年代，节俭品格的培养都与物质无关。我们要培养幼儿认识到节俭品格的重要性，发自内心地做到节俭。

需要家长配合以下事项。

1. 活动时间____年____月____日上午。(幼儿园自定)

2. 活动准备：活动前，教师请家长与幼儿观看节约用水、节约用电的视频，并与幼儿讨论“你在什么时候做过不浪费的事情”。

3. 情景剧表演需要四组家长参与，想报名的家长朋友们可以和班级教师提前一周报名。

4. 活动结束后，家长和幼儿聊一聊本次活动心得，引导幼儿分享自己的“节俭”行动，并写下活动反馈。

诚挚期待您的参与！

×××幼儿园

年　　月　　日

(东莞市寮步镇香市幼儿园　郭玲　林健荣)